HANS-GEORG BOHLE
BEWÄSSERUNG UND GESELLSCHAFT
IM CAUVERY-DELTA (SÜDINDIEN)

ERDKUNDLICHES WISSEN

SCHRIFTENFOLGE FÜR FORSCHUNG UND PRAXIS
HERAUSGEGEBEN VON EMIL MEYNEN UND ERNST PLEWE
HEFT 57

GEOGRAPHISCHE ZEITSCHRIFT · BEIHEFTE

FRANZ STEINER VERLAG GMBH · WIESBADEN
1981

HANS-GEORG BOHLE

BEWÄSSERUNG UND GESELLSCHAFT IM CAUVERY-DELTA (SÜDINDIEN)

EINE GEOGRAPHISCHE UNTERSUCHUNG ÜBER HISTORISCHE
GRUNDLAGEN UND JÜNGERE AUSPRÄGUNG
STRUKTURELLER UNTERENTWICKLUNG

FRANZ STEINER VERLAG GMBH · WIESBADEN
1981

Zuschriften, die die Schriftenreihe „Erdkundliches Wissen" betreffen, erbeten an:
Prof. Dr. E. Meynen, 5300 Bonn 2, Langenbergweg 82
oder
Prof. Dr. E. Plewe, 6900 Heidelberg, Roonstr. 16

D 7

CIP-Kurztitelaufnahme der Deutschen Bibliothek

Bohle, Hans-Georg:
Bewässerung und Gesellschaft im Cauvery-Delta (Südindien) : e. geogr. Unters. über histor. Grundlagen u. jüngere Ausprägung von struktureller Unterentwicklung in e. Agrarregion der Dritten Welt / Hans-Georg Bohle. – Wiesbaden : Steiner, 1982.
  (Erdkundliches Wissen ; H. 57) (Geographische Zeitschrift : Beih.)
  ISBN 3-515-03550-8
NE: 1. GT

Alle Rechte vorbehalten
Ohne ausdrückliche Genehmigung des Verlages ist es auch nicht gestattet, das Werk oder einzelne Teile daraus nachzudrucken oder auf photomechanischem Wege (Photokopie, Mikrokopie usw.) zu vervielfältigen. © 1981 by Franz Steiner Verlag GmbH, Wiesbaden. Druck: Proff u. Co., Bad Honnef
Printed in Germany

VORWORT

Die Arbeit setzt sich mit einer der bedeutsamsten, aber auch umstrittensten Fragen der Entwicklungsländerforschung auseinander: der Frage nach den Ursachen und Hintergründen heutiger Unterentwicklung in der Dritten Welt. Mit dem Ziel, einen empirischen Beitrag zur Diskussion dieser Frage zu leisten, untersucht die Arbeit Grundzüge, Bestimmungsfaktoren und Auswirkungen der historischen wie der jüngeren Agrar- und Gesellschaftsentwicklung im Cauvery Delta, dem ältesten und größten Kanalbewässerungssystem Südindiens.

Die Grundlagen der Untersuchung wurden während eines einjährigen Aufenthalts in Südindien 1976/77 gewonnen, der mit ausgedehnten Feldforschungen im Cauvery Delta und angrenzenden Bereichen des Distriktes Tanjore und Archivarbeiten und Quellenstudien in Madras, Tanjore und zahlreichen lokalen Ämtern verbunden war. Mein Dank gilt dem Deutschen Akademischen Austauschdienst, der mir mit einem Stipendium diesen Studienaufenthalt ermöglichte. Dank schulde ich auch der großen Zahl von amtlichen und halbamtlichen indischen Stellen, die mir bereitwillig und mit großer Geduld immer wieder Auskunft gaben. Besonders aber habe ich den Bewohnern der untersuchten Dörfer zu danken, deren Hilfe und Gastfreundschaft mir unvergeßlich bleiben werden. Stellvertretend seien hier nur R. Sankaran und S. Chandrasekaran genannt, Bürgermeister und Statistiker des Deltadorfes Karuppur.

In Madras wurde mir vom Geographischen Institut des Presidency College, an dem ich eingeschriebener Student war, jegliche Unterstützung meiner Arbeit zuteil. Dafür danke ich dem Institutsdirektor, Prof. Dr. S. Jayachandran, der meine Arbeit in Indien betreute, und allen seinen Mitarbeitern. Als ein besonderer Glücksfall erwies sich in Madras das Zusammentreffen mit einem väterlichen Lehrer und Freund, Prof. B.M. Thirunaranan, der mit seinem unerschöpflichen Wissen über alle Aspekte südindischer Kultur nicht nur vorliegende Arbeit, sondern den gesamten Aufenthalt in Indien vielfältig bereicherte. Dafür danke ich ihm sehr.

Meinem verehrten Lehrer, Prof. Dr. H.J. Nitz, der mein Interesse für Indien weckte und die Arbeit anregte und betreute, gilt mein besonderer Dank. Seinen umfassenden Landes- und Literaturkenntnissen verdanke ich unzählige wertvolle Hinweise. Großen Dank schulde ich auch Prof. Dr. F. Scholz, den ich als junger Student bereits 1970 auf einer Reise nach Belutschistan begleiten durfte und der meine Aufmerksamkeit auf die Bewässerungswirtschaft lenkte. Vorliegende Arbeit wurde durch seine konstruktive und anregende Kritik, insbesondere zu entwicklungstheoretischen Aspekten befruchtet.

Der Deutschen Forschungsgemeinschaft danke ich für die Möglichkeit, die Ergebnisse der Untersuchung im Rahmen eines Forschungsprojekts auszuarbeiten. Herrn H. Wahle und seinen Mitarbeitern von der kartographischen Abteilung des Göttinger Geographischen Instituts gilt mein Dank für die Umsetzung der Kartenentwürfe in druckfertige Vorlagen, Frau I. Peters für die Erledigung aller photographischen Arbeiten, Frau R. Wilken für die Reinschrift des Manuskriptes. Den Herausgebern von "Erdkundliches Wissen" danke ich für die Aufnahme der Arbeit in ihre Reihe.

Den größten Anteil am Zustandekommen dieser Arbeit hat meine Frau Irmgard. Sie begleitete mich nicht nur auf zahllosen strapaziösen Motoradfahrten durch das Untersuchungsgebiet, sondern beteiligte sich engagiert an allen Erhebungen und Kartierungen. Ohne ihre aktive Mitarbeit wäre die Untersuchung in vorliegender Form nicht möglich gewesen. Dafür bin ich ihr von Herzen dankbar.

Ich widme die Arbeit meinen Eltern.

Göttingen, im September 1980　　　　　　　　　　　　　　Hans-Georg Bohle

INHALTSVERZEICHNIS

VORWORT		V
VERZEICHNIS DER TABELLEN		XI
VERZEICHNIS DER ABBILDUNGEN		XIV
1.	THEORETISCHE UND METHODISCHE VORÜBERLEGUNGEN	1
1.1.	Vorüberlegungen zu inhaltlichen, methodischen und theoretischen Ansätzen geographischer Arbeiten über künstliche Bewässerung	1
1.2.	Vorüberlegungen zu einem entwicklungsrelevanten theoretischen Konzept für eine Untersuchung der Bewässerungswirtschaft in der Dritten Welt	3
1.2.1.	Möglichkeiten und Grenzen entwicklungstheoretisch orientierter geographischer Entwicklungsländerforschung	3
1.2.2.	Das Konzept der regionalen und sozialen Ungleichheit	6
1.3.	Zielsetzungen, Fragestellungen und Arbeitsschritte der Untersuchung	8
2.	EINFÜHRUNG IN DAS UNTERSUCHUNGSGEBIET	10
2.1.	Natürliche Voraussetzungen und Potential für Bewässerungslandwirtschaft	10
2.1.1.	Lage und naturräumliche Gliederung	10
2.1.2.	Potential für Bewässerungslandwirtschaft	12
2.1.2.1.	Wasserversorgung	12
2.1.2.2.	Wasserverteilung	18
2.1.2.3.	Bodenfruchtbarkeit	19
2.1.2.4.	Temperaturverhältnisse	20
2.1.3.	Eignungsräume für den Bewässerungsfeldbau	20
2.2.	Einführung in die traditionellen Anbauformen mit Bewässerung	21
2.3.	Prinzipien und Kriterien einer bewässerungslandwirtschaftlichen Gliederung	24
3.	PRÄKOLONIALE AGRAR- UND SOZIALENTWICKLUNG	27
3.1.	Präkoloniale Agrarentwicklung	27
3.1.1.	Entwicklung des Bewässerungswesens	27
3.1.1.1.	Entstehungsphase (Frühe Hinduperiode)	27
3.1.1.2.	Ausbauphase (Frühe und mittlere Hinduperiode)	28
3.1.1.3.	Verfallsphase (Späte Hinduperiode)	29
3.1.2.	Entwicklung der Landwirtschaft	30
3.1.2.1.	Ursprungsphase (Frühe Hinduperiode)	30

3.1.2.2.	Ausweitungsphase (Mittlere Hinduperiode)	31
3.1.2.3.	Zerrüttungsphase (Späte Hinduperiode)	33
3.2.	**Polit-ökonomische Voraussetzungen und Hintergründe der präkolonialen Agrarentwicklung**	34
3.2.1.	Staatliche Organisation des Agrarsektors als Voraussetzung der Agrarentwicklung	34
3.2.1.1.	Prähistorische Periode (vor 500 v.Chr.)	34
3.2.1.2.	Frühe Hinduperiode (500 v.Chr. bis 850 n.Chr.)	35
3.2.1.3.	Mittlere Hinduperiode (850-1300)	36
3.2.1.4.	Späte Hinduperiode (1300-1800)	38
3.2.2.	Polit-ökonomische Motive und Hintergründe der Agrarentwicklung	39
3.2.2.1.	Frühe Hinduperiode (500 v.Chr. bis 850 n.Chr.)	40
3.2.2.2.	Mittlere Hinduperiode (850-1300)	40
3.2.2.3.	Späte Hinduperiode (1300-1800)	40
3.3.	**Struktur und Wandel des präkolonialen Sozialsystems**	43
3.4.	**Zusammenfassung: Präkoloniale Formen sozialer und regionaler Ungleichheit**	45
4.	**KOLONIALE AGRAR- UND SOZIALENTWICKLUNG**	**48**
4.1.	**Koloniale Agrarentwicklung**	48
4.1.1.	Entwicklung des Bewässerungswesens	48
4.1.1.1.	Restaurierungsphase (1800-1850)	48
4.1.1.2.	Regulierungs- und Strukturierungsphase (1851-1902)	51
4.1.1.3.	Stagnationsphase (1903-1934)	57
4.1.1.4.	Expansionsphase (1935-1946)	60
4.1.1.5.	Entwicklung der Stauteich- und Brunnenbewässerung	64
4.1.2.	Entwicklung der Landwirtschaft	66
4.1.2.1.	Stabilisierungsphase (1800-1850)	66
4.1.2.2.	Wachstumsphase (1851-1902)	70
4.1.2.3.	Phase gebremsten Wachstums (1903-1934)	73
4.1.2.4.	Phase gesteigerten Wachstums (1935-1946)	75
4.2.	**Polit-ökonomische Voraussetzungen und Hintergründe der kolonialen Agrarentwicklung**	79
4.2.1.	Staatliche Organisation des Agrarsektors als Voraussetzung der Agrarentwicklung	79
4.2.1.1.	Bewässerung	79
4.2.1.2.	Landwirtschaft	81
4.2.1.3.	Steuerverwaltung	81
4.2.2.	Polit-ökonomische Motive und Hintergründe der Agrarentwicklung	83

4.3.	Struktur und Wandel des kolonialen Sozialsystems	91
4.3.1.	Vorüberlegungen zur Sozialökologie des Bewässerungswesens	91
4.3.2.	Zum verwendeten Entwicklungsbegriff	91
4.3.3.	Agrarsozialstrukturelle Wandlungstendenzen	93
4.3.3.1.	Sozial- und wirtschaftsgeschichtliche Hintergründe	94
4.3.3.2.	Einflüsse auf die Agrarsozialstruktur und Konsequenzen für die ländlichen Lebensbedingungen	96
4.3.3.3.	Demographische Entwicklung und Pro-Kopf-Produktion	103
4.4.	Zusammenfassung: Koloniale Formen sozialer und regionaler Ungleichheit	105
5.	**POSTKOLONIALE AGRAR- UND SOZIALENTWICKLUNG**	108
5.1.	Postkoloniale Agrarentwicklung	108
5.1.1.	Entwicklung des Bewässerungswesens	108
5.1.1.1.	Modernisierungsphase (ab 1947)	108
5.1.1.2.	Phase der integrierten Entwicklungsplanung (Zukunft)	115
5.1.2.	Entwicklung der Landwirtschaft	117
5.1.2.1.	Intensivierungsphase (ab 1947) und "Grüne Revolution" (ab 1960)	117
5.1.2.2.	Agrarwirtschaftliche Probleme und Perspektiven	123
5.1.2.3.	Regionen des Bewässerungsfeldbaus	127
5.2.	Polit-ökonomische Voraussetzungen und Hintergründe der postkolonialen Agrarentwicklung	130
5.2.1.	Staatliche Organisation des Agrarsektors als Voraussetzung der Agrarentwicklung	130
5.2.2.	Polit-ökonomische Motive und Hintergründe der Agrarentwicklung	132
5.3.	Struktur und Wandel des postkolonialen Sozialsystems	135
5.3.1.	Jüngere agrarstrukturelle Wandlungstendenzen	135
5.3.1.1.	Entwicklung der postkolonialen Landbesitzstruktur	135
5.3.1.2.	Entwicklung der postkolonialen Pachtverhältnisse	140
5.3.1.3.	Entwicklung der Landarbeiterschaft	142
5.3.2.	Konsequenzen für die ländlichen Lebensbedingungen	143
5.4.	Zusammenfassung: Postkoloniale Formen regionaler und sozialer Ungleichheit	149
6.	**FALLSTUDIEN**	157
6.1.	Agrar- und Sozialentwicklung in vier ausgewählten Entwicklungsblocks	157
6.1.1.	Entwicklung, Stand und Probleme von Bewässerung und Landwirtschaft	157

6.1.1.1.	Inneres Delta von Tiruppanandal	157
6.1.1.2.	Deltarand von Talanayar	163
6.1.1.3.	Neues Delta von Peravurani	174
6.1.1.4.	Deltawurzel und Stauteichregion von Budalur	178
6.1.2.	Sozialstrukturelle, demographische und produktive Entwicklungstendenzen	187
6.2.	**Agrar- und Sozialentwicklung in vier ausgewählten Dörfern**	196
6.2.1.	Entwicklung, Stand und Probleme von Bewässerung und Landwirtschaft	197
6.2.1.1.	Dorf Karuppur (Inneres Delta von Tiruppanandal)	197
6.2.1.2.	Dorf Umbalachcheri (Deltarand von Talanayar)	202
6.2.1.3.	Dorf Idaiyatti (Neues Delta von Peravurani)	206
6.2.1.4.	Dorf Pudupatti (Stauteichregion von Budalur)	213
6.2.2.	Struktur und Entwicklung der sozialökonomischen Verhältnisse	218
6.2.2.1.	Bevölkerungsentwicklung, Kastengliederung und Siedlungsstruktur	219
6.2.2.2.	Ausprägung und Entwicklung der ländlichen Klassenstruktur	224
6.2.2.3.	Struktur und Entwicklung der landbesitzenden Klasse	225
6.2.2.4.	Grundzüge und Deutung jüngerer agrarsozialer Entwicklungstendenzen	228
6.2.2.5.	Landbesitzverteilung, Betriebsstrukturmerkmale und Kastensystem	231
7.	**SCHLUSS** **WIRTSCHAFTLICHER FORTSCHRITT UND LÄNDLICHE UNTERENTWICKLUNG: Das Paradoxon von Elend im Überfluß**	238
LITERATURVERZEICHNIS		246
A.	Verzeichnis der Quellen	246
B.	Verzeichnis der Sekundärliteratur	250

VERZEICHNIS DER TABELLEN

I	Traditionelle Reisanbauformen im Tanjore Distrikt	22
II	Reisproduktion und Grundsteuererträge in Tanjore 1780-1796	42
III	Entwicklung der Bewässerungsflächen im Tanjore Distrikt in der Restaurierungsphase (1800-1850)	50
IV	Entwicklung der Bewässerungsflächen im Tanjore Distrikt in der Regulierungs- und Strukturierungsphase (1851-1902)	53
V	Bewässerungsflächenanteile im Tanjore Distrikt 1872-76	54
VI	Bewässerungsflächenanteile im Tanjore Distrikt 1902/03	56
VII	Entwicklung der Bewässerungsflächen im Tanjore Distrikt in der Stagnationsphase (1903-1934) und in der Expansionsphase (1935-1946)	58
VIII	Bewässerungsflächenanteile im Tanjore Distrikt 1930/31	59
IX	Entwicklung der Bewässerungsflächen unter dem Cauvery-Mettur-System 1935-1970	62
X	Entwicklung der Stauteichbewässerungsflächen im Tanjore Distrikt 1902-1946	65
XI	Entwicklung der Brunnenbewässerungsflächen und Brunnenzahlen im Tanjore Distrikt 1902-1946	67
XII	Durchschnittliche Anbauflächen und ihre Variabilität in der bewässerungslandwirtschaftlichen Stabilisierungsphase im Tanjore Distrikt (1800-1850)	68
XIII	Durchschnittliche Getreideproduktion und ihre Variabilität in der bewässerungslandwirtschaftlichen Stabilisierungsphase des Tanjore Distrikts (1800-1850)	69
XIV	Durchschnittliche Reisproduktion und ihre Variabilität in den Phasen gebremsten (1903-1934) und gesteigerten (1935-1946) bewässerungslandwirtschaftlichen Wachstums im Tanjore Distrikt	74
XV	Entwicklung der Anbauintensität im Tanjore Distrikt 1902/03 bis 1970/71	78
XVI	Grundsteuereinnahmen der britischen Kolonialverwaltung im Tanjore Distrikt (1800-1946)	85
XVII	Rentabilität der größten Bewässerungssysteme Britisch-Indiens 1902/03	88
XVIII	Die ländliche Klassenstruktur im Tanjore Distrikt 1900-1970	100
XIX	Anteil der Pächterbauern an der Gesamtzahl der Bauern in den Landkreisen des Tanjore Distrikts 1900-1970	102
XX	Zahl und Anteil der landlosen Landarbeiter im Tanjore Distrikt 1880-1970	104
XXI	Bewässerungsflächenanteile im Tanjore Distrikt 1950/51	109
XXII	Entwicklung der Bewässerungsflächen im Tanjore Distrikt in der Modernisierungsphase (1947-1976)	111

XXIII	Menge und Dauer der Wasserversorgung des Cauvery Deltas durch den Mettur-Stausee (1947-1975)	113
XXIV	Bewässerungsflächenanteile im Tanjore Distrikt 1975/76	114
XXV	Durchschnittliche Reisproduktion und -produktivität und ihre Variabilität in der bewässerungslandwirtschaftlichen Intensivierungsphase im Tanjore Distrikt (seit 1947)	119
XXVI	Ausbreitung hochertragiger Reissorten und Saatgutdistribution unter dem High Yielding Varieties Programme im Tanjore Distrikt (seit 1960)	121
XXVII	Durchschnittliche Reisanbauflächen und ihre Variabilität in der bewässerungslandwirtschaftlichen Intensivierungsphase im Tanjore Distrikt (seit 1947)	124
XXVIII	Anbauverhältnisse beim Naßreis in einem Jahr extremer Wasserversorgungsprobleme in den landwirtschaftlichen Bezirken des Tanjore Distrikts (1976/77)	126
XXIX	Plan der Anbauverhältnisse im Cauvery Delta System nach Durchführung des integrierten Modernisierungsprojekts (Zukunft)	128
XXX	Staatliche Organisationsstruktur der Landwirtschaft in Tamilnadu (Stand 1976/77)	133
XXXI	Bäuerliche Eigentumsverhältnisse in den Landkreisen des Tanjore Distrikts 1970/71	137
XXXII	Landnutzung in den Betriebsgrößenklassen des Tanjore Distrikts 1970/71	138
XXXIII	Pachtverhältnisse in den Landkreisen des Tanjore Distrikts 1970/71	141
XXXIV	Anbaukosten und Gewinnberechnungen beim Naßreisanbau im Alten Delta des Tanjore Distrikts 1975/76 (Dorf Pandanallur)	145
XXXV	Modell der Ertragsentwicklung beim groß- und kleinbäuerlichen Naßreisanbau im Tanjore Distrikt unter den Bedingungen traditioneller und moderner Anbautechniken	146
XXXVI	Verteilung der Reisproduktion zwischen Pächter und Verpächter in einem südindischen Deltadorf 1971/72	153
XXXVII	Veränderungen in der Situation der Landarbeiterschaft in den IADP-Distrikten Indiens 1962/63 bis 1969/70	154
XXXVIII	Tendenzen landwirtschaftlicher und sozialer Entwicklung im Deltarand von Talanayar (1890/1900 bis 1970/75)	188
XXXIX	Tendenzen landwirtschaftlicher und sozialer Entwicklung in der Deltawurzel und Stauteichregion von Budalur	191
XL	Karuppur: Landnutzung 1890/01 - 1970/71	200
XLI	Karuppur: Anbauverhältnisse 1890/91 - 1974/75	200
XLII	Umbalachcheri: Landnutzung 1890/91 - 1975/76	203
XLIII	Umbalachcheri: Anbauverhältnisse 1890/91 - 1975/76	203
XLIV	Idaiyatti: Landnutzung 1890/91 - 1975/76	210
XLV	Idaiyatti: Anbauverhältnisse 1890/91 - 1975/76	212

XLVI	Pudupatti: Anbauverhältnisse 1890/91 – 1975/76	217
XLVII	Bevölkerungsentwicklung in den Beispieldörfern des Tanjore Distrikts und in Südostindien 1901–1971	220
XLVIII	Einschätzung des agrarischen Geldertrages in den Beispieldörfern des Tanjore Distrikts 1973/74	223
XLIX	Schätzung des Anteils der Armen an der ländlichen Bevölkerung Tamilnadus 1957/58 – 1969/70	239

VERZEICHNIS DER ABBILDUNGEN UND BEILAGEN

Abb. 1:	Tanjore Distrikt: Hydrographische Verhältnisse, Bewässerungsregionen und Lage der Untersuchungsgebiete	11
Abb. 2:	Tanjore Distrikt: a: Verwaltungsgliederung (Landkreise) 1970/71 b: Böden, Niederschlagsverhältnisse und Aridität	12 12
Abb. 3:	Einzugsbereich des Cauvery Flußsystems	14
Abb. 4:	Klimatische Verhältnisse im Einzugsbereich des Cauvery	15
Abb. 5:	Geographische Regionen des südlichen Indiens	16
Abb. 6:	Feldlandtypen im Tanjore Distrikt (Südindien)	25
Abb. 7:	Cauvery Delta: Siedlungsverteilung in vorkolonialer Zeit	32
Abb. 8:	Jährliche Menge und Zeitspanne der Wasserversorgung des Cauvery Deltas durch den Mettur Damm (1934-1975)	63
Abb. 9:	Tanjore Distrikt: Anbauregionen a: 1875/76; b: 1902/03; c: 1930/31; d: 1940/41 e: 1950/51; f: 1970/71	71 72
Abb. 10:	Entwicklung von Grundsteuereinnahmen und Bewässerungsflächen im Tanjore Distrikt 1800-1950	84
Abb. 11:	Absinken von Kleinbauern und Pächtern zu Landlosen (Modell)	97
Abb. 12:	Reis- und Getreideproduktion pro Kopf der Bevölkerung (1900-1975)	104
Abb. 13:	Struktur der landbesitzenden Klasse in den Landkreisen des Tanjore Distrikts 1950/51	136
Abb. 14:	Inneres Delta von Tiruppanandal: a: Abflußmuster; b: Bewässerungssysteme	158
Abb. 15:	Inneres Delta von Tiruppanandal: Bewässerungsintensität a: 1890/91; b: 1920/21; c: 1974/75	159
Abb. 16:	Inneres Delta von Tiruppanandal: Anbaukombinationsregionen a: 1890/91; b: 1920/21; c: 1974/75	162
Abb. 17:	Deltarand von Talanayar: a: Abflußmuster b: Bewässerungssysteme c: Reliefverhältnisse	164 165 166
Abb. 18:	Deltarand von Talanayar: Bewässerungsintensität a: 1890/91 b: 1920/21 c: 1975/76	168 169 170
Abb. 19:	Deltarand von Talanayar: Anbaukombinationsregionen a: 1890/91 b: 1920/21 c: 1975/76	171 172 173
Abb. 20:	Neues Delta von Peravurani: a: Abflußmuster; b: Bewässerungssysteme	175

Abb. 21:	Neues Delta von Peravurani: Bewässerungsintensität a: 1964/65; b: 1975/76	176
Abb. 22:	Neues Delta von Peravurani: Anbaukombinationsregionen a: 1963/64; b: 1975/76	177
Abb. 23:	Deltawurzel und Stauteichregion von Budalur: a: Abflußmuster b: Bewässerungssysteme	179 180
Abb. 24:	Deltawurzel und Stauteichregion von Budalur: Bewässerungsintensität a: 1890/91 b: 1920/21 c: 1975/76	181 182 183
Abb. 25:	Deltawurzel und Stauteichregion von Budalur: Anbaukombinationsregionen a: 1890/91 b: 1920/21 c: 1975/76	184 185 186
Abb. 26:	Deltarand von Talanayar: Anteil der Landlosen an der Agrarbevölkerung a: 1900/01 b: 1970/71	189 190
Abb. 27:	Deltawurzel und Stauteichregion von Budalur: Anteil der Landlosen an der Agrarbevölkerung a: 1900/01 b: 1970/71	192 193
Abb. 28:	Karuppur: Bewässerungssysteme (1923/24 und 1975/76)	198
Abb. 29:	Umbalachcheri: Bewässerungssysteme a: 1970/71 b: 1975/76	204 205
Abb. 30:	Idaiyatti: Bewässerungssysteme a: 1923/24 b: 1975/76	207 208
Abb. 31:	Pudupatti: Bewässerungssysteme a: 1923/24 b: 1973/74	214 215
Abb. 32:	Dörfliche Haustypen im Cauvery Delta	222
Abb. 33:	Struktur der landbesitzenden Klasse und Grad der Besitzkonzentration in vier ausgewählten Dörfern im Tanjore Distrikt 1923/24 und 1976/77	227

Beilage 1:	Srirangarajapuram (Steuerdorf Karuppur): Anbauverhältnisse 1973/74
Beilage 2:	Umbalachcheri: Anbauverhältnisse 1976/77
Beilage 3:	Idaiyatti: Anbauverhältnisse 1973/74
Beilage 4:	Pudupatti: Anbauverhältnisse 1973/74
Beilage 5:	Srirangarajapuram (Steuerdorf Karuppur): Siedlungs-, Sozial- und Landbesitzstruktur 1976/77

Beilage 6:   Umbalachcheri: Siedlungs-, Sozial- und Landbesitzstruktur 1976/77
Beilage 7:   Idaiyatti: Siedlungs-, Sozial- und Landbesitzstruktur 1976/77
Beilage 8:   Pudupatti: Siedlungs-, Sozial- und Landbesitzstruktur 1976/77

1. THEORETISCHE UND METHODISCHE VORÜBERLEGUNGEN

1.1 Vorüberlegungen zu inhaltlichen, methodischen und theoretischen Ansätzen geographischer Arbeiten über künstliche Bewässerung

Geographische Beschäftigung mit der Bewässerungswirtschaft tropischer und subtropischer Länder ist seit den bekannten Arbeiten von KAERGER (1), HIRTH (2), SAPPER (3) und LAUTENSACH (4) zu einem wichtigen Teilgebiet der Geographie geworden, insbesondere der Agrargeographie der Tropen und Subtropen (5). Von Inhalt, Methoden und Maßstab her lassen sich dabei drei Schwerpunkte unterscheiden:

a) In einer ersten Gruppe von Arbeiten stehen **ökologische und bewässerungstechnische Aspekte** der Bewässerungswirtschaft im Vordergrund. Meist handelt es sich hierbei um großräumig-vergleichende Untersuchungen. Eine erste Untergruppe solcher Arbeiten beschäftigt sich mit der geographischen Verbreitung und Ausprägung künstlicher Bewässerung in weltweiter Sicht (6), in ausgewählten Großräumen der Erde (7) oder in einzelnen Ländern (8). Dabei werden i.d.R. die Bedeutung natürlicher und kultureller Standortbedingungen für die Verbreitung, Form und Intensität der künstlichen Bewässerung betont. Eine zweite Gruppe großräumig-vergleichender Untersuchungen analysiert regionaltypische Bewässerungsanlagen (zur Akkumulation, Förderung, zum Transport und zur Verteilung des Wassers) und faßt sie zu Bewässerungssystemen zusammen. Hierzu gehören eine Reihe von Arbeiten über Karez-Bewässerung im Vorderen Orient (9).

Obwohl der monsuntropische wechselfeuchte **indische Subkontinent** eines der klassischen, vielfältigsten und größten Bewässerungsgebiete der Erde ist, bleibt die Zahl geographischer Untersuchungen zur Bewässerungswirtschaft des indischen Subkontinents bisher gering. Dies ist besonders erstaunlich, wenn man die außerordentliche Bedeutung dieses Wirtschaftsbereiches für die Ernährung der drastisch wachsenden Bevölkerung bedenkt. Lediglich für das Indusgebiet liegen eine Reihe von Übersichtsdarstellungen über ökologische und agrartechnische Aspekte der Bewässerungswirtschaft vor (10).

Für den indischen Teil des Subkontinents gibt der nationale **Bewässerungsatlas** (11) zwar einen ersten Überblick über die Verbreitung der wichtigsten Bewässerungstypen und Bewässerungssysteme, und es liegen hierzu auch knappe Darstellungen auf statistischer Grundlage vor (12). Eine Gesamtdarstellung zur Geographie des indischen Bewässerungswesens fehlt jedoch, sieht man von wenigen historischen Studien zur Entwicklung und Bedeutung traditioneller Bewässerungstypen (13) und von Übersichtsdarstellungen in Lehrbüchern oder einzelnen Aufsätzen (14) ab. Voraussetzung für eine umfassende Darstellung der indischen Bewässerunglandwirtschaft wären eine Reihe gründlicher **Regionalstudien**, doch bestehen hier

---

(1) Kaerger, 1893
(2) Hirth, 1921; 1928
(3) Sapper, 1932
(4) Lautensach, 1932; 1940
(5) Manshard, 1968, 110-126.
(6) Cantor, 1967
(7) Kreeb, 1964
(8) Jordanov, 1955; Fröhling, 1965; Knödler, 1970
(9) Cressey, 1958; Christiansen-Weniger, 1961; Troll, 1963; Jentsch, 1970; Scholz, 1970
(10) Aurada, 1960; Boesch, 1962; Ahmad, 1958, 1965; Rahman, 1968
(11) Irrigation Atlas of India, 1972
(12) Dayal, 1977
(13) Williamson, 1931; Goetz, 1967; Chaturvedi, 1968
(14) Krebs, 1939; Alsdorf, 1955; Spate und Learmonth, 1967[3]; Firman, 1952; Reiner, 1955

noch große Forschungslücken. Die bisher einzige umfassende Darstellung dieser Art von ADICEAM (1) über das Tamilland läßt erkennen, welche Möglichkeiten sich dafür bieten, macht aber auch deutlich, welche Fülle an Material zur Darstellung einer fundierten Regionalstudie zum Bewässerungswesen zu verarbeiten ist.

b) Eine zweite Gruppe von Arbeiten zur künstlichen Bewässerung rückt **agrarwirtschaftliche Aspekte** in den Vordergrund. Dabei ist besonders das Zusammenwirken von Bewässerungssystemen und Bodennutzungssystemen als einer komplexen Einheit der Bewässerungslandwirtschaft zu betrachten. Bei dieser Gruppe von Arbeiten ist die agrargeographische Methodik in größerer Breite einzusetzen.

Zu dieser zweiten thematischen und methodischen Kategorie geographischer Arbeiten über Bewässerungslandwirtschaft gehört für den indischen Subkontinent als Übersichtsuntersuchung die Arbeit von BIEHL (2) über die "Intensivierung der Flächennutzung durch Landbewässerung" in Indien. Diese Darstellung baut auf den regionalen "Landbausystemen" mit Bewässerungsgrundlage auf. Die Arbeit läßt ebenso wie die von ADICEAM erkennen, daß großräumig angelegte Untersuchungen dieser Art sich thematisch entweder auf das eigentliche Bewässerungswesen oder auf die Anbausysteme mit Bewässerung konzentrieren. Will man beide Aspekte wirklich voll integrieren, so wird die Beschränkung der Untersuchung auf kleine Räume zwingend (3). Zwar wurden und werden von indischen Geographen kleinräumige Landnutzungsstudien in großer Zahl durchgeführt, doch sind diese i.d.R. deskriptiv gehalten. Die Bewässerungssysteme werden nicht als ein zu interpretierendes Problem betrachtet, und insofern tragen diese Arbeiten wenig zur Geographie der Bewässerungslandwirtschaft bei. Das Ziel einer **integrierten Analyse von Bewässerungs- und Anbausystemen** verfolgen für ausgewählte Agrarlandschaften Indiens thematisch wie methodisch bisher allein die Arbeiten von NITZ (4), in denen repräsentative Gemarkungen einer eingehenden Untersuchung unterzogen werden. Dadurch ist es möglich, die für die regionalen Landwirtschaftsformationen charakteristischen Bewässerungssysteme und die auf ihnen aufbauenden "Typen des Bewässerungslandes" herauszuarbeiten.

c) Einige neuere Arbeiten über künstliche Bewässerung stellen **sozialgeographische Aspekte** des Bewässerungswesens in den Vordergrund. Dabei wird beispielsweise das Entscheidungsverhalten einzelner sozialer Gruppen bei der Durchführung von Bewässerungsprojekten untersucht (z.B. HEINRITZ, 1977) bzw. die "Innovationsbereitschaft" einzelner agrarsozialer Gruppen gegenüber (bewässerungslandwirtschaftlichen) Neuerungen beim Bewässerungsfeldbau analysiert. Diesen Aspekt stellt etwa BRONGER (5) bei seinen Untersuchungen zur Bewässerungslandwirtschaft im südindischen Bundesstaat Andhra Pradesh heraus. Er untersucht, ob und wieweit das spezifische Wirtschaftsverhalten der sozialen Schichten der Agrarbevölkerung bei der Nutzbarmachung von neugeschaffenen Bewässerungsmöglichkeiten wirksam wird. Hierbei spielen neben dem von BRONGER herausgestellten "Wirtschaftsgeist" insbesondere die Landbesitzverhältnisse eine Rolle. Größe und Art des Landbesitzes entscheiden nämlich in einer Gesellschaft wie Indien, die agrarisch bestimmt ist und überdies eine hierarchisch streng geschichtete Kastenstruktur aufweist, über die wirtschaftlichen

---

(1) Adiceam, 1966
(2) Biehl, 1968
(3) Golkowsky, 1969; Geiger, 1972
(4) Nitz, 1971; 1974
(5) Bronger, 1970a, b; 1972; 1975c

Möglichkeiten des einzelnen, z.B. über Investitionsmöglichkeiten im Bewässerungsland. Insgesamt erscheint es daher unumgänglich, **sozialgeographische Fragestellungen** gerade in die Untersuchung der indischen Bewässerungslandwirtschaft einzubeziehen, um ihre räumliche Differenzierung wirklich verstehen zu können.

An dieser Stelle scheinen jedoch einige **kritische Einschränkungen** angebracht, an die die vorliegende Studie in ihren theoretischen Grundlagen und in ihren Zielsetzungen anknüpfen will. Die wenigen sozialgeographisch ausgerichteten Arbeiten zur Bewässerungslandwirtschaft, die entwicklungsorientiert sind und dabei Fragen von "Arbeitsverhalten", "raumrelevanten Entscheidungsprozessen" (1) "Innovationsbereitschaft" (2) etc. aufgreifen, problematisieren nämlich i.d.R weder die agrarwirtschaftlichen **Innovationen** selbst, noch analysieren sie **Entstehen und Wandlungstendenzen der sozialstrukturellen Verhältnisse**. Somit setzen diese, dem Leitbild einer nach westlichem Vorbild zu modernisierenden Landwirtschaft verpflichteten Arbeiten voraus, daß agrarwirtschaftliche Neuerungen durchweg wünschenswert sind und daß sie die Lebensbedingungen aller Schichten der Agrarbevölkerung verbessern helfen. Diese Prämisse ist jedoch kritisch zu prüfen. In weitgehend unhistorischer Betrachtungsweise bleiben zudem politische, ökonomische und soziale Prozesse unberücksichtigt, die in der Vergangenheit die Wechselwirkungen zwischen Wirtschafts- und Gesellschaftssystem bestimmten. Insbesondere wird dabei die Wirkung externer Einflüsse auf die Agrargesellschaft vernachlässigt. Fragen nach den **Ursachen** ländlicher Unterentwicklung bleiben so zwangsläufig an der Oberfläche. Entwicklungsplanung und -strategien aber - so zeigen es unzählige ländliche Entwicklungsvorhaben der von eben diesen modernisierungstheoretischen Konzepten geprägten Ersten Entwicklungsdekade - tragen den Kern des Scheiterns bereits in sich, wenn sie sich damit begnügen, vom "Ist"-Zustand von Unterentwicklung auszugehen, ohne ihre Ursachen zu analysieren und entsprechend in die Entwicklungsplanung einzubeziehen (3).

An dieser Kritik zu vorliegenden sozialgeographisch orientierten Arbeiten über künstliche Bewässerung in Entwicklungsländern sollen nun einige Vorüberlegungen zu möglichen entwicklungstheoretischen Ansätzen geographischer Arbeit über Bewässerungslandwirtschaft der Dritten Welt ansetzen.

1.2 **Vorüberlegungen zu einem entwicklungsrelevanten theoretischen Konzept für eine Untersuchung der Bewässerungswirtschaft in der Dritten Welt**

1.2.1 **Möglichkeiten und Grenzen entwicklungstheoretisch orientierter geographischer Entwicklungsländerforschung**

Es erscheint im folgenden nicht erforderlich, die aktuelle entwicklungstheoretische Diskussion in ihren Prämissen und Konzeptionen im einzelnen darzulegen. Es soll hier genügen, zwei grundsätzliche Kritikpunkte (4), die sowohl dependenz- wie modernisierungstheoretisch begründete Ansätze in der geographischen Entwicklungsländerforschung betreffen, herauszustellen: die oft un-

---

(1) Heinritz, 1977, 189
(2) Bronger, 1975c
(3) WCARRD, 1978, 3
(4) z.B. Blenck, 1974, 1979; Bronger, 1974; Lühring, 1977; Scholz, 1974c, 1979

zureichende Einsicht in die **Ursachen** des Phänomens, das meist viel zu undifferenziert als "Unterentwicklung" bezeichnet wird (1), sowie die mangelnde Berücksichtigung der beträchtlichen **regionalen Unterschiede** in der Ausprägung und Intensität der Prozesse und Erscheinungen von "Unterentwicklung". Beide Mängel stehen in einem wechselseitigen Zusammenhang und sind aus Defiziten der gängigen globalen Entwicklungstheorien abzuleiten. Dies sei am Beispiel dependenztheoretisch beeinflußter Entwicklungsländerforschung verdeutlicht.

In Reaktion auf die jüngere dependenztheoretische Diskussion in den Sozial- und Politikwissenschaften (2) hat sich auch die geographische Entwicklungsländerforschung in zunehmendem Maße mit den Wechselwirkungen exogener Einflüsse und interner Strukturen in den Ländern der Dritten Welt und ihren Konsequenzen – der Deformation dieser internen Strukturen und damit der Unterentwicklung – auseinandergesetzt (3). Dabei fehlen jedoch – und dies betrifft den erstgenannten Kritikpunkt – **historisch-geographische** Analysen (4), die die internen Strukturen während und insbesondere **vor** ihrer Beeinflussung durch exogene Faktoren herausarbeiten. Als einer der ersten Dependenztheoretiker weist in diesem Zusammenhang bereits CORDOVA (5) in seiner Auseinandersetzung mit FRANK (6) ausdrücklich auf die Bedeutung vorkolonialer Faktoren von Unterentwicklung hin und kritisiert die Tendenz, daß abhängigkeitsanalytische Untersuchungen die aktuellen Abhängigkeitsbeziehungen oft mechanistisch in die Vergangenheit zurückverlängern. Den besonderen Stellenwert historisch-genetischer Analysen leitet CARDOVA dabei aus einem der wesentlichen Strukturmerkmale unterentwickelter Länder ab, der "**strukturellen Heterogenität**". Diese ist gekennzeichnet durch die komplexe Koexistenz von Sektoren und Regionen unterschiedlich stark beeinflußter und veränderter interner Strukturen. Um diese angemessen erfassen zu können, erscheint es unerläßlich, zunächst die vorkolonialen Wirtschafts- und Sozialstrukturen einer Region zu rekonstruieren. Danach erst lassen sich Grad und Ausmaß exogener Beeinflussung wirklich ermessen, Intensität und Art der internen Strukturveränderungen erfassen und die historischen und aktuellen Beziehungen zwischen unterschiedlich entwickelten Sektoren und Regionen in einem Entwicklungsland erkennen. Daraus sind schließlich die Erscheinungsformen **und** Ursachen von Unterentwicklung zu bestimmen.

Historisch-genetische Analysen vorkolonialer interner Strukturen wurden bisher vor allem in der Diskussion über vorkapitalistische Produktionsweisen, insbesondere die asiatische Produktionsweise (7), geleistet. Sie enthüllen, daß bereits in vorkolonialen Epochen, bedingt etwa durch den unterschiedlichen Entwicklungsstand natürlicher Ressourcen (künstliche Bewässerung), beträchtliche **regionale** Unterschiede in Ausprägung und Entwicklung der vorherrschenden Produktionsweisen auftraten (8). Daraus resultierten – und dies

---

(1) Scholz, 1974c, 30
(2) in Deutschland besonders durch die Arbeiten von Senghaas (1974a, 1974b, 1976, 1977), Nohlen/Nuscheler (1974), Tibi/Brandes (1975) und Schmidt (1976).
(3) z.B. Sandner/Steger (1973), Blenck (1974, 1977), Scholz (1974a, 1974b, 1974c, 1977), Asche (1977), Blenck/Bronger/Uhlig (1977) und insbesondere das DGFK-Heft 12/1979 mit neun geographischen Beiträgen zur Entwicklungsländerforschung.
(4) beklagt z.B. von Blenck (1979, 15 f.), im Sinne einer Erforschung der "Entwicklung der Unterentwicklung".
(5) Cordova, 1973, 148
(6) Frank, 1969
(7) z.B. Leggewie, 1975
(8) z.B. Wittfogel, 1962; Sofri, 1972; Stavenhagen, 1974

betrifft nun den zweiten genannten Kritikpunkt - räumlich stark differenzierte politische, wirtschaftliche und kulturelle Strukturen. Besonders klar läßt sich dieser Sachverhalt an der Existenz großer vorkolonialer Bewässerungssysteme verdeutlichen. Wegen des besonderen Stellenwertes der Bewässerungswirtschaft in vorliegender Untersuchung sei dies kurz aufgezeigt.

Verglichen mit allen anderen wesentlichen natürlichen Vorbedingungen für die landwirtschaftliche Produktion (Klima, Boden etc.) unterscheidet sich das Wasser vor allem durch seine große Beweglichkeit. Deshalb bezeichnet WITTFOGEL (1) das Wasser in einer gegebenen Agrarlandschaft als "**die natürliche Variable par excellence**". Doch hat der Mensch es beim Wasser mit einer Materie zu tun, die nicht nur beweglicher ist als die anderen natürlichen Voraussetzungen der Agrarproduktion, sondern auch schwerer zu beherrschen ist, eine Feststellung, die in besonderer Weise für das zu untersuchende Deltagebiet zutrifft. Wenn der Mensch nämlich versucht, große Wassermassen zur landwirtschaftlichen Nutzung zu manipulieren, so ist dies unter den Bedingungen einer vorindustriellen Technologie nur durch einen entsprechend massenhaften Arbeitseinsatz möglich. Die benötigte Arbeiterschaft ist zu rekrutieren, zu koordinieren, zu disziplinieren und zu versorgen. Diese Voraussetzung aber bedingt spezifische **Gesellschaftsformationen**, die WITTFOGEL (2) als **"Hydraulische Gesellschaft"**, BOBEK (3) als **"Herrschaftlich organisierte Agrargesellschaft"** bezeichnet.

Der besondere Stellenwert bewässerungslandwirtschaftlicher Entwicklung liegt also bereits in präkolonialer Zeit in seiner Bedeutung als der **materiellen Grundlage** eines sich herausbildenden und sich verändernden **Wirtschafts- und Gesellschaftssystems mit spezifischen Herrschaftsformen**. Die politischen und sozialstrukturellen Voraussetzungen der Bewässerungsentwicklung, ihre Wechselwirkungen und ihre Folgeerscheinungen im Prozeß der Agrarentwicklung führen dabei je nach Art, Durchsetzungsvermögen und Reichweite politökonomischer Interessen des Staates zu einer beträchtlichen inter- und innerregionalen agrarstrukturellen Differenziertheit. Vor diesem Hintergrund erscheint es als ein zweiter Mangel dependenztheoretisch ausgerichteter geographischer Entwicklungsländerforschung, daß **kleinräumige, empirisch begründete** Studien weitgehend fehlen (4). Regional unterschiedliche interne Strukturen lassen nämlich regional unterschiedliche Reaktionen auf äußere Einflüsse, regional und zeitlich unterschiedliche strukturelle Veränderungen und damit bis heute regional unterschiedliche Entwicklungsprobleme erwarten.

Nicht zuletzt wegen des Mangels an historisch-genetischen Analysen über vorkoloniale Verhältnisse fehlen in der geographischen, dependenztheoretisch fundierten Entwicklungsländerforschung kleinräumige, problembezogene Studien, die den Stellenwert endogener Faktoren und exogener Kräfte in regionaler Differenzierung und in ihren historischen Wechselwirkungen untersuchen. Eine tiefere Einsicht in die Ausprägung und Ursachen von "Unterentwicklung" erfordert aber - dieses ist die Folgerung aus der hier angemeldeten Kritik - eine stärkere Berücksichtigung und insbesondere eine Verknüpfung beider Aspekte, des historisch-geographischen und des kleinräumig-empirischen.

---

(1) Wittfogel, 1962, 32
(2) Wittfogel, 1962
(3) Bobek, 1959
(4) beklagt etwa von Scholz (1974c, 31) und Lühring (1977, 234)

1.2.2 Das Konzept der regionalen und sozialen Ungleichheit

Will man die beiden angesprochenen Aspekte zumindest teilweise verknüpfen, so erscheinen die gängigen globalen Entwicklungstheorien als Ansatz viel zu grobrastig. Benötigt wird vielmehr eine Konzeption, mit deren Hilfe typische Prozesse und Erscheinungen von Unterentwicklung historisch abzuleiten und kleinräumig zu interpretieren sind. Eine solche Konzeption dient dann als "Brücke" zwischen einzelnen empirischen Befunden und globaler Theorie. Das "Konzept der regionalen und sozialen Ungleichheit" erscheint für einen solchen Ansatz besonders geeignet und soll daher im folgenden vorgestellt werden.

Die Ergebnisse der Ersten Entwicklungsdekade führten zu der Einsicht, daß sich der Abstand im Entwicklungsstand zwischen Industrieländern und Entwicklungsländern einerseits und zwischen Regionen innerhalb der Entwicklungsländer andererseits vergrößert hat (1). Diese Feststellung, die bereits durch die Untersuchungen MYRDALs (2) in den Vordergrund entwicklungstheoretischer Diskussion rückte, erscheint als ein so wichtiges Merkmal von Entwicklungsländern, daß allein das Vorhandensein großer und anwachsender Ungleichheiten im wirtschaftlichen, sozialen und regionalen Entwicklungsstand zur Definition "Entwicklungsland" genügt (3). Umgekehrt wird "Entwicklung" als der Prozeß einer die Gesamtheit eines Entwicklungslandes erfassenden tendenziellen Homogenisierung aufgefaßt (4).

Ausgehend von der aktuellen entwicklungstheoretischen Diskussion und angesichts der dargestellten Kritikpunkte an theoretischen Ansätzen geographischer Entwicklungsländerforschung erscheint für eine entwicklungsproblematisch orientierte Studie zur Bewässerungswirtschaft in Südindien daher vor allem ein solcher Ansatz geeignet, der sich auf räumlich differenzierte **Prozesse und Erscheinungen von Ungleichheit** konzentriert. Für das Untersuchungsgebiet sind dabei solche Formen von Ungleichheit zu analysieren, die einerseits den **agraren Entwicklungsstand**, andererseits die **Situation der ländlichen Bevölkerung** kennzeichnen. Beide Aspekte von Ungleichheit müssen innerhalb des Untersuchungsgebietes im Vergleich zwischen den Regionen (inter-regional), in ihrer Ausprägung innerhalb der Region (intra-regional) sowie auf der Ebene einzelner Dörfer (lokal) verfolgt werden. Zudem ist auch das Untersuchungsgebiet als Ganzes in einen größeren räumlichen Rahmen einzuordnen. Als besonders wichtig erscheint dabei die Frage nach den **Zusammenhängen** zwischen agrarwirtschaftlichem Fortschritt und dem Stand ländlicher Entwicklung. Insbesondere ist zu prüfen, ob die agrarwirtschaftliche Entwicklung (Wirtschaftswachstum) in einer Region oder in einem Dorf zu einer allgemeinen Verbesserung der Lebensbedingungen der betroffenen Bevölkerung führt. Eine Verbesserung der materiellen und immateriellen Lebensbedingungen (Nahrung, Arbeit, Gleichheit) (5) für die große Mehrzahl der ländlichen Bevölkerung soll dabei als Voraussetzung, Maßstab und Ziel von "ländlicher Entwicklung" begriffen werden (6). Diesem Ansatz liegt die Einsicht zugrunde, daß Wirtschaftswachstum in den Entwicklungsländern nicht automatisch zu einer Verbesserung der Lebensbedingungen der ärmsten Schichten der Gesellschaft führt. Auf dieser Erkenntnis beruht das **Konzept der sozio-ökonomischen Ungleichheit**; die Beobachtung, daß sich Ungleichheit nicht nur zwischen menschlichen Gruppen, sondern auch zwischen räumlichen

---

(1) Vereinte Nationen, 1972, in: Nohlen und Nuscheler, 1974, 38
(2) Myrdal, 1959
(3) Higgins, 1966, 164
(4) Scholz, 1977, 69
(5) Seers, 1974, 41-44
(6) Einzelheiten dazu in Kap. 4.3.2

Einheiten entwickelt, führte weiter zum **Konzept der räumlichen Ungleichheit**. Sozio-ökonomische Ungleichheit wird nach HINDERINK und STERKENBURG (1) definiert als "Unterschiede in Einfluß, Status und materiellem Wohlstand, die das Ergebnis sozialer Strukturen eines eher permanenten Charakters sind und den ungleichen Zugang von Individuen und Gruppen zu den materiellen und immateriellen Ressourcen einer Gesellschaft zur Folge haben und eine ungleiche Entwicklung dieser Ressourcen verursachen". Das Konzept der räumlichen Ungleichheit umfaßt daher einerseits die **Beschreibung** des räumlichen Niederschlages sozio-ökonomischer Ungleichheit, andererseits eine **Analyse** der Art und Entwicklung der Strukturen, die sozio-ökonomische Ungleichheit in Beziehung zum geographischen Raum verursachen und perpetuieren.

Da für das Untersuchungsgebiet in erster Linie solche Formen von Ungleichheit herausgestellt werden sollen, die den agrarwirtschaftlichen Entwicklungsstand einerseits und die Situation der ländlichen Bevölkerung andererseits kennzeichnen, wird das Konzept der räumlichen Ungleichheit im folgenden als das "**Konzept der regionalen und sozialen Ungleichheit**" aufgefaßt. Unter Verwendung dieses Konzeptes sollen Formen regionaler und sozialer Ungleichheit im Untersuchungsgebiet in verschiedenen historischen Etappen beleuchtet sowie auf unterschiedlichen räumlichen Ebenen dargestellt werden. Gegenstand einer solchen Untersuchung sind vor allem die jeweils auszumachenden Produktionsweisen, die damit verbundene Entwicklung der wirtschaftlichen und sozialen Beziehungen, die entsprechenden Formen der Verfügungsgewalt von Individuen und sozialen Gruppen über die Ressourcen (Land und Wasser) und schließlich die daraus resultierenden Lebensbedingungen der betroffenen Individuen und Bevölkerungsgruppen.

Für eine solche Analyse der regionalen und sozialen Ungleichheit im Reisbaugebiet von Tanjore ist das von HINDERINK und STERKENBURG definierte Konzept der räumlichen Ungleichheit in mancher Weise zu **erweitern** und zu **modifizieren**. Dazu werden die folgenden **fünf Thesen** aufgestellt:

1. Ungleichheiten in Status, Einfluß und materiellem Wohlstand der Agrarbevölkerung entwickeln sich in der präkolonialen, kolonialen und postkolonialen Phase der Agrargesellschaft Südindiens, weisen aber in jeder dieser Phasen verschiedenartige Zusammenhänge auf und haben jeweils einen unterschiedlichen Stellenwert.
2. Die sozialen Ungleichheiten sind das Ergebnis der Wirkungen von Sozialstruktur, politischen Machtverhältnissen und wirtschaftlichen Interessen, die den ungleichen Zugang von Individuen und Gruppen der Gesellschaft zu den Ressourcen des Landes zur Folge haben (**Prozeß der sozialen Selektivität**).
3. Die ungleiche Entwicklung der agrarischen Ressourcen resultiert einerseits aus unterschiedlichen Naturgrundlagen, steht andererseits aber auch im Zusammenhang mit den Faktoren, die sozialökonomische Ungleichheiten entstehen lassen. Es entstehen Ungleichgewichte im landwirtschaftlichen Entwicklungsstand auf verschiedenen räumlichen Ebenen (**Prozeß der regionalen Selektivität**).
4. Verfestigung und Verschärfung der regionalen und sozialen Ungleichheiten bedeuten bei einer zunehmend ungleichgewichtigen Entwicklung der agrarischen Ressourcen ein tendenzielles Absinken im sozialen Status für eine große Mehrheit der Agrarbevölkerung (Marginalisierung), eine Zunahme des Einflusses weniger (Polarisierung der Interessen) und einen immer unzureichenderen Stand der materiellen Lebensbedingungen (Arbeit, Einkommen, Nahrung, Wohnung) für eine zunehmende Bevölkerungszahl

---

(1) Hinderink und Sterkenburg, 1978, 6 (eigene Übersetzung)

(Pauperisierung). Damit ist der Zustand der "ländlichen Unterentwicklung" charakterisiert.
5. **Ländliche Entwicklung** bedeutet umgekehrt eine Verringerung der regionalen und sozialen Ungleichheiten, d.h. eine tendenzielle Angleichung der sozialen und wirtschaftlichen Verhältnisse in allen ländlichen Regionen und für alle Gruppen der ländlichen Bevölkerung.

1.3. Zielsetzungen, Fragestellungen und Arbeitsschritte der Untersuchung

Ausgehend von diesen Überlegungen zu vorhandenen und möglichen Ansätzen geographischer Forschung über Bewässerungslandwirtschaft in der Dritten Welt setzt sich diese Arbeit zum **Ziel**, die auf dem Bewässerungsfeldbau aufbauenden **wirtschaftlichen und sozialen Strukturen** einer südindischen Deltaregion zu analysieren. Diese sind in ihrem Entstehen, in ihrem Wandel und in ihrer heutigen Ausprägung zu untersuchen. Ihre jeweiligen wechselseitigen Beziehungen sind zu interpretieren. Die entsprechenden Interdependenzen exogener Einflüsse und endogener Strukturen sind zu bestimmen, und resultierende Deformationen der internen Strukturen sind schließlich in ihrer Bedeutung hinsichtlich aktueller ländlicher Entwicklungsprobleme abzuschätzen. Die Diskussion über extern verursachte und sich intern realisierende "**strukturelle**" **Unterentwicklung** soll dadurch um ein empirisches Beispiel bereichert werden.

Aus dieser allgemeinen Zielsetzung der Arbeit lassen sich vier übergreifende **Fragestellungen** ableiten:

1. Welche Grundzüge in der Entwicklung des Bewässerungsfeldbaus als der materiellen Grundlage einer sich herausbildenden und verändernden Agrargesellschaft lassen sich erkennen?
2. Welches sind die politischen und ökonomischen Voraussetzungen und Hintergründe dieser Entwicklung?
3. Welche Einflüsse hat das sich herausbildende politische und ökonomische System auf Struktur und Wandel des ländlichen Sozialsystems?
4. Welche Konsequenzen haben sozialstrukturelle Wandlungstendenzen für die Lebensbedingungen der Agrarbevölkerung?

Die Untersuchung gliedert sich dazu in folgende vier **Arbeitsschritte**:

1. In einem ersten Arbeitsschritt wird die **vorkoloniale Agrarentwicklung** analysiert. Dazu werden in erster Linie historische Bestandsaufnahmen von britischen Kolonialbeamten, von Archäologen und Indologen zur Agrar- und Sozialgeschichte Südindiens aufgearbeitet. Gemäß den angeführten Zielsetzungen und Fragestellungen ist dabei aufzuzeigen, welche gesellschaftlichen und herrschaftlichen Strukturen die vorkoloniale Phase kennzeichnen, welche Konsequenzen daraus für den landwirtschaftlichen Produzenten erwachsen und welche räumlichen Verwirklichungsmuster der Gesellschaftsformation sich erkennen lassen. Aus dieser Analyse soll die historische wirtschafts- und sozialstrukturelle Entwicklung bis zur "**Ausgangssituation**" bei Einsetzen kolonialer agrarpolitischer Maßnahmen im Jahre 1799 rekonstruiert werden.
2. In einem zweiten Arbeitsschritt wird anschließend untersucht, wie verschiedene Maßnahmen der **britischen Kolonialverwaltung** diese Ausgangssituation verändern und welche Motive dahinterstehen. Dazu werden vor allem kolonialzeitliche Archivalien über Organisation, Ziele und Strategien der britischen Agrarpolitik in Indien herangezogen. In diesem Teil der Untersuchung sollen die Wandlungserscheinungen im wirtschaftlichen und

sozialen Bereich wie auch in der räumlichen Dimension aufgezeigt werden. Die daraus erwachsenden Folgen für die wirtschaftliche und soziale Lage der landwirtschaftlichen Produzenten sind dabei zu analysieren. Der zweite Arbeitsschritt soll so die wirtschafts- und sozialstrukturellen **Grundlagen** der Agrarregion bei Erlangen der nationalen Unabhängigkeit im Jahre 1947 erhellen.

3. Ein dritter Arbeitsschritt befaßt sich dann mit der **jüngeren Agrarentwicklung** seit 1947. Dazu liegt ein umfangreiches agrarstatistisches Material vor. Es ist hier zunächst zu untersuchen, ob strukturelle Veränderungen der dargestellten kolonialzeitlichen Grundlagen erfolgt sind, bzw. inwieweit die jüngere Entwicklung entlang historisch vorgeprägter struktureller Leitlinien verläuft. Die Agrarentwicklungsstrategien der indischen Regierung sollen dazu in ihren Zielsetzungen, Maßnahmen und Ergebnissen für den Untersuchungsraum analysiert werden. Dabei ist wieder die Frage nach den Konsequenzen der jüngeren Agrarentwicklung für die Agrarbevölkerung zu stellen.

4. In einem vierten Arbeitsschritt sollen schließlich **Fallstudien** vorgestellt werden. Agrarentwicklung und sozialstrukturelle Entwicklungstendenzen von vier unterschiedlich strukturierten **Kleinräumen** mit insgesamt rund 150 Dörfern sowie von vier einzelnen **Beispieldörfern** innerhalb dieser Kleinräume sind dabei Gegenstand der Untersuchung. In diesem Teil der Arbeit, der weitgehend auf umfangreichen Feldforschungen und dabei gewonnenem empirischen Material beruht, sollen die angesprochenen **intraregionalen und lokalen Verhältnisse** analysiert werden. Zusätzliche eingehende Archivarbeiten in lokalen Distrikt- und Landkreisämtern, in denen äußerst detaillierte kolonialzeitliche Steuerlisten und Dorfstatistiken vorliegen, ermöglichen es, auch für die Dorfebene die **historische Dimension** in die Analyse einzubeziehen.

2. EINFÜHRUNG IN DAS UNTERSUCHUNGSGEBIET

2.1 Natürliche Voraussetzungen und Potential für Bewässerungslandwirtschaft

2.1.1 Lage und naturräumliche Gliederung

Der Tanjore Distrikt liegt etwa 200 km südlich von Madras an der Ostküste Südindiens. Er läßt sich in vier naturräumliche Einheiten untergliedern (1): in die Deltaregion, die Deltaumrahmung, das Tafelland von Vallam und den Vedaranniyam Salzsumpf (Abb. 1).

Die **Deltaregion**, die sich keilförmig nach Osten und Südosten hin verbreitert, umfaßt den größten Teil des Untersuchungsgebietes. Sie dacht sich sanft zum Meer hin ab und weist keine natürlichen Erhebungen außer den Strandwällen aus äolischem Sand ("teri") entlang des schmalen Küstenstreifens auf (2). Daß das Delta des Cauvery zu einer Größe von über 10.000 km^2 anwachsen konnte, führt CUSHING (3) auf drei Faktoren zurück:

1. Das große Einzugsgebiet des Cauverysystems und die enorme Menge der transportierten Sedimente.
2. die sehr flache Küstenebene, die das Deltawachstum begünstigt, und
3. eine allmähliche Küstenhebung.

Die **Deltaumrahmung** liegt durchschnittlich rund 15 m über dem Niveau der Deltaregion. Sie bildet eine offene, leicht gewellte Ebene, die sich nach Osten und Südosten hin leicht abdacht und keine merklichen Erhebungen aufweist. Der westlich des Deltas gelegene Teil der Deltaumrahmung ist ein Riedelland, das den Laterittafeln der binnenwärtigen Ostküste zugerechnet werden kann (4). Nach CUSHING (5) ist dieser Bereich der Deltaumrahmung als reife Küstenebene anzusprechen. Der südlich des Deltas gelegene Teil der Deltaumrahmung ist dagegen der jungen Küstenebene (6) mit ihren tertiären marinen Sedimenten (7) zuzuordnen.

Aus dieser Großgliederung des Untersuchungsgebietes in Deltaregion und Deltaumrahmung fallen zwei kleinere eigenständige naturräumliche Einheiten heraus. Zur Deltaregion ist der **Vedaranniyam-Salzsumpf** zu rechnen, der sich in einer durchschnittlichen Breite von 6-8 km über 50 km von Pt. Calimere nach Westen erstreckt. Der Deltaumrahmung ist das sogenannte **Tafelland von Vallam** zuzuordnen. Dies ist ein kleines, von Kämmen aus Kies und Sandstein durchbrochenes Plateau mit einer absoluten Höhe von etwa 100 m, das südwestlich der Stadt Tanjore liegt und die einzige wahrnehmbare Erhebung des Untersuchungsgebietes bildet (8). Beim Tafelland von Vallam handelt es sich um einen schmalen Sporn des höhergelegenen lateritischen Riedellandes, das sich hier, etwa der 100-m-Isohypse folgend, von Südwesten her fingerförmig bis zur Stadt Vallam und damit am weitesten in die flache, mehr als 50 m tiefer liegende Deltaregion hinein vorschiebt.

---

(1) Chandrasekharan, 1937a, 115 f.
(2) Krebs, 1939, 190
(3) Cushing, 1913, 90 f.
(4) Krebs, 1939, 16
(5) Cushing, 1913, 88 f.
(6) Cushing, 1913, 89 f.
(7) Singh, 1971, 935 f.
(8) Chandrasekharan, 1937b, 120

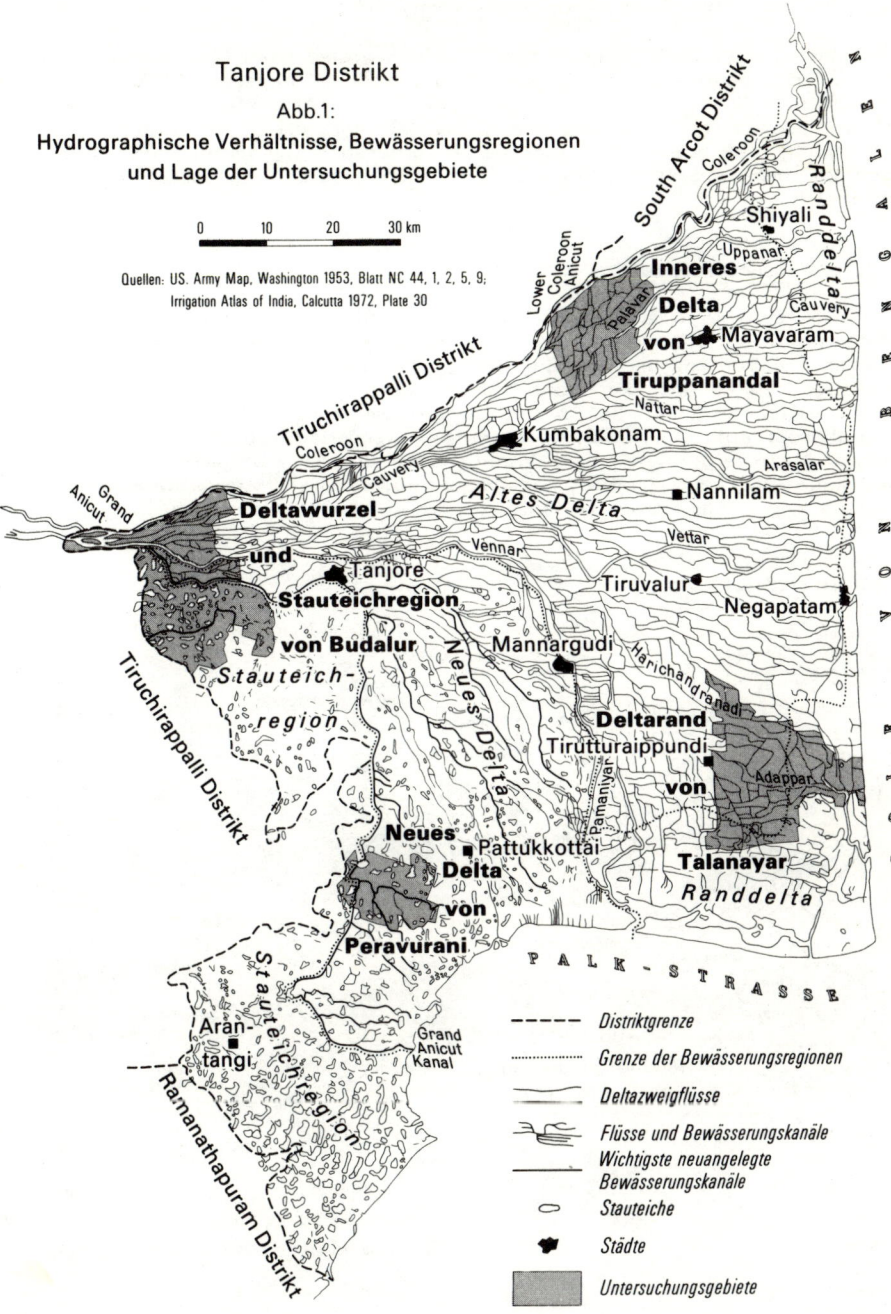

2.1.2 Potential für Bewässerungslandwirtschaft

Das agrarische Potential des Untersuchungsgebietes wird hauptsächlich durch vier Faktoren bestimmt: die Wasserversorgung, die Wasserverteilung, die Bodenfruchtbarkeit und die Temperaturverhältnisse. Alle diese Faktoren wirken zusammen, sie bilden und begrenzen das Agrarpotential, insbesondere des Bewässerungsfeldbaus, und gliedern das Untersuchungsgebiet in Bereiche unterschiedlicher agrarischer Gunst, aber auch unterschiedlicher agrarischer Probleme.

2.1.2.1 Wasserversorgung

Die Wasserversorgung erfolgt durch die **lokalen Niederschläge** sowie durch den **Wasserzufluß aus dem Flußsystem des Cauvery**. Die jährliche Niederschlagsmenge beträgt im langjährigen Durchschnitt 1127 mm, die Jahresniederschläge nehmen von der Küste zum Landesinneren und von Norden nach Süden deutlich ab (Abb. 2b). Alle Stationen weisen ihr Niederschlagsmaximum im Spätherbst auf. Die Hauptniederschläge werden durch den Nordostmonsun bewirkt. Auch zeigt sich bei allen Stationen ein kurzes, wenig ergiebiges Niederschlagsmaximum im Mai, verursacht durch die "Mangoschauer", die meist als gewittrige Regen fallen (1) und als Konvektionsniederschläge ge-

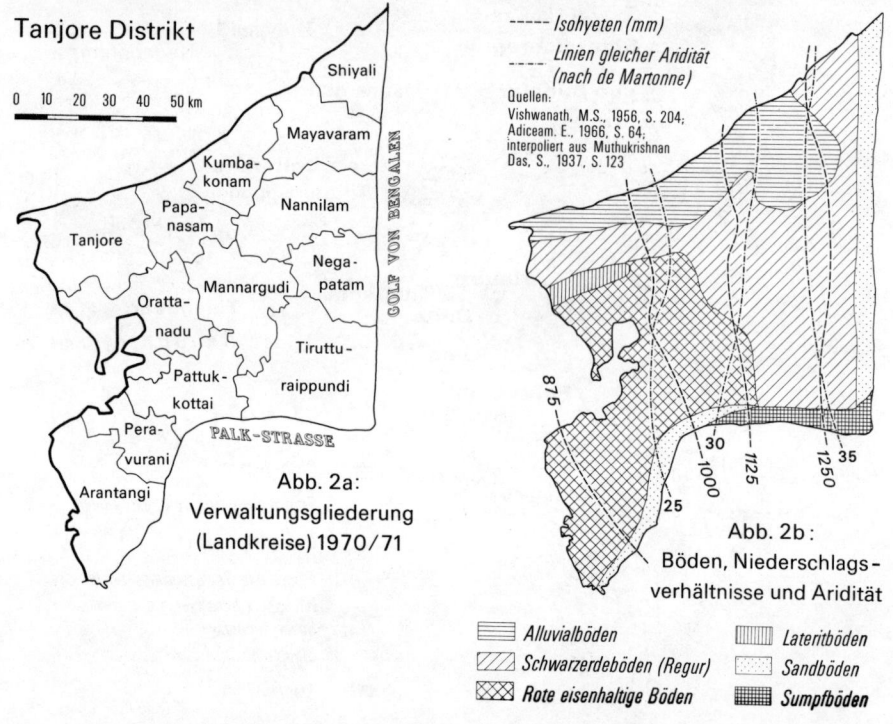

Abb. 2a: Verwaltungsgliederung (Landkreise) 1970/71

Abb. 2b: Böden, Niederschlagsverhältnisse und Aridität

---

(1) Muthukrishnan Das, 1937, 125

deutet werden (1). Der Südwest-Monsun ist ebenfalls von Bedeutung: Zwischen Juni und September verzeichnen alle Regionen 20-30 % der Jahresniederschläge. Ihr Anteil nimmt binnenwärts zu. Die jahreszeitliche Verteilung der Niederschläge verzeichnet eine regelmäßige Abnahme der Herbst- und Winterniederschläge von der Küste binnenwärts. Von Oktober bis Dezember erhalten z.B. Negapatam 72 %, Kumbakonam 54 %, Tanjore 50 % und Tiruchirappalli 45 % ihrer Jahresniederschläge (2).

Eine für die Landwirtschaft noch wichtigere Eigenart der lokalen Niederschläge ist ihre hohe **Variabilität**. Die beträchtlichen Schwankungen im jährlichen und vor allem im jahreszeitlichen Niederschlagsgang resultieren vor allem aus der Wechselhaftigkeit der Hauptniederschläge durch den Nordostmonsun. Aus den monatlich und jährlich registrierten Niederschlagsmengen der Jahre 1870 bis 1949 läßt sich errechnen, daß die Abweichung vom Jahresmittel durchschnittlich 21,7 % betrug. Viel extremer noch erweist sich die Variabilität der Niederschläge im regenreichsten Monat, dem November. Die Abweichung von der monatlichen Durchschnittsmenge von 293 mm lag zwischen 39 und 998 mm (3)!

Es stellt sich die Frage, welches Potential die lokalen Niederschläge für die Landwirtschaft bergen. Der Jahresniederschlag von durchschnittlich über 1100 mm deutet zwar darauf hin, daß **Regenfeldbau** überall im Tanjore Distrikt möglich sein müßte, die jahreszeitliche Verteilung der Niederschläge und insbesondere die hohe jährliche und jahreszeitliche Variabilität aber zeigen, daß ein solcher Anbau nur im Herbst und Frühwinter und auch dann nur mit hohem Risiko stattfinden kann. Im Sommer ist Ackerbau dagegen nur durch eine zusätzliche Wasserversorgung, d.h. durch künstliche Bewässerung möglich.

Unter den Voraussetzungen einer zusätzlichen Wasserversorgung aber bietet sich die Möglichkeit des **Naßreisanbaus** und damit ein im Vergleich zum Regenfeldbau unvergleichlich größeres landwirtschaftliches Potential. Zwar hängt der spezifische Wasserbedarf für den Naßreisanbau von der jeweiligen Reissorte und ihrer Reifedauer, von der Jahreszeit des Anbaus, den Bodenverhältnissen und vielen weiteren Faktoren ab, doch zeigen Untersuchungen z.B. im südindischen Coimbatore Distrikt, daß Naßreis mindestens 2000 mm an Wasser zur Erzeugung einer einzigen jährlichen Ernte benötigt. Zudem muß in den einzelnen Wachstumsstadien eine ausreichende Wasserversorgung gesichert sein: bereits vor dem Umpflanzen in die Bewässerungsfelder werden ca. 30 % des Wasserbedarfs benötigt, und weitere etwa 40 % müssen bis zur Blüte der Reisfrucht zur Verfügung stehen (4).

Die für einen potentiellen Naßreisanbau wichtigsten Bestimmungsfaktoren der Wasserversorgung sind die jahreszeitliche Dauer und die Menge der Wasserzufuhr. Beide Faktoren werden weitgehend vom **natürlichen Abflußregime** des Cauvery und seiner Nebenflüsse bestimmt. Daher sei der Einzugsbereich des Cauverysystems hier kurz gekennzeichnet. Bis auf das Tiefland von Malabar verbindet das Cauvery-Flußsystem alle südindischen Großregionen (Abb. 3, 5). Die wasserreichsten Nebenflüsse nimmt der Cauvery beim Durchqueren des Plateaus von Maidan auf. Diese entspringen wie der Cauvery selbst in den äußerst niederschlagsreichen (Abb. 4) Westghats. In der Palar-Ponnai-

---

(1) Rajagopal, 1942, 239; Spate und Learmonth, 1967³, 52 f.; Domroes, 1974, 80 ff.
(2) Spate und Learmonth, 1967³, 764
(3) errechnet nach: Statistical Atlas, 1950/51, App. VIII
(4) Randhawa, 1961, 59 f.

Abb. 3
Einzugsbereich des Cauvery Flußsystems

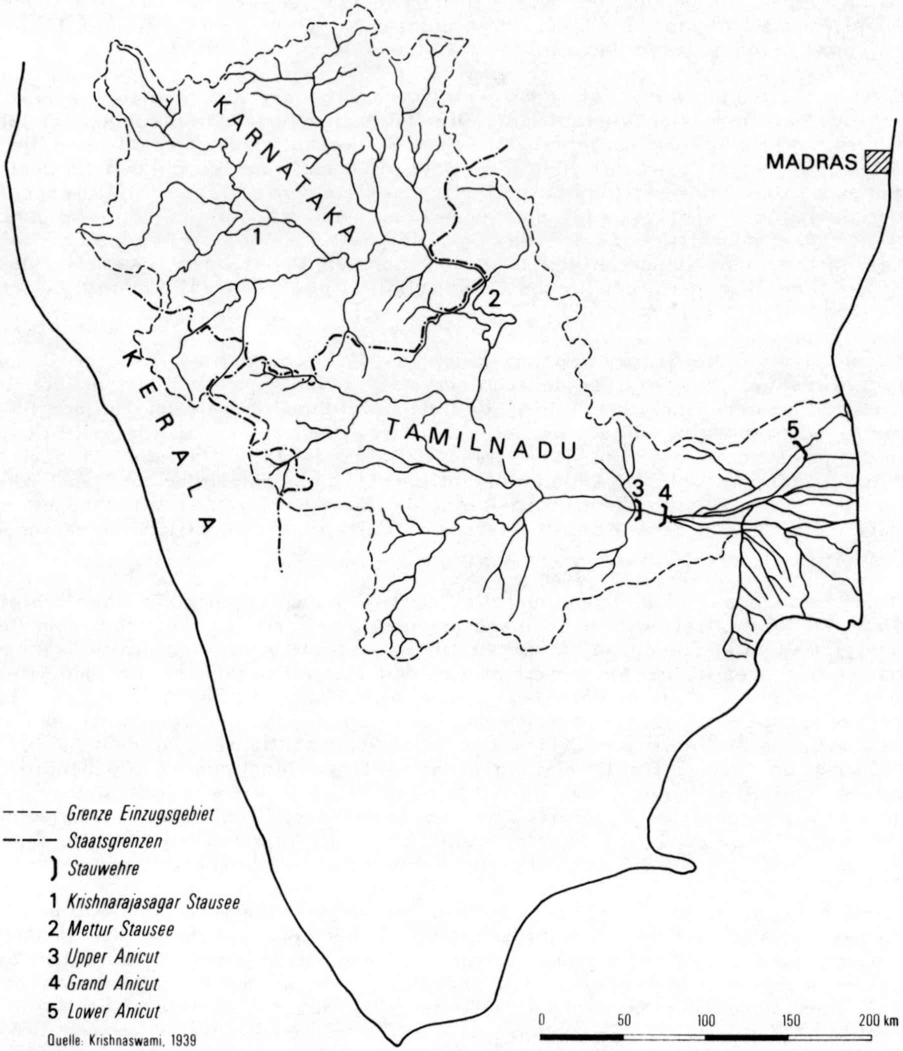
KARNATAKA
KERALA
TAMILNADU
MADRAS
1
2
3
4
5
Grenze Einzugsgebiet
Staatsgrenzen
Stauwehre
1 Krishnarajasagar Stausee
2 Mettur Stausee
3 Upper Anicut
4 Grand Anicut
5 Lower Anicut
0
50
100
150
200 km

Quelle: Krishnaswami, 1939

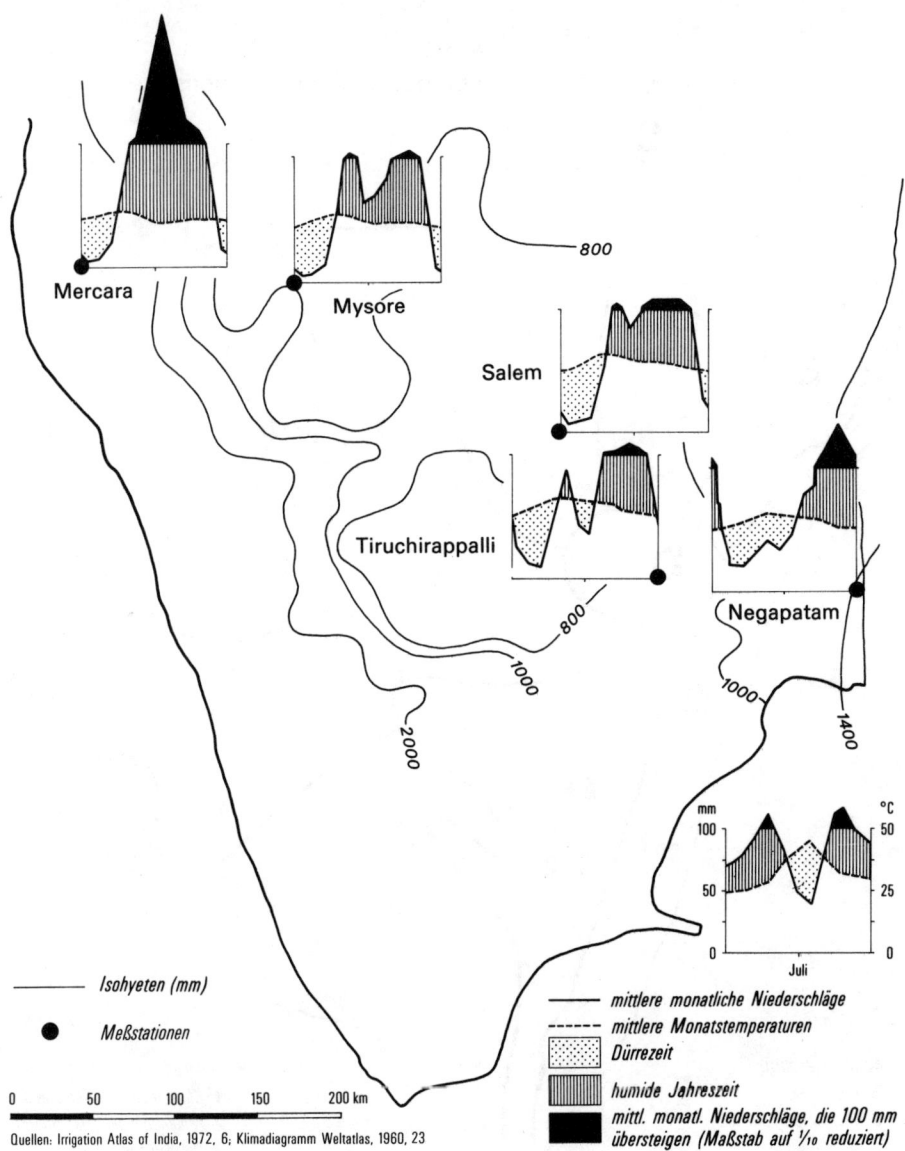

Abb.4:
Klimatische Verhältnisse im Einzugsbereich des Cauvery

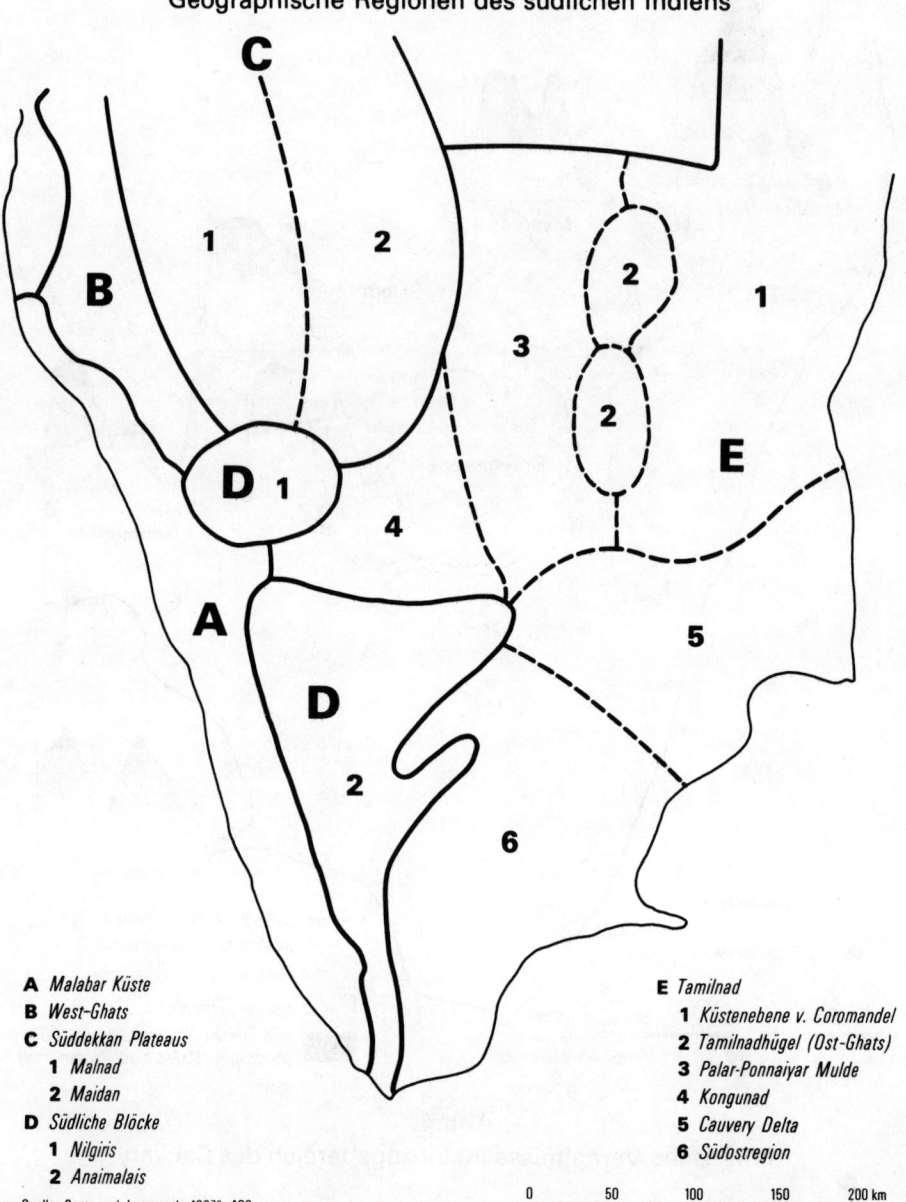

Abb. 5:
Geographische Regionen des südlichen Indiens

A Malabar Küste
B West-Ghats
C Süddekkan Plateaus
  1 Malnad
  2 Maidan
D Südliche Blöcke
  1 Nilgiris
  2 Anaimalais

Quelle: Spate und Learmonth, 1967³, 408.

E Tamilnad
  1 Küstenebene v. Coromandel
  2 Tamilnadhügel (Ost-Ghats)
  3 Palar-Ponnaiyar Mulde
  4 Kongunad
  5 Cauvery Delta
  6 Südostregion

yar Mulde, einem Teil der Tamilnadfläche, wird der Cauvery durch eine
Reihe von Nebenflüssen auch mit den regenreichen südlichen Gebirgsstöcken
verbunden. Schließlich entwässern auch kleinere, in den Ostghats entspringende Flüsse in das Cauvery System.

Das **Abflußregime** des Cauvery beim Erreichen des Cauvery Deltas ist von
den Niederschlagsverhältnissen im Einzugsbereich des Flußsystems abhängig.
Neben den jährlichen **Niederschlagssummen** im Einzugsgebiet des Cauvery (1)
ist dafür insbesondere der **Jahresgang der Niederschläge** bestimmend. Klimadiagramme von fünf ausgewählten Stationen (Abb. 4) stellen daher die regional unterschiedlichen hygrischen Verhältnisse im Jahresablauf dar (2).
Vereinfacht lassen sich drei **hydrometrische Regionen** im Einzugsbereich des
Cauvery erkennen:

1. Die erste hydrometrische Region ist die **westliche Gebirgsregion** mit sehr
   hohen Niederschlägen von über 2000-3000 mm im Jahr, die überwiegend
   zwischen Mai und September auftreten und ihren Höhepunkt im Juli aufweisen (Station Mercara). Der Niederschlagsgang resultiert in erster Linie aus den regenbringenden südwestmonsunalen Strömungen, die sich im
   westlichen Bergland abregnen und die zum Herbst hin zusätzlich durch
   nordostmonsunale Niederschläge ergänzt werden. Das Cauvery-Flußsystem
   erhält diesem Jahresgang folgend beträchtliche sommerliche Regenmengen
   in seinen Quellgebieten und Oberlaufstrecken in den Westghats, Nilgiris,
   Cardamoms und Anamalais.

2. Eine zweite hydrometrische Region ist die der **binnenländischen Plateaus**
   des südlichen Indiens mit deutlich abgeschwächten Jahresniederschlägen
   von durchschnittlich 750-900 mm. Diese Region umfaßt sowohl das Mysore-Plateau (a) wie auch die westlichen Tamilnadflächen (b), ihr Niederschlagsgang wird durch die Klimadiagramme von Mysore (a) und Salem (b)
   gekennzeichnet. Beide Diagramme zeigen als charakteristische Merkmale
   eine ausgeprägte erste Regenspitze im Mai ("Mangoschauer"), einen nachfolgenden deutlichen Einschnitt im Juni/Juli sowie die Niederschlagsmaxima zwischen August und Oktober. Während des Höhepunkts des regenbringenden Südwestmonsuns im Juni/Juli wirkt sich in dieser Region also die
   Lage im Regenschatten der Westghats aus. Die anschließenden Hauptniederschläge zwischen August und Oktober resultieren dann aus einem Verschmelzen südwest- und nordostmonsunaler Einflüsse. Die Niederschlagsmengen, die der Cauvery und seine Nebenflüsse in dem ausgedehnten Einzugsbereich der Mittel- und Unterlaufstrecken des Flußsystems aufnehmen,
   sind beträchtlich.

3. Eine dritte hydrometrische Region des Cauverybeckens bildet die **östliche
   Tamilnadfläche** (a) zusammen mit der **südindischen Ostküste** (b). Die Klimadiagramme von Tiruchirappalli (a) und Negapatam (b) repräsentieren
   den Niederschlagsgang dieser Region. Es zeigt sich, daß hier allein nordostmonsunale Einflüsse mit Niederschlagsmaxima im Oktober (a) bzw. November (b) dominieren. Dieses Niederschlagsregime ist jedoch für die Abflußverhältnisse des Cauvery nur von untergeordneter Bedeutung, da er
   hier keine größeren Nebenflüsse aufnimmt. Bedeutsam ist dieser Jahresgang aber für die lokalen Niederschläge in der Deltaumrahmung, da diese
   hier die einzige Wasserversorgung darstellen.

Das natürliche Abflußregime des Cauvery beim Erreichen des Deltas wird
durch die dargestellten Niederschlagsverhältnisse in seinem Einzugsgebiet

---

(1) Chatterjee, 1972, Plate 6
(2) Walter und Lieth, 1969, Blatt 2, 3

bestimmt und zusätzlich dadurch modifiziert, daß sich die Abflußspitzen – gestaffelt nach der Entfernung von den Herkunftsgebieten der Niederschläge – am Delta mehr oder weniger lange verzögern. Die ersten Hochfluten erreichen das Delta gewöhnlich Anfang Juni; sie resultieren aus den intermonsunalen Mangoschauern im Berg- und Binnenland. Das Hochwasser hält allgemein bis Anfang September an und stammt während dieser Zeit aus den starken südwestmonsunalen Niederschlägen der westlichen Gebirgsländer und danach aus den einsetzenden südwestmonsunalen Niederschlägen im Binnenland. Anschließend erfolgt oftmals ein bis zu sechs Wochen dauernder Bruch in der Wasserversorgung des Deltas. Die südwestmonsunalen Niederschläge in den Gebirgsregionen des Westghats verringern sich nämlich bereits deutlich, und wenn die ohnehin unverläßlichen und schwankenden nordostmonsunalen Regenfälle im Binnenland noch nicht eingesetzt haben, vermindert sich die Wasserführung des Cauvery deutlich. Es handelt sich dabei also um eine Regenpause zwischen den beiden Monsunen (1). Danach treten bis zum Dezember weitere Hochfluten auf, die aus den nordostmonsunalen Regenfällen des Binnenlandes und der Tamilnadhügel stammen. Bis Januar führt der Cauvery im allgemeinen reichlich Wasser.

Insgesamt bietet die Wasserversorgung des Cauvery Deltas durch das Cauvery-Flußsystem also das Potential für einen von Juni bis Februar zu betreibenden Naßreisanbau. Nimmt man die durchschnittliche Wasserführung am Upper Anicut (Abb. 3) zum Maßstab (14,43 Mrd. m³/Jahr), so erhält die Deltaregion, die etwa 10.000 km² umfaßt, rein rechnerisch eine Wassermenge von zusätzlich 1443 mm im Jahr. Diese Wassermenge reicht zusammen mit den lokalen Niederschlägen von durchschnittlich 1127 mm/Jahr gut für den Naßreisanbau aus. Entsprechend seinem natürlichen Abflußregime macht das Wasser des Cauvery einen Anbau in der hochsommerlichen Phase defizitärer lokaler Niederschläge also erst möglich und sicher und ergänzt die herbstlichen und frühwinterlichen Niederschläge in dem Maße, daß ausreichend Wasser auch für einen Naßreisanbau zur Verfügung steht.

Ein besonders charakteristisches Merkmal der Wasserversorgung des Cauvery Deltas ist allerdings der hohe Grad der jährlichen und jahreszeitlichen **Wasserstandsschwankungen** infolge der Variabilität der Niederschläge im Einzugsbereich des Cauvery. Wasserdefizite oder auch Überflutungen aber sind von besonderer Problematik für eine Wirtschaftsweise, die gänzlich von einer ausreichenden, kontinuierlichen, geregelten und gesicherten Wasserversorgung abhängig ist.

2.1.2.2 Wasserverteilung

Ein zweiter Faktor, der das agrarwirtschaftliche Potential des Untersuchungsgebietes entscheidend beeinflußt, ist die Wasserverteilung, die durch das **natürliche Abflußmuster** bestimmt wird. Ein von der Deltawurzel her ausfaserndes engmaschiges Netz sich immer weiter verzweigender Deltaflüsse kennzeichnet das Abflußmuster der **Deltaregion** (Abb. 1). Doch zeigen sich innerhalb der Deltaregion deutliche räumliche Unterschiede im Abflußmuster und in seiner Dichte. In der **Deltawurzel** etwa prägen lineare Muster die Abflußverhältnisse. Hier sind die sich verzweigenden Mündungsarme noch dicht gebündelt und nur in geringem Maße durch Querverbindungen gegliedert (z.B. nördlicher Teil von Abb. 23). Zum **Inneren des Deltas** hin bestimmt ein netzförmiges, äußerst dichtmaschiges Muster von sich vielfach verzweigenden Wasser-

---

(1) Anand, 1968, 282

läufen die Abflußverhältnisse (z.B. Abb. 14). Hier ist kaum noch zwischen natürlichen und künstlichen Abflußlinien zu trennen. In der **Deltarandregion** wird das Abflußmuster dann viel regelloser und weitmaschiger (z.B. Abb. 17).

Das Abflußmuster der **Deltaumrahmung** wird dagegen durch kurze lokale Fluß- und Bachläufe bestimmt, die nur saisonal Wasser führen und das höher gelegene Laterittafelland entwässern. Sie verlaufen in natürlichen Abflußmulden. In diesen Mulden läßt sich mit quer zur Abflußrichtung angelegten Erdwällen das Wasser der Flüsse und Bäche stauen und in Stauteichen speichern (z.B. im südlichen Teil von Abb. 23). Die Stauteiche der Deltaumrahmung füllen sich dem jahreszeitlichen Niederschlagsgang entsprechend von Oktober bis Dezember und erlauben mit dem gespeicherten Wasser einen potentiellen Bewässerungsanbau etwa bis Februar. Besonders nachteilig für die Stauteichbewässerung wirkt sich wiederum die hohe Variabilität der Niederschläge vor allem aus dem Nordostmonsun aus. Die Schwankungen der monatlichen Niederschlagsmengen betrugen zwischen 1870 und 1949 beispielsweise 47-637 mm im Oktober, 39-998 mm im November und 4-729 mm im Dezember (1).

Zusammenfassend läßt sich also feststellen, daß nicht nur Menge, Dauer und Verläßlichkeit der Wasserversorgung in der Deltaregion unvergleichlich größer sind als in der Deltaumrahmung, sondern daß darüber hinaus auch das Muster des natürlichen Abflusses den Bewässerungsfeldbau in der Deltaregion begünstigt. Die dem Delta zufließenden Wassermassen verteilen sich schon ohne menschliches Zutun großflächig über die gesamte Deltaregion. Dadurch steht das Wasser hier auch ohne aufwendige Kanalisierungsarbeiten bereits einer großräumigen Nutzung zur Verfügung. In der Deltaumrahmung dagegen muß der geringe und zudem unzuverlässige Wasserzufluß erst gestaut und gespeichert und dann in einem Netz künstlicher Feldgräben über die zu bewässernden Fluren verteilt werden. Trotz größeren Arbeitsaufwandes kann es daher hier nur einen kleinräumigen Bewässerungsanbau auf disjunkten Flächen geben.

2.1.2.3 Bodenfruchtbarkeit

Ein dritter, das agrarökologische Potential entscheidend bestimmender Faktor ist die Fruchtbarkeit der Böden. Allgemein werden vier Bodenarten unterschieden (2):

1. Alluviale Lehmböden ("vandal")
2. Schwarze Tonböden ("karaisal")
3. Rotlehmböden ("cheveppu mun")
4. Sandböden ("manal")

Alluvium, Rotlehmböden und Sandböden haben jeweils ein eindeutiges Verbreitungsgebiet (Abb. 2b): das Alluvium ist an die zentrale nördliche Deltaregion zwischen den Zweigflüssen Cauvery und Coleroon gebunden; Sandböden kommen in einem schmalen, 6-10 km breiten Streifen entlang der Küste vor; Rotlehmböden kennzeichnen die Deltaumrahmung. Allein die schwarzen Tonböden der südlichen Deltaregion, bei denen es sich um einen tropischen Boden vom Regur-Typ handelt (3), haben keine eindeutige Verbreitung. Dieser Boden ist in seiner Entstehung offensichtlich an das Auftreten von lokalen Substraten gebunden. Es könnte sich dabei um mergelige Kalke handeln,

---

(1) Statistical Atlas, 1950/51, App. VIII
(2) Vishwanath, 1956, 203
(3) Madras District Gaz., Tanjore, 1906, I, 6

auf denen sich in den wechselfeuchten Tropen vielfach flachgründige schwarze Tone entwickeln (1).

Hinsichtlich der landwirtschaftlichen Eignung kommt den **alluvialen Lehmböden** eine besondere Bedeutung zu. Diese Bodenart ist nämlich außerordentlich gut für den Anbau von Naßreis geeignet und benötigt zudem nur wenig Düngung, da immer neu angeschwemmtes Feinmaterial die Bodenfruchtbarkeit erhält. Entsprechend nimmt die Fruchtbarkeit des alluvialen Lehmbödens mit der Entfernung vom Fluß ab (2). In seiner Zusammensetzung variiert das Alluvium des Cauvery Deltas je nach seiner Lage zwischen reichen tiefgründigen Lehmen in der Deltawurzel bis hin zu lehmigen braunen Sandböden in Küstennähe.

Der **schwarze Tonboden** ist weniger fruchtbar als der alluviale Lehmboden, da er allgemein nur in einer dünnen, auf Kalkstein gebildeten Decke auftritt. Der **Rotlehm** der Deltaumrahmung weist wiederum eine geringere Fruchtbarkeit als der schwarze Tonboden auf, da er weitgehend lateritisiert ist. Nur in den Abflußmulden der kleinen Flüsse und Bäche verbessert sich die Qualität des Rotlehms durch das abgelagerte fluviatile Schwemmaterial. Wo in der südlichen Deltaumrahmung der Sandanteil im Boden zunimmt, sinkt die Fruchtbarkeit jedoch rapide. Der reine **Sandboden** des Küstenstreifens stellt den unfruchtbarsten Boden dar. Er hat einen sehr geringen Stickstoffgehalt und infolge seines marinen Ursprungs hohe Salzanteile und ist daher für die landwirtschaftliche Produktion kaum geeignet.

2.1.2.4 Temperaturverhältnisse

Da ganzjährig Temperaturen von über 21°C auftreten, ist eine weitere grundlegende Voraussetzung für Naßreisanbau gegeben, denn dieser erfordert zum Keimen eine Temperatur von mindestens 18°C. Als optimale Temperatur für diese Frucht gelten Werte zwischen 30°C und 32°C (3), die während der gesamten Anbauperiode erreicht und zumeist sogar übertroffen werden (4).

2.1.3 Eignungsräume für den Bewässerungsfeldbau

Entsprechend der räumlichen Ausprägung der Faktoren, die in ihrem Zusammenwirken das Potential des Bewässerungsfeldbaus bestimmen, lassen sich mehrere Regionen unterschiedlicher agrarischer Eignung ausgliedern. Allein der Faktor der Temperatur kann aus der räumlichen Differenzierung herausgenommen werden, da überall ganzjährig günstige Temperaturverhältnisse für den Anbau herrschen.

Innerhalb der Deltaregion ist das **Randdelta** (Abb. 1) für den Bewässerungsfeldbau am wenigsten geeignet. Die Dauer der Wasserversorgung ist auf 6 bis 6 1/2 Monate eingeschränkt, da das Flußwasser infolge der intensiven vorherigen Nutzung und der langen Laufstrecken der sich immer weiter verzweigenden Flüsse und Kanäle gewöhnlich erst im August den Deltarand erreicht (5). Damit sind zwei Ernten im Jahr von vornherein ausgeschlossen.

---

(1) Semmel, 1977, 96
(2) Singh, 1971, 939
(3) Rehm und Espig, 1976, 21

(4) Adiceam, 1966, App. IV
(5) Engelbrecht, 1914, 67

Die zur Verfügung stehende absolute Wassermenge ist aus dem gleichen Grund
ebenfalls deutlich eingeschränkt. Weiterhin ist die Wasserverteilung infolge
des vielfach weitmaschigen, unregelmäßigen Abflußmusters im Randdelta ungünstiger als in den anderen Bereichen des Deltas. Die Fruchtbarkeit der
Böden ist zudem geringer einzuschätzen als sonstwo im Delta, da die alluvialen Lehmböden und die schwarzen Tonböden zur Küste hin zunehmend san-
diger werden und im Küstenstreifen in reine Sandböden übergehen. Hinzu
kommen als ein weiterer einschränkender Faktor tropische Wirbelstürme öst-
licher Herkunft, die im Herbst und damit mitten in der Anbauperiode auftreten und der Landwirtschaft, vor allem im unmittelbaren Deltarandbereich, verheerende Schäden zufügen (1).

Deutlich günstiger als im Randdelta sind die Voraussetzungen für den Bewässerungsfeldbau im **zentralen Bereich der Deltaregion**. Dauer und Menge
der Versorgung mit Irrigationswasser sind hier im Vergleich zum Randdelta
erheblich gesteigert, das Abflußmuster ist engmaschiger, die Böden sind
fruchtbarer. Das natürliche Wasserpotential des zentralen Deltas gestattet
aber wegen der ebenfalls verzögerten und auf etwa sieben Monate beschränkten Wasserzufuhr auch nur eine Naßreisernte im Jahr.

Uneingeschränkt günstig für den Bewässerungsfeldbau ist dagegen die **Deltawurzel**. In diesem Bereich des Deltas herrschen geradezu ideale Bedingungen
für einen äußerst intensiven und produktiven Bewässerungsfeldbau mit zwei
Naßreisernten im Jahr (2).

Zusammenfassend läßt sich feststellen, daß die Wasserversorgung, Wasserverteilung, Bodenfruchtbarkeit und Temperaturverhältnisse nahezu in der
gesamten Deltaregion von Tanjore vorzügliche Voraussetzungen für eine ausgedehnte, hochproduktive **Reiskornkammer** bieten.

Die Landwirtschaft der **Deltaumrahmung** muß dagegen allein mit lokalen Niederschlägen auskommen, die nur einen wenig produktiven Regenfeldbau erlauben und in geringer Ausdehnung für eine kleinräumige, nicht immer gesicherte und **wenig intensive Bewässerungslandwirtschaft** zu nutzen sind.
Das agrarische Potential wird hier zusätzlich durch die durchweg wenig
fruchtbaren Rotlehmböden geschmälert.

2.2 Einführung in die traditionellen Anbauformen mit Bewässerung

Bewässerungsanbau ist in Tanjore nahezu mit Naßreisanbau gleichzusetzen.
Die Kultivierung von **Naßreis** (bot. oryza sativa) als Hauptanbaufrucht im
Cauvery Delta ist bereits seit Jahrtausenden belegt (3). Ende des 18. Jahrhunderts machte der Reisanbau 71 % der gesamten Anbaufläche aus. Heute
werden durchschnittlich sogar 80-90 % der Anbaufläche mit Naßreis bestellt (4).

Der Naßreisanbau erfolgt auf Bewässerungsfeldern, die zunächst planiert
und mit Erdwällen umgeben und dann mit Hilfe von Kanälen und Feldgräben
15-30 cm hoch überstaut werden. In Tanjore gibt und gab es, der Termino-

---

(1) Madras District Gaz., Tanjore, 1906, I, 151 f.
(2) Engelbrecht, 1914, 67
(3) Renganatha Davey, 1937, 88 f.; Nilakanta Sastri, 1958, 125
(4) Collectors Office, Tanjore, General Statistics, 1976

Tabelle I

Traditionelle Reisanbauformen im Tanjore Distrikt

Hauptgruppe	Spezies	Sub-Spezies	Dauer der Saatbeet- haltung (Tage)	Reifezeit (Monate)	Saatgut- menge (kg/ha)	Anbaubereiche im Tanjore Distrikt
kuruvai	kadappu	–	30	4	ca. 250	Mannargudi, Tiruttu- raippundi, Shiyali
	kuruvai	muttai-kuru- vai karuppu ku- ruvai	15-25	3	ca. 280-430	Anbau im gesamten Distrikt
	kar	kar pungar sittirai kar karutta kar sandi kar	25-35	4	ca. 210-360	Im gesamten Distrikt außer in Nannilam, Tirutturaippundi, Mayavaram und den höher gelegenen Tei- len von Tanjore
samba	samba	sembalai segappu si- rumaniyam vellai si. nilam samba kuttalai	40	5	ca. 210	Im gesamten Distrikt außer in der Delta- umrahmung
	pisanam	ottadai	Saatreis 45-55	$6\frac{1}{2}$	ca. 210	
		kumbalai	Saatreis	$6\frac{1}{2}$ 8	ca. 210	Weniger fruchtbare Deltabereiche, oft Mischung mit "kar"

Quelle: MADRAS DISTRICT GAZ., TANJORE, 1906, I, 94

logie von WILHELMY (1) folgend, sowohl Dauer-Naßreisanbau mit mehreren Ernten im Jahr wie auch temporären, auf die Regenzeit und die Hochwasserführung des Cauvery beschränkten Naßreisanbau mit nur einer Ernte, der entweder eine längere Brachezeit oder andere Kulturen im Fruchtwechsel folgen.

Die **Vorzucht** des Naßreises auf dem Saatbeet herrscht vor. Etwa 96 % des Reisanbaus erfolgte z.B. 1970/71 mit Hilfe von Saatbeeten (2). Das hat den Vorteil, daß während dieser Zeit das eigentliche Feld noch von kurz vor der Ernte stehenden Kulturen genutzt werden und daß zudem das Risiko einer ungenügenden Wasserversorgung verringert werden kann, indem man mit dem Auspflanzen so lange wartet, bis auf den Feldern die für das sichere Gedeihen notwendige Menge an Irrigationswasser zu Verfügung steht.

Man unterscheidet zwei Arten von **Saatbeeten**, das Naßbeet ("nir nattu", d.h. Wasserschößlinge, oder "settu nattu", d.h. Schlammschößlinge) und das Trockenbeet ("puludi nattu", d.h. Staubschößlinge). Am verbreitetsten sind die Naßbeete, von kleinen Erdwällen umgebene, leicht bewässerbare Flächen besten Bodens. Die Pflänzchen wachsen hier je nach Wetter und Reissorte innerhalb von 15-55 Tagen heran (Tabelle I), wobei die Faustregel gilt, daß die Schößlinge etwa ein Viertel der Reifezeit der betreffenden Sorte im Saatbeet bleiben sollten (3). Danach können die Pflänzchen in das gepflügte, geebnete und unter Wasser gesetzte **Hauptfeld** verpflanzt werden.

Zur Vorbereitung der Felder wird nach dem ersten Flußhochwasser gepflügt, dann werden die Felder eingeebnet ("kulivettu"), danach gedüngt. Zur Düngung pfercht man traditionell Rinder oder Ziegen auf den Feldern ein oder streut Asche bzw. grüne Blätter aus. Als Dünger findet auch noch der Schlamm aus den trockenliegenden Dorfteichen Verwendung, der in der Trockenzeit abgestochen und zu den Feldern transportiert wird. Danach folgen vier bis sechs weitere Pfluggänge, bevor die Felder wieder eingeebnet werden (4).

Nachdem die Setzlinge aus den Saatbeeten ausgezupft und in großen Bündeln zu den Feldern getragen worden sind - eine Arbeit, die allgemein den Männern vorbehalten ist - werden die Pflänzchen in kleinen Bündeln griffbereit über das zu bestellende Feld verteilt und, meist zwei bis drei Pflanzen zusammen, in genau gleichen Abständen ausgepflanzt. Da das vorbereitete und geflutete Feld möglichst bald bepflanzt werden muß, wird diese Arbeit auch bei kleinen Bauern gewöhnlich von einer großen Gruppe von 10-50, durchweg weiblichen Lohnarbeitern ausgeführt. Nach dem Umpflanzen hält man das Feld erst einige Tage lang halbtrocken, bis die Schößlinge wieder grün werden (5). Für einen Hektar benötigt man etwa 250.000 Setzlinge (6).

Die Trockenbeet-Methode wird nur dort angewendet, wo kein Wasser für eine ständige Feuchthaltung des Saatbeetes zur Verfügung steht, dafür aber lockere alluviale Böden oder tiefliegende sog. Padugai-Böden hoher Wasserspeicherkapazität auftreten (7). Die Trockenbeet-Methode unterscheidet sich von der Naßbeet-Methode allein durch die Verwendung von vorgekeimtem Saatgut und durch das arbeitsaufwendigere täglich mehrmalige Begießen der Beete.

---

(1) Wilhelmy, 1975, 22
(2) World Agricultural Census, Thanjavur District, 1970/71
(3) Madras District Gaz., Tanjore, 1906, I, 97
(4) Baliga, 1957, 159 f.
(5) Baliga, 1957, 160
(6) Wilhelmy, 1975, 32
(7) Madras District Gaz., Tanjore, 1906, I, 96

Das Mähen des Reises erfolgt allgemein mit Sicheln. Auf den Feldumwallungen transportiert der Bauer dann die Korngarben in Bündeln auf dem Kopf zum Dreschplatz. Beim Dreschen der Reisernte werden die Korngarben i.d.R. zuerst auf den Boden geschlagen und dann ausgebreitet und von Rindern zertreten. Schließlich wird das Stroh entfernt und das Korn gesammelt. Das Erntegut bewahrt man meist in aus Lehm gebauten Speichern ("kudir") auf.

Es gibt traditionell zwei Arten von Naßreis, den "kuruvai" und den "samba". Dazu gehören zwei Anbauperioden gleichen Namens. Diese Anbauperioden und die dazugehörigen Reisarten sind in anderen Distrikten Südindiens auch als "kar" und "pisanam" bekannt. Der entsprechende Anbaukalender ist für das Deltadorf Karuppur idealtypisch in Kapitel 6.2.1.1 dargestellt. Beide Hauptgruppen des Naßreises umfassen verschiedene Spezies und Subspezies, die z.T. erhebliche Unterschiede in Saatzeitpunkt, Dauer des Saatbeetes, Reifedauer und Saatgutmenge aufweisen. Tabelle I zeigt dies für die traditionell gebräuchlichsten Naßreisspezies. Die verschiedenen Reissorten stellen Anpassungsformen an die unterschiedlichen ökologischen Bedingungen und vor allem an die unterschiedlichen Bewässerungsmöglichkeiten dar.

In einigen Landkreisen (z.B. Pattukkottai, Mannargudi und Tirutturaippundi) wird **Reis auch ohne künstliche Bewässerung** angebaut. Der Reisanbau beruht dabei allein auf dem im Boden gespeicherten Regenwasser. Das Land wird gewöhnlich nach den ersten Heißwetterschauern Ende Mai gepflügt und dann, je nach Häufigkeit der Regenfälle, etwa vier weiteren Pfluggängen unterzogen und dabei jeweils gedüngt. Im westlichen Deltabereich wird der Trockenreis im Juli/August gesät, im südlichen Küstenbereich mit vorherrschenden Winterniederschlägen erst im Oktober/November (1).

Neben dem Naßreis gedeihen auf Bewässerungsland noch Zuckerrohr (bot. saccharum officinarum) und Betel (bot. piper betel), doch nur in verschwindend geringem Umfang. Im Regenfeldbau werden vor allem Hirsen, Hülsenfrüchte, Ölfrüchte, Baumwolle und Gemüse angebaut. Einzelheiten zu den wichtigsten Regenfeldlandtypen, ihren agrarischen Standortbedingungen sowie den gebräuchlichsten Anbaumethoden entnehme man den Fallbeispielen in Kapitel 6.2.1 sowie Abb. 6.

2.3 Prinzipien und Kriterien einer bewässerungslandwirtschaftlichen Gliederung

Die bewässerungslandwirtschaftliche Gliederung des Untersuchungsgebietes verfolgt zunächst das Ziel, **Bewässerungsregionen** auszugliedern. Diese sind dann in einem zweiten Schritt mit den regionalen, auf der Bewässerung beruhenden **Anbausystemen** zu verbinden. Als Kriterien zur Kennzeichnung und Abgrenzung von Bewässerungsregionen dienen die **regionenspezifischen Bewässerungssysteme**.

Unter Bewässerungssystem wird ein funktionaler Verbund von **Bewässerungsanlagen** verstanden. Um einen derartigen Verbund systematisch zu erfassen, wird die künstliche Bewässerung gedanklich als ein **Bewässerungsvorgang** aufgefaßt. Die Teilprozesse dieses Vorganges werden als **Bewässerungsphasen** bezeichnet. Im Bewässerungssystem lassen sich nach der natürlichen Akkumulation von Wasser als Voraussetzung allgemein sechs Phasen des künstli-

---

(1) Madras District Gaz., Tanjore, 1906, I, 95 f.

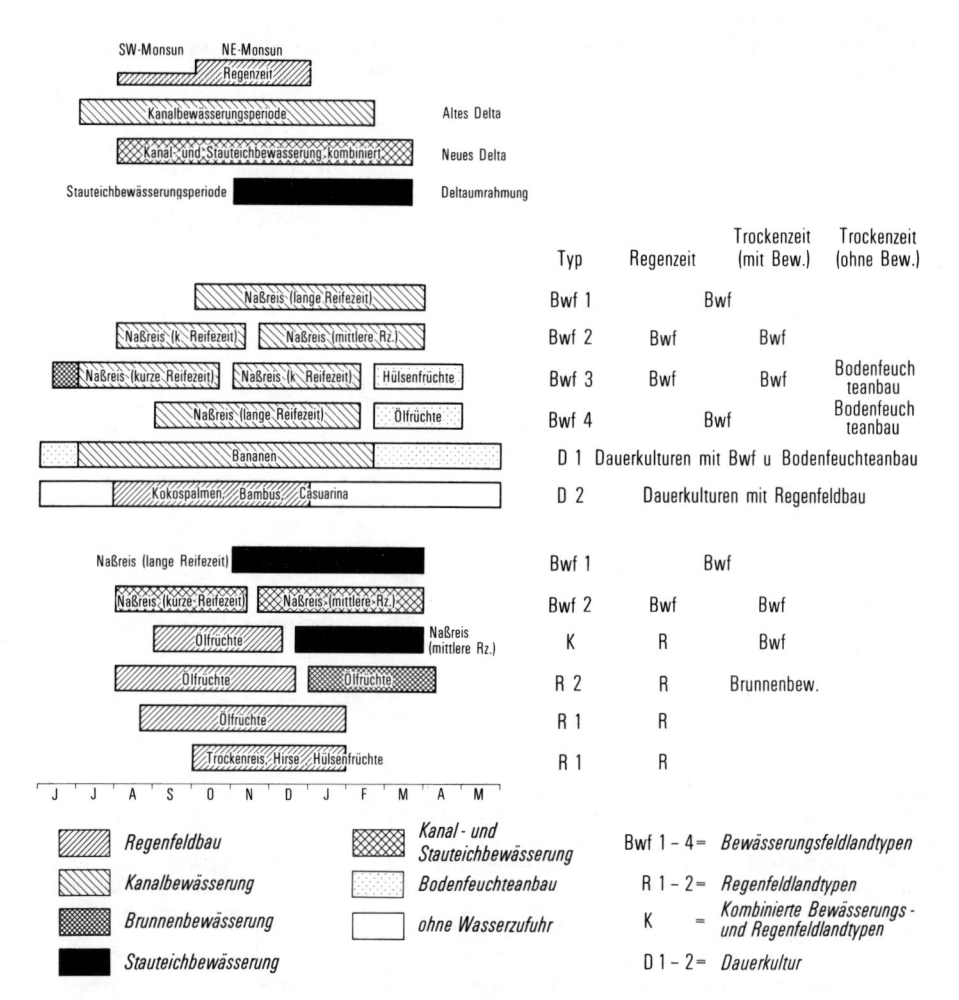

Abb.6:
Feldlandtypen im Tanjore Distrikt (Südindien)

chen Bewegtwerdens des Wassers unterscheiden. Dies sind die **künstliche Wasserakkumulation**, die **Wasserförderung**, die **Wasserzuführung**, die **Wasserzuteilung**, die **Wasserverteilung** und die **Entwässerung**. Mindestens eine, meist mehrere dieser Phasen sind überall dort, wo Bewässerungsfeldbau betrieben wird, anzutreffen; umgekehrt lassen sich alle Bewässerungsanlagen einer dieser Phasen zuordnen und entsprechend als Akkumulationsanlagen, Wasserförderanlagen etc. benennen. Die Verfahrensprinzipien, die innerhalb der einzelnen Bewässerungsphasen mit Hilfe der Bewässerungsanlagen zur Anwendung kommen, sollen **Bewässerungsmethoden** genannt werden. In ihrer konkreten, regionenspezifischen Ausprägung müssen Bewässerungssysteme nicht alle sechs unterschiedlichen Bewässerungsphasen umfassen, sondern können auch nur eine oder mehrere davon aufweisen. Umgekehrt können einzelne Bewässerungsphasen aber auch mehrmals im Bewässerungssystem auftreten.

Als Kriterien für die Ausgliederung von **Bewässerungsregionen** im Tanjore Distrikt sollen im folgenden die so definierten Bewässerungssysteme in ihrer regionenspezifischen Ausprägung herangezogen werden. Die abzugrenzenden und zu beschreibenden Bewässerungsregionen werden dabei entweder von einem einzigen großen Bewässerungssystem eingenommen, sie können aber auch aus einer regionenspezifischen Vergesellschaftung von nebeneinander existierenden Bewässerungssystemen oder von funktional miteinander kombinierten Bewässerungssystemen bestehen. Es ist auch möglich, daß zunächst nebeneinander existierende Bewässerungssysteme später durch ein größeres, neuangelegtes Bewässerungssystem funktional miteinander verbunden werden. Bewässerungsregionen sind somit als **historisch gewachsene Raumkomplexe** aufzufassen.

Die spezifische Kombination von Bewässerungsanlagen zu einem Bewässerungssystem und der räumliche Zusammenschluß von Bewässerungssystemen zu einer Bewässerungsregion bestimmen entsprechend der Leistungsfähigkeit der Bewässerungssysteme weitgehend über die Intensität und wirtschaftliche Effizienz der Bewässerung, über die regionenspezifischen Anbauformen und über Probleme des Bewässerungsfeldbaus. Oft ist die Menge und Dauer der Wasserversorgung auch innerhalb eines Bewässerungssystems sehr unterschiedlich ausgeprägt, etwa im Vergleich zwischen den oberen und unteren bzw. randlichen Bereichen ("tail-end") eines Bewässerungssystems. Letztere sind sehr häufig schlechter mit Wasser versorgt und zeigen daher auch andere Anbauformen und Bewässerungsprobleme als die oberen Bereiche.

Räume mit einzelnen, vergesellschafteten oder kombinierten regionenspezifischen Bewässerungssystemen (Bewässerungsregionen), mit regionenspezifischen Anbauformen (Anbauregionen), mit regionenspezifischen Merkmalen von Intensität und Effizienz der Bewässerung und mit regionenspezifischen Bewässerungsproblemen sollen im folgenden als **Regionen des Bewässerungsfeldbaus** bezeichnet werden.

3. PRÄKOLONIALE AGRAR- UND SOZIALENTWICKLUNG

3.1 Präkoloniale Agrarentwicklung

3.1.1 Entwicklung des Bewässerungswesens

Zwar bot das große Wasserpotential, das das Cauvery Flußsystem im Delta alljährlich bereitstellt und verteilt (Kap. 2.1.2.2), von jeher eine günstige Voraussetzung für die Entwicklung der künstlichen Bewässerung; doch stellten insbesondere die starken Überschwemmungen der Wasserläufe während der jährlichen Hochwasserperioden ein großes und zunächst unüberwindliches Hemmnis für die Entwicklung einer großflächigen und kontrollierbaren Bewässerung dar. Daher war Tanjore zu Beginn der frühen Hinduperiode auch unter dem Namen "punal nadu", d.h. **Land der Fluten**, bekannt (1). Der Naßreisanbau, der entlang der Deltamündungsarme betrieben wurde, war zwar ergiebig, aber gleichzeitig riskant: die Fluten des Cauvery bewässerten und düngten die Reisfelder, die gleichen Fluten konnten sie jedoch bei Hochwasser wegschwemmen und vernichten (2).

3.1.1.1 Entstehungsphase (Frühe Hinduperiode): Die Anlage oder Verstärkung von Uferdämmen an den Deltazweigflüssen und der Bau eines ersten großen Stauwehres

Ein erster Abschnitt des Bewässerungsausbaus galt daher der Überwindung der Überflutungsgefahr. Dazu wurden entlang der wichtigsten Mündungsarme des Cauvery Uferdämme angelegt bzw. die bereits vorhandenen natürlichen Uferdämme systematisch verstärkt. Die Tamil-Literatur und Telugu-Inschriften weisen diese Leistungen dem halbmythischen Cholakönig Karikala (ca. 50-95 n.Chr.) zu (3), der für diese Arbeiten angeblich 12.000 Zwangsarbeiter durch Kriegszüge aus dem benachbarten Ceylon herbeischaffte (4). Offensichtlich waren diese ersten Versuche, die Wassermassen des Cauvery in seinem Delta zu bändigen und zu nutzen, sehr erfolgreich: das Cauvery Delta soll sich in einen wahren Garten verwandelt haben (5), wofür Karikala in zahlreichen altindischen Inschriften hohes Lob gezollt wird (6). Ihm zu Ehren bezeichnete man die Uferdämme im Cauvery Delta jahrhundertelang als "karikalakkarai" (7).

Ein zweiter Abschnitt in der Entstehung des Deltabewässerungssystems ist dadurch gekennzeichnet, daß erstmals in der Geschichte Südindiens ein **dauerhaftes Stauwehr** über den Cauvery gebaut wurde (8). Zuvor waren zwar alljährlich kleine temporäre Wehre ("korambu") angelegt worden, doch wurden diese immer wieder vom Hochwasser weggespült (9). Die Notwendigkeit, ein festes Wehr zu bauen, ergab sich aus einem Problem, das den Erfolg der bisherigen Maßnahmen in Frage stellte. Infolge der zunehmenden Wasserentnahme für die Bewässerung verringerte sich nämlich die Wasserführung in den Mündungsarmen, so daß diese verschlammten und ihre Betten sich laufend erhöhten. Daher nahm der am tiefsten liegende Mündungsarm im Delta, der Coleroon am nördlichen Deltarand, immer mehr

---

(1) Kanakasabai, 1904, 67
(2) Hart, 1956, 16
(3) Madras District Gaz., Tanjore, 1906, I, 108
(4) Irrigation in India through Ages, 1953², 9

(5) Adiceam, 1966, 170
(6) Krishnamurthi, 1966, 100 f.
(7) Krishnamurthi, 1966, 101
(8) Adiceam, 1966, 171
(9) Goetz, 1967, 40

Wasser auf, das ihm durch den Ullar, eine natürliche Verbindung zwischen
Cauvery und Coleroon an der Deltawurzel, zuströmte. Dadurch wurde das
Deltabewässerungssystem zunehmend uneffektiver (1). Diese Tendenz wird
durch die Tatsache bezeugt, daß z.B. noch in der frühen Cholazeit, als
Kraiyur im oberen Deltabereich die Hauptstadt war, große Schiffe vom Hafen
Kaveripattanam an der Cauverymündung bis weit in das Landesinnere zur
Hauptstadt gelangen konnten. Damals war der Cauvery also tief und breit
genug zur Schiffahrt (2). Während der Regierungszeit Karikalas aber mußte
die Hauptstadt offenbar wegen der Verringerung der Wasserführung des Cauvery vom Landesinneren an die Küste nach Kaveripattanam verlegt werden (3).

Um die Wasserzufuhr für das Deltabewässerungssystem zu sichern und um
bei Hochwasser das Delta vor Überflutungen zu schützen, unternahm daher
wahrscheinlich ebenfalls Karikala die für den damaligen technischen Wis-
sensstand sehr kühne Aufgabe, ein permanentes Stauwehr über den Ullar zu
bauen. In den Palmzweigtexten der Cholazeit wird dieses Werk mehrfach erwähnt und so beschrieben (4): Auf einer Länge von 325 m wurden Lage um
Lage rohe Granitblöcke, jeder 10-20 Tonnen schwer, aufeinandergeschichtet
und mit Lehm verfugt. Die Dammkrone bestand aus einer Schicht von behaue-
nen, in Kalkmörtel gefaßten Steinen. Das ganze Stauwehr wurde in einer
sanften Kurve angelegt (5). Die Anlage war 12-18 m breit und 5-6 m hoch
(6). Auch dieses Werk wurde mit Hilfe von Tausenden ceylonesischer Zwangsarbeiter durchgeführt (7). Es handelt sich bei dieser frühgeschicht-
lichen Wasserbauanlage Südindiens um ein Überlaufwehr, im Tamilland
"anaikkat" genannt. Die britischen Wasserbauingenieure bezeichneten diese
erste große Stauwehranlage Indiens daher als "**Grand Anicut**" (Abb. 1).
Diese Anlage markiert den Beginn einer großflächigen, dauerhaft kontrollierten Wasserwirtschaft im südlichen Indien.

3.1.1.2 **Ausbauphase** (Frühe und mittlere Hinduperiode): Die Verbesserung
der bestehenden Anlagen und der Bau von künstlichen Bewässerungskanälen

In einem weiteren Abschnitt der vorkolonialen Bewässerungsentwicklung wurden **künstliche Bewässerungskanäle** im Delta ausgehoben bzw. die vorhandenen Mündungsarme vertieft, die dann als Wasserzubringer zu den Bewässerungsfeldern dienten. Dieser Ausbau, der in seinen Anfängen in die Zeit
der Anlage der Uferdämme und des Grand Anicut zurückreicht, erfolgte
schwerpunktmäßig in der mittleren Hinduperiode zur Zeit der späten Cholas
(9.-13. Jahrhundert). Vom Cauveryhauptlauf aus wurden während dieser Zeit
zahlreiche Bewässerungkanäle abgezweigt, wobei man die Wasserzuteilung in
die Zweig- und Verteilerkanäle z.T. schon durch feste, gemauerte Stauwehre
regulierte. Auch dabei handelt es sich i.d.R. um Überlaufwehre ("annaikkat").
Die Höhe dieser Wehre war so eingerichtet, daß bei niedrigem Wasserstand
der Wasserspiegel im Fluß oder Hauptkanal durch die Stauwehranlage so weit
gehoben wurde, daß eine volle Versorgung der Zweig- und Verteilerkanäle
gewährleistet war; Hochfluten konnten über das Wehr hinweg abfließen (8).
Wo das Wasser allein dem natürlichen Gefälle folgend ohne einen Anstau der
Flüsse oder Hauptkanäle in tiefer gelegene Zweig- oder Verteilerkanäle ein-

---

(1) Hart, 1956, 16
(2) Renganatha Davey, 1937, 87 f.
(3) Renganatha Davey, 1937, 88
(4) Hart, 1956, 17
(5) Hart, 1956, 17

(6) PWD, Tanjore Circle, Cauvery
    Delta Irrigation, 1976, 3
(7) Renganatha Davey, 1937, 87
(8) Morkham, 1877, 284

strömen konnte, baute man auch schon einfache Schleusenanlagen, um die
Dauer und Menge der Wasserversorgung kontrollieren zu können.

Die meisten Kanäle, die unter der Leitung von Cholakönigen entstanden, wurden nach ihnen benannt und lassen sich dadurch datieren. So wird deutlich, daß besonders die späten Cholas der mittleren Hinduperiode eine große Anzahl von Bewässerungskanälen anlegten. Inschriften erwähnen z.B. den Madurantaka Vadavar, der nördlich von Tiruppanandal vom Coleroon abzweigt. Dieser Kanal muß während der Regierungszeit von Paranthaka I. (907-953) entstanden sein, der auch als Madurantaka Chola bekannt war. Dieser König soll auch Wasser vom Cauvery in den Manni-Fluß geleitet haben, in einem Kanal, der Kunjaramallan genannt wurde, eine Bezeichnung, die sich aus einem weiteren Beinamen des Herrschers ableitet. In ähnlicher Weise läßt sich erschließen, daß auch die Cholakönige Rajaraja I. (985-1014), Rajendra I. (1012-1044) und Vira Rajendra (1063-1070) eine große Zahl von Bewässerungskanälen anlegen ließen (1).

Da die erheblichen natürlichen **Wasserstandsschwankungen** innerhalb des Deltabewässerungssystems fast alljährlich für längere Zeiträume die Bewässerung mit Flußwasser unmöglich machten, spielten eine Reihe von in das System integrierten Stauteichen (2) sowie die **Brunnenbewässerung** (3) schon in der frühen und mittleren Hinduperiode eine ergänzende Rolle.

3.1.1.3 Verfallsphase (Späte Hinduperiode): Die Zerstörung und der Verfall der Bewässerungsanlagen und der Niedergang der Bewässerungsorganisation

Als Folge von kriegerischen Auseinandersetzungen wurden während der gesamten mittleren und späten Hinduperiode viele Stauwehranlagen und Uferdämme zerstört. Wichtige Bewässerungsanlagen hatten nämlich bei der Kriegsführung immer eine besondere strategische Bedeutung, da sie Grundlage und Voraussetzung für die Nahrungsmittelversorgung von Armee, Administration und Zivilbevölkerung bildeten. Daher war es üblich, den Sieg über einen Feind mit der Zerstörung seiner Bewässerungsanlagen zu besiegeln. So verwüstete z.B. die Pandya-Armee 1616 nach ihrem Sieg über den König von Tanjore, Achyuta Raja, das Grand Anicut (4).

Seit dem Einfall mohammedanischer Eroberer in Südindien im späten 17. Jahrhundert waren die südindischen Königreiche und Fürstenstaaten zu hohen Tributzahlungen verpflichtet (5). Den Bauern wurden entsprechend hohe Steuerlasten aufgebürdet, und gleichzeitig begann der Staat, das Bewässerungswesen zu vernachlässigen. Schnell begann daher die Bewässerungsentwicklung im Cauvery Delta zu stagnieren. Baute jemand eine Bewässerungsanlage, so erhielt er das erbliche Recht, 10 % der Bewässerungsfläche dieses Werkes steuerfrei zu bebauen. Dafür hatte er die Anlage instand zu halten (6). Einzig solche private Initiative förderte noch die Bewässerungsentwicklung. An eine Erneuerung oder an einen Umbau bestehender Anlagen war unter diesen Umständen nicht zu denken, sie verfielen allmählich. Verschärft wurde der Verfall des Cauvery Delta Systems durch die Invasionen von Haider Ali, dem Sultan von Haiderabad. Seine Kriegszüge brachten verheerende Wirkun-

---

(1) Krishnamurthi, 1966, 101
(2) Krishnaswami Aiyangar, 1923, 415
(3) Sarada Raju, 1941, 116
(4) Vriddhagirisan, 1942, 64, 70
(5) Madras District Gazetteer, Tanjore, 1906, I, 42
(6) Buchanan, 1870^2, I, 194

gen mit sich, vor allem in den besonders exponierten nördlichen Teilen des Distriktes. Das Grand Anicut wurde teilweise zerstört, und die Reisernte von 1781 sank auf nur 15 % derjenigen von 1780 ab (1). Der ehemaligen "Garten des Südens" wurde zu einem der ödesten Teile der Ostküste Südindiens (2). Diesen Niedergang belegen die folgenden Angaben über die Produktion von Tanjore in den Jahren von 1780/81 bis 1796/97:

Jahr	Reisproduktion von Tanjore (in cullums zu je 17,9 kg)	Jahr	Reisproduktion von Tanjore (in cullums zu je 17,9 kg)
1780/81	11.909.000	1789/90	8.108.000
1781/82	1.801.000	1790/91	9.120.000
1782/83	1.563.000	1791/92	9.120.000
1783/84	4.361.000	1792/93	9.244.000
1784/85	6.087.000	1793/94	10.029.000
1785/86	7.454.000	1794/95	9.712.000
1786/87	6.901.000	1795/96	10.417.000
1787/88	7.528.000	1796/97	10.323.000
1788/89	7.497.000		

Quelle: Palace Dufters, zit. n. Report of the Tanjore Commissioners, 1799, Tanjore 1905, 5

3.1.2 Entwicklung der Landwirtschaft

3.1.2.1 Ursprungsphase (Frühe Hinduperiode)

Der Naßreis ist die Feldfrucht, die den besonderen natürlichen Bedingungen einer tropischen Deltaregion wie der von Tanjore in nahezu idealer Weise entspricht. Die Kombination günstiger klimatischer, hydrologischer und edaphischer Bedingungen ermöglicht hier einen dauerhaften und ergiebigen Naßreisanbau ohne die Notwendigkeit von Bracheperioden (3). Bereits seit **vorchristlicher** Zeit dominiert daher im Cauvery Delta der Reisanbau, basierend auf den jährlichen Hochwasserfluten des Cauvery. Das schlammbeladene Flutwasser bewässerte und düngte die nahe der Mündungsarme des Cauvery angelegten Naßreisfelder. Es ist anzunehmen, daß die Naßreisfelder zunächst streifenförmig entlang der Deltazweigflüsse lagen, so daß sich im Deltabereich ein fingerförmiges Netz von Naßreisländereien über das Land ausbreitete. Dieses räumliche Muster veränderte sich jedoch mit den häufigen Verlagerungen der Flußläufe nach Hochwasserperioden.

Infolge der beschriebenen bewässerungstechnischen Ausbaumaßnahmen der frühen Cholas gab es im Cauvery Delta erstmals künstliche Bewässerung im engeren Sinne. Der Reisanbau begann sich stark auszuweiten, vor allem aber ergab sich eine erste Lagekontinuität der Reisanbauflächen. Diese Periode nenne ich die **Ursprungsphase des Bewässerungsfeldbaus**.

Über die **Ausdehnung des Bewässerungsfeldbaus** innerhalb des neu geschaffenen Cauvery Delta Systems gibt es keine Angaben. Einen indirekten Aufschluß darüber aber vermittelt das Bild der historischen Siedlungsverteilung im Cau-

---

(1) Tanjore Commissioners, 1799, 1905, 3
(2) Dutt, 1902, 105
(3) Goor, 1966, 305

very Delta, so wie sie GOPALAKRISHNAN (1) anhand alter Tamilwerke und mit Hilfe von Inschriften und Ortsnamen rekonstruieren konnte (Abb. 7). Insgesamt fand er Hinweise auf die Existenz von 162 Siedlungen während der frühen Hinduperiode, von denen 123 in dem interfluvialen Bereich zwischen Coleroon und Vettar und nur 39 zwischen Vettar und Pamaniyar liegen. In letzterem reichte wegen des schlechteren Bodens und der ungünstigeren Wasserversorgung die wirtschaftliche Tragfähigkeit für eine weitere Verbreitung von Siedlungen offensichtlich noch nicht aus. Die historische Siedlungsverteilung vermittelt so bereits einen ersten Eindruck von der **landwirtschaftlichen Gliederung** des Untersuchungsgebietes in der frühen Hinduperiode. Das westliche Delta hob sich durch die größere Menge und längere Dauer der Wasserversorgung und die damit verbundene größere Intensität und Ausdehnung des Naßreisanbaus deutlich vom weniger begünstigten Randdelta ab. Innerhalb des westlichen Deltas, wo die beiden großen Bewässerungssysteme der beiden bedeutendsten Deltazweigarme, die des Cauvery und des Vennar, nebeneinander bestanden, scheint das nördliche Cauvery System das Schwergewicht der Bewässerungslandwirtschaft getragen zu haben. In der nicht vom Cauvery Wasser erreichten **Deltaumrahmung** gab es dagegen kaum Siedlungen. Hier wurde neben extensivem Regenfeldbau nur auf kleinen, von **Stauteichen** bewässerten Flächen Naßreisanbau betrieben.

3.1.2.2 Ausweitungsphase (Mittlere Hinduperiode)

In der Ausweitungsphase der Bewässerungslandwirtschaft, die vor allem durch den Bau zusätzlicher Bewässerungskanäle gekennzeichnet ist, erstreckte sich der Naßreisanbau offenbar erstmals **flächenhaft** über das gesamte Cauvery Delta. Diesen Schluß stützen wiederum die Untersuchungen zur historischen Siedlungsentwicklung (2). In dieser Zeit entwickelten sich die meisten heutigen Siedlungen des Cauvery Deltas. Es zeigt sich, daß allein unter den späten Cholas mindestens 70 neue Siedlungen entstanden, viele davon nun auch im Deltarandbereich und in der südwestlich von Vennar und Pamaniyar gelegenen Deltaumrahmung (Abb. 7). Die bereits vorhandenen Siedlungen vergrößerten sich gleichzeitig. Die Gründung neuer Siedlungen und das Wachsen der alten Siedlungen belegen ein deutliches Ansteigen der Produktivität im Zuge des inneren Ausbaus des Bewässerungswesens. Die Verteilung der neuen Siedlungen läßt darauf schließen, daß in der mittleren Hinduperiode nun auch das Vennar-System eine großflächige und intensive Bewässerungslandwirtschaft ermöglichte. Auch Bereiche im Inneren der Zwischenstromplatten, die geringfügig höher liegen als das Land nahe der Deltazweigflüsse, wurden weitgehend für die Bewässerung erschlossen. Die Wasserversorgung des Randdeltas verbesserte sich offensichtlich ebenfalls. Auch scheint die Stauteichbewässerung der Deltaumrahmung in der mittleren Hinduperiode einen weiteren Ausbau erfahren zu haben.

Die auf Bewässerung basierende **Landwirtschaft** des Cauvery Deltas war gekennzeichnet durch eine charakteristische **zeitliche Staffelung** im Anbauplan von der Deltaspitze bis zum Deltarandbereich. Stromaufwärts begann der Bewässerungsanbau Anfang Juni mit den ersten Hochfluten der intermonsunalen Niederschläge und des sommerlichen Südwestmonsuns, doch erst Mitte August konnte der Anbau am unteren Ende des Deltas aufgenommen werden, da die Wasserversorgung hier wegen der traditionellen Bewässerung von Feld zu Feld stark verzögert und beeinträchtigt war. Stromaufwärts waren deshalb teilweise zwei Naßreisernten jährlich möglich; im unteren Deltabereich hatte

---

(1) Gopalakrishnan, 1972, 75   (2) Gopalakrishnan, 1972

Cauvery Delta

Abb. 7
Siedlungsverteilung in vorkolonialer Zeit
○ Frühe Hinduperiode (500 v. – 850 n. Chr.)
□ Mittlere Hinduperiode (850 – 1300 n. Chr.)
△ Späte Hinduperiode (1300 – 1800 n. Chr.)

Quelle: Gopalakrishnan, 1972, 75

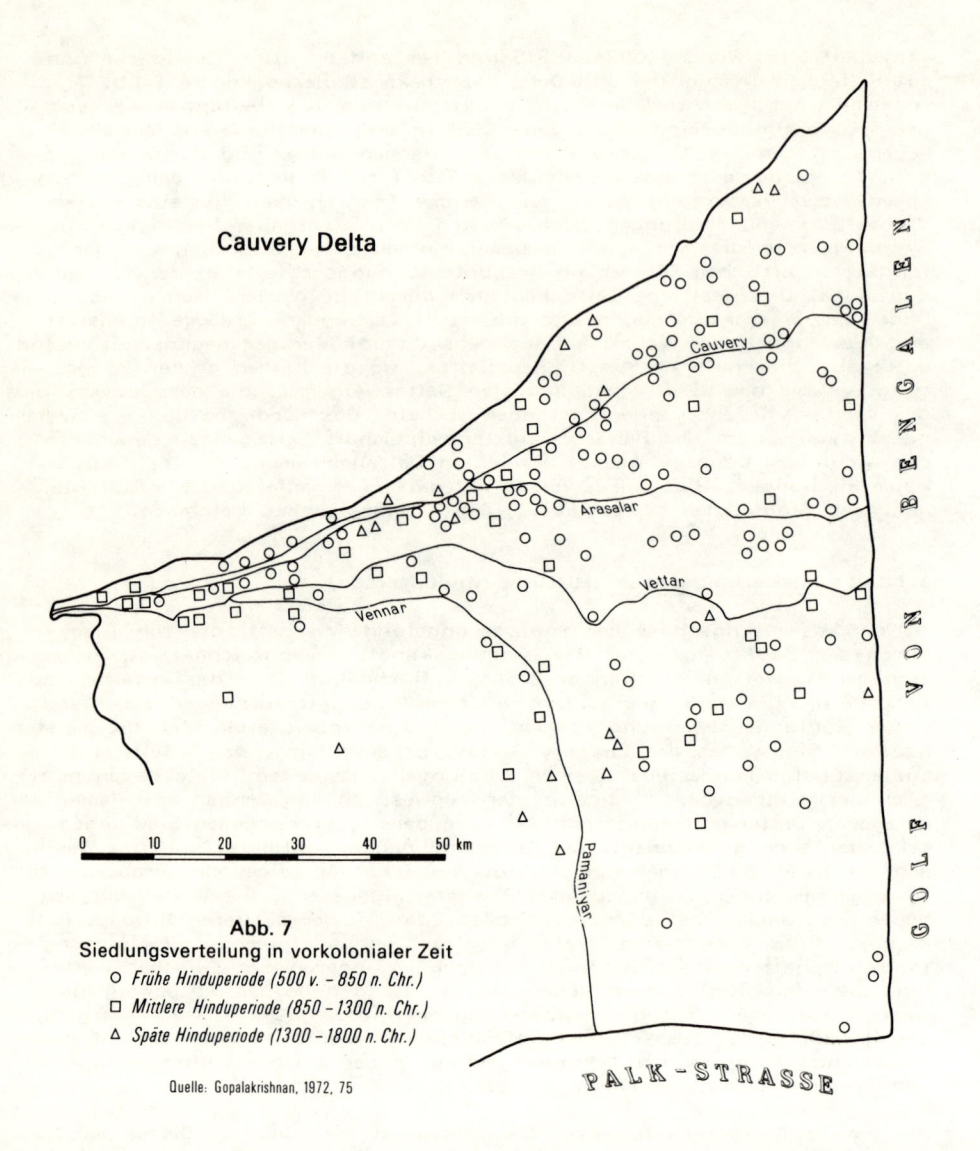

man dazu jedoch weder genug Zeit noch Wasser (1).

Die Frage der **Wasserzuteilung**, d.h. vor allem die zeitliche und mengenmäßige Aufteilung des Wassers bei Knappheit, wurde zur Quelle unaufhörlicher Streitigkeiten zwischen den Bauern von Tanjore. Die stärksten und einflußreichsten Bauern eigneten sich vielfach das Wasser rücksichtslos auf Kosten der schwächeren Kleinbauern an. Außerdem verbrauchten die Bauern im oberen Deltabereich bei Knappheit oft so viel Wasser, daß die Bauern der Deltarandregion gänzlich von der Wasserzufuhr abgeschnitten waren (2).

Über die Entwicklung der landwirtschaftlichen **Produktivität** im Cauvery Delta ist wenig bekannt. Die Fläche des Bewässerungsanbaus wird für die Zeit vor der kolonialen Phase auf etwa 220.000 bis 240.000 ha (3) geschätzt. Das entspräche rund 20 % der gesamten Kanalbewässerungsfläche Indiens, die für die vorkoloniale Zeit mit ca. 1,2 Mill. ha angegeben wird (4). Schon im Altertum gibt es für Tanjore viele Hinweise auf den besonders hohen Stand der landwirtschaftlichen Produktion und Produktivität. In einem alten Tamilsprichwort heißt es über Tanjore zum Beispiel, daß auf dem Platz, den ein Elefant braucht, um sich niederzulegen, ausreichend Reis wächst, um sieben Personen zu ernähren (5).

3.1.2.3 Zerrüttungsphase (Späte Hinduperiode)

Die Zerstörungen von Bewässerungsanlagen des Deltasystems in der zweiten Hälfte des 18. Jh.s und der anschließende Verfall des Bewässerungswesens bedeuten den Endpunkt einer stagnierenden Entwicklung der Bewässerung seit dem späten 17. Jh.. Dies belegen auch die siedlungsgeschichtlichen Befunde. Unter den Vijayanagar-Herrschern (14.-16. Jh.) waren zwar zunächst noch einige neue Siedlungen gegründet worden, doch handelte es sich meist um Tempeldörfer oder strategische Verteidigungsposten. Die in Abb. 7 verzeichneten Siedlungen der späten Hinduperiode stammen vorwiegend aus dieser Zeit. In der Herrschaftszeit der Nayaks (17.-18. Jh.) dagegen entstanden kaum noch neue Siedlungen (6). Daraus läßt sich auf einen zunächst noch fortgesetzten, wenn auch gegenüber der mittleren Hinduperiode verlangsamten inneren Ausbau der Bewässerungslandwirtschaft im Cauvery Delta schließen, der auch die Deltarandregion einschloß. Für eine zweite Phase dagegen deutet die Siedlungsentwicklung auf eine Stagnation der bewässerungslandwirtschaftlichen Entwicklung hin, die schließlich in eine Phase des Verfalls des Bewässerungswesens im Cauvery Delta übergeht. Deshalb wird diese Phase hier auch als **Zerrüttungsphase** angesprochen. Die Bewässerungsflächen sanken, die Produktion ging allgemein zurück, die Erträge wurden zunehmend unsicherer. Die in Kap. 3.1.1.3 angeführten Daten zur landwirtschaftlichen Produktion belegen jedoch, daß die Erträge trotz des schlechten Zustands der Bewässerung in guten Jahren, d.h. bei rechtzeitigen und gleichmäßigen, nicht zu starken und nicht zu geringen Flutwassern, durchaus hohe Werte erreichen konnten, daß aber keinerlei Schutz mehr vor ungünstigen Verhältnissen in der Wasserversorgung bestand. Die Situation des Bewässerungsfeldbaus von Tanjore ähnelt damit zu Ende der vorkolonialen Agrarentwicklung derjenigen vor der Entstehung und dem Ausbau des Deltabewässerungssystems rund 1700 Jahre zuvor.

---

(1) Adiceam, 1966, 396
(2) Adiceam, 1966, 396 f.
(3) Smith, 1856, 14;
    Adiceam, 1966, 172

(4) Kulkarni, 1970, 106
(5) Nilakanta Sastri, 1958^2, 125
(6) Gopalakrishnan, 1972, 79 f.

3.2 Polit-ökonomische Voraussetzungen und Hintergründe der präkolonialen Agrarentwicklung

3.2.1 Staatliche Organisation des Agrarsektors als Voraussetzung der Agrarentwicklung

Die organisatorischen Fähigkeiten und Mittel des Staates und der Gesellschaft sind bei der Entwicklung einer agraren Kulturlandschaft von großer Bedeutung. Das trifft insbesondere für den Ausbau und den Unterhalt eines großen Bewässerungssystems zu. Zugleich beeinflussen und regeln die Formen staatlicher Organisation, die einen wichtigen Teil der übergreifenden polit-ökonomischen Strukturen darstellen, auch die internen Strukturen der Agrargesellschaft. Sie bestimmen entscheidend über Ausprägung und Wandel von **Agrarstruktur** und **Agrarverfassung** und damit über die Formen der agrarischen Produktion, Distribution und Konsumption, über die Kennzeichen der Grundbesitzverfassung einschließlich der Besitz- und Betriebsgrößenverteilung, über Flur- und Arbeitsverfassung bis hin zu den Grundzügen des ländlichen Siedlungswesens.

Unter sonst gleichen Bedingungen erfordert eine Bewässerungslandwirtschaft zwar stets größere physische Anstrengungen als der auf Regenfeldbau basierende Anbau. Doch führt die Bewässerungslandwirtschaft erst im "hydraulischen" Milieu zu ganz bestimmten politischen und sozialen Umgestaltungen. Wenn eine Gemeinschaft von Bauern versucht, große Wasservorräte in einem potentiell fruchtbaren Gebiet zu nutzen, so entstehen nämlich neben Großformen der Arbeit auch Großformen der Gesellschaft, d.h. die **hydraulische Gesellschaftsform** (1). Eine "hydraulische Agrikultur" erfordert die Koordinierung, Disziplinierung, Versorgung und Führung der beteiligten Personen. Es besteht der Zwang, daß viele Personen zusammenarbeiten und sich einer führenden Autorität unterwerfen. Wer aber auf oberster Ebene die Fäden des organisatorischen Geflechts in der Hand hält, der hat die einzigartige Möglichkeit, sich auch der höchsten politischen Gewalt zu bemächtigen und zum "Orientalischen Despoten" zu werden (2).

Zwar ist BOBEK (3) zuzustimmen, wenn er hervorhebt, man müsse sich davor hüten, den einen Faktor der Bewässerung bei der Ausbildung der orientalischen Zivilisation überzubetonen. Andererseits erscheint aber eine besondere staatliche Organisation mit zentralistischen Zügen Wesensmerkmal und Voraussetzung eines großangelegten Bewässerungssystems zu sein, solange dieses auf vorindustriellen Technologien beruht. Es soll daher im folgenden am Beispiel des Cauvery Deltas das Verhältnis zwischen staatlicher Organisation und Agrarentwicklung untersucht werden.

3.2.1.1 Prähistorische Periode (vor 500 v.Chr.)

In **Südindien** finden sich für die Zeit vor 500 v.Chr. keine Anzeichen für eine hydraulische Agrikultur, denn noch fehlen die großen Stauwerke, die etwa im Cauvery Delta eine großräumige Flutabwehr und Wasserkontrolle hätten ermöglichen können. In **Nordindien** dagegen war eine Bewässerungswirtschaft in den Doabs des Gangestieflandes schon in der frühen Eisenzeit mit der Bildung von Staaten und Großreichen verbunden (4). Da jedoch ebenfalls keine wasserbaulichen Großanlagen belegt sind, kann auch in

---

(1) Wittfogel, 1962, 42
(2) Wittfogel, 1962, 51 f.
(3) Bobek, 1959, 279
(4) Ruben, 1967, 6

Nordindien in dieser Periode nicht von einer hydraulischen Agrikultur gesprochen werden. Die Bewässerung erfolgte auf der Grundlage gemeinsamer Planung und Kooperation zwischen den Bauern einer Dorfgemeinde und wurde offensichtlich nicht von einer übergeordneten Instanz gelenkt (1).

3.2.1.2 Frühe Hinduperiode (500 v.Chr. bis 850 n.Chr.)

Zu Beginn der frühen Hinduperiode finden sich erste Hinweise für **Nordindien**, daß der König, der vorher nur militärischer Führer ohne politischen Machtapparat und staatliche Beamte war (2), despotische Züge annahm (3) und spätestens um 300 v.Chr. eine zumindest teilweise zentralistische Regierung entwickelte (4). Es gibt aber keine Belege, daß diese Möglichkeiten in Nordindien tatsächlich für den Bau hydraulischer Großanlagen eingesetzt wurden. Die dörfliche Bewässerung auf den Doabs des Gangestieflandes dürfte noch zu frühbritischer Zeit vor allem mit Brunnen betrieben worden sein. Der Nachweis eines ersten großen Kanals, des Jamuna-Kanals, stammt erst aus dem 14. Jh.. Nur im Industal gab es offensichtlich schon in dieser frühen Periode Inundationskanäle in der Talaue unterhalb der Doabs. Doch erscheint es sehr fraglich, ob diese bereits als Großsysteme der Bewässerung eingestuft werden können. Die These WITTFOGELS, daß aus Großformen der Bewässerung Großformen der Gesellschaft entstanden seien, bestätigt sich daher gerade für Nordindien so lange nicht, wie solche Großsysteme nicht nachgewiesen sind. Ohne einen solchen Nachweis könnte man für Nordindien nämlich nur umgekehrt von den zweifellos bestehenden Großreichen jener Zeit auf entsprechende Großanlagen der Bewässerung spekulieren. Für Nordindien scheint sich BOBEKs (5) Warnung zu bestätigen.

Für **Tanjore** dagegen läßt sich die Entwicklung von staatlicher Organisation und bürokratischer Zentralisation unter den Erfordernissen des Baus großer Bewässerungsanlagen und einer großräumigen Bewässerungswirtschaft bereits für die frühe Hinduperiode eindeutig belegen. Die erste, halbmythische Erwähnung einer zentralen Regierungsorganisation in Südindien stammt bereits von Megasthenes (6). Danach war es das politische System der frühen Cholas mit Sitz im Cauvery Delta, die als einziges in Südindien alle Merkmale einer zentral organisierten Staatsmacht aufwies (7). Dabei ist allerdings nicht zu entscheiden, ob die Herausbildung der zentralen Regierungsorganisation Voraussetzung oder Resultat der umfassenden wasserbaulichen Maßnahmen war. Es deutet jedoch manches darauf hin, daß sich bereits vor der Anlage von Großsystemen für Bewässerung im Cholareich zentralistische Züge herausgebildet hatten, daß sich aber erst mit dem Entstehen des großen Deltabewässerungssystems tatsächlich alle Merkmale einer "**hydraulischen Gesellschaft**" entwickelten. Schon die epigraphischen Berichte Südindiens erwähnen "hydraulische Ingenieure", die die Pflege der Bewässerungsanlagen beaufsichtigten (8). Es gab spezielle Schulen, in denen solche Fachleute für die Wasserbautechnik ausgebildet wurden (9). Als Arbeitskräfte verwendete man vielfach Kriegsgefangene, die bei den Eroberungszügen des expansiven Chola-Königreiches gefangengenommen und in das Zentrum des Reiches gebracht worden waren. Beispiele dafür sind der Bau der Uferdämme und das Grand

---

(1) Ruben, 1955, 97
(2) Ruben, 1968, 27
(3) Ruben, 1968, 66 f.
(4) Mencher, 1966, 147
(5) Bobek, 1959, 279

(6) Krishnaswami Aiyangar, 1923, 392
(7) Thapar and Spear, 1966, 267
(8) Thirumalae Iyengar, 1953, 36
(9) Rangappa, 1968, 319

Anicut im Cauvery Delta unter der Herrschaft von Karikal Chola (ca. 50-
95 n.Chr.), der dafür Tausende von kriegsgefangenen ceylonesischen Zwangs-
arbeitern einsetzte (1).

Trotz des staatlichen Zentralismus hatten die Dörfer von Tanjore in der
frühen Hinduperiode jedoch eine bemerkenswerte Autonomie. Darauf wird
auch die außerordentliche kulturelle Kontinuität der Cholareiche zurückgeführt (2). Wenn der Staat die Autonomie der Dörfer stützte, so entsprach
dies der Notwendigkeit, sich die Kooperation der landwirtschaftlichen Bevölkerung bei der Nutzung und Instandsetzung des Bewässerungssystems zu sichern. Daher wurden auch von Staats wegen dörfliche Institutionen wie die
"mahasabhas", die Dorfversammlungen, gefördert.

3.2.1.3 Mittlere Hinduperiode (850-1300)

Die mittlere Hinduperiode ist die wohl großartigste Blütezeit von Tanjore.
Das Cauvery Delta entwickelte sich zu einem der größten **politischen, militärischen, wirtschaftlichen, kulturellen** und **religiösen Zentren Indiens** (3).
Wie bei den frühen Cholas zeigte auch der Staat der späten Cholas alle Züge
einer regierungsmäßigen Zentralisation, die mit einem effizienten Militärwe-
sen, das die Eroberung großer Teile Südindiens (4), Ceylons und Südostasiens (5) ermöglichte, verknüpft war. Damit waren die Voraussetzungen für
den Ausbau, die Pflege und die Überwachung des Bewässerungswesens gegeben, und zugleich war das Reich nach außen hin gesichert.

Der zentralistischen Regierungsform entsprachen streng hierarchisch geglie-
derte **Verwaltungseinheiten**. Das späte Chola-Reich war in 8-9 Provinzen unterteilt ("mandalam"), diese in Distrikte ("valanadu"), diese wiederum in
Gruppen von Dörfern ("kurram", "nadu" oder "kottam") (6). Eine Kupferin-
schrift aus dem 11. Jh. erwähnt 24 "kottams" und 79 "nadus" im Chola-
Reich (7). Manchmal wurde ein sehr großes Dorf als einzelne Einheit verwaltet und dann "taniyur" genannt (8). Jedes Dorf oder jede Dorfgruppe
hatten eine eigene Versammlung ("mahasabha") (9). Die Distrikte des Chola-
Landes wurden von Distriktbeamten ("adhikari"), die Provinzen von Vizekö-
nigen verwaltet (10).

Trotz des dichten Netzes von Flußläufen und Kanälen, die die Anlage von
Straßen behinderten, entwickelten die Cholaherrscher bereits früh ein gut
ausgebautes **Verkehrsnetz**. Zahllose kleine Wege ("vadi") wurden gebaut,
und daneben sorgten die Cholaherrscher besonders für Anlage und Pflege
großer überregionaler Verbindungsstraßen ("peru-vadi", d.h. "große Straße")
(11). Die Bewohner anliegender Dörfer konnten dafür zu Arbeitsleistungen
herangezogen werden.

Ein umfassender Bewässerungsausbau erfordert für den Staat regelmäßige
und hohe Einkünfte. Die Entwicklung von Mitteln und Methoden staatlicher
Aneignung ist daher für einen hydraulischen Staat ebenso unabdingbare

---

(1) Krishnaswami Aiyangar, 1941, 700 f.
(2) Thapar und Spear, 1966, 268
(3) Thapar und Spear, 1966, 295
(4) Madras District Gaz.,
    Tanjore, 1906, I, 22
(5) Government Epigraphists
    Report, 1892, 11
(6) Thapar und Spear, 1966, 268
(7) Renganatha Davey, 1937, 89
(8) Thapar und Spear, 1966, 268
(9) Krishnaswami Aiyangar, 1941, 667
(10) Imperial Gazetteer of India,
     1908, Vol. XXIII, 227
(11) Nilakanta Sastri, 1955^2, 594 f.

Voraussetzung wie seine organisatorischen Fähigkeiten für den Wasserbau. Da die **Grundsteuer** die größte einzelne Einkunftsquelle des Chola-Staates darstellte (1), wurde die Steuereinziehung mit umfassenden organisatorischen und bürokratischen Maßnahmen verknüpft. Die oben beschriebenen Verwaltungseinheiten des Chola-Staates bildeten gleichzeitig den Rahmen für die räumliche Organisation von Wasserbau und Steuerwesen.

Wie bereits bei den alten Cholas erfolgte der Eingriff des Staates in das Dorf durch den Kataster. Das Ackerland im Cauvery Delta wurde zu Steuerzwecken mehrmals genau vermessen und klassifiziert (2). Die erste Landesaufnahme erfolgte unter der Herrschaft von Rajaraja I. (985-1013) (3), die nächste unter Rajendra (1013-1044), eine weitere unter Kulottunga (1070-1118) (4). Alles Land wurde dabei sorgfältig vermessen und in besteuerbares und nicht-besteuerbares unterteilt, und das besteuerbare Land veranlagte man dann je nach Bodengüte und den angebauten Feldfrüchten in drei Klassen (5). In den meisten Fällen wurde die Grundsteuer als Gesamtsteuer für ganze Dörfer erhoben (6), wobei die Dorfversammlung der Regierung gegenüber für die Einziehung der Steuern verantwortlich war (7).

Die Macht des hydraulischen Staates der späten Cholas beruhte also weitgehend auf seiner organisatorischen Stärke. Diese hatte in der Buchführung und Baukunst ihre Grundlagen, sie wurde von einem zentralistisch aufgebauten Verwaltungsapparat getragen, und sie fand in der Organisation des Bewässerungswesens, der staatlichen Aneignung, des Kriegswesens und des Verkehrswesens ihren Ausdruck (8).

Ein weiteres typisches Kennzeichen eines hydraulischen Staates ist die Verbindung der religiösen mit der staatlichen Autorität (9). Die Mehrzahl aller hydraulischer Kulturen besaß eine große, einflußreiche Priesterschaft. Dieses Merkmal eines hydraulischen Staates war im Cholareich der mittleren Hinduperiode ebenfalls besonders deutlich ausgeprägt und manifestiert sich in den zahlreichen großen **Tempelanlagen** der Cholas. Schon für die frühe Cholazeit wird in zeitgenössischen Gedichten die Anlage von Hindutempeln durch den König erwähnt (10), doch erst in der späten Cholazeit entwickelte sich Tanjore zum religiösen Zentrum Südindiens.

Der große Brihadiswara-Tempel von Tanjore etwa wurde unter dem König Rajaraja I. (985-1013) erbaut (11) und war in dieser Zeit unbestritten der größte und reichste Tempel Südindiens (12). Die Tempelbehörde sammelte immense Werte in Gold und Juwelen, sie besaß Ländereien im ganzen Reich, und sie stellte für mehr als 600 Familien, Priester und Tempeldiener, Häuser und Land zur Sicherung ihres Lebensunterhaltes zur Verfügung. Der Tempel erhielt viele großzügige Geldgeschenke von den Cholakönigen, die von der Tempelbehörde oftmals gegen Zinsen an einzelne Dorfversammlungen verliehen wurden (13). Neben diesem berühmtesten Tempel der mittleren Hinduperiode entstanden im Cholareich zahlreiche weitere großartige Tempelanlagen, z.B. die von Chidambaram (14), Srirangam (15) und Kanchipuram (16).

---

(1) Thapar und Spear, 1966, 277
(2) Madras District Gaz.,
    Tanjore, 1906, I, 34
(3) Renganatha Davey, 1937, 89
(4) Krishnaswami Aiyangar, 1923, 411
(5) Nilakanta Sastri, 1958^2, 196
(6) Nilakanta Sastri, 1958^2, 196
(7) Thapar und Spear, 1966, 273
(8) Wittfogel, 1962, 79-102

(9) Wittfogel, 1962, 125-140
(10) Madras District Gaz.,
    Tanjore, 1906, I, 17
(11) Somasundaram, 1935, VI
(12) Nilakanta Sastri, 1955^2, 653
(13) Nilakanta Sastri, 1955^2, 654
(14) Kulke, 1967
(15) Nilakanta Sastri, 1955^2, 639
(16) Nilakanta Sastri, 1955^2, 645

Nach dem Urteil von GOETZ (1) sind sie in ihrer Pracht, ihrer Ausstattung und ihrem riesigen Ausmaß nur denen Ägyptens vergleichbar. Außerdem entwickelten sich im gesamten Cauvery Delta während dieser Zeit unzählige große und kleine Tempelanlagen in den Städten und Dörfern des Landes. Meist bildeten die großen zentralen ummauerten Tempelbezirke und die darum liegende Siedlung als Tempeldorf oder Tempelstadt eine Einheit. Die brahmanischen Priester wurden zu den engsten Vertrauten und Ratgebern des Königs, sie verfaßten die Gesetzbücher und waren aufgrund ihrer Ausbildung und ihres politischen Einflusses einzigartig befähigt, Verwaltungsaufgaben zu übernehmen (2).

Der Staat der späten Cholas mit dem Cauvery Delta als Kernregion seines Reiches wies also, so läßt sich zusammenfassend feststellen, in geradezu idealtypischer Weise alle Merkmale einer hydraulischen Gesellschaftsform auf und konzentrierte alle lebenswichtigen Funktionen eines hydraulischen Staates (Heer, Verwaltung, Religion) in besonders enger Verzahnung.

3.2.1.4 Späte Hinduperiode (1300-1800)

Zwei überregionale Mächte beeinflußten und prägten die Organisation des Bewässerungsfeldbaus und der Steuereinziehung in Tanjore. Es waren dies vom 14. bis zum frühen 16. Jh. die hinduistischen Vijayanagar-Herrscher, die zeitweise auch die direkte Oberherrschaft in Tanjore innehatten, und vom 16. bis zum Ende des 18. Jh. die mohammedanischen Mogul-Herrscher.

Die **Vijayanagars** setzten die Politik der Cholas fort, sie bezogen ihre Einkünfte vor allem aus Landwirtschaft und Handel (3) und bewahrten eine zentralistisch organisierte Regierungsform. Die Buchhaltung wurde weiterentwickelt, und Inschriften erwähnen sogar Bevölkerungslisten (4). Trotz der zunehmenden Einkünfte aus dem Handel blieb die Grundsteuer die wichtigste einzelne Einnahmequelle des Vijayanagar-Staates. Unter der Regierung von Krishna Deva wurde deswegen erneut eine detaillierte Vermessung und Steuereinschätzung des Landes vorgenommen (5).

Die frühe Phase der **Marathen**-Herrschaft (17./18. Jh.) war stark von den Einflüssen der Moguln geprägt. Die räumliche Organisation der Moguln diente jedoch weniger organisatorisch-technischen Maßnahmen für das Bewässerungswesen als vielmehr der Eintreibung von Tributen und Steuern. Dies zeigte sich z.B. in der Entwicklung einer ausgeklügelten neuen Veranlagungsprozedur. Dabei schätzten Steuerbeamte für jede einzelne Parzelle eines Dorfes je nach Bodenqualität und Bewässerungsmöglichkeit zunächst den zu erwartenden Ertrag. Auf dieser Grundlage setzten sie einen bestimmten Teil davon als jährliche Steuerleistung fest, unabhängig davon, ob der tatsächliche Ertrag höher oder niedriger war (6). Auf diesem System, das von den Engländern als "**Settlement**" bezeichnet wurde, sollte später die britische Steuerveranlagung in Tanjore aufbauen.

Nachdem die Moguln während ihrer Blütezeit unter Aurangzeb (1542-1609) eine ausgeklügelte zentrale Organisation entwickelt hatten, zeigten sich in der späten Moguln-Periode jedoch deutliche **Dezentralisierungstendenzen**. Die

---

(1) Goetz, 1962, 52, 88 f.
(2) Wittfogel, 1955^2, 138 f.
(3) Thapar und Spear, 1966, 452

(4) Appadorai, 1936, II, 683 ff.
(5) Thapar und Spear, 1966, 454
(6) Merillat, 1970, 11

örtlichen, den Moguln tributpflichtigen Fürsten ("rajas") wurden für die Steuereintreibung verantwortlich gemacht, was die Mogul-Herrscher der Mühe enthob, eine direkte örtliche Kontrolle auszuüben. Allmählich entstanden so unabhängige Zwischenschichten zwischen Dorf und Herrscher, die sogenannten "zamindars" und "taluqdars", die das Eintreiben der Steuern für den Herrscher übernahmen und diesem dafür pauschale Abgaben zu leisten hatten. Diese Zwischenschichten werden daher auch als "Steuerpächter" bezeichnet. Es ergaben sich also horizontale Entwicklungen neben der sonst grundsätzlich vertikalen Ordnung der hydraulischen Organisation (1), die eine Lockerung der "hydraulischen Dichte" anzeigen. In dieser Phase war der Einfluß der Moguln auf Tanjore besonders stark, und so löste sich die alte hydraulische Ordnung schnell auf (2). Die politische Abhängigkeit, die organisatorischen Wirren und die instabilen Machtverhältnisse bewirkten bis zum Ende des 18. Jh.s dauernde komplizierte Neufestlegungen der Steuerprozeduren. Die schriftlichen Steueraufzeichnungen wurden vernachlässigt, viele der alten Steuerlisten zerstört (3). Die Steuerzahlungen und die landwirtschaftliche Produktivität nahmen ständig ab, der Widerstand der Landbesitzer gegen die staatliche Steuerverwaltung nahm gleichzeitig zu.

3.2.2 Polit-ökonomische Motive und Hintergründe der Agrarentwicklung

Die staatliche Organisation mit zentralistischen Zügen als Voraussetzung und Wesensmerkmal der sich in Tanjore herausbildenden hydraulischen Agrikultur verlangte eine differenzierte und effiziente Bürokratie. Um einen solchen staatlichen Apparat unterhalten und um die bewässerungstechnischen Ausbau- und Instandhaltungsarbeiten bezahlen zu können, waren für den das Cauvery Delta beherrschenden Staat regelmäßige Einkommen erforderlich. Verschiedene Aufteilungsschlüssel regelten die jeweiligen Anteile des Herrschers, und unterschiedliche Praktiken sicherten das Einziehen der Steuer.

Bei Veränderungen der Machtverhältnisse, etwa durch Eroberungen, galt dagegen das Interesse der neuen Machthaber i.d.R. möglichst hohen Einnahmen aus der Landwirtschaft, die über die Finanzierung des Systems hinaus Überschüsse für den erobernden Staat bringen sollten. Dienten die Steuern früher vor allem produktiven Zwecken, um nämlich die Bewässerungsanlagen zu erhalten oder gar auszubauen, so traten nun immer mehr extraktive Zwecke in den Vordergrund, um möglichst hohe Einnahmen für den Staat zu erzielen. Steuerwesen und Steuerverwaltungsmaßnahmen übertreffen weit den für das Bewässerungswesen nötigen Umfang. Sie verselbständigen sich und stehen nicht mehr in dem alten Zusammenhang zwischen staatlichen Einnahmen und Investitionen für den Bewässerungsbau.

Die übergeordneten politischen Verhältnisse und die wirtschaftliche Interessenlage des Staates müssen unbedingt berücksichtigt werden, wenn man Entstehen, Ausbau und räumliche Gliederung eines hydraulischen Bewässerungssystems interpretieren will.

---

(1) Wittfogel, 1962, 384
(2) Madras District Gaz., Tanjore, 1906, I, 167
(3) Madras District Gaz., Tanjore, 1906, I, 167

3.2.2.1 Frühe Hinduperiode (500 v.Chr. bis 850 n.Chr.)

Mit der Entwicklung von zentralistischen Großreichen in Südindien und dem Auftreten großer Bewässerungssysteme wie dem des Cauvery Delta Systems wurde die Steuerverwaltung immer wichtiger für den Staat. Daher befaßten sich die Herrscher des hydraulischen Staates bald ebenso eingehend mit Steuermaßnahmen wie mit hydraulischen, verkehrstechnischen und militärischen Angelegenheiten (1). Das Staatslehrbuch des Kautyla aus dem 3. Jahrhundert n.Chr. z.B. widmet den Prinzipien der Steuerverwaltung große Beachtung. Die Steuern stammten in jener Zeit aus den Erträgen von Bergwerken, Viehzucht, des Handels und der Bewässerungsanlagen. Die Haupteinnahmen des Staates stammten bereits aus der Landwirtschaft (2). Die Stellung des obersten Steuerbeamten wurde so bedeutend, daß er bei Heereszügen des Herrschers diesen im ländlichen Gebiet des Reiches vertrat (3).

3.2.2.2 Mittlere Hinduperiode (850-1300)

Für die mittlere Hinduperiode gibt es erstmals konkrete Hinweise auf die Bedeutung des agraren Steuerwesens in Tanjore. Detaillierte Auskünfte über Eigentumsverhältnisse und Besteuerung finden sich vor allem in Schenkungsurkunden, die meist auf Kupferplatten erhalten sind (4). Besondere Erwähnung finden die Steuereinschätzungsmaßnahmen von Rajaraja I. (985-1014), der das ganze Cholareich mit einem dichten fiskalischen Netz überzog (5). Für die Dörfer gab es schon seit der Pallava-Zeit zwei Kategorien von zu entrichtenden Steuern, die Bodenertragssteuern und die lokalen Steuern. Die lokalen Steuern wurden dabei für Dorfeinrichtungen verwendet, z.B. für die Reparatur von Bewässerungsanlagen und die Errichtung und Ausschmückung von Tempeln, während die Bodenertragssteuern, die zwischen 1/6 und 1/10 des Ertrages ausmachten, an den staatlichen Steuereinnehmer zu entrichten waren. Im Dorf gab es unter der Chola-Herrschaft zwei Klassen von Bewohnern, diejenigen, die Steuern zahlten, und diejenigen, die keine Steuern zahlten, also nicht über eigenen Boden verfügten. Nur die erste Kategorie durfte dem Dorfrat angehören (6)

Unter den späten Cholaherrschern wurden die Steuereinnahmen vom Staat zum großen Teil wieder investiert und vorwiegend für die Organisation und den Ausbau des Bewässerungswesens im Cauvery Delta sowie für die Verwaltung und den Unterhalt des Heeres verwendet. Ausbau des Bewässerungsfeldbaus, Sicherung des Reiches und Steuerwesen bildeten insofern eine Einheit. Überschüsse kamen vor allem dem Bau von Tempeln zugute, etwa dem beschriebenen Brihadiswara-Tempel in Tanjore (7). Unter den Cholas scheint daher der **produktive Charakter** der Staatsausgaben (Bewässerungsausbau) noch deutlich die rein **konsumptiven** Ausgaben (Tempel) überwogen zu haben.

3.2.2.3 Späte Hinduperiode (1300-1800)

Während der Vijayanagar-Herrschaft blieb die Grundsteuer die wichtigste Einnahmequelle für den Staat. Unter der Regierung von Krishna Deva (1509-1530) erfolgte daher im Gebiet von Tanjore eine erneute Vermessung

---

(1) Wittfogel, 1962, 101
(2) Ruben, 1968, 139
(3) Ruben, 1968, 140
(4) Thapar und Spear, 1966, 235

(5) Krishnamurthi, 1966, 22
(6) Thapar und Spear, 1966, 276
(7) Somasundaram, 1935, VI

des Landes und eine umfassende Steuereinschätzung. Der Steuersatz wurde je nach der Güte des Bodens auf 1/3 bis 1/6 des Ertrages festgelegt (1). In dieser Zeit aber stagnierte der Bewässerungsausbau bereits, und konsumptive Staatsausgaben erlangten offensichtlich eine zunehmende Bedeutung, wie der gesteigerte Ausbau von Tempelanlagen in dieser Periode belegt (2).

In der Zeit der Nayak-Dynastien und der anschließenden Marathenherrschaft, besonders aber während der Zeit des mohammedanischen Einflusses auf Tanjore läßt sich feststellen, daß die staatliche Verwaltung sich immer mehr auf die Staatseinnahmen und immer weniger auf den Ausbau, den Unterhalt und die Organisation des Bewässerungssystems konzentrierte. Vor allem während des Einflusses der Moguln scheint das Steuerwesen für die Bauern von Tanjore sehr oppressiv gehandhabt worden zu sein. Dies war bei einer erobernden Macht allerdings allgemein üblich. Der Nawab von Arcot, Muhammed Ali, ließ z.B. 1774 schon im zweiten Jahr seiner Herrschaft über Tanjore mehr als acht Millionen Rupien an Steuern von den Bauern einziehen und verlangte von ihnen bis zu 60 % der Bruttoproduktion. Die Steuerlasten für die Bauern waren damit höher als die vergleichbaren Veranlagungen der britischen Kolonialverwaltung zu Beginn des 20. Jh. (4). Eine derartig oppressive Steuerveranlagung mußte die Ressourcen des Landes schnell erschöpfen.

Im IMPERIAL GAZETTEER OF INDIA (4) wird der Versuch unternommen, die von den Moguln in ihrem indischen Herrschaftsbereich eingebrachten Steuersummen mit denen der britischen Kolonialverwaltung zu vergleichen. Es zeigt sich für den Zeitraum zu Ende des 16. Jh.s bis Anfang des 18. Jh.s, daß die Moguln trotz einer kleineren zu besteuernden Anbaufläche, einer geringeren Bevölkerungszahl und einer höheren Kaufkraft der Rupie die Steuereinnahmen der britischen Kolonialverwaltung zu Anfang des 20. Jh.s deutlich übertrafen. Es ist jedoch anzumerken, daß das mohammedanische Steuerwesen sehr viel elastischer war als das starre und rigorose System der späteren britischen Kolonialverwaltung (5).

Daten über die Steuereinnahmen der Marathenherrscher aus der Landwirtschaft von Tanjore in den letzten Jahren vor der britischen Regierungszeit bestätigen diese Tendenzen (Tabelle II). Es wird deutlich, daß die Landwirtschaft und insbesondere die Naßreisproduktion den dominierenden Anteil der Steuererträge ausmachte, und daß in allen Jahren der Anteil des Königs sich auf mehr als die Hälfte der gesamten Bruttoproduktion von Reis belief, also außerordentlich hoch war. Gleichzeitig fällt aber die bemerkenswerte Flexibilität des Steuersystems auf: trotz extremer Produktionsschwankungen, die bis zu 760 % ausmachten, war der prozentuale Anteil des Königs an der Ernte nahezu konstant.

---

(1) Thapar und Spear, 1966, 454
(2) Kulke, 1967
(3) Madras District Gaz., Tanjore, 1906, I, 169

(4) Imperial Gazetteer of India, 1909, IV, 238
(5) Rothermund, 1969, 359 f.

Tabelle II

Reisproduktion und Grundsteuererträge in Tanjore 1780-1796

Jahr	Reisproduktion (Tonnen)	davon Anteil d. Königs (Tonnen)	%	Steuereinnahmen gesamt (1000 Rs.)	davon Steuern auf Naßreis (1000 Rs.)	%
1780	213.200	118.700	56	733,6	556,2	76
1781	32.200	19.800	61	368,9	336,6	91
1782	28.000	15.600	56	768,5	595,3	77
1783	78.100	43.500	56	707,2	531,2	75
1784	109.000	60.600	56	848,4	639,2	75
1785	133.400	77.500	58	766,2	546,1	71
1786	123.500	72.600	59	665,3	465,0	70
1787	134.800	77.900	58	695,9	499,9	72
1788	134.200	74.300	55	965,7	798,2	83
1789	145.100	79.700	55	881,3	702,5	80
1790	163.200	90.300	55	901,2	708,3	79
1791	163.200	90.300	55	1048,6	848,7	81
1792	165.500	91.500	55	1154,2	954,4	83
1793	179.500	99.300	55	1121,1	945,6	84
1794	173.800	96.700	56	846,3	653,6	77
1795	186.500	103.700	56	738,9	523,9	71
1796	184.800	103.400	56	773,7	562,7	73

Quelle: eigene Berechnungen nach:
REPORT OF THE TANJORE COMMISSIONERS, 1799, 1905, 5, 15

3.3 Struktur und Wandel des präkolonialen Sozialsystems

Die tragenden Säulen des indischen Sozialsystems waren in vorkolonialer Zeit die **Großfamilie** und der **arbeitsteilige Dorfverband** (1). Die Mitglieder der Dorfgemeinschaften wurden durch den von ihnen bewirtschafteten Boden und die zu administrativen Belangen geschaffenen Institutionen zusammengehalten. Die Sozialstruktur war vom **Kastenwesen** geprägt und bestimmt, das die Sozialhierarchie der Bevölkerung genau festlegte. Es handelte sich um einen statischen Schichtaufbau, bei dem ein Schichtwechsel verhindert und eine vertikale Mobilität ausgeschlossen war. Die traditionelle indische Dorfgemeinschaft kann somit als eine **geschlossene Gesellschaftsform** gekennzeichnet werden.

Im landwirtschaftlichen Sektor prägte über Jahrtausende hinweg ein speziell in Tanjore ausgebildetes System die soziale und wirtschaftliche Interaktion der Bevölkerung, das sogenannte **"mirasi"-System**. Dabei handelt es sich um ein dorfgemeinschaftliches Bodenordnungssystem, das auf der Annahme aufbaute, alle Dorfländereien seien gemeinschaftliches Eigentum einer dominanten Landeignergruppe, der "mirasdars" (2). Das mirasi-System, das sich in Südindien offenbar hauptsächlich auf deltaische Gebiete erstreckte (3), bedeutete in seiner ursprünglichen Form, daß alle Felder eines Dorfes gemeinschaftlich durch die "mirasdars" bewirtschaftet wurden. Dieses System wurde in der Marathenzeit als "pasangkarei" bezeichnet. Aber bereits früh, in Tanjore weitverbreitet spätestens seit dem 11. Jh. (4), wurde auch eine von Zeit zu Zeit neu durchgeführte Aufteilung der Felder an einzelne "mirasdars" zur individuellen Nutzung üblich ("kareiyidu"-System). Erst allmählich wurden die einzelnen Felder den "mirasdars" dann auch permanent zur individuellen Nutzung übertragen ("arudikarei"-System) (5).

Das mirasi-System beinhaltete zugleich das erbliche Recht eines jeden "mirasdars" auf einen bestimmten Anteil an der agrarischen Nettoproduktion des Dorfes. In Tanjore bürgerte sich als Ausdruck für dieses Recht in der Marathenzeit der Begriff "kunbhava" ein, der in der Folge durch den arabischen Terminus "mirasi" abgelöst wurde. Dieser Begriff fand bis in die britische Kolonialzeit hinein Verwendung, nahm jedoch mit der Zeit eine weitergehende Bedeutung an und bezeichnete schließlich jedes erbliche Recht (6). Der Ernteanteil ("karai", "pangu" oder "varam") eines jeden einzelnen "mirasdars" war exakt festgelegt und innerhalb des Dorfes anerkannt (7).

Neben den "mirasdars" gab es im präkolonialen Tanjore noch zwei Typen von **Pächtern**. Ein erster Typ erhielt sein Land permanent und erblich. In der Marathenzeit wird dieser Pächtertyp als "ulkudi" bezeichnet. Es handelt sich um einen Erbpächter, der seine Rechte daraus ableitet, daß seine Familie bei der Urbarmachung der Dorfländereien bereits beteiligt gewesen war. Der zweite Pächtertyp, der des "parakudi", besaß dagegen nur geringere Rechte am Boden. Diese agrarsoziale Schicht wird als eine später von außen her zum Dorf gestoßene Gruppe betrachtet (8). Die Pächter zahlten den "mi-

---

(1) Kantowsky, 1970, 139
(2) Madras District Gaz., Tanjore, 1906, I, 174
(3) Gough, 1960, 20
(4) Burnell, 1878, 20
(5) Baden-Powell, 1892, Vol. III, Book IV, 118

(6) Baden-Powell, 1892, Vol. III, Book IV, 117
(7) Madras District Gaz., Tanjore, 1906, I, 174
(8) Baden-Powell, 1892, Vol. III, Book IV, 117

rasdars" einen vorher bestimmten festen Naturalanteil ("kudivaram") an der Ernte (1).

Auf der untersten Stufe in der sozialen Hierarchie der landwirtschaftlichen Bevölkerung standen die **Landarbeiter** (2). Schon im Cholareich gab es verschiedene Typen von Landarbeitern. Z.T. handelte es sich um leibeigene, sklavenähnliche Landarbeiter, die fest an einzelne "mirasdars" gebunden waren (3). Diese Form von Arbeit scheint im landwirtschaftlichen Sektor allerdings selten gewesen zu sein (4). Häufiger waren Formen von festen Arbeitsverhältnissen, die mit der Zahlung von Naturallöhnen verbunden waren (5). Aber auch Tagelöhner waren bereits zur Cholazeit am landwirtschaftlichen Produktionsprozeß beteiligt (6).

Die genaue Festlegung der Rangfolge jeder landwirtschaftlichen Gruppe in der sozialen Hierarchie der Dorfgemeinschaft erfolgte durch die Kastenordnung, die in Tanjore schon zur Cholazeit besonders strikt ausgeprägt war (7). Dabei scheinen schon früh besonders die hochrangigen Brahmanen, die oft die Gruppe der "mirasdars" stellten, sowie die "unberührbaren" Paraiyans, i.d.R. Landarbeiter (8), stark vertreten gewesen zu sein.

Wirtschaftlich basierte die vorkoloniale Dorfgemeinschaft auf einem Zusammenspiel von Landwirtschaft, Handwerk und Dienstleistung. Mit zunehmender Differenzierung der Berufe bildeten sich im Dorf Spezialisten für Handwerk und Dienstleistungen heraus wie Weber, Töpfer, Schmiede, Zimmerleute, Barbiere, Schuster, Wäscher, Viehhirten, Straßenfeger, Wächter usw. (9). Dafür waren in Tanjore jeweils regional unterschiedliche Kastenbezeichnungen gebräuchlich (10). Zwischen der landwirtschaftlichen Bevölkerung, den Handwerkergruppen und den Dienstleistungsschichten des traditionellen Dorfes gab es ein **Netzwerk wirtschaftlicher Verflechtungen** mit wechselseitigen Diensten, Bedürfnissen und Ansprüchen. Dieses Verflechtungsmuster ist für Nordindien unter dem Begriff "jajmani"-System bekannt (11). In ähnlicher Form wurde es für Südindien als "malnad"-System bezeichnet (12).

Es ist zwar nicht möglich, die präkolonialen Merkmale und Regeln dieses offensichtlich regional recht unterschiedlich ausgeprägten sozio-ökonomischen Systems (13) für das Untersuchungsgebiet in allen Einzelheiten festzulegen. Als wichtigstes übergreifendes Kennzeichen ist jedoch anzuführen, daß die wirtschaftlichen Beziehungen zwischen allen Gruppen der Bevölkerung im traditionellen Dorfverband durchweg über längere Zeiträume hinweg, meist sogar in **erblicher** Form, exakt geregelt und festgelegt waren. Bestimmt war diese Regelung einerseits durch das Recht der Landeignergruppe der "mirasdars", landwirtschaftliche, handwerkliche und sonstige Dienste von der übrigen Dorfbevölkerung in Anspruch zu nehmen; andererseits gab es eine Versorgungspflicht der Schicht, die Dienstpflichten beanspruchen konnte, gegenüber der Gesamtheit der Dorfbewohner. Handwerker und Dienstleistende erhielten so für ihre meist regelmäßig anfallenden Arbeitsleistungen von den Bauern feste Anteile am Ernteertrag, die ihnen die Subsistenz sicherten. Für

---

(1) Beteille, 1965, 119 f.
(2) Nilakanta Sastri, 1955^2, 567
(3) Thapar und Spear, 1966, 276
(4) Ruben, 1957, 3 f., 73; Iljin, 1955, 1
(5) Hjejle, 1967, 79
(6) Nilakanta Sastri, 1955^2, 567
(7) Thapar und Spear, 1966, 284 f.
(8) Madras District Gaz., Tanjore, 1906, I, 77-90
(9) Baden-Powell, 1899, 10
(10) Madras District Gaz., Tanjore, 1906, I, 120
(11) Wiser, 1936
(12) Harper, 1959, 774
(13) Bronger, 1975a, 215-218

Tanjore ist zudem belegt, daß einzelnen ländlichen Berufsgruppen, z.B. Wäschern und Barbieren, für ihre Dienste auch kleine Ackerparzellen übertragen wurden (1).

Kastensystem, Beschäftigungsstruktur und wirtschaftliche Verflechtungen innerhalb des Dorfverbandes von Tanjore bildeten ein geschlossenes sozio-ökonomisches System, das Beziehungen auf allen Ebenen umfaßte, d.h. religiöse, soziale und wirtschaftliche Beziehungen, und das alle Schichten der Bevölkerung in sich einschloß. Diese traditionelle dörfliche Sozial- und Wirtschaftsstruktur bedeutete hinsichtlich der **Lebensbedingungen** der Agrarbevölkerung, daß die Befriedigung der **existentiellen Grundbedürfnisse** aller Dorfbewohner durch die Aufteilung der Ernte an alle Mitglieder der Dorfgemeinschaft solange gesichert war, wie der Ernteertrag für die Dorfbewohner ausreichte. Mißernten, die gerade in dem von einer kontinuierlichen Wasserversorgung abhängigen Cauvery Delta häufig auftraten, bedrohten die Subsistenz aller Schichten der Bevölkerung (2). Das traditionelle dörfliche System sorgte zudem für eine langfristige Regelung und Sicherung der **Beschäftigung** und Arbeitsbeschaffung für alle sozialen Schichten der Bevölkerung.

Die **Partizipation**, d.h. die Teilhabe am religiösen Leben und an dörflichen Entscheidungsprozessen, war in Tanjore dagegen innerhalb der Dorfgemeinschaft bereits traditionell erheblich eingeschränkt. Nur die "mirasdars" hatten z.B. im Cholareich Zugang zu den Dorfversammlungen ("ur"), und vielfach beschränkte sich die Zugehörigkeit zum Dorfrat, der dann als "sabha" bezeichnet wurde, sogar allein auf die Brahmanen eines Dorfes (3).

Insgesamt handelt es sich beim traditionellen Dorfverband von Tanjore also um einen in sich geschlossenen Sicherungsverband ("security circle") (4), der der großen Mehrheit der Dorfbevölkerung **wirtschaftlich** ein Leben in **Sicherheit und Armut** (5) bot, der zugleich eine streng gestufte soziale Hierarchie ausbildete, die auf der Kastenordnung beruhte und in Tanjore besonders ausgeprägte Formen **sozialer Ungleichheit** beinhaltete.

3.4 Zusammenfassung: Präkoloniale Formen sozialer und regionaler Ungleichheit

Es ist richtig, wenn bei der Herausstellung von heute in Indien anzutreffenden Phänomenen von Ungleichheit betont wird, daß Ungleichheiten in diesem Land keine neue Erscheinung sind, sondern daß es sich vielmehr bei der indischen Gesellschaft um eine **traditionell ungleiche Gesellschaft** (6) handelt; sie ist geprägt vom Kastenwesen mit seiner Unterteilung der Bevölkerung in Gruppen mit unterschiedlichem Status und damit unterschiedlichem Einfluß. Verbunden mit der Unterteilung der Bevölkerung in Kasten war schon früh die Ausbildung von Unterschieden auch im materiellen Wohlstand.

Mit dem Ausbau des Cauvery Delta Systems in der frühen Hinduperiode begann zugleich die **regionale** Differenzierung Südindiens in Kernregionen **hydraulischer Agrikultur** und Randregionen sie umgebender **Hydroagrikultur** (7). Damit waren je nach dem Grad der Entwicklung der Ressource Wasser Bewässerungsgebiete mit hoher Fruchtbarkeit von Regionen geschieden, in denen

---

(1) Beteille, 1965, 136
(2) Bhatia, 1963, 13
(3) Thapar and Spear, 1966, 269
(4) Anell, 1968

(5) Böttger, 1975, 61
(6) Alexander, 1975a, 3
(7) Wittfogel, 1962, 23

die Landwirtschaft auf lokalen Niederschlägen beruhte und nur geringe und zudem unsichere Erträge brachte. Innerhalb des Cauvery Deltas gab es wiederum krasse Unterschiede im Produktivitätsstand zwischen flußnahen und flußfernen Gebieten, zwischen Deltawurzel, Deltainnerem und Randdelta.

Regionale und soziale Ungleichheiten stehen in historischen Beziehungen zum Stand der Agrartechnologie und der Entwicklung von sozialen Institutionen (1). Es ist wahrscheinlich, daß sich gleichzeitig mit der Herausbildung regionaler Ungleichheiten im Entwicklungsstand der Landwirtschaft auch die **sozialen** Ungleichheiten in Tanjore verschärften. Von der Staatsmacht protegierte und den dominanten Bauernkasten umworbene Brahmanen besiedelten nämlich die fruchtbarsten Bereiche des Deltas und kultivierten sie mit Hilfe von Pächtern und zunehmend auch mit abhängigen Landlosen. So erlangten in Tanjore einige Mitglieder der Gesellschaft einen von Staats wegen privilegierten Zugang zu den Ressourcen Land und Wasser. Die **Motive** des Staates, der das Cauvery Delta als Kernregion seiner politischen Macht beherrschte, waren offensichtlich. Da dieser Raum für die Armee, die zahlreiche Priesterschaft, die Verwaltungsbeamten und die Bevölkerung des Reiches die Nahrungsmittel und zudem die gesamten Grundsteuereinnahmen erbrachte, hatte der hydraulische Staat ein vitales Interesse an der planmäßigen Erschließung des Landes, an dem Aufbau, der Ausweitung und der Organisation des Deltabewässerungssystems und an der Sicherung der Grundsteuereinnahmen und der Getreideüberschüsse. Dazu aber benötigte er eine gebildete, organisatorisch befähigte, ihm loyal gegenüberstehende lokale Elite, und diese fand er vor allem in den Brahmanen (2). Diese wurden daher planmäßig im Cauvery Delta angesiedelt, mit allen erdenklichen Privilegien, vor allem mit Ackerland, ausgestattet und systematisch gefördert.

Insbesondere in den reichen flußnahen Teilen des inneren Deltas entstanden in dieser Zeit eine große Anzahl von gänzlich von Brahmanen beherrschten Dörfern (3). Diese Dörfer, königliche Schenkungen an einige wenige Brahmanenfamilien, wurden in der Cholazeit als "brahmadeya" bezeichnet (4) und lassen sich i.d.R. durch das zum Siedlungsnamen zugefügte Beiwort "mangalam" oder "chaturvedi mangalam" identifizieren (5). Die Brahmanen solcher Dörfer waren im allgemeinen gänzlich von der Grundsteuer befreit. Schon in der frühen Cholazeit (3. Jh. n.Chr.) (6) und in der Pallava-Zeit (3.-9. Jh. n.Chr.) (7) sind für das Cauvery Delta zahlreiche solcher Dorfschenkungen an einzelne Brahmanenfamilien oder an Gruppen von Brahmanen belegt. Insbesondere unter den späten Cholaherrschern (9.-13. Jh. n.Chr.) wurden Brahmanendörfer in großer Zahl vornehmlich im besonders fruchtbaren Norden des Distrikts nahe am Hauptarm des Cauvery gegründet (8).

Da die brahmanischen Landbesitzer aus rituellen Gründen nicht selbst auf den Feldern arbeiten durften, bildete sich im Cauvery Delta bereits frühzeitig eine große Schicht von **landwirtschaftlichen Arbeitskräften** heraus. Es ist nicht sicher zu klären, aus welchen Bevölkerungsgruppen sich diese Landarbeiter rekrutierten. Vielfach handelte es sich wohl um Bewohner anliegender Trockenfeldbau- und Stauteichbewässerungsregionen, die in diese Kornkammer hineinströmten. Inschriften deuten auch darauf hin, daß von den Herrschern bei der Gründung der "brahmadeyas" Landarbeiter in ausreichender Zahl gleichzeitig angeworben und angesiedelt wurden. Es erscheint

---

(1) Lenski, 1966
(2) Beteille, 1965, 13 f.
(3) Gough, 1960, 16
(4) Thapar und Spear, 1966, 233

(5) Gopalakrishnan, 1972, 84
(6) Gopal, 1961, 251
(7) Thapar und Spear, 1966, 233 f.
(8) Gough, 1960, 16

außerdem möglich, daß Sklaven, die man in Kriegszügen erbeutete, zur Ausstattung der Brahmanendörfer in das Cauvery Delta gebracht wurden.

Innerhalb des Dorfes bestanden zwar markante Ungleichheiten im sozialen Status und Einfluß und, entsprechend, auch im materiellen Wohlstand, die im traditionellen **"mirasi"-System** festgeschrieben waren. Die traditionellen Formen der sozialen Ungleichheit waren jedoch in ein System der materiellen Sicherung auch für schwächere Glieder der Gemeinschaft eingebettet. Jede einzelne Familie hatte durch das **"jajmani"-System** eine Beschäftigung und besaß durch den damit verbundenen Anspruch auf einen Anteil am landwirtschaftlichen Produkt eine Subsistenz. Zusätzlich gab es innerhalb der Dorfgemeinschaft weitere Mechanismen wie Feste, Zeremonien, Geschenkprozeduren etc., die verhinderten, daß einzelne Mitglieder der Gesellschaft überproportionalen Reichtum akkumulierten. So bestand im präkolonialen Tanjore trotz markanter Ungleichheiten im Status und Einfluß insgesamt ein System der Stabilität der Beziehungen auf der Basis einer **allgemeinen Subsistenz** innerhalb der Dorfgemeinschaft. Da im Deltabereich wie im Stauteich- und Regenfeldbaugebiet Subsistenzwirtschaft herrschte, ergaben sich weder durch den existierenden unterschiedlichen Zugang einzelner zu den Ressourcen Land und Wasser noch durch deren unterschiedlichen Entwicklungsstand merkliche Unterschiede in den Lebensbedingungen der Agrarbevölkerung innerhalb oder außerhalb des Deltas.

Wohl aber entwickelten sich zwischen beiden Wirtschaftsräumen deutliche Unterschiede im Ausmaß der Ungleichheit von Status und Einfluß. Tanjore war eine Region mit einem besonders hohen Anteil an einflußreichen, vom Staat privilegierten, hochrangigen Brahmanen und gleichzeitig mit einer überproportional großen Zahl an unberührbaren Kastenangehörigen, während in den angrenzenden Regionen die soziale Struktur der Bevölkerung deutlich ausgeglichener war. Eines ist aber festzuhalten: zwischen den Regionen eines hohen oder niedrigen Entwicklungsstandes des Bewässerungsfeldbaus bestanden im präkolonialen Tanjore keine funktionalen oder strukturellen Beziehungen.

4. KOLONIALE AGRAR- UND SOZIALENTWICKLUNG

4.1 Koloniale Agrarentwicklung

4.1.1 Entwicklung des Bewässerungswesens

Bei Machtantritt der Briten in Tanjore war das Bewässerungssystem des Cauvery Deltas in einem sehr schlechten Zustand, der Grand Anicut verfallen. Der Coleroon mit seinem stärkeren Gefälle, seinem geradlinigeren Lauf und seinem niedrigeren Niveau zweigte vom Cauvery zunehmend mehr Wasser ab (1). Außerdem war in den vorhergehenden Jahrzehnten wegen der schlechten Pflege der Bewässerungsläufe im Delta eine starke Verschlammung eingetreten, durch die sich die Fluß- und Kanalbetten laufend erhöht hatten. Dadurch verringerte sich nicht nur die Wasserversorgung des Deltas, sondern es ereigneten sich bei Hochwasser starke Überschwemmungen. Die Flußdämme, die oft nur 0,3 bis 1,0 m über den Flußbetten lagen, brachen immer häufiger (2). Die britische Kolonialverwaltung stand in Tanjore also bei ihrem Machtantritt vor ähnlichen Problemen wie 2000 Jahre zuvor die alten Cholaherrscher, und tatsächlich zeigte sich in der Folge, daß die britischen Maßnahmen zur Wiederherstellung der Bewässerungsanlagen im Cauvery Delta denen der alten Hindudynastien weitgehend entsprachen.

4.1.1.1 Restaurierungsphase (1800-1850): Die Reparatur und Verbesserung der traditionellen Bewässerungsanlagen und die Errichtung neuer großer Stauwehre

Die Wiederherstellung des alten Cauvery Delta Systems durch die britische Kolonialverwaltung begann zwischen 1800 bis etwa 1835 mit dem Wiederaufbau alter, noch aus der Zeit der alten Hindudynastien stammender Bewässerungsanlagen: die ehemaligen Uferdämme wurden erhöht oder neu errichtet, die bestehenden Flußläufe und Kanäle wurden vertieft und ausgegraben, man errichtete temporäre Dämme und stellte das alte Grand Anicut wieder her. Alle diese Maßnahmen entsprachen denjenigen der frühen Cholaherrscher in der frühen Hinduperiode, waren aber insgesamt nicht sehr erfolgreich. Die Wasserzufuhr konnte nur gering erhöht, die Bewässerungsfläche kaum ausgeweitet werden. Das Bett des Cauvery verschlammte weiter, und es wurde bald klar, daß die Natur den Wettlauf zwischen dem Ansteigen der Flußbettniveaus und der künstlichen Erhöhung der Uferdämme auf Dauer gewinnen würde (3).

In einem zweiten Abschnitt der Restaurierungsphase erbauten britische Ingenieure 1836 bis 1850 daher eine Reihe von **Stauwehren und Schleusenanlagen** im Deltasystem, um die Wasserverteilung unter Kontrolle zu bekommen und die nachteiligen Folgen der Verschlammung zu beheben. Es handelte sich dabei vorwiegend um Überlaufwehre ("anaikkat") wie Upper Anicut (Abb. 3) und Lower Anicut (Abb. 1), deren größte zur Regulierung der Wasserzufuhr zwischen Coleroon und Cauvery dienten. Außerdem baute man eine Reihe großer Schleusenanlagen ("calingula"), z.B. die "150-yard-calingula", das Vaduvagudi Surplus und das Perumalkovil-Surplus (Abb. 1), mit denen Hochfluten vom Cauvery Delta weg in den Coleroon geleitet wurden. Der Coleroon übernahm für das Cauvery Delta somit zunehmend die

---

(1) Adiceam, 1966, 191
(2) Madras Presidency, Selections from the Proceedings, 1883, 146
(3) Madras Presidency, Selections from the Proceedings, 1883, 146

Funktion eines "Sicherheitsventils" (1). Beide Typen von Bewässerungsanlagen, "anaikkats" und "calingulas", wurden von den britischen Wasserbauingenieuren nach den gleichen Prinzipien konstruiert, die vormals die einheimischen Baumeister angewendet hatten. Mit dem Bau solcher Anlagen gelang es, bis etwa 1850 die Bewässerung im Cauvery Delta wieder herzustellen.

Es stellte sich heraus, daß die britischen Ingenieure in einen Balanceakt zwischen zu viel und zu wenig Wasser eingreifen mußten und diese Schwierigkeit erst im Laufe der Jahrzehnte in den Griff bekamen. Dies ist leicht zu verstehen, wenn man bedenkt, daß die wasserbaulichen Maßnahmen der britischen Kolonialverwaltung im Cauvery Delta die ersten in Indien überhaupt waren. Die britischen Ingenieure hatten keinerlei bewässerungstechnische Erfahrung und konnten die Kettenreaktionen, die ihre Maßnahmen verursachten, nur schwer abschätzen. Erst im Laufe von Jahrzehnten vermochten sie die auftretenden Bewässerungsprobleme in einer Art "trial-and-error"-Verfahren allmählich zu bewältigen.

Um abschätzen zu können, welche **Resultate** der planmäßige Bewässerungsausbau der britischen Kolonialverwaltung erbrachte, sollen im folgenden seine Wirkung auf die Ausweitung, Kontrolle und Sicherung der Bewässerungslandwirtschaft untersucht werden. Direkte Indikatoren dafür sind die Entwicklung der Bewässerungsflächen und deren Agrarproduktion. Gleichzeitig ist zu untersuchen, inwieweit die Bewässerungsflächen von Jahr zu Jahr schwankten. Indirekte Indikatoren sind u.a. das Anwachsen von Steuereinnahmen aus der Bewässerungslandwirtschaft, das Abnehmen von zu gewährenden Steuernachlässen, das Anwachsen des Wertes von Land u.v.a.m.. Die Bewässerungsflächenentwicklung gibt dabei Aufschluß über die Wasserzufuhr für das Delta, d.h. insbesondere über die Wirkung der drei großen Anicuts des Deltas sowie über den Erfolg der Flußbettvertiefungen und der Uferdammerhöhungen. Der Umfang der Jahresschwankungen der Bewässerungsflächen zeigt eher die Wirkung der Flutabwehr an, etwa durch die Surplus-Anlagen, aber auch durch die Anicuts und insgesamt durch die Pflege des Deltabewässerungssystems.

Die **Bewässerungsflächen** stiegen im ersten und zweiten Abschnitt der Restaurierungsphase beträchtlich (Tabelle III). Noch deutlicher zeigen die Zahlen die allmähliche **Stabilisierung** der Bewässerung. Diese ist in erster Linie der besseren Pflege des Bewässerungssystems zuzuschreiben, vor allem der Erhöhung der Uferdämme, wodurch die bei überdurchschnittlichem Hochwasser auftretenden verheerenden Überflutungen und damit der Verlust weiter Bewässerungsflächen vermindert wurden. Für den zweiten Abschnitt der Restaurierungsphase wird die Wirkung der erhöhten Wasserzufuhr für das Deltasystem durch Grand und Upper Anicut besonders deutlich. Die Bewässerungsfläche stieg innerhalb von 15 Jahren um 8 % an. Dieses Ergebnis zeigt, daß nach den ersten 50 Jahren der Herrschaft der britischen Kolonialverwaltung in Tanjore die Bewässerungsmaßnahmen so **wirkungsvoll** und **erfolgreich** waren, daß die Phase der eigentlichen Restaurierung des alten Cauvery Delta Systems hiermit als abgeschlossen gelten kann.

---

(1) Madras District Gaz., Tanjore, 1906, I, 105

Tabelle III

Entwicklung der Bewässerungsflächen im Tanjore Distrikt in der Restaurierungsphase (1800-1850)

Jahr	Bewäss.-fläche (1000ha)	5-Jahres-durchschnitt (1000 ha)	Jahr	Bewäss.-fläche (1000ha)	5-Jahres-durchschnitt (1000 ha)
Erster Abschnitt			1827/28	226,1	
1801/02	220,1		1828/29	229,6	Ø 230,1
1802/03	169,4		1829/30	232,0	
1803/04	172,4	Ø 194,3	1830/31	236,4	
1804/05	188,7		1831/32	237,2	
1805/06	220,7		1832/33	243,0	
1806/07	180,2		1833/34	237,8	Ø 241,4
1807/08	221,6		1834/35	245,4	
1808/09	222,2	Ø 212,1	1835/36	243,4	
1809/10	222,5		Zweiter Abschnitt		
1810/11	213,9		1836/37	232,5	
1811/12	210,2		1837/38	248,4	
1812/13	218,9		1838/39	249,1	Ø 247,6
1813/14	222,0	Ø 219,2	1839/40	252,9	
1814/15	222,6		1840/41	255,3	
1815/16	222,2		1941/42	260,2	
1816/17	214,0		1842/43	258,6	
1817/18	214,7		1843/44	258,7	Ø 259,4
1818/19	211,6	Ø 212,7	1944/45	257,1	
1819/20	211,6		1845/46	262,5	
1820/21	211,5		1846/47	266,0	
1821/22	212,3		1847/48	265,9	
1822/23	213,0		1848/49	269,2	Ø 268,1
1823/24	216,2	Ø 215,4	1849/50	270,0	
1824/25	216,1		1850/51	269,4	
1825/26	219,3				
1826/27	226,4				

Quelle: MADRAS PRESIDENCY, REVENUE DEPARTMENT, 1858, 137/38

4.1.1.2 Regulierungs- und Strukturierungsphase (1851-1902): Die Umwandlung der großen Überlaufwehre zu Schleusenwehren und der Bau von Regulatoren

In einer zweiten kolonialzeitlichen Phase der Bewässerungsentwicklung im Cauvery Delta gingen die wasserbaulichen Entwicklungsmaßnahmen weit über das hinaus, was die alten einheimischen Hindudynastien zuvor geleistet hatten. Die britische Kolonialverwaltung konzentrierte ihre Ausbaumaßnahmen nun auf zwei Ziele: eine möglichst gut **regulierte Wasserzufuhr** für das gesamte Cauvery Delta und eine möglichst genau **kontrollierte Verteilung** des Irrigationswassers innerhalb des Deltas. Britische Wasserbauingenieure hatten jedoch bald herausgefunden, daß diese Ziele mit den traditionellen Überlaufwehren nicht zu verwirklichen waren, und sie entwickelten daher neue Typen von Bewässerungsanlagen, nämlich **Schleusenwehre** und **regulierbare Schleusenanlagen**, mit denen die Wasserzuteilung nach Menge und Dauer mit und ohne Hebung des Wasserspiegels genau zu regeln ist.

In der zweiten Hälfte des 19. Jahrhunderts und zu Beginn des 20. Jahrhunderts bauten sie in fast alle bestehenden und in alle neuen Stauwehre Schleusenanlagen ein, und auch die alten unkontrollierten Surplus-Anlagen wurden entsprechend modernisiert. Um auch die Wasserzufuhr für das gesamte Delta zu kontrollieren, wurden die drei großen Schlüsselanlagen ebenfalls völlig umgebaut. Doch noch war das Problem ungelöst, wie man das Irrigationswasser kontrolliert in das weite Netzwerk von Haupt-, Zweig- und Verteilerkanälen einleiten könnte. So galt das besondere Augenmerk der britischen Wasserbaubehörden zunächst der kontrollierten Wasserzuteilung für die wichtigsten Deltazweigflüsse. Bereits 1851 entstand die wichtigste Wasserzuteilungsanlage ("regulator") innerhalb des Cauvery Deltas, der Cauvery-Vennar Regulator, der die Wasserzufuhr zwischen den beiden Hauptsystemen von Cauvery und Vennar regelt. Es folgte die Anlage weiterer solcher sogenannter "Head"-Anlagen, weil sich diese am "Kopf" eines Deltaarmes, d.h. an der Stelle seiner Abzweigung vom Hauptfluß, befinden. Hier kann die Wasserzufuhr für die gesamte von dem entsprechenden Deltazweigfluß zu bewässernde Fläche am günstigsten reguliert werden. Es entstanden in der Folge unzählige kleine und größere Regulierungsanlagen, die das Delta in festumrissene Untersysteme strukturierten. Die wichtigsten sind in Abb. 1 verzeichnet.

Mit Hilfe der modernen, mit beweglichen Schleusen versehenen Regulatoren, die nach dem gleichen Funktionsprinzip arbeiteten wie die großen Schleusenwehranlagen, war es nun möglich, innerhalb des Deltasystems eine exakte Regelung der Versorgung der Untersysteme durchzuführen. In Zeiten von Wasserknappheit konnte zudem durch das Public Works Department eine turnusmäßige Wasserzuteilung vorgenommen werden. Jeder Zweig- und Verteilerkanal erhielt dann nur für eine festgesetzte Zeitdauer ("morai") die volle Wasserversorgung. Die Verteilung des Wassers innerhalb der kleineren Kanalsysteme und Feldgräben wurde nach wie vor von den Bauern selbst geregelt. Sie beruhte meist ebenfalls auf einem System von "morais", die meist durch Gewohnheitsrecht festgelegt waren (1).

So war bis zum Jahre 1902, in dem die endgültige Modernisierung der Großanlagen vorgenommen wurde, die Restaurierung, Regulierung und in den Grundzügen auch die Strukturierung des Cauvery Deltas abgeschlossen. Damit war ein Gesamtsystem geschaffen, das bis heute als das **"Cauvery Delta System"** bekannt ist.

---

(1) Madras District Gaz., Tanjore, 1906, I, 107

Für die zweite koloniale Phase der Bewässerungsentwicklung im Tanjore Distrikt, die entsprechend Regulierungs- und Strukturierungsphase genannt werden soll, liegen keine vollständigen Zahlen für die Entwicklung der **Bewässerungsflächen** vor (Tabelle IV). Doch schon die wenigen Daten zeigen, daß die Bewässerungsflächen im ersten Abschnitt der Strukturierungsphase weiter deutlich anstiegen. Der Zuwachs verlangsamte sich allerdings im Vergleich zum zweiten Abschnitt der Restaurierungsphase. Dies erklärt sich dadurch, daß der Schwerpunkt der Entwicklung mehr auf der Optimierung der Wasserverteilung als auf einer Erhöhung der Wasserzufuhr und damit der Vergrößerung der Bewässerungsflächen lag. Die jährlichen **Schwankungen** hinsichtlich der Größe der Bewässerungsflächen blieben dementsprechend weiterhin gering.

Für diesen Abschnitt der Strukturierungsphase liegen auch die ersten Daten für die Bewässerungsflächen der verschiedenen, nun klar abgegrenzten und von Schleusenwehren kontrollierten Fluß- und Kanalsysteme innerhalb des Deltas vor. Von nun an läßt sich die Entwicklung der Bewässerung also auch für einzelne Bereiche **innerhalb** des Tanjore Distrikts verfolgen.

Die beiden großen Hauptbewässerungssysteme innerhalb des traditionellen Cauvery Delta Systems waren die der beiden Mündungsarme Cauvery und Vennar. Die wichtigsten Untersysteme des **Cauvery-Hauptsystems** bildeten seine Zweigkanäle; es waren 1880 das des Kodamurti (46.000 ha), des Arasalarillar (32.000 ha), des Verasholan (22.000 ha) und des Manniyar (14.000 ha). Direkt durch Verteilerkanäle wurden insgesamt noch einmal 42.000 ha bewässert. Die gesamte Bewässerungsfläche des Cauvery-Hauptsystems betrug 1880 171.600 ha (1). Die wichtigsten Untersysteme des **Vennar-Hauptsystems** waren das des Koraiyur (45.000 ha), des Vettar (38.000 ha), des Vellayar (14.000 ha) und des Pamaniar (13.000 ha). Neben weiteren Bewässerungsflächen kleinerer Zweigkanal-Systeme wurden im Vennar-Hauptsystem zudem 26.000 ha direkt durch Verteilerkanäle gespeist. Die gesamte Bewässerungsfläche des Vennar-Hauptsystems betrug 1880 157.200 ha (2) (Abb. 1).

Entwicklung und Ausdehnung der Bewässerung innerhalb des Distrikts sollen in der Folge durch den prozentualen Anteil der Bewässerungsfläche an der Gesamtfläche der einzelnen Landkreise dargestellt werden. Um den Vergleich übersichtlicher zu machen und um zu zeigen, wie sich das Bewässerungswesen räumlich differenziert entwickelte, erfolgt zudem eine grobe Regionalisierung des Bewässerungsfeldbaus. Dazu werden in einer ersten Region die Landkreise zusammengefaßt, die überwiegend im eigentlichen Delta liegen, dem sog. "Alten Delta". Dieses wird wiederum in das innere Alte Delta und das mittlere Alte Delta (iAD und mAD) untergliedert. Eine zweite Region repräsentiert den östlichen Randbereich des Deltas am "Schwanzende" ("tail-end-region") des Deltasystems, hier als **Randdelta** (RD) bezeichnet. Die dritte Region ist die außerhalb des Deltas gelegene **Deltaumrahmung**, in der ursprünglich nur Stauteichbewässerung möglich war. Der Landkreis Tanjore wurde bei dieser Untergliederung ausgeklammert, weil er Anteil an gänzlich verschiedenen Bewässerungsregionen hat (Deltawurzel und Stauteichregion).

Eine räumlich differenzierte Darstellung des Bewässerungsfeldbaus **1872-1876** (Tabelle V) läßt erkennen, daß der Schwerpunkt der Bewässerung auf dem inneren nördlichen Bereich des Alten Deltas liegt, daß aber auch die im nördlichen Teil des Alten Deltas gelegenen küstenwärts anschließenden Land-

---

(1) Madras Presidency, Selections from the Proceedings, 1883, 45
(2) Madras Presidency, Selections form the Proceedings, 1883, 45

Tabelle IV

Entwicklung der Bewässerungsflächen im Tanjore Distrikt in der Regulierungs- und Strukturierungsphase (1851-1902)

Jahr	Bewäss.-fläche (1000ha)	5-Jahres-durch-schnitt (1000 ha)	Jahr	Bewäss.-fläche (1000ha)	5-Jahres-durch schnitt (1000 ha)
1851/52	284,6	Ø 281,1	nicht verfügbar		
1852/53	277,5		1891/92	326,5	Ø 326,5
nicht verfügbar			nicht verfügbar		
1856/57	283,7	Ø 283,7	1902/03	383,4	Ø 383,4
nicht verfügbar					
1866/67	296,6				
1867/68	299,2				
1868/69	301,6	Ø 302,0			
1869/70	305,2				
1870/71	307,6				
1871/72	307,8				
1872/73	309,3				
1873/74	307,1	Ø 311,1			
1874/75	315,8				
1875/76	315,4				
1876/77	309,0				
1877/78	317,9				
1878/79	322,0	Ø 319,9			
1879/80	325,8				
1880/81	324,8				

Quellen: 1851-52 MADRAS PRESIDENCY, REVENUE DEPARTMENT, 1858, 137/38
    1856-80 MADRAS PRESIDENCY, SELECTIONS FROM THE PROCEEDINGS, 1883, 160, 169
    1891 STATISTICAL ATLAS OF THE MADRAS PRESIDENCY, 1895, 341
    1902 MADRAS DISTRICT GAZETTEERS, TANJORE, 1905, II, 10

Tabelle V

Bewässerungsflächenanteile im Tanjore Distrikt 1872-76

Region		Landkreis	Gesamt-fläche (1000ha)	Bewäss.-fläche (1000ha)	Anteil der Bewäss.-fläche (%)
ALTES DELTA	iAD	Papanasam	-	-	-
		Kumbakonam	87,8	58,0	66,1
		Shiyali	43,7	21,0	48,1
	mAD	Mayavaram	72,5	44,9	61,9
		Mannargudi	76,9	32,8	42,7
		Nannilam	75,2	53,0	70,4
		TOTAL	356,1	209,7	57,8
iAD			87,8	58,0	66,1
mAD			268,3	151,7	56,6
RAND-DELTA		Negapatam	61,4	29,6	48,2
		Tirutturaippundi	124,0	31,1	25,1
		TOTAL	185,4	60,7	32,7
DELTAUMRAHMUNG		Pattukkottai	232,0	9,4	4,1
		Arantangi	-	-	-
		Orathanadu	-	-	-
		Peravurani	-	-	-
		TOTAL	232,0	9,4	4,1
DISTRIKT		TOTAL	948,7	323,6	34,1
		Tanjore	175,2	43,8	25,0

Quelle: DISTRICT MANUAL, TANJORE, 1883, Table 4

kreise ähnlich hohe Bewässerungsflächenanteile aufweisen. Es zeigt sich hier die Wirkung der günstigen hydrologischen Bedingungen, verbunden mit dem Fruchtbarkeitsangebot der besonders gut für die Bewässerung geeigneten und ertragreichen alluvialen Böden. Die Bewässerungsflächen nehmen zur Küste hin ab. In der Deltaumrahmung ist Bewässerungsfeldbau von nur sehr untergeordneter Bedeutung. Es zeigt sich somit 1872-76 eine deutliche räumliche **Stufung** der Bewässerungsflächenanteile mit hohen Werten im Alten Delta, besonders im inneren Alten Delta, mit mittleren Werten im Randdelta und mit niedrigen Werten in der Deltaumrahmung.

Die wenigen Daten, die für den zweiten Abschnitt dieser Entwicklungsphase bis 1902 vorliegen (Tabelle IV), machen deutlich, daß der jährliche Zuwachs der Bewässerungsflächen sein bisheriges Maximum erreicht. Dieser Befund unterstreicht den Erfolg, den die Verbesserung von Upper Anicut und Grand Anicut hinsichtlich einer Erhöhung und Regulierung der Wasserzufuhr für das Delta hatte.

Die Bewässerungsflächenverteilung innerhalb des Deltas zeigt zu Ende dieser Phase (1902/03) ein gegenüber 1872-76 kaum verändertes Bild (Tabelle VI). Die Kerngebiete und die Randgebiete weisen etwa die gleichen Bewässerungsflächenanteile auf wie 20 Jahre zuvor, während die dazwischen liegenden Gebiete deutliche Fortschritte im Bewässerungsausbau verzeichnen.

Insgesamt nahm die Bewässerungsentwicklung in der Regulierungs- und Strukturierungsphase im Vergleich zur Restaurierungsphase einen beträchtlichen Aufschwung. Die Bewässerungsfläche stieg von durchschnittlich 258.400 ha zu Ende der ersten Phase auf durchschnittlich 383.200 ha zu Ende der zweiten Phase und damit um 48 %. Von allen großen Kanalsystemen Südindiens wies das Cauvery Delta System damit zu Anfang des 20. Jh.s die größte Bewässerungsfläche, das längste Kanalnetz und eine bei weitem höchste Bewässerungskapazität auf, wie die folgende Übersicht zeigt:

Kanalsystem	Hauptkanäle		Bewässerungsfläche (1000 ha)
	Länge (km)	Kapazität (1000 Kubikfuß/Sekunde)	
Godavari	809	13,5	265
Kistna	599	8,9	219
Pennar	50	6,6	58
Palar	262	5,5	18
Kurnool	306	1,4	25
Cauvery	1358	45,5	383

Quelle: Wilson, 1903[2], 87

Tabelle VI

Bewässerungsflächenanteile im Tanjore Distrikt 1902/03

Region		Landkreis	Gesamt-fläche (1000ha)	Bewäss.-fläche (1000ha)	Anteil der Bewäss.-fläche (%)
ALTES DELTA	iAD	Papanasam	-	-	-
		Kumbakonam	87,8	59,3	67,5
	mAD	Shiyali	43,7	23,4	53,5
		Mayavaram	72,5	49,3	68,0
		Mannargudi	76,9	42,4	55,1
		Nannilam	75,2	54,8	72,9
		TOTAL	356,1	229,2	64,4
iAD			87,8	59,3	67,5
mAD			268,4	169,9	63,3
RAND-DELTA		Negapatam	61,4	37,4	60,9
		Tirutturaippundi	124,0	34,0	27,4
		TOTAL	185,4	71,4	38,5
DELTAUMRAHMUNG		Pattukkottai	232,0	42,4	18,3
		Arantangi	-	-	-
		Orathanadu	-	-	-
		Peravurani	-	-	-
		TOTAL	232,0	42,4	18,3
DISTRIKT		TOTAL	948,7	383,6	40,4
		Tanjore	175,2	40,6	23,2

Quelle: MADRAS DISTRICT GAZ., TANJORE, 1905, II, Table VIII

4.1.1.3 Stagnationsphase (1903-1934): Der Ausbau des Lower Coleroon Anicut Systems und die Expansionsplanung

Die wichtigste wasserbauliche Maßnahme im beginnenden 20. Jh. war die Schaffung des **Lower Coleroon Anicut Systems**. Das Lower Anicut, das schon 1836 etwa 100 km unterhalb des Grand Anicut über den Coleroon errichtet worden war (1), wurde im Jahre 1902 völlig umgebaut und versorgt seitdem mit den Kanälen Vadavar und North Rajan Ländereien im Landkreis Chidambaram im Distrikt South Arcot (2). Bewässerungsland südlich des Coleroon im Tanjore Distrikt wird durch die Kanäle South Rajan und Kumukumaniyar gespeist, die vor allem die Deltaendgebiete des Landkreises Shiyali im äußersten Nordosten des Deltas bewässern (3). Nach diesem Umbau betrug die Bewässerungsfläche des Lower Coleroon Anicut Systems 44.600 ha (4). Davon entfielen etwa 11.200 ha auf den Tanjore Distrikt.

Doch darüber hinaus ist im ersten Drittel des 20. Jh.s keine nennenswerte wasserbauliche Maßnahme mehr zu verzeichnen. Einerseits scheinen mit der gegebenen Wasserversorgung die Möglichkeiten der Bewässerungsentwicklung im Deltabereich weitgehend ausgeschöpft gewesen zu sein. Ein zweiter Grund für die offensichtliche Stagnation des Bewässerungsausbaus ist darin zu sehen, daß die britische Kolonialverwaltung sich intensiv mit Plänen beschäftigte, das Deltabewässerungssystem über die alten Grenzen hinweg auszudehnen. Man plante, neben einem völlig neuen Kanalsystem in der Deltaumrahmung eine große Wasserspeicheranlage am Mittellauf des Cauvery bei Mettur (Abb. 3) anzulegen. Diese Pläne stammten bereits von A. Cotton, der schon 1834 die ersten konkreten Vorschläge unterbreitet hatte (5). Seitdem erlebte das sogenannte **"Cauvery-Mettur-System"** bis zu seiner Verwirklichung eine über 100-jährige abwechslungsreiche Vorgeschichte, die BARBER (6) detailliert beschreibt. Besonders strittig waren zumeist die Finanzierungspläne, d.h. die Höhe der zu erwartenden Einnahmen aus Grundsteuern und Wassergebühren. Während der letzten 30 Jahre einer solchen **Expansionsplanung** scheint die britische Kolonialverwaltung den bewässerungswirtschaftlichen Ausbau innerhalb des Cauvery Deltas vorerst zurückgestellt zu haben: die Bewässerungsflächen stagnierten, Schwankungen in ihrer Ausdehnung nahmen zu (Tabelle VII). Beides sind deutliche Indizien für eine **abnehmende Effizienz** des Bewässerungswesens und für zunehmende Wasserversorgungsprobleme während dieses Abschnitts der Bewässerungsentwicklung.

Die Bewässerungsflächenverteilung **innerhalb** des Distrikts (Tabelle VIII) spiegelt für diese Phase ebenfalls die allgemeine Stagnation und teilweise sogar einen Rückgang des Bewässerungsfeldbaus wider. Merkliche Rückschritte gegenüber 1902/03 zeigen sich z.B. 1930/31 in denjenigen Landkreisen, die randlich zum Alten Delta in der Deltaumrahmung oder im küstenwärtigen Deltarandbereich liegen. Einzig im Landkreis Shiyali ist ein Zuwachs der Bewässerungsflächen zu registrieren, da sich hier die Wirkung des Lower Coleroon Anicut Systems bemerkbar macht. Auch die Wasserzufuhr für die Deltaspitze (Landkreis Tanjore) scheint noch gut funktioniert zu haben.

---

(1) Adiceam, 1966, 191
(2) Descriptive Booklet, 1955[2], 31
(3) Descriptive Booklet, 1955[2], 22 f.
(4) Adiceam, 1966, 198

(5) University of Madras, AERC, 1961, 10
(6) Barber, 1940

Tabelle VII

Entwicklung der Bewässerungsflächen im Tanjore Distrikt in der Stagnationsphase (1903-1934) und in der Expansionsphase (1935-1946)

Jahr	Bewäss.-fläche (1000ha)	5-Jahres-durch-schnitt (1000 ha)	Jahr	Bewäss.-fläche (1000ha)	5-Jahres-durch-schnitt (1000 ha)
Stagnationsphase					
1902/03	383,1		1926/27	400,3	
1903/04	380,9	∅ 380,6	1927/28	394,7	
1904/05	371,6		1928/29	393,3	∅ 394,7
1905/06	386,8		1929/30	400,6	
1906/07	382,8		1930/31	384,8	
1907/08	395,3		1931/32	377,4	
1908/09	393,2	∅ 392,8	1932/33	381,6	∅ 388,0
1909/10	396,4		1933/34	394,5	
1910/11	396,1		1934/35	401,9	
1911/12	399,9		Expansionsphase		
1912/13	400,0		1935/36	407,9	
1913/14	400,2	∅ 397,9	1936/37	412,8	
1914/15	392,9		1937/38	421,0	∅ 419,1
1915/16	396,6		1938/39	424,1	
1916/17	396,8		1939/40	429,6	
1917/18	399,8		1940/41	434,0	
1918/19	329,3	∅ 384,7	1941/42	441,3	
1919/20	400,5		1942/43	n.v.	
1920/21	397,3		1943/44	n.v.	∅ 452,1
1921/22	400,6		1944/45	469,1	
1922/23	402,9		1945/46	453,0	
1923/24	399,1	∅ 395,6	1946/47	462,9	
1924/25	377,9				
1925/26	397,6				

Quelle: SEASON AND CROP REPORTS, 1902/03 bis 1946/47

Tabelle VIII

Bewässerungsflächenanteile im Tanjore Distrikt 1930/31

Region		Landkreis	Gesamt-fläche (1000ha)	Bewäss.-fläche (1000ha)	Anteil der Bewäss.-fläche (%)
ALTES DELTA	iAD	Papanasam	59,1	35,8	60,6
		Kumbakonam	54,0	37,1	68,7
		Shiyali	43,8	24,6	56,2
	mAD	Mayavaram	72,4	49,5	68,4
		Mannargudi	76,9	41,8	54,4
		Nannilam	74,4	54,5	73,3
		TOTAL	380,6	243,3	63,9
iAD			113,1	72,9	64,5
mAD			267,5	170,4	63,7
RAND-DELTA		Negapatam	61,2	36,7	59,9
		Tirutturaippundi	126,8	33,3	26,2
		TOTAL	188,0	70,0	37,2
DELTAUMRAHMUNG		Pattukkottai	173,4	26,8	15,5
		Arantangi	104,8	21,8	20,8
		Orathanadu	-	-	-
		Peravurani	-	-	-
		TOTAL	278,2	48,6	17,5
DISTRIKT		TOTAL	954,0	390,1	40,9
		Tanjore	107,2	28,2	26,3

Quelle: MADRAS DISTRICT GAZ., TANJORE, 1933, II, Table IX

4.1.1.4 Expansionsphase (1935-1946): Der Bau des Cauvery-Mettur-Systems und die Entstehung des "Neuen Deltas"

Ein letzter, besonders bedeutender Abschnitt der kolonialzeitlichen Bewässerungsentwicklung begann 1935/36 mit der Eröffnung des **Cauvery-Mettur-Systems**. Dadurch konnten weite Teile der westlichen Deltaumrahmung für großräumige Kanalbewässerung erschlossen werden. Dieser Teil des Distrikts weist überwiegend Rotlehmböden auf, deren Fruchtbarkeit von Norden nach Süden und nach Osten zur Küste hin abnimmt. Das Gefälle gegen Südosten hin ist sehr gering. Einige natürliche, zur Küste gerichtete Entwässerungslinien queren das Gebiet. Die traditionelle Bewässerung erfolgte hier aus niederschlagsgespeisten Stauteichen geringer Kapazität, die zu Anfang des 20. Jh.s allgemein in schlechtem Zustand waren (1).

Ausgangspunkt bei dem Beschluß zum Bau eines großen neuen Kanalsystems in Tanjore war die vom CAUVERY COMMITTEE ON IRRIGATION IN THE CAUVERY DELTA (2) getroffene Feststellung, daß die Wassermenge, die dem Cauvery Delta System zur Verfügung stand, von Jahr zu Jahr in ihrer jahreszeitlichen Verteilung so stark wie sonst nirgendwo in einem großen Kanalsystem Indiens variierte und daß deshalb der britischen Kolonialverwaltung in manchen Jahren hohe Steuerverluste entstünden (3). Allein im Jahr 1930/31 z.B. sah sich die britische Kolonialverwaltung gezwungen, den Bauern wegen Ernteausfalls Grundsteuern in Höhe von 1,1 Mill. Rupien, d.h. 18 % der gesamten Veranlagung, zu erlassen (4). Diese Feststellung wird von den vorher beschriebenen Trends der Bewässerungsentwicklung während des ersten Drittels des 20. Jh.s bestätigt, die eine Stagnation der Entwicklung und eine Zunahme der Variabilität der Bewässerungsflächen zeigten.

Die einzige Lösung des Problems sah man in der Neuanlage eines großen **Stausees** am Cauvery bei Mettur (Abb. 3) mit dem Ziel, große Mengen an Irrigationswasser zu speichern, um die Wasserzuführung für das Deltasystem zu regulieren und damit die Bewässerungsfläche auch in Zeiten geringer Wasserführung des Cauvery zu sichern. Zusätzlich wurde eine **Ausweitung der Bewässerung** um 120.000 ha in der westlichen Deltaumrahmung angestrebt, davon 88.000 ha auf unbewässertem Land und 32.000 ha auf vorher durch Stauteiche versorgtem Naßland (5). Das Cauvery-Mettur-Projekt verfolgte in seiner Konzeption also zwei Ziele: ein **protektives** und ein **produktives** (6).

Das in der Folge geschaffene **Cauvery-Mettur-System** besteht neben dem **Mettur-Damm** mit dem zugehörigen Stausee aus dem **Grand Anicut Kanal** mit seinen Verteiler- und Zweigkanälen. Zwischen beiden Anlagen liegt eine Distanz von 190 km (7). Der Mettur-Damm wurde in einer Talschlucht des Cauvery an der Grenze nach Mysore im Bereich der Rumpfstufe errichtet. Östlich davon ist das Einzugsgebiet des Cauvery ganz überwiegend vom Nordost-Monsun mit Hochwassern im November abhängig. Oberhalb der Dammanlage erhält der Fluß seine Wasserzufuhr dagegen neben den nordostmonsunalen Niederschlägen vor allem durch die "Mangoschauer" im April/Mai sowie durch die hohen Niederschläge des Südwest-Monsuns (Kap. 2.1.2). Die neue Anlage diente also dem Zweck, die Flutwasser der "Mangoschauer" und des Südwest-Monsuns zu **speichern** und diese für das Cauvery Delta System auch

---

(1) Barber, 1940, 201
(2) Cauvery Committee on Irrigation in the Cauvery Delta, 1921
(3) University of Madras, AERC, 1961, 9
(4) Statistical Atlas, 1950/51, 41-43
(5) University of Madras, AERC, 1969, 13
(6) Krishnaswami, 1939, 266
(7) Krishnaswami, 1939, 239

in solchen Zeiten nutzbar zu machen, in denen Versorgungsschwierigkeiten, etwa durch das Ausbleiben des Nordost-Monsuns, auftraten (1). Eine weitere Aufgabe der Stauanlage lag in der **Regulierung** von Hochwassern, die noch immer von Zeit zu Zeit das Delta verwüsteten (2). Die Anlage war zudem für die Erzeugung von Hydroenergie konzipiert (3). Der Mettur Staudamm bildete einen Stausee von 155 km^2 Fläche mit einem Speichervermögen von 2,65 Mrd. Kubikmetern. Der Mettur-Damm war in seinem Entstehungsjahr 1934 eine der größten wasserbaulichen Anlagen der Welt und übertraf mit seiner Wasserspeicherkapazität etwa den berühmten Assuanstaudamm in Ägypten um mehr als das Doppelte.

190 km von dieser Stauanlage entfernt wurde mit dem am Grand Anicut abzweigenden **Grand Anicut Kanal** die zweite Schlüsselanlage des Cauvery-Mettur-Systems angelegt. Der Kanal entstand zwischen 1926 und 1935 in einer Länge von rund 110 km und mit einer Kapazität von 4200 Kubikfuß/Sekunde (4). Die Verteiler- und Zweigkanäle des Kanalsystems umfaßten mehr als 1100 km (5). Beim Grand Anicut Kanal handelt es sich um einen sogenannten **Konturenkanal**, der parallel zur Höhenlinie und somit quer zu den natürlichen Entwässerungslinien verläuft, also etwa die Flüsse Mahasamudram und Agniar kreuzt. Daher zweigen alle Seitenkanäle des Grand Anicut Kanals nur von seiner linken Seite ab (6) (Abb. 1). Diese Zweigkanäle wurden i. d.R. auf flachen Riedeln angelegt und bewässern das Land bis hin zu dazwischenliegenden Flachmuldentälern. Diese dienen der Entwässerung. Das Drainagewasser wird vielfach von den im Muldentiefsten aufgereihten flachen Stauteichen gesammelt und kommt damit noch einmal der Bewässerung zugute (7).

Durch die Anlage des Mettur-Damms veränderte sich das Prinzip der Bewässerung auch im Alten Delta grundlegend. Die direkte, wenn auch weitgehend durch Schleusenwehre an der Deltawurzel und innerhalb des Deltas kontrollierte Bewässerung während der Hochwasserführung des Cauvery wurde durch ein umfassendes **Stausystem** ersetzt. Die Wasserzufuhr für das gesamte Delta und das Cauvery-Mettur-System wird seitdem vom Mettur-Damm aus bestimmt und erfolgt nicht mehr in einzelnen Flutwellen, sondern, wenn es der Wasserstand im Mettur Stausee erlaubt, gleichmäßig über die ganze Bewässerungssaison hinweg in genau berechneten und abgemessenen Wassermengen. Dennoch kam es in regenarmen Jahren weiterhin zu beträchtlichen **Jahresschwankungen** in der Wasserversorgung (Abb. 8). Die teilweise erheblichen Schwankungen im Wasserspiegel des Mettur Stausees machten es nämlich oftmals notwendig, die Abgabemengen drastisch zu reduzieren. Die Wasserversorgung aus dem Mettur Stausee konnte jedoch i.d.R. die Wasserknappheitsperioden überbrücken, die vor dem Bau der Anlage vor allem vor und während des Nordostmonsuns aufgetreten waren.

Die Entwicklung der **Bewässerungsflächen** im Neuen Delta (Tabelle IX) macht deutlich, daß das Ziel, 120.000 ha im Neuen Delta zusätzlich zu bewässern, bis 1947 bei weitem nicht erreicht wurde. Gründe hierfür lagen nicht etwa in einem unzureichenden Wasserangebot, sondern darin, die Bauern des Gebietes überhaupt zur Übernahme der neuen Kanalbewässerungspraktiken zu bewegen. Die besonderen Probleme lagen in der mangelnden Ausstattung der Dorffluren mit Feldgräben und vor allem in der Höhe der geforderten Was-

---

(1) Anonym, The Mettur Dam, 1934, 78
(2) Anonym, The Mettur Dam, 1934, 84
(3) Adiceam, 1966, 199
(4) Baliga, 1957, 176
(5) Spate and Learmonth, 1967^3, 766
(6) Krishnaswami, 1939, 241
(7) Baliga, 1957, 177

Tabelle IX

Entwicklung der Bewässerungsflächen unter dem Cauvery-Mettur System 1935-1970

Jahr	Bewäss.-fläche (1000ha)	5-Jahres-durch-schnitt (1000 ha)	Jahr	Bewäss.-fläche (1000ha)	5-Jahres-durch-schnitt (1000 ha)
kolonialzeitlich			**postkolonial**		
1935/36	47,3	Ø 51,9	1947/48	67,5	Ø 68,4
1936/37	56,4		1948/49	68,5	
1937/38	54,1		1949/50	69,3	
1938/39	56,4		1950/51	68,1	
1939/40	59,6	Ø 59,4	1951/52	68,4	
1940/41	61,4		1952/53	68,2	
1941/42	65,5		1953/54	n.v.	Ø 69,9
1942/43	68,3		1954/55	n.v.	
1943/44	71,0		1955/56	73,0	
1944/45	63,4	Ø 65,2	1956/57	73,0	
1945/46	67,8		1957/58	78,0	
1946/47	55,4		1958/59	78,6	Ø 75,6
			1959/60	64,8	
			1960/61	83,5	
			1961/62	99,3	
			1962/63	105,4	
			1963/64	109,3	Ø 106,2
			1964/65	109,0	
			1965/66	108,2	
			1966/67	106,9	
			1967/68	102,0	
			1968/69	104,2	Ø 106,0
			1969/70	106,4	
			1970/71	110,4	

Quelle: COLLECTORS OFFICE, TANJORE, YEARWISE AND SOURCEWISE PARTICULARS, 1974/75

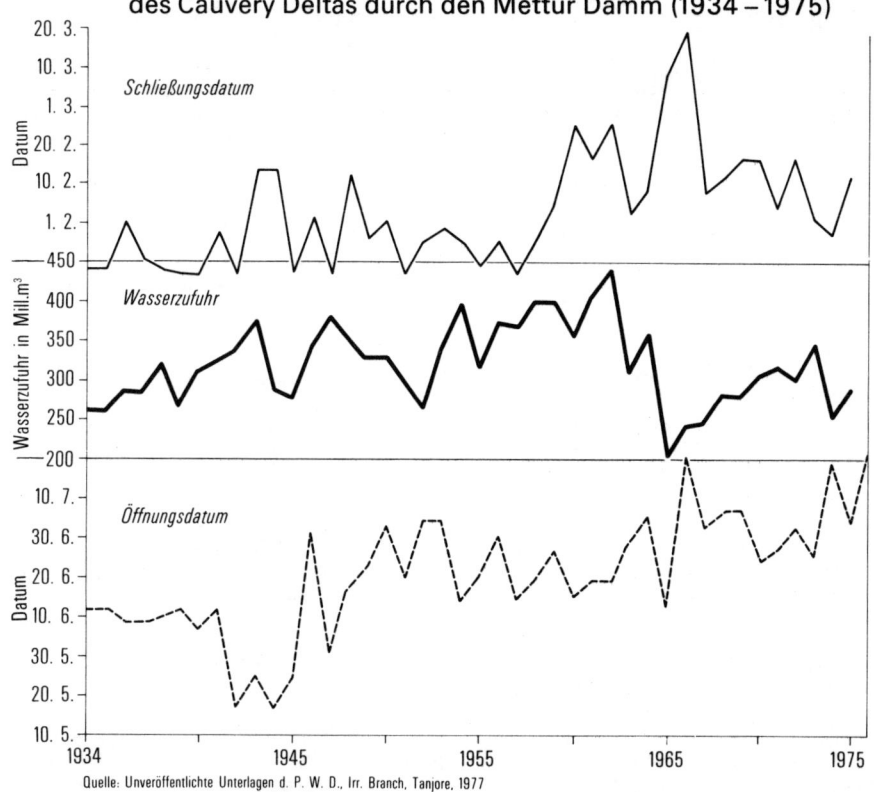

Abb.8:
Jährliche Menge und Zeitspanne der Wasserversorgung des Cauvery Deltas durch den Mettur Damm (1934 – 1975)

Quelle: Unveröffentlichte Unterlagen d. P. W. D., Irr. Branch, Tanjore, 1977

sergebühren, die die bisherigen der Stauteichbewässerung weit übertrafen. Da zugleich in der Vorkriegszeit ein Preisverfall beim Reis als Hauptbewässerungsfrucht eintrat, schien den Bauern eine stärkere Ausweitung der Bewässerungsflächen nicht lohnend.

Die Bewässerungsflächen zeigen während der Expansionsphase im gesamten Untersuchungsgebiet eine **markante und stetige Zunahme** (Tabelle VII). Die Zahlen belegen eine in kolonialer Zeit bisher unerreichte Entwicklung der Bewässerung. Doch scheint diese Entwicklung allein auf der Einrichtung des Cauvery-Mettur-Systems und der dadurch neu erschlossenen Bewässerungsfläche zu beruhen. Betrachtet man nämlich die Bewässerungsflächen allein des Alten Deltas, d.h. nach Abzug der Flächen unter dem Cauvery-Mettur-Projekt, so zeigen diese keineswegs die durch den Bau des Mettur-Damms erhoffte Erweiterung und Stabilisierung der Bewässerung.

Gerade im Alten Delta ergaben sich nämlich schwierige Probleme bei der Umformung des schon zuvor hochentwickelten komplizierten Bewässerungssystems

(1). Zwar konnte hier die Reisproduktion nach Einführung des Cauvery-Mettur-Projekts durchweg erhöht werden, doch machte sich auch eine deutliche Störung im alten wohletablierten landwirtschaftlichen Rhythmus bemerkbar. Die Wartezeit für die Bauern im Deltaendbereich des Cauvery Delta Systems war nämlich nach Eröffnung des Grand Anicut Kanals noch länger als bisher geworden, da das im Mettur Reservoir gespeicherte Wasser nur in genau dosierten Mengen abgegeben wurde, die vielfach schon im oberen Deltabereich verbraucht wurden. Zuvor waren die Hochwasserwellen des Cauvery zu Beginn der Anbausaison i.d.R. so stark gewesen, daß sie im oberen Delta nicht verbraucht werden konnten und deshalb meist doch in recht kurzer Zeit das untere Delta erreichten. Die neue Situation ließ unter den Bauern des unteren Deltabereichs deshalb eine beträchtliche Unsicherheit in Hinsicht auf die Anbaumethoden und die Wahl der Reissorten entstehen (2). Auch beklagten sich z.B. bei einer Konferenz der "Tanjore Landholders Association" die führenden Bauern, daß für den neuen Grand Anicut Kanal zuviel Wasser abgezweigt würde (3).

4.1.1.5 Entwicklung der Stauteich- und Brunnenbewässerung

Abschließend soll ein knapper Überblick über die kolonialzeitliche Entwicklung und wirtschaftliche Bedeutung der kleineren Anlagen im Untersuchungsgebiet, der sogenannten "minor works", gegeben werden.

Die **Stauteiche** sind größtenteils vorkoloniale Anlagen. Sie bestehen meist aus niedrigen langen Erdwällen, die quer zu den Entwässerungslinien verlaufen und das während der Regenzeit in diese Niederungen abfließende Wasser speichern. Damit kann dann das tieferliegende Land bewässert werden. Oft tritt auch eine Reihe von Stauteichen hintereinander auf, sogenannte Stauteichketten, wobei der höhergelegene Stauteich den niedrigeren mit Überschußwasser speist. Die Wasserverteilung aus den Stauteichen erfolgt i.d.R. von einer oder mehreren Schleusen in dem Stauwall aus. Diese Schleusen werden lokal "calingula" (4) genannt. Aus ihnen wird das im Stauteich gespeicherte Wasser in Feldgräben dem Bewässerungsland zugeleitet. Nachdem sich die Stauteiche bei Machtantritt der Briten ebenso wie das Kanalbewässerungssystem in einem schlechten Zustand befunden hatten, wurden sie vor allem seit Beginn des 20. Jh.s mit staatlicher Förderung teilweise wieder instand gesetzt.

Die **Entwicklung der Stauteichbewässerung** (Tabelle X) zeigt deutlich, daß es im Gegensatz zur Kanalbewässerung auch in der Stagnationsphase einen kontinuierlichen Aufschwung gab. Während dann die Kanalbewässerung expandierte, fielen die Bewässerungsflächen unter Stauteichen jedoch stark ab. Dies erklärt sich aus dem Verfall von Stauteichen im Neuen Delta, wo die Stauteichbewässerung zugunsten der neuen Kanalbewässerung aufgegeben wurde. Insgesamt zeigt sich, daß die Stauteichbewässerung im Tanjore Distrikt im ersten Drittel des 20. Jh.s keineswegs eine unbedeutende Rolle spielte und zwischen 10 und 15 % der gesamten Bewässerungsfläche des Distrikts ausmachte.

---

(1) Gopalakrishnan, 1939, 266
(2) Spate and Learmonth, 1967³, 766
(3) Anonym, The Mettur Dam, 1934, 93 f.
(4) Madras Manual, 1885, 391

Tabelle X

Entwicklung der Stauteichbewässerungsflächen im Tanjore Distrikt 1902-1946

Jahr	Bewäss.-fläche (1000ha)	5-Jahres-durch-schnitt (1000 ha)	Jahr	Bewäss.-fläche (1000ha)	5-Jahres-durch-schnitt (1000 ha)
1902/03	48,1		1928/29	55,7	Ø 56,4
1903/04	49,7	Ø 44,8	1929/30	58,2	
1904/05	36,4		1930/31	55,3	
1905/06	45,1		1931/32	40,9	
1906/07	46,5		1932/33	44,8	
1907/08	55,2		1933/34	48,0	Ø 40,2
1908/09	54,6	Ø 53,1	1934/35	37,4	
1909/10	55,6		1935/36	30,1	
1910/11	53,5		1936/37	29,9	
1911/12	56,3		1937/38	31,3	
1912/13	54,6		1938/39	28,6	Ø 29,6
1913/14	56,1	Ø 55,9	1939/40	28,8	
1914/15	56,7		1940/41	29,1	
1915/16	55,9		1941/42	29,4	
1916/17	56,4		1942/43	n.v.	
1917/18	58,2		1943/44	n.v.	Ø 28,6
1918/19	53,7	Ø 56,1	1944/45	28,3	
1919/20	56,8		1945/46	28,3	
1920/21	55,6		1946/47	28,2	
1921/22	57,1				
1922/23	60,7				
1923/24	57,8	Ø 58,4			
1924/25	57,2				
1925/26	59,4				
1926/27	58,3				
1927/28	52,4				

Quelle: SEASON AND CROP REPORTS, 1902/03 bis 1946/47

Brunnen werden im Tanjore Distrikt i.d.R. von einzelnen Bauern selbst angelegt. Die Hebung des Wassers erfolgt bei den flachen temporären "kacha"-Brunnen überwiegend mit Schöpfhebelbalken ("yetram"), bei den tieferen, permanenten "pakka"-Brunnen dagegen allgemein mit Hilfe eines Ochsengespannes durch die Hebung eines Ledergefäßes ("erukavalei") (1).

Die **Brunnenbewässerung** konzentriert sich auf Gebiete im inneren und mittleren Alten Delta und insbesondere in der Deltaumrahmung, während die küstenwärtigen Randbereiche wegen des Salzgehaltes im Grundwasser davon nur in äußerst geringem Maße Gebrauch machen können. Seit 1940 stieg die Zahl der registrierten Brunnen markant an (Tabelle XI). Hier zeigt sich der Einfluß der "well subsidy schemes", mit denen im Rahmen der "grow-more-food"-Kampagne der Brunnenbau finanziell unterstützt wurde (2). Da trotz steigender Brunnenzahlen die entsprechenden Bewässerungsflächen stagnierten, läßt sich der Schluß ziehen, daß die meisten neu angelegten Brunnen allein einer ergänzenden Wasserversorgung dienten.

4.1.2 Entwicklung der Landwirtschaft

Da die britische Kolonialverwaltung der Entwicklung der indischen Landwirtschaft vor den siebziger Jahren des 19. Jh.s kaum Beachtung schenkte (3), sind für diese Zeit nur lückenhafte Daten über die Agrarwirtschaft von Tanjore vorhanden. Nur solche Erhebungen wurden durchgeführt, die für die Steuerverwaltung und Steuerplanung notwendig erschienen, etwa über die Flächen von Naß- und Trockenanbau und über die landwirtschaftliche Gesamtproduktion. Über die einzelnen Anbaufrüchte gibt es vor 1875 kaum Angaben, dafür um so mehr über die Steuereinnahmen oder die Ausgaben für die Entwicklung der Bewässerung. Die Untersuchung der landwirtschaftlichen Entwicklung während der ersten Hälfte des 19. Jh.s muß sich daher weitgehend auf die Analyse von Daten über die Naß- und Trockenanbauflächen sowie über den Stand der Produktivität beschränken.

4.1.2.1 Stabilisierungsphase (1800-1850)

Der Bewässerungs- und der Trockenanbau wurde während der ersten 50 Jahre der britischen Herrschaft (Tabelle XII) und insbesondere seit 1825 merklich ausgeweitet. Die dem Bewässerungsfeldbau zur Verfügung stehenden Wassermengen scheinen zunächst noch stagniert, sich aber ab etwa 1825 deutlich erhöht zu haben. Die abnehmende Variabilität der Anbauflächen zeigt, daß die Bewässerungslandwirtschaft sich schon eher stabilisiert hatte (Tabelle XII). Die Schwankungen beim unbewässerten Anbau und besonders merklich beim Bewässerungsanbau nahmen nämlich schon bis 1820-25 ganz deutlich ab und verringerten sich bis 1845-50 weiter. Es erscheint daher gerechtfertigt, diese Phase der agraren Entwicklung als die **bewässerungslandwirtschaftliche Stabilisierungsphase** zu bezeichnen.

Die gleichen Tendenzen zeigen auch die Angaben über die landwirtschaftliche **Produktion** (Tabelle XIII). Die Stabilisierung der Getreideerträge gelang in den ersten 25 Jahren allerdings nicht ganz so rasch wie die der Anbauflächen.

---

(1) Madras Manual, 1885, 391 (3) Bansil, 1975^2, 26
(2) Natarajan, 1953, 55 ff.

Tabelle XI

Entwicklung der Brunnenbewässerungsflächen und Brunnenzahlen im Tanjore Distrikt 1902-1946

Jahr	Bewäss.-fläche (1000ha)	5-Jahres-durch-schnitt (1000 ha)	Jahr	Bewäss.-fläche (1000ha)	5-Jahres-durch-schnitt (1000 ha)
1902/03	7,9		1924/25	7,2	
1903/04	8,0	Ø 8,0	1925/26	6,5	
1904/05	7,5		1926/27	5,9	
1905/06	8,4		1927/28	5,1	
1906/07	7,6		1928/29	5,3	Ø 5,3
1907/08	5,1		1929/30	5,2	
1908/09	7,3	Ø 6,8	1930/31	4,8	
1909/10	6,7		1931/32	4,1	
1910/11	7,3		1932/33	4,2	
1911/12	6,6		1933/34	3,9	Ø 3,7
1912/13	6,8		1934/35	3,6	
1913/14	5,6	Ø 6,1	1935/36	2,9	
1914/15	5,2		1936/37	3,5	
1915/16	6,4		1937/38	5,7	
1916/17	6,3		1938/39	6,0	Ø 5,4
1917/18	6,3		1939/40	6,2	
1918/19	7,5	Ø 6,7	1940/41	5,4	
1919/20	7,0		1941/42	5,2	
1920/21	6,5		1942/43	n.v.	
1921/22	6,5		1943/44	n.v.	Ø 6,7
1922/23	6,9		1944/45	4,9	
1923/24	7,6	Ø 6,9	1945/46	12,0	
			1946/47	4,8	

Jahr	Zahl der Brunnen	Jahr	Zahl der Brunnen
1905/06	18.725	1930/31	3.478
1910/11	13.223	1935/36	4.203
1915/16	9.776	1940/41	25.356
1920/21	9.402	1945/46	33.134
1925/26	9.451		

Quelle: SEASON AND CROP REPORTS, 1902/03 bis 1946/47

Tabelle XII

Durchschnittliche Anbauflächen und ihre Variabilität in der bewässerungslandwirtschaftlichen Stabilisierungsphase im Tanjore Distrikt (1800-1850)

Fünfjahres-zeitraum	Trockenanbau (1000 ha)	Bewässerungsanbau (1000 ha)
1800-1805	78,1	275,7
1806-1810	87,3	299,5
1811-1815	81,4	300,4
1816-1820	79,7	292,2
1821-1825	85,0	325,9
1826-1830	80,8	310,9
1931-1835	83,9	325,2
1836-1840	91,2	338,8
1841-1845	89,1	348,5
1846-1850	91,4	359,5
Minimale und maximale Anbauflächen (1000 ha)		
1800-1805	min. 59,4	min. 231,8
	max. 93,5	max. 314,2
1821-1825	min. 79,7	min. 319,2
	max. 89,2	max. 332,6
1846-1850	min. 90,0	min. 356,1
	max. 92,7	max. 361,9
Minimale und maximale Abweichungen (%)		
1800-1805	min. -23,9	min. -15,9
	max. +19,7	max. +14,0
1821-1825	min. - 6,2	min. - 2,1
	max. + 6,4	max. + 2,3
1846-1850	min. - 1,5	min. - 0,9
	max. + 1,4	max. + 0,7

Quelle: eigene Berechnungen nach:
MADRAS PRESIDENCE, REVENUE DEPARTMENT, 1858, 137/138

Tabelle XIII

Durchschnittliche Getreideproduktion und ihre Variabilität in der bewässerungslandwirtschaftlichen Stabilisierungsphase des Tanjore Distrikts (1800-1850)

Fünfjahres-zeitraum	Durchschnittliche Getreideproduktion (1000 Tonnen)
1800-1805	159,3
1806-1810	179,0
1811-1815	196,9
1816-1820	195,1
1821-1825	209,4
1826-1830	216,6
1831-1835	225,5
1836-1840	236,3
1841-1845	245,2
Minimale und maximale Getreideproduktion (1000 Tonnen)	
1800-1805	min. 111,0
	max. 195,1
1821-1825	min. 189,7
	max. 220,2
1841-1845	min. 241,7
	max. 250,6
Minimale und maximale Abweichungen (%)	
1800-1805	min. -30,3
	max. +22,5
1821-1825	min. - 9,4
	max. + 5,1
1841-1845	min. - 1,4
	max. + 2,2

Quelle: eigene Berechnungen nach:
MADRAS PRESIDENCY, REVENUE DEPARTMENT, 1858, 137/138

Die Daten über Anbauflächen und Agrarproduktion belegen offensichtlich eine gute **Sicherung** vor klimabedingten Fehlschlägen (Dürre, Hochwasser). Von den britischen Maßnahmen zur Bewässerungsentwicklung in der Restaurierungsphase scheint zunächst die der Uferdammbefestigung besonders erfolgreich gewesen zu sein. Der Wiederaufbau des Grand Anicut hat dagegen anscheinend erst in Verbindung mit der Anlage weiterer Stauwehre und der Vertiefung und Entschlammung der Flußbetten einen merklichen Flächen- und Produktionsanstieg bewirkt. Besonders in Dürrejahren, wie etwa 1836/37, konnte so viel Schaden von der Landwirtschaft abgewendet werden.

In der Stabilisierungsphase erzielte man schon nach wenigen Jahren eine **Überschußproduktion** an Getreide, so daß bedeutende Getreidemengen exportiert werden konnten. Allein der Seeexport von Getreide machte 1820-25 einen Wert von durchschnittlich 1,1 Mill. Rupien im Jahr aus und stieg im Zeitraum von 1841-45 auf jährlich 1,9 Mill. Rupien (1). Ein weiteres Resultat des Bewässerungsausbaus war die Stabilisierung der Getreidepreise, besonders nach 1836 (2).

4.1.2.2 Wachstumsphase (1851-1902)

Obwohl wegen des Fehlens einer staatlichen Agrarbehörde für die Phase der Strukturierung des Cauvery Delta Systems nur bruchstückhafte Daten über Naßreisanbauflächen und Getreideproduktion vorliegen, so zeigt doch der Anstieg der Reisflächen auf 378.600 ha 1875/76 und auf 433.400 ha 1902/03 eine solche Dynamik, daß der Zeitraum von 1851/52 bis 1902/03 im folgenden als **Wachstumsphase** bezeichnet werden soll.

Für diese Zeit liegen die ersten Daten über das Anbaumuster **innerhalb** des Distrikts vor (3). Der flächenmäßig größte Teil, fast das gesamte eigentliche Delta sowie ausnahmslos der Küstenbereich, wurden **1875/76** von Reis-Monokultur eingenommen (Abb. 9a). Der Flächenanteil des Reisanbaus an der gesamten Anbaufläche beträgt mehr als 80 %, ein Wert, der im folgenden als Untergrenze für die Klassifizierung als "Monokultur" verwendet werden soll. An weiteren Feldfrüchten ist hier nur die Hirse erwähnenswert, die allerdings Flächenanteile von unter 10 % aufweist. An die Region mit Reis-Monokultur schließt sich nach Westen eine flächenmäßig kleine Region an, in der ebenfalls Reis in Monokultur kultiviert wird (80 %), wo aber Hirsen mit 10-20 % der Anbaufläche schon eine nicht unerhebliche Rolle im Anbaumuster spielen. Die gesamte Deltaumrahmung stellt eine Region mit "dominantem" Reisanbau (diese Klasse soll durch die Spanne 50-80 % bestimmt werden) und "beträchtlichem" Hirseanbau (Spanne zwischen 20-40 %) dar. Dies ist die Region, wo stauteichbewässerter Reis und gemischter Trockenanbau vorkommen. Letzterer wird entweder im Regenfeldbau oder mit der restlichen Bodenfeuchte im Gebiet der Stauteichbewässerung betrieben.

Bis Anfang des 20. Jh.s zeigt das Anbaumuster die folgenden Veränderungen (Abb. 9b): eine deutliche Zunahme des Reisanbaus im Gebiet der Kanalbewässerung, eine markante Abnahme des Hirseanbaus im nicht-deltaischen Teil des Distrikts und eine ebenso markante Zunahme des Anbaus von Ölfrüchten, wiederum im nicht-deltaischen Westen. Der aufkommende Ölfrüchteanbau ist die bedeutsamste agrarische Veränderung. Es handelt sich dabei

---

(1) Madras Presidency, Revenue Department, 1958, 146
(2) Sarada Raju, 1941, 130
(3) District Manual, Tanjore, 1883, No. 7A

Abb. 9 a:
1875/76

Quelle: District Manual, 1883

Abb. 9 b:
1902/03

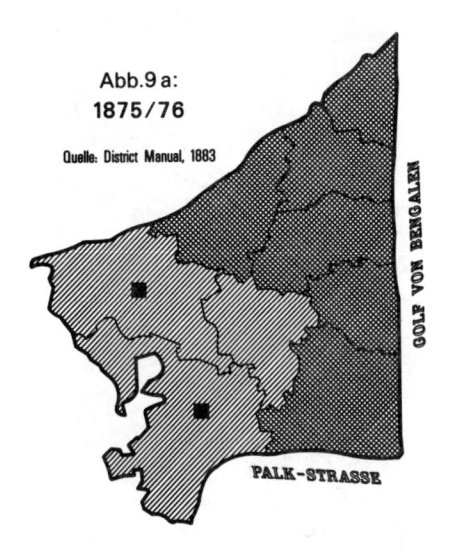

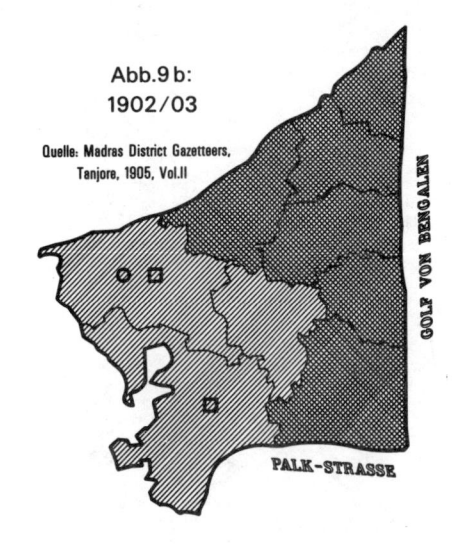

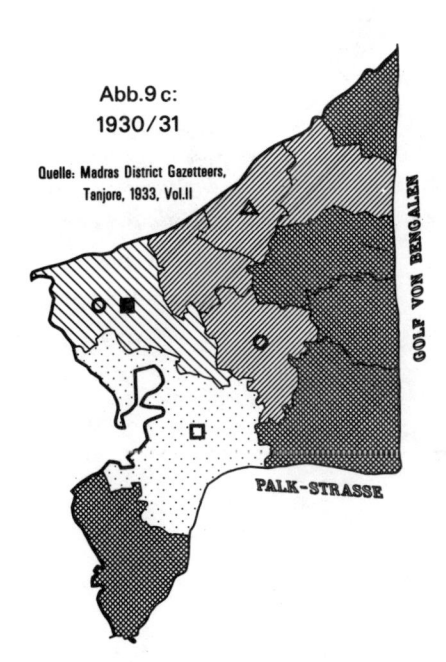

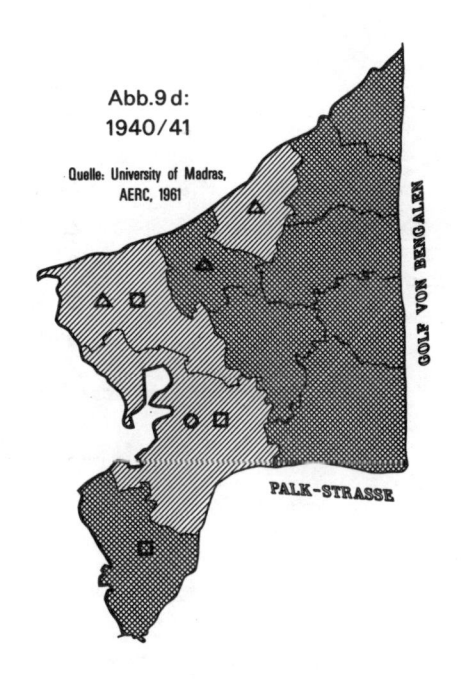

Quelle: Madras District Gazetteers,
Tanjore, 1905, Vol. II

Abb. 9 c:
1930/31

Quelle: Madras District Gazetteers,
Tanjore, 1933, Vol. II

Abb. 9 d:
1940/41

Quelle: University of Madras,
AERC, 1961

Abb. 9 e:
1950/51

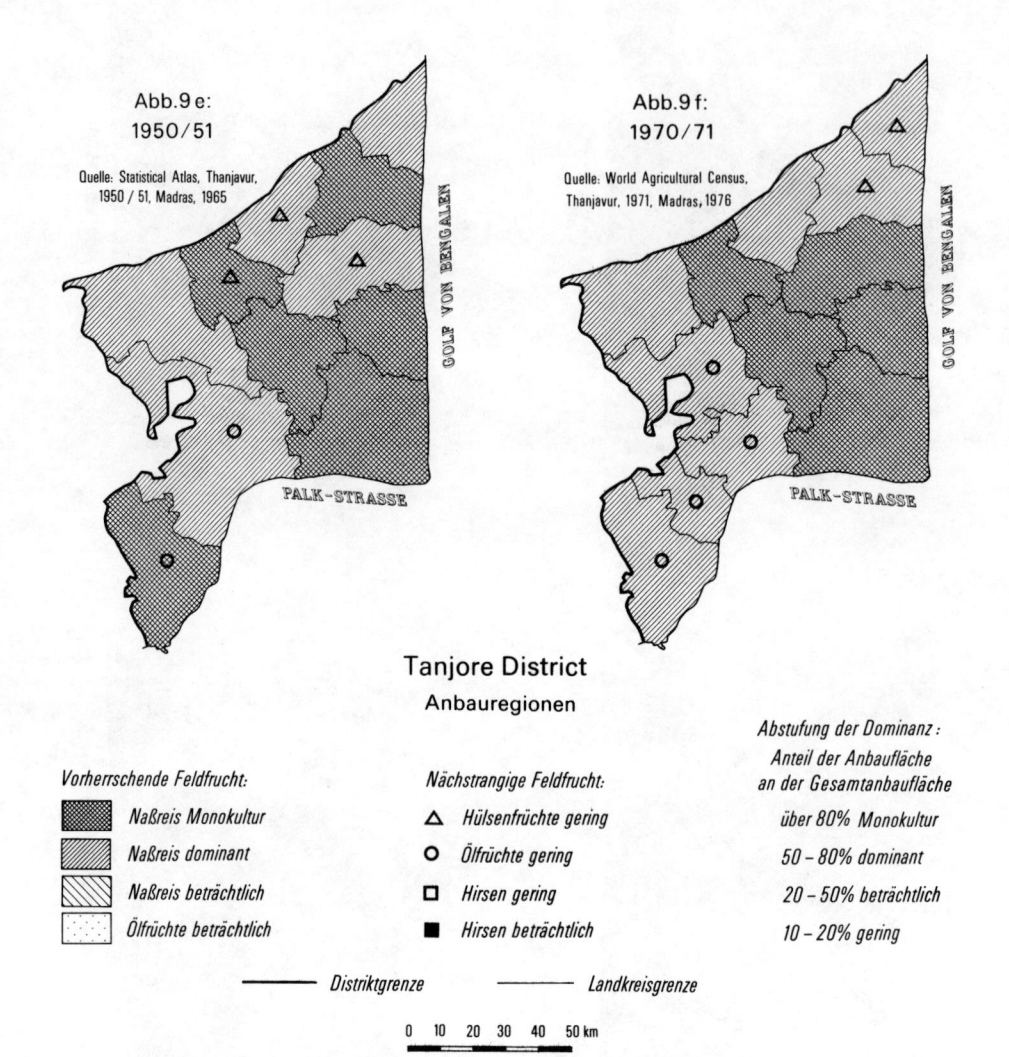

Quelle: Statistical Atlas, Thanjavur,
1950 / 51, Madras, 1965

Abb. 9 f:
1970/71

Quelle: World Agricultural Census,
Thanjavur, 1971, Madras, 1976

GOLF VON BENGALEN

PALK-STRASSE

Tanjore District
Anbauregionen

Vorherrschende Feldfrucht:
- Naßreis Monokultur
- Naßreis dominant
- Naßreis beträchtlich
- Ölfrüchte beträchtlich

Nächstrangige Feldfrucht:
- △ Hülsenfrüchte gering
- ○ Ölfrüchte gering
- □ Hirsen gering
- ■ Hirsen beträchtlich

Abstufung der Dominanz:
Anteil der Anbaufläche
an der Gesamtanbaufläche

- über 80% Monokultur
- 50 – 80% dominant
- 20 – 50% beträchtlich
- 10 – 20% gering

——— Distriktgrenze   ——— Landkreisgrenze

0 10 20 30 40 50 km

insbesondere um Erdnußanbau. Der Anstoß zum ausgedehnten Anbau dieser Ölfrucht ging von der französischen Hafenstadt Pondicherry aus. Diese wurde zum Standort eines umfangreichen Ausfuhrhandels nach Frankreich (1). Von hier aus breitete sich diese Innovation schnell aus und erreichte schon vor der Jahrhundertwende das Untersuchungsgebiet, wo die Flächen unter Ölfrüchten schon 1902/03 diejenigen unter Hirsen übertrafen.

Die Veränderungen im Anbaumuster zeigen sich in den Angaben über die Gesamtanbauflächen verschiedener Feldfrüchte:

Feldfrucht	1875/76 (1000 ha)		1902/03 (1000 ha)	
Reis	378,6		433,4	
Hirse	84,6		34,7	
Hülsenfrüchte	11,2	103,6	5,0	75,3
Ölfrüchte	7,8		35,6	

Quellen: District Manual, Tanjore, 1883, No. 7A
Madras District Gaz., Tanjore, 1905, II, Table VIII

Die Landwirtschaft verzeichnete in dieser Phase weiterhin eine Überschußproduktion an Getreide. 1873/74 bis 1875/76 wurde jährlich Reis im Werte von 6,6 Mill. Rupien direkt über See exportiert (2). Zwischen 1898/99 und 1902/03 nahm dagegen der Seeexport von Reis deutlich ab und verringerte sich auf Größenordnungen wie die von etwa 1840. In Negapatam z.B., dem größten Hafen des Distrikts, betrug der Reisexport nur noch 17.600 Tonnen im Wert von 1,7 Mill. Rupien. Dies ist eine Folge der Umlenkung des Exports über die Eisenbahn weg von den kleinen Hafenstandorten hin zum Hafen von Madras.

4.1.2.3 Phase gebremsten Wachstums (1903-1934)

Es folgt ein Zeitabschnitt, in dem allein der Ausbau des Lower Coleroon Anicut Systems zu verzeichnen ist und die daher Stagnationsphase genannt werden kann. Etwas differenzierter stellt sich dagegen die Entwicklung der **Reisproduktion** und ihrer Variabilität für diese Phase dar (Tabelle XIV). Es zeigt sich bis 1920 ein deutlicher Anstieg und dann bis 1935 eine Stagnation in der Reisproduktion. Daher soll dieser Zeitabschnitt als "**Phase gebremsten Wachstums**" bezeichnet werden. Die Abweichungen der jährlichen Reisproduktion vom Fünfjahresmittel lassen noch erhebliche Schwankungen erkennen. Dies macht deutlich, wie sehr die Landwirtschaft in der Stagnationsphase noch von den Zufällen der Wasserversorgung und des Klimas abhing.

---

(1) Engelbrecht, 1914, 133
(2) District Manual, Tanjore, 1883, XV

Tabelle XIV

Durchschnittliche Reisproduktion und ihre Variabilität in den Phasen gebremsten (1903-1934) und gesteigerten (1935-1946) bewässerungslandwirtschaftlichen Wachstums im Tanjore Distrikt

Fünfjahres-zeitraum	Durchschnittliche Reisproduktion (1000 Tonnen)
1905-1910	625
1911-1915	662
1916-1920	753
1921-1925	751
1926-1930	747
1931-1935	776
1935-1940	872
1941-1946	926

	Minimale und maximale Reisproduktion (1000 Tonnen)	Minimale und maximale Abweichung (%)
1905-1910	min. 520 max. 717	min. -16,8 max. +14,7
1911-1915	min. 658 max. 668	min. - 0,6 max. + 0,9
1916-1920	min. 516 max. 832	min. -31,5 max. +10,5
1921-1925	min. 639 max. 823	min. -14,9 max. + 9,6
1926-1930	min. 583 max. 833	min. -22,0 max. +11,5
1931-1935	min. 721 max. 843	min. - 7,1 max. + 8,6
1936-1940	min. 856 max. 889	min. - 1,8 max. + 1,9
1941-1946	min. 845 max. 964	min. - 8,7 max. + 4,1

Quelle: eigene Berechnungen nach:
SEASON AND CROP REPORTS, 1905/06 bis 1946/47

4.1.2.4 Phase gesteigerten Wachstums (1935-1946)

Der Zeitabschnitt von 1935-1946 ist durch eine bis dahin unerreicht schnelle Zunahme der Bewässerungsflächen gekennzeichnet. Dies ist die Phase des Ausbaus des Cauvery-Mettur-Systems, die als Expansionsphase bezeichnet wurde. Die Jahre von 1935-1946 verzeichnen entsprechend einen besonders markanten Anstieg in der Reisproduktion (Tabelle XIV). Auch zeigt sich seit 1935 im Vergleich zum vorhergehenden Zeitabschnitt eine deutliche Verminderung in der Variabilität der Reisproduktion. Dieser Entwicklungsschritt soll daher als "**Phase gesteigerten Wachstums**" bezeichnet werden.

Die folgende Aufstellung gibt einen Überblick über die Entwicklung der Anbauflächen im Untersuchungsgebiet im Verlaufe dieser agraren Entwicklungsphase:

Feldfrucht	1931/32 (1000 ha)		1946/47 (1000 ha)	
Reis	434,4		530,5	
Hirse	22,5		9,0	
Hülsenfrüchte	41,6	115,4	51,0	104,8
Ölfrüchte	51,3		44,8	

Quellen: Madras District Gaz., Tanjore, 1905, II, Table VIII
Season and Crop Report, 1931/32, 1946/47

Ursache der allgemeinen Stagnation bzw. des Rückgangs des unbewässerten Feldbaus seit den 30-er Jahren war die Umwandlung von großen Trockenanbauflächen im Neuen Delta in Naßreisflächen, wovon vor allem ehemalige Hirseanbauflächen betroffen waren. Gleichzeitig stiegen die Flächen unter Hülsenfrüchten, da diese vorwiegend als zweite Frucht auf den zunächst mit Naßreis kultivierten Flächen angebaut wurden und daher von der Ausweitung des Reisanbaus profitierten.

Alle diese Veränderungen spiegeln sich in ihrer räumlichen Differenzierung in der agrarräumlichen Gliederung von 1930/31 (Abb. 9c). Als besonders bemerkenswert erscheint die Zunahme des **Hülsenfrüchteanbaus** seit 1902/03. Dies erklärt sich durch die Intensivierung der Bewässerung, so daß nach dem Naßreisanbau noch genügend Bodenfeuchte für eine weitere Frucht vorhanden war. Tatsächlich erhöhte sich die **Anbauintensität** (d.h. das Verhältnis von doppelt und einfach bebauten Ackerflächen) im gesamten Deltabereich deutlich und erreichte schon in drei Landkreisen Werte von über 130 %. Dieser Wert soll im folgenden als Untergrenze für die Klassifizierung als "hohe Anbauintensität" verwendet werden. Eine weitere wichtige Veränderung gegenüber 1902/03 betrifft den **Ölfrüchteanbau** im Landkreis Pattukkottai, der hier 34 % an der Ackerfläche erreichte und damit sogar den Reisanbau (28,7 %) flächenmäßig übertraf. Der Ölfrüchteanbau beruht wie der Hirseanbau auf unbewässertem Regenfeldbau und wird nur in geringem Umfang winterlich mit Unterstützung von Brunnenbewässerung betrieben. Die vorherrschende Stauteichbewässerung sowie die geringen Niederschläge erklären die niedrige Anbauintensität in diesem Landkreis.

In dieser Zeit dominierte der Export von Erdnüssen aus dem Hafen von Negapatam. Bei einem Exportwert von 17,1 Mill. Rupien entfielen allein auf den Erdnußexport 8,41 Mill. Rs. (49 %), der Reisexport dagegen machte nur noch 1,54 Mill. Rs. (14 %) aus (1). Allerdings muß berücksichtigt werden, daß über Negapatam vielfach auch der Erdnußexport der angrenzenden Distrikte abgewickelt wurde.

Die Wirkungen der Fertigstellung des Cauvery-Mettur-Systems mit einer Intensivierung der Bewässerung im Alten Delta sowie der großflächigen Neuerschließung von Bewässerungsland im Neuen Delta zeigen sich deutlich in der agrarräumlichen Gliederung von 1940/41 (Abb. 9d). Im Alten Delta, in dem die Bewässerung besser reguliert, stabilisiert und intensiviert werden konnte, stieg der ohnehin hohe Reisanteil an der Gesamtfläche um 4 % an. Im Neuen Delta betrug die Steigerung des Reisanteils an der Gesamtfläche infolge der Neuerschließung von Bewässerungsflächen über 15 %. Gleichzeitig wurde hier der Reisanbau intensiviert und in seinen Anbauformen denen des Alten Deltas angepaßt. Statt der traditionell groben, ausgesäten Reissorten verwendete man nun verfeinerte Sorten, die in Saatbeeten gezogen wurden (2). Von den 11 Landkreisen des Distrikts wiesen nun acht Reis in Monokultur auf, die restlichen drei dominanten Reisanbau. Der starke Rückgang des Erdnußanbaus ist dabei im Zusammenhang mit dem Preisverfall der Erdnuß seit etwa 1930 zu sehen (3).

Im folgenden soll für die Phasen zunächst gebremsten und dann gesteigerten Wachstums die Entwicklung der **Flächenproduktivität** des Reisanbaus dargestellt werden. Die entsprechenden Angaben über die durchschnittlichen Flächenerträge von 1905-10 bis 1941-46 belegen, daß der Anstieg der Naßlandflächen, des Doppelanbaus und der Gesamtproduktion in dieser Phase keineswegs mit einer ebensolchen Erhöhung der Flächenproduktivität verbunden war:

Fünfjahreszeitraum	Durchschnittlicher Flächenertrag beim Reisanbau (kg/ha)
1905-1910	1816
1911-1915	1816
1916-1920	1918
1921-1925	1768
1926-1930	1756
1931-1935	1813
1936-1940	1857
1941-1946	1759

Quellen: 1905-1920: Season and Crop Reports
1921-1946: University of Madras, AERC, 1961, 162

Die Gründe für die allgemeine Stagnation der Flächenerträge beim Naßreisanbau sind vielfältig. Z.T. handelte es sich um bewässerungstechnische Probleme, wie unzureichende Wasserversorgung in besonders kritischen Wachstumsphasen oder mangelnde Entwässerung. Vielfach waren auch die traditionell verwendeten Reissorten den sich verändernden Bedingungen beim Bewässerungsausbau ungenügend angepaßt. Besonders gravierend aber erscheint das Problem der **Düngerversorgung** (4). Schon immer hatte es im Cauvery

---

(1) Madras District Gaz., Tanjore, 1906, I, 126 ff.
(2) Krishnaswami, 1939, 252
(3) Krishnaswami, 1939, 253
(4) University of Madras, AERC, 1961, 122

Delta an ausreichendem natürlichen Dünger gefehlt, da die Möglichkeiten zur Tierhaltung außerordentlich begrenzt waren und somit Viehdung nicht zur Verfügung stand. Gründünger war ebenfalls nicht vorhanden. Meist begnügte man sich damit, Rinder- und Schafherden aus angrenzenden Distrikten unmittelbar vor der Anbausaison auf die Stoppelfelder zu treiben und so die Felder zu düngen. Doch diese Methode wurde für die Masse der Bauern bei steigender Nachfrage allmählich zu teuer (1). Das Düngerproblem verschärfte sich durch den Bau des Mettur-Damms, jedenfalls wurden immer wieder Klagen der Bauern laut, daß sich bei der Speicherung des Flußwassers im Mettur-Reservoir ein großer Teil des Feinmaterials abgesetzt hätte und nun den Bewässerungsfeldern nicht mehr zugute käme (2). Diese Behauptung wurde zwar von den Behörden bestritten, doch deuten die abnehmenden Flächenerträge darauf hin, daß die Klagen der Bauern nicht unbegründet waren.

Ab 1942 wurde bei einer sich zuspitzenden Nahrungsmittelknappheit wegen der ausbleibenden Getreideimporte aus Burma, Siam und Indochina in ganz Indien die **Grow-More-Food Kampagne** propagiert. Erst nun begann die Kolonialverwaltung auch andere Intensivierungsmaßnahmen als die der Bewässerungsentwicklung zu beachten. Die Reiserträge in der Provinz Madras waren nämlich trotz des Ausbaus der Bewässerung kontinuierlich gefallen und betrugen 1945/46 durchschnittlich nur noch 1135 kg/ha (3).

Im Gefolge der Grow-More-Food Kampagne wurde im Gebiet des Cauvery-Mettur-System der Anbau von Gründünger obligatorisch gemacht. 1945 gab es dort bereits 20.000 ha unter Gründünger, die mit Hilfe des Agricultural Department angelegt worden waren. Außerdem organisierte die Agrarbehörde die Verteilung von chemischem Dünger und von Ölkuchen. Weiterhin führte man verbesserte Reissorten ein, deren Saatgut in manchen Jahren kostenlos an die Bauern ausgeteilt wurde. Gleichzeitig machte die Steuerbehörde finanzielle Zugeständnisse bei der Anlage von Feldkanälen innerhalb der Dorfflur. Die immer häufigeren Wasserstreitigkeiten versuchte man durch speziell ausgebildete Beamte zu schlichten (4). Auch wurden die Wassergebühren im Gebiet des Cauvery-Mettur-Systems herabgesetzt (5).

Da die **Anbauintensität**, die den Grad des Doppelanbaus anzeigt, einen besonders geeigneten Indikator für die agrarwirtschaftliche Entwicklung in einer Bewässerungsregion darstellt, sollen im folgenden abschließend die räumlichen Entwicklungstendenzen in der Intensität des Anbaus zusammengefaßt werden (Tab. XV). Bei einem Durchschnitt von 108,6 % wies 1902/03 kein Landkreis eine Intensität von 120 % auf; an der Spitze standen Kumbakonam und Tanjore im Wurzelbereich des inneren Deltas. In der Folge vollzog sich ein nach Nordosten vorschreitender Intensivierungsprozeß. 1930/31 wiesen bei einem Distriktdurchschnitt von 115,9 % schon drei Landkreise, alle im inneren zentralen Bereich des Deltas gelegen, Anbauintensitäten von über 130 % auf. Der Durchschnittswert stieg im Alten Delta auf 119,2 % an. Bis 1950/51 breitete sich die Intensivierung des Anbaus vom inneren zentralen Delta weiter nach Osten zum nördlichen Küstenbereich hin aus. Die Anbauintensität im Alten Delta erreichte einen Wert von 125,9 %.

---

(1) Krishnaswami, 1939, 255
(2) Krishnaswami, 1939, 265
(3) Randhawa, 1961, III

(4) University of Madras, AERC, 1961, 26 f.
(5) Baliga, 1957, 167

Tabelle XV

Entwicklung der Anbauintensität im Tanjore Distrikt 1902/03 bis 1970/71

Region	Landkreis	1902/03 (%)	1930/31 (%)	1950/51 (%)	1970/71 (%)
iAD	Papanasam	–	137,0	134,2	142,8
	Kumbakonam	116,4	139,9	148,0	157,0
mAD	Shiyali	106,7	121,3	137,7	150,5
	Mayavaram	106,2	117,9	118,1	141,5
	Mannargudi	107,0	106,6	110,1	127,9
	Nannilam	103,1	102,9	120,6	133,8
	TOTAL	108,3	119,2	125,9	140,6
iAD		116,4	138,5	141,0	149,6
mAD		105,6	110,8	119,4	136,7
	Negapatam	101,4	102,1	107,3	119,6
	Tirutturaippundi	107,0	103,1	106,4	111,8
	TOTAL	104,7	102,7	106,7	114,9
DU bzw. ND	Pattukkottai	105,9	109,9	109,8	127,4
	Arantangi	–	107,6	108,9	112,8
	Orathanadu	–	–	–	123,3
	Peravurani	–	–	–	127,8
	TOTAL	105,9	109,8	109,6	122,3
DISTRIKT TOTAL		108,6	115,9	119,4	130,5
	Tanjore	116,5	134,2	129,1	133,7

Quellen: eigene Berechnungen nach:
MADRAS DISTRICT GAZ., TANJORE, 1905, II, Table VIII
MADRAS DISTRICT GAZ., TANJORE, 1933, II, Table IX
STATISTICAL ATLAS, THANJAVUR, 1950/51, APP. IIA
WORLD AGRICULTURAL CENSUS, THANJAVUR DISTRICT, 1970/71

4.2 Polit-ökonomische Voraussetzungen und Hintergründe der kolonialen Agrarentwicklung

4.2.1 Staatliche Organisation des Agrarsektors als Voraussetzung der Agrarentwicklung

Gleichzeitig mit der zwischen 1773 und 1834 durchgeführten Umwandlung der Ostindischen Handelskompanie in eine von Großbritannien kontrollierte Körperschaft (1) entwickelte sich in Britisch-Indien eine direkte territoriale Verwaltung durch die Kolonialmacht. In der Provinz Madras wurde diese nach bengalischem Vorbild organisiert (2). Die übergeordnete Verwaltungseinheit war die Provinz, die sich in Distrikte als den fundamentalen administrativen Einheiten unter "collectors" untergliederte. Die Verwaltungsstruktur der Präsidentschaft Madras zeigte unter der britischen Kolonialverwaltung die Züge einer zentralisierten, hierarchisch aufgebauten und bis in jedes Dorf hinein reich gegliederten Administration.

Das Fürstentum Tanjore wurde mit der Erklärung zu britischem Territorium im Jahre 1799 zu einem Distrikt der Präsidentschaft Madras, es sank also in seiner politischen Bedeutung innerhalb Südindiens noch einmal ab. Der Distrikt wurde zunächst in fünf Bezirke ("subahs") mit Hauptquartieren in den Städten Tanjore, Tiruvalur, Mayavaram, Mannargudi und Pattukkottai untergliedert. Diese zerfielen jeweils in eine Anzahl von Landkreisen ("taluks"). 1860 erfolgte eine Reduzierung auf neun "taluks", die in sechs "divisions" zusammengefaßt waren (3). Zwei weitere Landkreise, Papanasam und Arantangi, wurden 1910 gebildet (4).

Im folgenden soll dargestellt werden, welche Funktion die Verwaltungsorganisation der Briten in Tanjore in bezug auf das Bewässerungswesen, die Landwirtschaft sowie das Steuerwesen hatte.

4.2.1.1 Bewässerung

In der Präsidentschaft Madras setzten die Briten bei ihrem Machtantritt zunächst die Politik ihrer Vorgänger fort und überließen Bau und Unterhalt von Bewässerungsanlagen gänzlich privater Initiative (5). Doch sobald man erkannt hatte, wie wichtig der Zustand der Bewässerungsanlagen für die zu erzielenden Grundsteuereinnahmen war, änderte sich diese Politik. Die Steuerkollektoren mußten laufend über den Zustand der Anlagen berichten und Kostenberechnungen beibringen. Kleinere Reparaturen überließ man lokalen Behörden, größere fielen unter die Zuständigkeit eines "Superintendent of Tank Repair and Watercourses" (6). 1819 wurde die Zahl der britischen Bewässerungsingenieure in Madras auf drei erhöht. Sie mußten durch die Distrikte reisen und die Stauteiche und Kanäle inspizieren sowie Reparaturen veranlassen. Auch hatten sie dafür zu sorgen, daß den Bauern für kleine Verbesserungen an den Anlagen Darlehen gewährt wurden ("takkari" loans) (7). Diese Beamten erwiesen sich jedoch als wenig sachkundig und völlig überfordert. Deshalb wurde in Madras 1838 eine erste zentrale Bewässerungsbehörde, das "Maramut Department", organisiert. Dazu unterteilte man die

---

(1) Goetz, 1965, 18
(2) Baden-Powell, 1892, III, IV, 4
(3) Baliga, 1957, 399
(4) Madras District Gaz., Tanjore, 1906, I, 69

(5) Sarada Raju, 1941, 121
(6) Proceedings of the Board of Revenue, 16.9.1813
(7) Sarada Raju, 1941, 121

Präsidentschaft in acht Bezirke mit je einem überwachenden Ingenieur an der Spitze (1).

Der Bau von Großanlagen zur Bewässerung setzte im Cauvery Delta ab 1830 ein (Kap. 4.1.1.1). Dieser Schritt markiert für ganz Indien den **Beginn der kolonialzeitlichen großräumigen Bewässerungserschließung.** Diese Entwicklung aber war mit einem hohen Kostenaufwand verbunden und nur mit wirklich spezialisierten und sachkundigen Bewässerungsingenieuren durchzuführen. Nachdem erste Versuche mit privaten Investitionen im Kanalausbau gescheitert waren (2), beschloß man, die Bewässerungsentwicklung von Staats wegen zu organisieren und - wie im Eisenbahnbau - mit öffentlichen Anleihen zu finanzieren (3). Entsprechend schuf man einen eigenen Verwaltungsapparat für das Bewässerungswesen. 1867 wurde der **"Irrigation Branch"** konstituiert und dem seit 1858 bestehenden Public Works Department (PWD) untergeordnet. Ab 1877 unterstellte man den Irrigation Branch unter einem "Chief Engineer of Irrigation" als separate Abteilung direkt der Provinzregierung (4). In den Distrikten stand je ein "Executive Engineer" an der Spitze des Bewässerungswesens. Im Distrikt Tanjore wurden die Bewässerungsanlagen wegen ihrer besonderen Bedeutung von zwei "Executive Engineers" überwacht. Sie waren in Negapatam und Tanjore stationiert und für die beiden Hauptbewässerungssysteme von Cauvery und Vennar verantwortlich (5).

Die Instandhaltung der Bewässerungsanlagen unterstand in allen Distrikten der Präsidentschaft dem Irrigation Branch des Public Works Department. Nur im Distrikt Tanjore wurden die dörflichen Bewässerungsarbeiten noch nach dem traditionellen "kudimaramut"-System von den Bauern selbst ausgeführt, so daß dem Irrigation Branch nur die Instandhaltung solcher Anlagen zufiel, durch die zwei oder mehr Dörfer mit Wasser versorgt wurden ("major works") (6).

Die entscheidende Neuerung im Bewässerungsausbau von Tanjore war in dieser Periode die Anlage zahlreicher großer Stauwehre und Schleusen, mit denen die Wasserzufuhr für das gesamte Deltasystem kontrolliert und die Zuteilung des Wassers in die Haupt- und Untersysteme des Deltas geregelt wurde (Kap. 4.1.1.2). Diese Entwicklung machte eine staatliche Bewässerungsbehörde mit uneingeschränkten Befugnissen für die Überwachung und Regulierung der **Wasserzuteilung** unbedingt erforderlich. Die Stauwehr- und Schleusenanlagen an den Abzweigungen der Hauptkanäle wurden dem Public Works Department, die an den Zweigkanälen vom Revenue Department bedient. Die Wasserzuteilung für die einzelnen Dörfer blieb dagegen gewöhnlich den bäuerlichen Grundbesitzern überlassen. Wo Verteilerkanäle mehrere Dörfer mit Wasser versorgten, gab es i.d.R. einen allgemein akzeptierten Brauch, der meist auch in einem Dokument niedergelegt ist, in dem die Tage und Stunden ("morais") festgelegt sind, zu denen jedes Dorf Wasser erhält. Ähnliche Regeln galten für den Anteil jedes Bauern innerhalb des Dorfes. Bei einer Kette von Stauteichen wurde die Wasserverteilung aus dem höchstgelegenen meist vom Public Works Department geregelt, die aus den darunter liegenden Stauteichen vom Revenue Department, die innerdörfliche Verteilung von den betroffenen Bauern selbst (7). Damit gibt sich vor allem auf unterer Stufe

---

(1) Sarada Raju, 1941, 123
(2) Ministry of Irrigation and Power, 1972, I, 60
(3) Madras Manual, 1885, II, 388
(4) Madras Manual, 1885, II, 387

(5) Madras District Gaz., Tanjore, 1906, I, 110
(6) Madras Manual, 1885, II, 408
(7) Madras Manual, 1885, II, 409

noch das alte, in Jahrhunderten eingespielte Verteilungssystem zu erkennen, das trotz des vorherigen Verfalls der zentralen Verwaltung (Marathen) weiterfunktioniert hatte und nun wiederbelebt wurde. Die britische Kolonialverwaltung griff nur mit einer zentrale Behörde, der die Großanlagen unterstanden, von "oben" in diese Regelung ein, ohne das traditionelle System auf unterer Stufe anzutasten.

4.2.1.2 Landwirtschaft

In der ersten Hälfte des 19. Jh.s zeigte die britische Kolonialverwaltung nahezu kein direktes Interesse an der Entwicklung der Landwirtschaft in Indien. Erst zwischen 1875 und 1905 wurden in den verschiedenen Provinzen von Indien "Departments of Agriculture" gegründet, in Madras z.B. 1901. Die Provinzbehörden, die unter der Leitung eines **"Director of Land Records and Agriculture"** standen, hatten ihr Hauptaugenmerk auf die Perfektionierung und Aktualisierung der umfangreichen regionalen und lokalen Karten, Statistiken und Urkunden zu lenken, soweit diese der Steuereinziehung dienten. Man ging davon aus, daß die neuen Landwirtschaftsbehörden allein bei der Durchführung der vorgesehenen Steuerveranlagungen Kosten in Höhe von 20 Mill. Rupien würden einsparen helfen (1). Die Organisation der Landwirtschaft in den ersten 100 Jahren der britischen Kolonialherrschaft hatte also primär die Funktion, die **Steuerverwaltung** zu ergänzen oder zu erleichtern.

Im Distrikt Tanjore wurde erst zu Beginn des 20. Jh.s das Hauptquartier einer **"Deputy Division of Agriculture"** in der Distrikthauptstadt eingerichtet. Den zwei an der Spitze dieser Behörde stehenden "District Agricultural Officers" unterstanden mehrere "Agricultural Demonstrators", die in Tiruchirappalli und Mayavaram stationiert waren. Sie sollten vor allem den Gründüngeranbau propagieren und den Einsatz von Handelsdünger verbreiten (2). Erst später wurden auch landwirtschaftliche **Forschungsstationen** eingerichtet. 1922 wurde die landwirtschaftliche Station Aduthurai bei Kumbakonam gegründet, die für das Alte Delta zuständig war und in der vor allem Reisforschung betrieben wurde. 1934 eröffnete die Kolonialverwaltung eine weitere landwirtschaftliche Station in Pattukkottai, die für das Neue Delta verantwortlich war und sich neben der Reis- besonders auf die Erdnußforschung spezialisierte (3).

4.2.1.3 Steuerverwaltung

Die Organisation des Grundsteuerwesens durch die britische Kolonialverwaltung begann in Madras 1786 mit der Gründung des **"Board of Revenue"**, das die oberste Steuerbehörde der Präsidentschaft darstellte (4). In den 22 Distrikten standen die "collectors" an der Spitze der Steuerverwaltung. Die Distrikte wiederum gliederten sich in "divisions" unter "divisional officers" oder "deputy collectors". Eine "division" umfaßte zwei bis fünf "taluks" (Landkreise) unter einem "tahsildar". Die "taluks" waren noch einmal in "firkas" unter "revenue officers" und diese, als unterste Steuerverwaltungseinheit, in "revenue villages" unterteilt. Letztere bestanden meist aus einem großen Dorf oder einer Gruppe von mehreren kleineren Dörfern oder Weilern.

---

(1) Finance Members Budget Speech, 1888, nach Baden-Powell, I, I, 354
(2) The Villagers Calendar, 1921/22, 14
(3) Krishnaswami, 1939, 252
(4) Baden-Powell, 1892, III, IV, 84

Im "revenue village" waren die Repräsentanten der staatlichen Steuerbehörde der "village headman" ("maniyakaran") und der Buchführer ("karnam") (1). Es zeigt sich somit, daß die allgemeinen räumlichen und institutionellen Züge der Verwaltung und des Steuerwesens identisch waren und daß die Administration der britischen Kolonialverwaltung gänzlich auf die Bedürfnisse der Steuerverwaltung ausgerichtet war.

Schon früh begann die Diskussion, welches Steuersystem in Tanjore eingeführt werden sollte. Zur Wahl standen das **Zamindari-System** und das **Ryotwari-System**. Bei ersterem wurde die Grundsteuersumme einmalig fixiert ("permanent settlement") und über Mittelsmänner, sogenannte "Steuerpächter" ("zamindaris"), indirekt eingezogen. Bei letzterem setzte die Steuerbehörde die Steuersumme nur für einen gewissen Zeitraum fest ("temporary settlement"). Die Grundsteuer wurde direkt vom einzelnen Bauer ("ryot") erhoben. Dabei verstand sich der Staat als Eigentümer des Landes, der Bauer war gewissermaß ein "Staatspächter" ("government ryot").

Das Board of Revenue wandte sich zunächst gegen das Ryotwari-Settlement mit der Begründung, die Einschätzung der einzelnen Felder sei zu aufwendig (2). Daher verwendete man in den ersten Jahren britischer Steuerverwaltung bis 1822/23 das System einer festen jährlichen Steuerveranlagung für ganze Dorfgemeinschaften (3). 1826 wurde dann jedoch ein **"survey"**, d.h. eine **Vermessung und Klassifizierung der Felder** des Distrikts, und damit die Einführung des Ryotwari-Systems beschlossen. Diese erste umfassende Vermessung und Steuereinschätzung des Distrikts dauerte von 1827 bis 1830 (4). Danach war es möglich, die Gesamtbelastung eines Dorfes auf die einzelnen Felder und damit auf die einzelnen Bauern korrekt aufzuteilen ("taramfaisal", d.h. Schätzung der Felder).

Dieses System setzte jedoch eine Registrierung der Rechte einzelner am Boden voraus. Jedes Feldstück mußte nach britischer Rechtsauffassung einem Besitzer zuzuordnen sein, da nur so die Steuerpflicht des einzelnen festzulegen war. Damit aber entstand erstmals **individueller Grundbesitz**. Der Staat sah sich zwar als Eigentümer allen Landes, er verlieh das Land aber an einzelne Bauern, die damit auf Dauer zu "Staatspächtern" ("government ryots") wurden. Unter diesem System war das Land vererbbar, es konnte verkauft, beliehen oder verpfändet werden.

Im Jahre 1889 begann eine erneute Landesaufnahme, verbunden mit einer vollständigen **Klassifizierung aller Böden und Bewässerungsressourcen** (5). Alle Dörfer des Distrikts wurden bei dieser Aufnahme erstmals unter ein einheitliches System gebracht. Das Bewässerungsland unterteilte man in insgesamt fünf Klassen, das kanalbewässerte Land innerhalb des Deltas in drei Klassen, das Naßland außerhalb des Deltas in vier Klassen, wobei die zweite Klasse im Delta der ersten Klasse außerhalb des Deltas bzw. die dritte Klasse der zweiten Klassen gleichgesetzt wurde. Trockenland wurde in zwei Klassen unterteilt. Die so ausgegliederten Hauptklassen der Wasserversorgung der Felder bewertete man je nach Güte des Bodens getrennt. Für Naßland wurden 15, für Trockenland 12 Bodenklassen unterschieden.

---

(1) Baden-Powell, 1892, III, IV, 86 f.
(2) Madras District Gaz., Tanjore, 1906, I, 174
(3) Dutt, 1902, 65
(4) Madras District Gaz., Tanjore, 1906, I, 181
(5) Madras District Gaz., Tanjore, 1906, I, 185

Dieser Survey wurde 1892 abgeschlossen. Seine Kosten betrugen 2.106.000 Rupien (1). Dies verdeutlicht, wie hohe Aufwendungen die britische Steuerverwaltung für die Steuerveranlagung aufzubringen bereit war und welcher Stellenwert der Grundsteuererhebung beigemessen wurde. In der zunehmenden Perfektionierung der Steuerveranlagung, die die in Europa übliche derselben Zeit weit übertraf, zeigt sich nicht nur die gewachsene Erfahrung, sondern auch die intensive Schulung der kolonialen Verwaltungsbeamten. Nur so war es möglich, die Organisation der Steuererhebung im Vergleich zu derjenigen der Fürstenzeit noch einmal deutlich zu verbessern.

Auf der Grundlage dieses Surveys wurde 1893 eine umfassende Steuerveranlagung im Tanjore Distrikt eingeführt, das sogenannte "**New Settlement**". Damit war eine endgültige Regelung der kolonialzeitlichen Steuerveranlagung getroffen. Die nächste Veranlagung, das sogenannte "**Re-Settlement**", das nach dem Prinzip des "temporary settlement" 30 Jahre später 1922/23 vorgenommen wurde, umfaßte weder eine Neueinschätzung der Bewässerungsmöglichkeiten noch der Bodengüten (2).

Neben dem Ryotwari-Settlement mit einer auf dreißig Jahre festgesetzten Steuerveranlagung bestanden im Tanjore Distrikt weiterhin auch ausgedehnte Flächen unter dem Zamindari-System, vor allem in den nicht zum Delta gehörenden Bereichen der Landkreise Tanjore und Pattukkottai. Außerdem gab es im gesamten Distrikt außerordentlich viele "inam"-Flächen, meist Tempeln zugewiesenes und ganz oder teilweise von der Steuer befreites Land. 1930/31 z.B. machte das Land unter dem Ryotwari-System 70 % der Fläche des Distrikts aus, während die Inam-Länder und die Zamindari-Länder 22 bzw. 8 % umfaßten (3).

Versucht man für den Tanjore Distrikt im Rahmen der kolonialzeitlichen räumlichen und institutionellen Organisation den Stellenwert von Bewässerung, Landwirtschaft und Steuerwesen zu bestimmen, so wird deutlich, daß der Schwerpunkt eindeutig auf dem Steuerwesen lag, und daß auch Sektoren wie Bewässerung und Landwirtschaft diesem dominierenden Ziel britischer Organisation sowohl von der räumlich-organisatorischen Strukturierung wie von der institutionellen Ausstattung her unterordneten. Die Entwicklung von Bewässerung und Landwirtschaft diente der britischen Kolonialverwaltung offensichtlich in erster Linie als Mittel zur Beschaffung, Sicherung und Erhöhung von Steuern.

4.2.2 Polit-ökonomische Motive und Hintergründe der Agrarentwicklung

Das Motiv, durch staatliche Agrarentwicklung **Grundsteuern** zu erzielen, steht bei der kolonialzeitlichen Entwicklung der großen Bewässerungssysteme Indiens im Vordergrund. Dies zeigt etwa das Beispiel der nordwestindischen Kanalkolonien (4), und dies deutet sich für das Cauvery Delta bereits durch die eindeutige Ausrichtung der kolonialzeitlichen Organisationsstruktur auf Steuerzwecke an (Kap. 4.2.1.3). Im folgenden soll aufgezeigt werden, in welcher Weise dieses polit-ökonomische Motiv die koloniale Bewässerungsentwicklung im Untersuchungsgebiet bestimmte. Der besondere Stellenwert der

---

(1) Madras District Gaz., Tanjore, 1906, I, 185
(2) University of Madras, AERC, 1961, 50 f.
(3) Madras District Gaz., Tanjore, 1933, II, 103
(4) Dettmann, 1976, 183

kolonialzeitlichen Grundsteuerpolitik liegt jedoch nicht allein im **agrarwirtschaftlichen** Bereich. Er liegt vielmehr – und aus diesem Grund wird dieser **exogene** Faktor hier eingehender untersucht – in seinen **internen** sozial-strukturellen Auswirkungen (Kap. 4.3).

Die Grundsteuereinnahmen der britischen Kolonialverwaltung, die immer ihre größte Einnahmequelle darstellten, stiegen in den 150 Jahren britischer Herrschaft kontinuierlich und beträchtlich an (Tab. XVI). Schon bald überstiegen sie deutlich die vorkolonialen Werte: bereits der Durchschnitt der Steuereinnahmen 1800–1804 übertraf denjenigen von 1792–1796 um mehr als das Dreieinhalbfache, der von 1850–1854 um mehr als das Fünffache. Die **Summe** der kolonialzeitlichen Grundsteuereinnahmen im Tanjore Distrikt beläuft sich von 1800/01 bis 1946/47 auf etwa **711 Millionen Rupien**.

Vergleicht man die Entwicklung von Bewässerungsflächen und Steuereinnahmen (Abb. 10), so wird deutlich, daß bis etwa 1850 Bewässerungsflächenentwicklung und Grundsteuereinnahmen recht gleichartig verliefen und daß bis 1890 die Anbauflächen sogar stärker stiegen als die Steuerforderungen. Dies ist der Zeitraum, in dem die britische Steuerverwaltung mit den verschiedenen Steuersystemen im Tanjore Distrikt experimentierte. Deutlich kehrt sich

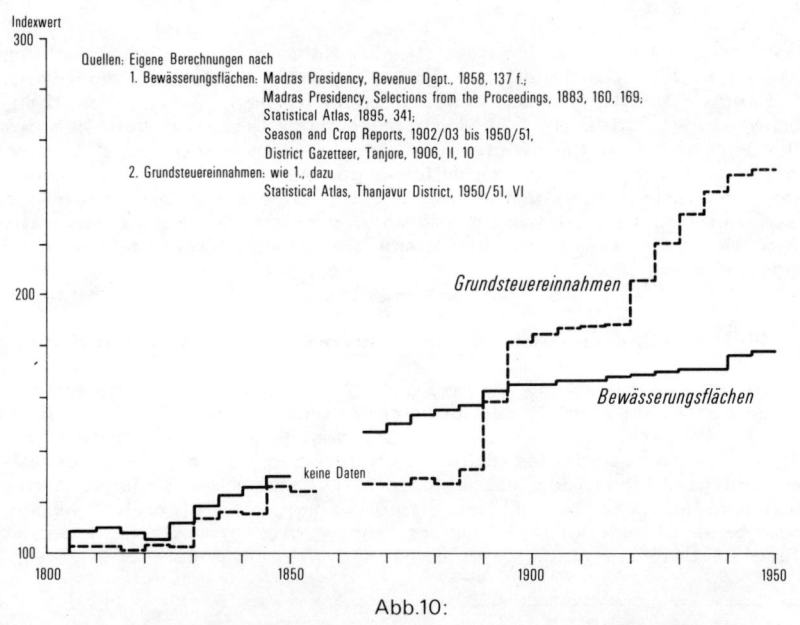

Abb.10:
Entwicklung von Grundsteuereinnahmen und Bewässerungsflächen im Tanjore Distrikt 1800 - 1950 (1800 - 1804 = 100)

Tabelle XVI

Grundsteuereinnahmen der britischen Kolonialverwaltung im Tanjore Distrikt (1800-1946)

Fünfjahres-durchschnitt	Grundsteuer-einnahme (1000 Rs.)	Anteil der Grundsteuer an der Gesamtsteuer (in %)
1800 - 1804	3.178	95,1
1805 - 1809	3.277	91,5
1810 - 1814	3.248	84,9
1815 - 1819	3.215	82,5
1820 - 1824	3.259	70,2
1825 - 1829	3.276	77,3
1830 - 1834	3.634	79,5
1835 - 1839	3.677	78,7
1840 - 1844	3.637	79,2
1845 - 1849	4.000	81,6
1850 - 1854	3.880	79,8
1866 - 1870 *	4.044	n.v.
1871 - 1875	4.030	n.v.
1976 - 1880	4.095	n.v.
1881 - 1885	4.076	n.v.
1886 - 1890	4.253	n.v.
1891 - 1895	5.060	n.v.
1896 - 1900	5.772	n.v.
1901 - 1905	5.888	n.v.
1906 - 1910	5.949	n.v.
1911 - 1914	5.970	n.v.
1916 - 1920	5.998	n.v.
1921 - 1925	6.698	n.v.
1926 - 1930	6.943	n.v.
1931 - 1935	ca. 7.600	n.v.
1936 - 1940	ca. 8.300	n.v.
1941 - 1946	8.982	n.v.
TOTAL	ca. 711.600	

* 1855-1865 keine Daten verfügbar

Quellen: eigene Berechnungen nach:
MADRAS PRESIDENCY, REVENUE DEPARTMENT, 1858, 113
STATISTICAL ATLAS, THANJAVUR, 1950/51, 40-43

dieses Verhältnis jedoch seit 1890-1895 um. Hier tritt der Einfluß des "New-Settlement" von 1893 zutage, der ersten umfassenden Steueraufnahme und -veranlagung des gesamten Distrikts, durch das die Steuereinnahmen aus der Grundsteuer um 29 % gesteigert wurden. Die gleiche Wirkung zeigt das "Re-Settlement" von 1923 mit Grundsteuererhöhungen um 18 %, durch das sich die Schere zwischen Anbauflächen und Steuererträgen weiter öffnete. Die durchschnittliche Besteuerung von Bewässerungsland stieg mit dem "Re-Settlement" von 6,3 auf 7,6 Rupien/acre, für Trockenland von 1,5 auf 1,7 Rupien/acre (1). Es zeigt sich, daß die Grundsteuererhöhungen vor allem aus den Mehreinnahmen aus der Bewässerungslandwirtschaft stammten.

Die Bedeutung des Untersuchungsgebietes für die Grundsteuereinnahmen der britischen Kolonialverwaltung läßt sich nicht nur an der immensen Summe von über 700 Mill. Rupien an Grundsteuererlösen ermessen. Die besondere fiskalische Bedeutung des Distrikts wird auch durch die Tatsache belegt, daß dieser die größte Quelle von Steuereinnahmen in der gesamten Präsidentschaft Madras darstellte und erst mit erheblichem Abstand vom ebenfalls deltaischen Distrikt Godavari gefolgt wurde. Im Jahre 1900/01 z.B. betrugen die Einnahmen aus Grundsteuern im Distrikt Tanjore insgesamt 7.046.608 Rs. (2), im Distrikt Godavari dagegen nur 4.384.213 Rs. (3).

Die **Rentabilität von Bewässerungsanlagen** wurde bei der kolonialzeitlichen Bewässerungsentwicklung zur Grundlage aller Entscheidungen: "Für die Kanalisierung der Flüsse und die dadurch erzielte Erweiterung der Anbaufläche hatte die Erfahrung schon gelehrt, daß solche Anlagen für den Staat ein recht **einträgliches Geschäft** sind. Die Mittel sind durchgehend durch Staatsanleihen aufgebracht worden, die Indien natürlich verzinsen und abtragen muß. Da aber die Bauern für die künstliche Bewässerung Abgaben zahlen, ist der Ertrag so groß gewesen, daß das angelegte Kapital durchschnittlich 9 % Zinsen gibt, und diese Anleihen bedeuten somit keine neue Last für die indische Staatskasse" (4). Es war in der Tat im Vergleich zu den vorhergehenden historischen Epochen ein neuer Zug der kolonialzeitlichen Entwicklung, daß für den Bewässerungausbau ausländisches Kapital investiert wurde und daß sich dieses Kapital verzinsen mußte. Daher waren umfangreiche **Renditeberechnungen** erforderlich, bevor ein neues Bewässerungsprojekt oder der Ausbau eines alten Systems in Angriff genommen wurde, und auch für die Zeit nach Fertigstellung des Projektes liegen meist detaillierte Kosten-Nutzen-Analysen vor.

Bei der Schaffung von Bewässerungsanlagen galt im kolonialzeitlichen Indien das Prinzip, kleine Anlagen aus den regelmäßigen Steuereinnahmen zu bezahlen und für die größeren Werke in England Anleihen aufzunehmen. Bis Anfang des 20. Jh.s brachten britische Anleger etwa 40 Mill. Pfund für den Bewässerungsausbau in Indien auf. Die Vorteile waren die gleichen wie bei den Eisenbahnanleihen, nämlich eine vollständige Sicherheit und ein garantierter, überdurchschnittlich hoher Zinssatz (5).

Bis 1902/03 erbrachten alle großen Bewässerungsanlagen Indiens einen Nettosteuerertrag von durchschnittlich 7 % nach Abzug aller Kosten, und auch die kleineren Anlagen waren für die britische Kolonialverwaltung kaum we-

---

(1) Baliga, 1957, 365-369
(2) Madras District Gaz., Tanjore, 1905, II, 58
(3) Madras District Gaz., Godavari, 1906, II, 60
(4) Konow, 1919, 31 f.
(5) Konow, 1919, 51

niger vorteilhaft (1). Bei den großen Bewässerungssystemen Indiens ergaben sich jedoch erhebliche Unterschiede in der Profitabilität, in einigen Fällen sogar Verluste (Tabelle XVII). Ausgeglichen wurde das Defizit einzelner Systeme allerdings von den besonders ertragreichen Bewässerungsanlagen wie dem Chenab-Kanal im Punjab, dem Eastern Jamuna-Kanal in den United Provinces und ganz besonders auch dem **Cauvery Delta System**, das sich von allen großen Bewässerungssystemen Indiens bis Anfang des 20. Jh.s mit einer durchschnittlichen jährlichen Rendite von 28,5 % als das ertragreichste erwies (2).

Da es sich um ein sehr altes System handelt, das bis 1902/03 nur Ausgaben in Höhe von 3,1 Mill. Rupien erforderte, waren auch die Kosten des Bewässerungsausbaus für die britische Kolonialverwaltung die niedrigsten aller staatlichen Bewässerungssysteme Indiens (3). Die potentielle Profitabilität des schon hochentwickelten alten Bewässerungssystems ist als eine der Hauptursachen dafür zu werten, daß im Tanjore Distrikt schon kurz nach der britischen Machtübernahme ein umfangreicher Bewässerungsausbau einsetzte. Die Erfolge zeigten sich in der Erhöhung der Produktivität und des Wertes des Landes, in der zunehmenden Sicherheit vor Überflutungen und Hungersnöten, in der starken Abnahme der Fluktuation in den Getreidepreisen (4) und nicht zuletzt in jährlichen Grundsteuermehreinnahmen von über 500.000 Rupien (5). Allein in den Jahren 1877 bis 1881 betrugen die Einnahmen auf den Kapitaleinsatz der 24 wichtigsten Bewässerungsanlagen im Cauvery Delta System jährlich 65,2 % (6).

Ebenso unterlagen auch die im Untersuchungsgebiet durchgeführten umfassenden Steuerveranlagungen detaillierten Renditeberechnungen. Die Kosten für das "New Settlement" 1893 etwa betrugen 2,1 Mill. Rupien, wobei der Nettogewinn der britischen Kolonialverwaltung auf jährlich 59 % der Gesamtkosten berechnet wurde (7).

Als Beispiele für die Nutzen-Kosten-Analysen verschiedener Bewässerungsausbaumaßnahmen im Tanjore Distrikt in unterschiedlichen Phasen der Bewässerungsentwicklung sollen im folgenden die Renditeberechnungen für die "Cauvery Anicuts" während der Restaurierungsphase (1800-1850, Kap. 3.1.1.1) und für das "Cauvery-Mettur-Projekt" während der Expansionsphase (1935-1947, Kap. 3.1.1.4) exemplarisch vorgestellt werden.

Die bedeutendsten zwischen 1800-1850 neu geschaffenen Bewässerungsanlagen waren die **großen Stauwehre** des Upper (Coleroon) Anicut und des Lower (Coleroon) Anicut (Abb. 3), sowie die von letzterem abzweigenden Kanäle South Rajan Kanal im Tanjore Distrikt und North Rajan Kanal im South Arcot Distrikt. Die britische Kolonialverwaltung stellte sich für die zukünftige Ausrichtung ihrer Bewässerungspolitik die Frage, ob die zwischen 1800-1804 und 1850-1854 registrierten Grundsteuereinnahmen von zusätzlich etwa 700.000 Rs. jährlich tatsächlich auf die Wirkung dieser neuen Bewässerungsanlagen zurückzuführen seien, oder ob allein eine wirkungsvollere Grundsteuerverwaltung dafür verantwortlich sei (8). Dazu wurde die Entwicklung

---

(1) Imperial Gazetteer of India, 1909, III, 330
(2) Imperial Gazetteer of India, 1909, III, 331/332
(3) Buckley, 1905^2, 310
(4) Sarada Raju, 1941, 130
(5) Madras Presidency, Revenue Department, 1858, 113
(6) Madras Presidency, Selections from the Proceedings, 1883, 160
(7) Madras District Gaz., Tanjore, 1906, I, 189
(8) Madras Presidency, Revenue Department, 1858, 116

Tabelle XVII

Rentabilität der größten Bewässerungssysteme Britisch-Indiens 1902/03

Provinz und Bewässerungssystem	Bewässerungsfläche 1902/03 (1000 ha)	Kapitalkosten bis 1902/03 (Mill.Rs.)	Nettosteuerertrag 1902/03 an Kapitalkosten (in %)
Punjab			
Western Jumna Kan.	238	18,4	7,7
Bari Doab Kanal	358	19,6	12,9
Sirhind Kanal	445	38,7	4,4
Upper Sutlej Kan.	94	1,7	6,3
Chenab Kanal	732	27,5	21,3
Jhelum Kanal	56	11,5	-1,0
N-W Frontier Prov.			
Swat River Kanal	70	4,2	10,6
Sind			
Desert Kanal	75	2,6	3,7
Begari Kanal	90	1,7	15,8
Eastern Nara Anlage	103	6,4	6,8
Jamrao Kanal	108	8,3	3,8
Madras			
Godavari Delta Syst.	324	13,4	18,4
Kistna Delta System	251	14,4	15,8
Penner River Kanäle	65	6,3	5,0
Cauvery Delta Syst.	393	3,1	28,5
Periyar Projekt	62	9,0	3,6
Bengalen			
Orissa Projekt	90	26,5	0,1
Son Projekt	193	26,7	3,3
United Provinces			
Ganges Kanal	349	30,4	10,5
Lower Ganges Kanal	340	39,8	3,8
Eastern Jamuna Kanal	114	4,3	15,0
Agra Kanal	95	9,9	6,2
GROSSYSTEME TOTAL	4489	395,2	6,9

Quelle: IMPERIAL GAZETTEER OF INDIA, 1909, III, 331/332

der kanalbewässerten Fläche, der Produktivität des Landes, der auf die Grundsteuerforderungen zu gewährenden Nachlässe sowie der Preise für Bewässerungsland vor 1836 und nach 1836, dem Jahr der Inbetriebnahme der neuen Bewässerungsanlagen untersucht.

Die Bewässerungsflächen stiegen zwischen 1800-1805 und 1846-1850 von durchschnittlich 197.600 ha auf durchschnittlich 267.100 ha an (1). Die Grundsteuereinnahmen erhöhten sich gleichzeitig von durchschnittlich 3.178 Mill. Rs. auf 3.880 Mill. Rs. jährlich (2). Die Bruttoproduktion an Reis stieg um durchschnittlich 54 %, die Ertragsschwankungen innerhalb der Fünfjahreszeiträume sanken gleichzeitig von 43,5 % 1801-05 auf 3,5 % 1841-45 (3). Im gleichen Zeitraum wurden für sämtliche Bewässerungsanlagen des Cauvery Delty Systems an Baukosten, Unterhaltungskosten, Reparaturkosten etc. 4,3 Mill. Rs. ausgegeben (4). In den sechs Jahren vor dem Bau der Bewässerungsanlagen betrugen die vom Staat gewährten Nachlässe auf die Grundsteuerforderungen jährlich durchschnittlich 140.600 Rs., in den folgenden sechs Jahren dagegen nur durchschnittlich 61.600 Rs. (5). Gleichzeitig stiegen die Preise für Bewässerungsland von durchschnittlich 31,8 Rs./ha vor dem Bau der Anlagen auf 66,3 Rs./ha 1856. Daraus errechnete die britische Steuerbehörde für das Cauvery Delta bis 1850 eine jährliche **Nettorendite** auf ihren Kapitaleinsatz von 23,3 % (6).

Die bewässerungstechnischen Ausbaumaßnahmen der britischen Kolonialverwaltung im Untersuchungsgebiet waren also in der ersten Hälfte des 19. Jh.s ein uneingeschränkter finanzieller Erfolg, der die Kolonialverwaltung schließlich motivierte, noch größere Summen in die Bewässerungslandwirtschaft des Distrikts zu investieren.

Dies galt in besonderem Maße für das größte kolonialzeitliche Bewässerungsprojekt des Distrikts, das **Cauvery-Mettur Projekt**. Für dieses Großprojekt, das das bedeutendste kolonialzeitliche Wasserbauvorhaben Südindiens darstellte, liegen mehrere detaillierte Finanzpläne vor (7). Man ging davon aus, daß insgesamt 301.000 acres vom Grand Anicut Kanal bewässert werden sollten, von denen 219.600 acres eine Wassernutzungsgebühr von 15 Rs./acre, 62.000 von 10 Rs./acre und 17.400 acres an altem Bewässerungsland eine um 2,5 Rs./acre erhöhte Grundsteuer erbringen würden. Als zusätzliche Einnahmen im Neuen Delta wurden 7,5 Rs./acre für doppelten Bewässerungsanbau auf 154.000 acres kalkuliert. Hinzu kamen 694.725 Rs. an erwarteten Einnahmen aus Doppelanbau und der Neuveranlagung der Wasserzufuhr im Alten Delta. An Unterhaltungskosten errechnete man bei 1 Rupie/acre insgesamt 301.000 Rs., für die Verwaltungskosten 150.000 Rs. im Jahr (8).

Zwei Gründe führten jedoch zur Fehleinschätzung der finanziellen Resultate des Projekts: die nur langsame Ausweitung der Bewässerungsfläche und vor allem die geringe Höhe der tatsächlich zu erzielenden Wassernutzungsgebühren. Dies zeigt der Vergleich der geplanten Einnahmen aus dem Cauvery-Mettur-Projekt mit den 1949/50, im 15. Jahr nach der Eröffnung des Grand Ani

---

(1) Madras Presidency, Revenue Department, 1858, 131-133
(2) Madras Presidency, Revenue Department, 1858, 113
(3) eigene Berechnungen nach: Madras Presidency, Revenue Department, 1858, 146
(4) Madras Presidency, Revenue Department, 1858, 127
(5) Madras Presidency, Revenue Department, 1858, 122
(6) Smith, 1856, 39
(7) University of Madras, AERC, 1961, Ann. 1
(8) University of Madras, AERC, 1961, 131-132

cut Kanals, tatsächlich erzielten Resultaten: von den geplanten Bewässerungsflächen von 301.000 acres waren 268.000 acres bewässert. Die Einnahmen aus Wassergebühren und Grundsteuern betrugen statt der erwarteten 5,263 Mill. Rs. nur 1,769 Mill. Rs.. Die Unterhaltungskosten dagegen beliefen sich statt der geschätzten 301.000 Rs. auf 718.000 Rs.. Der Nettoertrag lag nur bei 1,050 Mill. Rs. statt der kalkulierten 5,713 Mill. Rs.. Die Rendite auf das bis 1949/50 angelegte Kapital betrug daher nur 1,59 %.

Die tatsächlichen finanziellen Resultate blieben somit zwischen 1935-36 und 1949/50 weit hinter den Schätzungen zurück. Statt der errechneten jährlichen Rendite von mindestens 6 % konnten 1935-50 nur zwischen 1-2 % Rendite erzielt werden, obwohl sich die Kosten des Projekts statt der geschätzten etwa 73,71 Mill. Rs. insgesamt nur auf etwa 68 Mill. Rs. belaufen hatten (1).

Die Höhe der für das Cauvery-Mettur Projekt den Bauern auferlegten Wassernutzungsgebühren hatte sich allein danach gerichtet, daß die angestrebte minimale Rendite von 6 % erreicht werden sollte. Darin liegt der Hauptgrund für die gescheiterten Finanzpläne. Schon vor Eröffnung des Projekts kamen scharfe Proteste vor allem von Seiten der großen Bauern, die die angestrebte Wassernutzungsgebühr für unzumutbar hoch hielten (2). Zunächst führte man daher ermäßigte Gebühren ein, auch um den Bauern die Kapitalbildung zur Umwandlung ihres ehemaligen Trockenlandes in Bewässerungsfelder zu erleichtern (3). Die Wassernutzungsgebühren erwiesen sich im Zusammenhang mit einem Preisverfall für Reis dennoch als zu hoch, so daß vom zur Verfügung gestellten Wasser nur begrenzt Gebrauch gemacht wurde. Daraus erklärt sich auch der schleppende Fortschritt in der Bewässerungsflächenausdehnung im Neuen Delta. Deshalb sah sich die britische Kolonialverwaltung gezwungen, bis 1946/47 allgemein nur ein Drittel der vorgesehenen Gebühren tatsächlich einzuziehen. 1944/45 und 1945/46 wurde im Zusammenhang mit der Grow-More-Food Kampagne die Wassernutzungsgebühr für neu bewässertes Land sogar ganz ausgesetzt, worauf sich die sehr deutliche Ausweitung der Bewässerungsfläche in diesen Jahren zurückführen läßt. Erst ab 1950/51 wurde die Wassergebühr bis 1954/55 schrittweise auf 2/3 der zunächst geplanten Abgabe erhöht (4).

Das Cauvery-Mettur Projekt wurde wegen seines finanziellen Fehlschlages von der Bewässerungsbehörde als "Unproductive Work" eingestuft, wobei man die zusätzlich im Alten Delta durch das Projekt erbrachten Vorteile nur als gering einschätzte. Die Berechnung des Agricultural Economic Research Centre der Universität Madras ergab jedoch, daß die im Alten Delta für Staat und Gesellschaft erwirtschafteten Gewinne schon ab 1940/41 diejenigen durch die Ausdehnung der Bewässerung im Neuen Delta in den meisten Jahren übertrafen (5).

Insgesamt soll festgehalten werden, daß das Hauptkriterium der britischen Kolonialverwaltung bei der Auswahl, Gestaltung, Verabschiedung und Realisierung des Cauvery-Mettur Projekts das Motiv war, eine bestimmte Amortisationsrate auf die Kapitalkosten zu erwirtschaften. Ohne diesen Hintergrund ist die Planung und Verwirklichung dieses größten von der Kolonialverwal-

---

(1) Anonym, The Mettur Dam, 1934, 84
(2) Proc. of the Tanjore District Mirasdar's Conference, 26.7.1931
(3) University of Madras, AERC, 1961, 93
(4) University of Madras, AERC, 1961, 99
(5) University of Madras, AERC, 1961, 73

tung in Südindien angelegten Bewässerungssystems nicht zu verstehen. Diese Feststellung gilt für die gesamte kolonialzeitliche Bewässerungsentwicklung im Untersuchungsgebiet.

4.3 Struktur und Wandel des kolonialen Sozialsystems

4.3.1 Vorüberlegungen zur Sozialökologie des Bewässerungswesens

Bisher wurde dargelegt, wie sich das Cauvery Delta durch den fürstenstaatlichen und kolonialzeitlichen Bewässerungsausbau zur Kornkammer Südindiens entwickelte und welche Motive und Hintergründe diese Entwicklung bestimmten. Dabei zeigte sich, wie die Naturlandschaft schrittweise und in räumlicher Differenzierung zur Kulturlandschaft wurde. Dieser Prozeß offenbart in eindrucksvoller Weise die Fähigkeit des Menschen, seine physische und biologische Umwelt zu beherrschen und zu verändern und sich die vorhandenen Ressourcen zunehmend nutzbar zu machen.

Bei dem Versuch, als Bindeglied zwischen Physischer Geographie und Anthropogeographie das Konzept der Geographie als einer **Anthropoökologie** ("human ecology") zu entwickeln, gebraucht CHORLEY (1) die Analogie eines **Mensch-Maschine-Systems**. Im geographischen Kontext wird eine solche "Maschine" aus den Systemelementen der physischen und biologischen Umwelt gebildet, die der Mensch in zunehmendem Maße zu manipulieren vermag. Überträgt man diese Analogie auf das Untersuchungsgebiet, so sind die Bewässerungssysteme die "Maschinen", die in dem Ineinandergreifen natürlicher (physisches Potential) und vom Menschen beeinflußter Strukturen (Bewässerungsanlagen) und Prozesse (Bewässerungsmethoden) ein System bilden.

CHORLEY betont zugleich, daß der **menschliche** Bereich der geographischen "Mensch-Maschine-Analogie" sich aus einem Komplex eng ineinandergreifender **sozio-ökonomischer Systeme** zusammensetzt. Solche sozio-ökonomischen Systeme handhaben die "Maschinen" mit Hilfe von Entscheidungsmechanismen überaus großer Komplexität (2). Das folgende Kapitel setzt sich zum Ziel, verschiedene Aspekte derartiger "sozio-ökonomischer Systeme" zu beleuchten und Tendenzen ihrer räumlich-zeitlichen Entwicklung und Veränderung zu analysieren. Diese Untersuchung soll letztlich in die Frage nach der **Entwicklung der Lebensbedingungen** der ländlichen Bevölkerung einmünden. Dieser Teil der Arbeit strebt damit einen Beitrag zur empirischen Forschung auf dem Gebiet der **Sozialökologie des Bewässerungswesens** an (3).

4.3.2 Zum verwendeten Entwicklungsbegriff

Die Untersuchung über Struktur und Wandel des Sozialsystems von Tanjore geht davon aus, daß "**Entwicklung**" nicht allein die Modernisierung einer traditionellen Gesellschaft durch (agrarisches) Wirtschaftswachstum bedeutet. Hauptziel des wirtschaftlichen Wachstums sollte es vielmehr sein, die Verbesserung der Lebensbedingungen (4) der Mehrheit der Bevölkerung sicherzustellen (5). Entsprechend ist "Entwicklung" vor allem unter dem **normati-**

---

(1) Chorley, 1973, 166
(2) Chorley, 1973, 167
(3) Müller, 1977, 4

(4) Seers, 1974
(5) z.B. Erklärung von Cocoyoc, 1974

ven Aspekt (1) einer "Eingliederung der Masse der Menschen in eine produktive Beschäftigung und die Befriedigung von Grundbedürfnissen" (2) abzuschätzen. Ziel und Zweck von Entwicklung sind also neu zu definieren: "Development means the development of people. Roads, buildings, the increase of crop output ... are not development; they are only the tools of development" (3). Für vorliegende Arbeit bedeutet dies, daß die Entwicklungsmaßnahmen in der Bewässerung und Landwirtschaft lediglich als **Vorstufe**, als potentielle Grundlage für die eigentliche Entwicklung der materiellen und immateriellen Lebensbedingungen der betroffenen Menschen zu betrachten sind. Ein solcher Entwicklungsbegriff faßt das Entstehen, den Ausbau, die Kontrolle und die Organisation eines Bewässerungssystems also lediglich als ein mögliches Werkzeug zur Entwicklung der Lebensbedingungen der Menschen auf. Das gleiche gilt für die gesamte Palette jüngerer agrarwirtschaftlicher Modernisierungs- und Intensivierungsmaßnahmen (Kap. 5.1.1). Als **Maßstab** zur Beurteilung der Lebensbedingungen im ländlichen Raum des Untersuchungsgebietes sollen daher im folgenden Grad und Ausmaß der ländlichen **Armut**, der ländlichen **Unterbeschäftigung** bzw. Arbeitslosigkeit sowie der politischen, sozialen und wirtschaftlichen **Marginalisierung** der ländlichen Bevölkerung gelten (4). Diese Faktoren bestimmen den Stand der ländlichen Entwicklung bzw. Unterentwicklung.

Ein solcher Ansatz ist für das Untersuchungsgebiet gerade deshalb besonders wichtig, weil sich viele Hinweise darauf ergeben, daß zwar die "Bewässerungsmaschine" weitgehend reibungslos funktioniert, daß aber die sie betreibenden und zugleich von ihr abhängigen sozialen und wirtschaftlichen Systeme nicht dazu tendieren, die Lebensbedingungen der großen Mehrheit der ländlichen Bevölkerung von Tanjore gleichermaßen zu verbessern. Vielmehr ergeben sich Hinweise auf entgegengesetzte Tendenzen. Dies ist ein Phänomen, welches MÜLLER (5) in einer Studie zur Soziologie der Bewässerung in neueren Großprojekten des afrikanisch-madegassischen Raumes herausstellt: "Aber ausgerechnet in ... soziotechnischen Systemen mit hohem wirtschaftlichen Erfolg - so belegen es Ansätze zur Evaluierung - häufen sich die sozialen Probleme und stellen den Fortbestand dieses wirtschaftlichen Erfolges infrage. In der Tat scheinen gute ökonomische Ergebnisse nur mit gleichzeitigen Einschränkungen im Bereich der sozialen Entwicklung möglich gewesen zu sein." (6).

An dieser Stelle ist jedoch einschränkend zu betonen, daß ein auch nur ansatzweise "anthropoökologisch" konzipierter Systemansatz aufgrund der Komplexität der Interaktionen bisher völlig unmöglich erscheint (7). Im begrenzten Rahmen vorliegender Untersuchung sollen daher von vornherein nur einige wenige, hinsichtlich der ländlichen Lebensbedingungen als besonders wichtig erscheinende Aspekte der "sozio-ökonomischen Systeme", ihrer Entwicklung und ihrer Probleme herausgegriffen werden.

---

(1) Nohlen und Nuscheler, 1974, 8
(2) Senghaas, 1977, 264
(3) Nyerere, 1968, 123
(4) Seers, 1974, 43 f.

(5) Müller, 1977
(6) Müller, 1977, 1
(7) Chorley, 1973, 166

4.3.3 Agrarsozialstrukturelle Wandlungstendenzen

Zentraler Aspekt bei der Untersuchung von ländlicher Entwicklung/Unterentwicklung soll im folgenden eine zeitlich-räumliche Analyse der Entwicklung der **Agrarsozialstruktur** sein. Diese Untersuchung beginnt mit einer Gliederung der ländlichen Bevölkerung nach ihrer Zugehörigkeit zu **sozialen Schichten**. Soziale Schicht meint dabei den Oberbegriff für eine Bevölkerungsgruppe, die in einer agraren Gesellschaft zu einer gegebenen Zeit durch eine spezifische Anordnung von **sozialen Rollen und Positionen** gekennzeichnet ist (1). Wie bei jeder sozialstrukturellen Klassifizierung von Landwirten steht bei einer solchen Gliederung Art und Größe des Bodeneigentums bzw. -besitzes im Vordergrund (2). Die Verfügungsgewalt über Ackerland bestimmt ihrerseits über die Zugehörigkeit von in der Landwirtschaft tätigen Gruppen zu **agraren Klassen**. Unter agrarer Klasse wird dabei eine menschliche Gruppe verstanden, die innerhalb einer geschichteten Agrargesellschaft durch die ihr gemeinsame **ökonomische** Lage bestimmt ist (3).

Unter **Agrarsozialstruktur** wird im folgenden das Gefüge der sozialen Schichten/Klassen der Agrarbevölkerung verstanden, das die gesellschaftlichen Beziehungen der ländlichen Bevölkerung untereinander und zum Boden regelt. Damit beeinflußt die Agrarsozialstruktur maßgeblich das Besitz- und Betriebsgrößengefüge, Flur- und Arbeitsverfassung, Erbsitten, das Siedlungswesen etc.. Ausprägung bzw. Wandel der Agrarsozialstruktur sind vor allem abhängig von den natürlichen Bedingungen für Siedlung und Landnutzung, vom Stand der Agrartechnik, von den demographischen Verhältnissen sowie von der jeweiligen rechtlichen und politischen Verankerung der Besitzordnung. Die so verstandene Agrarsozialstruktur bestimmt im Zusammenhang mit der herrschenden Bodenordnung weitgehend über den Zugang einzelner sozialer Gruppen der Gesellschaft zu den wichtigsten Ressourcen der landwirtschaftlichen Produktion (Land, Wasser) und entscheidet somit auch über den Anteil, der den einzelnen sozialen Gruppen an der landwirtschaftlichen Produktion zukommt. Damit werden neben den sozialen zugleich die wirtschaftlichen Lebensbedingungen der Gruppen und Individuen der ländlichen Bevölkerung festgelegt.

Im folgenden wird versucht, die aus **externen** Einflüssen resultierenden **internen** Wandlungstendenzen der Agrarsozialstruktur von Tanjore während der britischen Kolonialzeit herauszuarbeiten. Dabei sollen einerseits die Wechselwirkungen externer und interner Faktoren, andererseits die **Verknüpfungen sozial- und wirtschaftsstruktureller Bedingungen** bestimmt werden. Diejenigen Veränderungen, die die **Lebensbedingungen** der ländlichen Bevölkerung besonders nachhaltig beeinträchtigen, sind dabei herauszustellen. Diese Analyse sozial- und wirtschaftsstruktureller Veränderungsprozesse und ihrer Wirkungen will damit zur aktuellen Diskussion über Probleme der Entwicklung/Unterentwicklung im ländlichen Raum der Dritten Welt (4) beitragen.

---

(1) Wenzel, 1974, 93
(2) Wenzel, 1974, 93
(3) Westermanns Lexikon der Geographie, 1973^2, II, 819
(4) z.B. Baumgärtner und Poppinga, 1975, 211-230; Leggewie, 1975, 107-109; Long, 1977, 1-7, 183-186; Senghaas, 1977, 19, 38, 196-202; Mai, 1978a, 50 u.v.a.m.

4.3.3.1 Sozial- und wirtschaftsgeschichtliche Hintergründe

In der kolonialzeitlichen Sozial- und Wirtschaftsgeschichte Südindiens lassen sich zusammenfassend fünf übergreifende Prozesse erkennen, die die Agrarentwicklung maßgeblich bestimmten und zugleich strukturelle Veränderungen der Agrarsozialstruktur bewirkten. Dies waren 1. die Bedeutung der Grundsteuereinnahmen für die Kolonialverwaltung und die entsprechenden staatlichen Agrarentwicklungsmaßnahmen, 2. die damit zusammenhängenden Veränderungen in der Agrarverfassung, insbesondere in der Bodenordnung, 3. die Kommerzialisierung der Landwirtschaft mit einem wachsenden Agrarhandel und einer zunehmenden Ausrichtung der Landwirtschaft auf die Bedürfnisse der Kolonialmacht, 4. der Verfall des Dorfhandwerks durch die beginnende "internationale Arbeitsteilung" und 5. die rasche Zunahme der Bevölkerung.

1. Die organisatorischen Anstrengungen und finanziellen Aufwendungen der Kolonialverwaltung galten in Südindien zu Beginn des 19. Jh.s einer möglichst genauen und effektiven **Steuererfassung** des agraren Sektors und damit der Erzielung von direkten Einnahmen aus der Landwirtschaft (Kap. 4.2.2). Besondere Aufmerksamkeit galt dabei der Restaurierung und Verbesserung des Cauvery Delta Systems, weil bald deutlich wurde, daß sich durch die Bewässerungsentwicklung in Tanjore eine beträchtliche Rendite würde erzielen lassen. Da, wie gezeigt wurde, mit diesen Bemühungen keine Maßnahmen zur allgemeinen Verbesserung der Landwirtschaft verbunden waren, vergrößerte sich mit zunehmendem Bewässerungsausbau die Kluft im landwirtschaftlichen Entwicklungsstand zwischen dem Cauvery Delta und den angrenzenden traditionellen Regenfeldbau- und Stauteichbewässerungsregionen.

2. Zum Zwecke einer effizienten Steuerverwaltung führte die britische Kolonialverwaltung die Institution von **Privateigentum an Grund und Boden** in Indien ein und machte Land zu einer Handelsware. Erstmals in der Geschichte Indiens gab es damit die Möglichkeit von Zu- oder Verkauf von Land. Zugleich konnte Land beliehen und verpfändet werden. Damit war eine für Indien neuartige Verbindung in der dörflichen Gesellschaft hergestellt: nicht mehr allein die **soziale** Position bestimmte über Einfluß und materielle Lebensbedingungen, sondern vor allem die **wirtschaftliche** Position, die sich aus Art und Größe des Landeigentums bestimmte. Zugleich markierte die Verkäuflichkeit von Ackerland den Beginn einer möglichen vertikalen wirtschaftlichen Mobilität innerhalb der zuvor unveränderbar fest geschichteten Agrargesellschaft. Auch bildeten sich bald Bodenpreise heraus, die je nach dem Potential des Ackerlandes zunehmende Unterschiede aufwiesen und ihrerseits den Entwicklungsstand der Landwirtschaft beeinflußten.

3. Etwa seit Mitte des 19. Jh.s, verstärkt seit Beginn des 20. Jh.s wurden große Bereiche Südindiens mit **weltmarktorientierten Anbaufrüchten** wie Baumwolle, Erdnuß, Tabak und Tee bebaut. Diese Phase kolonialzeitlicher landwirtschaftlicher Entwicklung ist gekennzeichnet durch die Ausbildung von **struktureller Heterogenität** in Südindien. Auf der einen Seite stand ein dynamischer, kapitalintensiver Agrarsektor, der in Regionen weltmarktorientierter Agrarproduktion dominierte, teilweise verbunden mit modernen und intensiven Anbaumethoden, mit Verkehrserschließung, Ausbildung von Marktzentren etc.. Auf der anderen Seite stand ein weitgehend stagnierender Agrarsektor, ausgebildet in Regionen mit überwiegender Subsistenzwirtschaft und traditionellen Anbaumethoden. Dazwischen aber entwickelten sich mit großräumiger Bewässerungwirtschaft weitere

Bereiche dynamischer Landwirtschaft, etwa in Regionen wie Tirunelveli und besonders ausgeprägt im Cauvery Delta. Die Dynamik zeigt sich hier insbesondere im Bewässerungsbau. Daher muß an dieser Stelle eingeschränkt werden, daß die in der Theorie der strukturellen Heterogenität (1) vielfach postulierte "Asymmetrie" zwischen den sog. "dynamischen" exportorientierten und den "statischen" binnenmarktorientierten Subsektoren der Landwirtschaft in Südindien keineswegs durchgängig festzustellen ist. Vielmehr übertrifft hier eine binnenmarktorientierte Region wie das Cauvery Delta in ihrer Dynamik und der Entwicklung ihrer Produktivität in vieler Weise etwa die agrarisch wenig entwickelten bäuerlichen Baumwoll- und Erdnußanbaugebiete mit Weltmarktproduktion.

Besonders wichtig aber ist die Tatsache, daß alle drei genannten Typen von agraren Wirtschaftsräumen **funktional aufeinander bezogen** und **strukturell miteinander verbunden** waren. Das Cauvery Delta mit dem weitaus größten Bewässerungssystem Südindiens hatte die Funktion, hohe Grundsteuern zu erbringen, um Renditen für britische Kapitalanleger zu erzielen und die Kosten der Kolonialverwaltung zu bestreiten. Auch die Finanzierung weiterer bewässerungslandwirtschaftlicher Ausbaumaßnahmen war eine wichtige Funktion. Hinzu kam aber die wachsende Bedeutung des Untersuchungsgebietes als Reiskornkammer für die Nahrungsmittelversorgung der weltmarktorientierten Anbauregionen und der städtischen Zentren. In diesem Zusammenhang muß auch die Ausweitung des Deltabewässerungssystems durch das Cauvery-Mettur Projekt gesehen werden, das das aufwendigste kolonialzeitliche Bewässerungsprojekt Südindiens ist. Zugleich war der britischen Kolonialverwaltung daran gelegen, daß die ländlichen Arbeitskräfte gerade in dieser Kornkammer Südindiens möglichst billig produzierten, um so die Kosten für die Nahrungsmittelversorgung der Städte und der Bevölkerung in den weltmarktorientierten Anbauregionen niedrig zu halten. Bei hohen Bevölkerungszuwachsraten war der Distrikt außerdem Herkunftsgebiet einer großen Anzahl von Arbeitskräften für die koloniale Plantagenwirtschaft besonders in Ceylon und Malaya.

Die Regionen mit Subsistenzwirtschaft bzw. Binnenmarktorientierung übernahmen i.d.R. auch die soziale Sicherung der großstädtischen und auf in- und ausländischen Plantagen beschäftigten Arbeitskräfte, die bei Krankheit oder im Alter in ihre Dörfer zurückkehrten und dort versorgt wurden. Die ländlichen Regionen trugen damit die sozialen Folgekosten der neuen wirtschaftlichen Verhältnisse. Durch die Bargeldmittel, die mit den von den Plantagen zurückkehrenden Kontraktarbeitern auch in die Dörfer der subsistenzwirtschaftlichen Regionen einflossen, wurden diese ebenfalls in die Geldwirtschaft integriert. An- und Verkauf von Land setzten dadurch auch hier ein.

4. Durch die sich herausbildende "internationale Arbeitsteilung" mit der Lieferung von Rohstoffen aus Südindien und dem Import der Fertigwaren aus dem kolonialen Mutterland war in hohem Maße ein Zusammenbruch des traditionellen indischen **Dorfhandwerks**, insbesondere der **Weberei**, verbunden. Dieser wurde begleitet von einem zunehmenden Verfall des alten **"jajmani"-Dienstleistungssystems** in den Dorfgemeinschaften (Kap. 3.3)

5. Durch die Befriedung des Landes und die Verbesserung der medizinischen und hygienischen Voraussetzungen nahm die Bevölkerung in Südindien sehr stark zu, wodurch der Druck auf den Boden sich zusätzlich ver-

---

(1) z.B. Senghaas, 1974a, 23; Lofchie, 1975, 558 f., 563; Sunkel, 1976, 262; Lühring, 1977, 227; Senghaas, 1977, 191 f.

stärkte. In den bereits traditionell dicht besiedelten und ackerbaulich fast völlig erschlossenen agrarischen Kerngebieten wie dem Cauvery Delta wirkte sich dies besonders nachhaltig aus und trug zu einer weiteren Verschärfung regionaler und sozialer Ungleichheiten bei.

4.3.3.2 Einflüsse auf die Agrarsozialstruktur und Konsequenzen für die ländlichen Lebensbedingungen

Die Lebensbedingungen der Mitglieder der agrarsozialen Gruppen hingen im Untersuchungsgebiet in erster Linie von dem mehr oder weniger ausgeprägten Zugang bzw. Nichtzugang zu den Ressourcen Land und Wasser ab, die die Wirtschaftsgrundlage der Region ausmachten. Eine zunehmende Entwicklung der Ressource Wasser und die damit verbundene Produktivitätssteigerung des Landes ließen die Kluft in den Lebensbedingungen zwischen den großen und kleinen Landbesitzern, den Eigentümern von bewässertem Land und den Eigentümern von Trockenland und noch erheblicher zwischen Landbesitzern und Landlosen anwachsen. Durch den wachsenden **Agrarhandel** konnten die Landeigentümer mit einer erheblichen Überschußproduktion ihre wirtschaftliche Position laufend verbessern. Zugleich stieg der Wert vor allem des bewässerten Ackerlandes stark an, da die Nachfrage sich immer mehr vergrößerte. Großbauern kauften in der Folge Land von verschuldeten Kleinbauern auf, die so oft zu landlosen Landarbeitern wurden. Auch die Pachtbedingungen wurden bei starker Konkurrenz um den Boden immer drückender für den Pächter. Es entwickelten sich vielschichtige Beziehungen und neue **Abhängigkeiten** zwischen Großbauern und Kleinbauern, zwischen Landeigentümern, Pächtern und Zwischenpächtern sowie zwischen Landbesitzern und Landarbeitern. Die bestehenden Ungleichheiten zwischen den Klassen verschärften sich. Die Problemkreise des Großgrundbesitzes, des Absentismus, des Zwischenpachtsystems, des mangelnden Schutzes von Pächtern vor Entlassung und der Landlosigkeit haben ihren Ursprung in dieser Entwicklungsphase. Auch das Problem von **Hunger und Elend** trotz guter Erntejahre entstand in dieser Phase. Die Minderheit der Bauern, die erhebliche Überschüsse produzierten, bestimmte nun allein über die Verwendung des dörflichen Ernteertrages, und so wurden vielfach solche Mengen an Getreide auf den äußeren Markt gebracht, daß die Versorgung aller Dorfbewohner nicht mehr sichergestellt war. Bestimmt wurde die Nahrungsversorgung landloser Familien bald nur noch durch die ihnen zur Verfügung stehenden Geldmittel. Diese wiederum hingen von ihren **Beschäftigungsmöglichkeiten** ab. Bei steigender Nachfrage nach Arbeit verstärkten sich die persönlichen Abhängigkeitsbeziehungen zu den Landeigentümern, die allein Beschäftigung boten, dabei aber auch die Entlohnung festlegen konnten.

Die landbesitzende Bevölkerung beteiligte sich immer weniger direkt am landwirtschaftlichen Produktionsprozeß. Die Feldarbeit wurde von Pächtern oder Landarbeitern geleistet. Die absolut und relativ stark anwachsende Zahl der Landlosen rekrutierte sich bei fehlenden alternativen Beschäftigungsmöglichkeiten aus den zu Landarbeitern absinkenden ehemaligen Handwerker- und Dienstleistungsgruppen und aus Bauern, die ihr Land verloren hatten. Der vorherrschende Mechanismus, der zum Verlust von Land führte und Kleinbauern zu Landlosen absinken ließ, war der der **Verschuldung** und anschließenden **Enteignung** des verpfändeten Bodens (1) (Abb. 11).

---

(1) Thorner, 1955, 126 f.; Mandel, 1968, 595

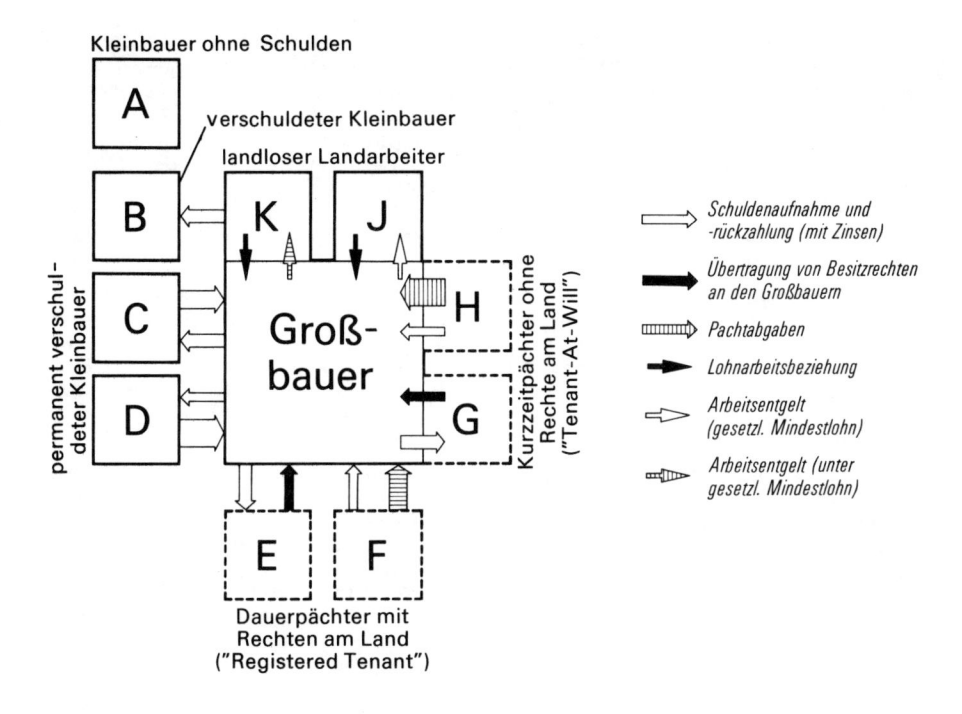

Abb.11:

Absinken von Kleinbauern und Pächtern zu Landlosen (Modell)

A Kleinbauer mit 1 acre Naßland – ohne Schulden, ohne Rücklagen

B Familie in Not durch Mißernte, Krankheit – Kreditaufnahme

C Überhöhte Zinslast schwächt Finanzkraft – Kreditaufnahme auch für Saatgut, Dünger, Umpflanzarbeit, Dorffeste – Permanenz der Verschuldung durch steigende Zinslast

D Vorfinanzierung der Ernte unter Marktpreis – zunehmende Schwächung der Finanzkraft – Anwachsen der Schulden und der Zinslast

E Familie erneut in Not durch Mißernte, Krankheit, Tod des Zugochsen – Verpfändung des Ackerlandes an Großbauern – Kleinbauer behält als Dauerpächter noch Rechte am Land

F Dauerpächter auf eigenem Land – 40% Pachtabgabe – beschleunigte Verschuldung durch Zinslast und Pachtabgaben

G Geldbedarf durch Regräbnis, Heirat Tochter o. ä. – Dauerpächter überträgt seine Rechte am Boden endgültig an Großbauern – wird zu Kurzzeitpächter auf seinem ehemaligen Land

H Weiter beschleunigte Verschuldung durch Zinslast plus erhöhte Pachtabgaben (60%) – allmählicher Verlust aller Produktionsmittel

J Ohne Produktionsmittel Absinken zu landlosem Landarbeiter – Erhalt von gesetzlichem Mindestlohn

K Weitere Verschuldung des Landarbeiters – abhängiges Arbeitsverhältnis – Arbeitsentgelt unter gesetzlichem Mindestlohn – Schuldknechtschaft entsteht

Erstmals in der indischen Gesellschaft gab es also weitverbreitete Prozesse einer **vertikalen wirtschaftlichen Mobilität** innerhalb der Dorfgemeinschaft. Damit drangen in die traditionell in jeder Beziehung "geschlossene" Gesellschaft nun insbesondere im wirtschaftlichen Bereich deutliche Züge einer "**offenen**" **Gesellschaft** ein. In der Folge ergab sich für einen kleinen Teil der dörflichen Bevölkerung ein wirtschaftlicher Aufstieg, für den überwiegenden Teil jedoch ein wirtschaftlicher Abstieg.

Zu Ende des 19. Jh.s läßt sich die Bevölkerung in die folgenden agrarsozialen Schichten gliedern:

1. Nicht selbst wirtschaftende **Landlords**, die nur Einkünfte aus ihrem Land beziehen. In Tanjore handelt es sich sowohl um absentistische (meist in Städten wohnende) Landlords wie auch um im Dorf selbst lebende Landlords, die meist über beträchtliches Grundeigentum verfügen und entweder aus anderweitigen Interessen (z.B. wegen städtischer Berufe) oder infolge religiöser Tabus (Verbot von Feldarbeit für Brahmanen) ihr Land nicht selbst bewirtschaften.

2. **Ryots**, selbstwirtschaftende Bauern, die meist über geringeren Landbesitz verfügen. Sie haben, ebenso wie die Landlords, vererbbare, übertragbare, veräußerbare und beleihbare Rechte am Land und sind dem kolonialen Staat unmittelbar grundsteuerpflichtig. Aus seinem Recht auf Grundsteuern leitet der Staat den Anspruch als Obereigentümer allen Landes ab, so daß die Grundsteuern den Charakter einer "Pacht", der Landlord und Ryot den Status eines "Staatspächters" annehmen. Oftmals gehen auch kleinere Ryots dazu über, ihr Land nicht mehr selbst zu bestellen, so daß sie den Status kleiner Landlords erlangen.

3. Pächter mit langfristigen, z.T. erblichen Pachtverträgen ("**protected tenant**"). Diese agrarsoziale Schicht entrichtet Pachtabgaben an den meist privaten Verpächter des Landes, wobei verschiedene Formen der Pacht zu unterscheiden sind. Der Verpächter übernimmt i.d.R. die Grundsteuerzahlung an den Staat. Dieser Pächter ist rechtlich dem Ryot weitgehend gleichgestellt. Es kommt in Tanjore häufig vor, daß auch solche Pächter ihr Land nicht mehr selbst bearbeiten ("non-cultivating tenant"), sondern es mit Hilfe abhängiger Pächter oder Landarbeiter bestellen.

4. Pächter mit kurzfristigen oder fehlenden Pachtverträgen ("unprotected tenant"; "tenant-at-will"), die sich in Abhängigkeit vom Verpächter befinden und gewöhnlich höhere Pachtabgaben leisten müssen als der Erbpächter. Da der Verpächter oftmals außer dem Boden noch weitere Produktionsmittel zur Verfügung stellt, leitet dieser Pächtertyp bereits zur Kategorie der landlosen Landarbeiter über.

5. Landlose **Landarbeiter mit festem Arbeitsverhältnis**. Ein solcher Landarbeiter hat langjährige, fest etablierte Beziehungen entweder zu einem oder zu mehreren Grundeigentümern. Die Entlohnung ist meist für ein ganzes Jahr im voraus festgelegt.

6. Landlose **Landarbeiter mit ungeregeltem Arbeitsverhältnis**, also Tagelöhner und Gelegenheitsarbeiter, die je nach Bedarf in der Landwirtschaft beschäftigt und täglich entlohnt werden. Auch hier gibt es den Typ des fest an einen einzigen Bauern gebundenen Tagelöhners ("regular coolie") und den Typ des gänzlich ungesicherten Landarbeiters ("casual coolie") (1).

---

(1) Gough, 1968, 8

Ein erster Überblick über die zahlenmäßige Zusammensetzung der agraren Klassen in den einzelnen Landkreisen ist Tabelle XVIII zu entnehmen. Dabei werden die großen Kategorien der Eigentumsbauern, Pächter und Landarbeiter unterschieden. Im Jahre 1900 waren demzufolge im Deltabereich bereits 50 % der in der Landwirtschaft Beschäftigten ohne Land, während nur 28 % der Agrarbevölkerung als Eigentumsbauern sämtlichen Landbesitz auf sich konzentrierten. Die Besitzverhältnisse in der Deltaumrahmung waren dagegen deutlich ausgeglichener. 60 % der Agrarbevölkerung bewirtschafteten hier zu Ende des 19. Jh.s eigenes Ackerland. Im folgenden sollen die kolonialzeitlichen agrarsozialen Grundzüge im Untersuchungsgebiet näher gekennzeichnet und interpretiert werden.

1. Landbesitzverhältnisse

Bis zum Jahre 1900 hatten die Zusammensetzung der agraren Klassen sowie ihre Beziehungen zueinander fundamentale Veränderungen durchgemacht (1). Die Dominanz bestimmter Kasten, die traditionell den landwirtschaftlichen Sektor beherrschten, wie z.B. die Brahmanen, Vellalans und Kallans, wurde verstärkt (2). Das Untersuchungsgebiet wurde zu einem **Distrikt der Großgrundbesitzer und Großbauern.** In Tanjore gab es zur Jahrhundertwende 431 Großbetriebe mit Steuerzahlungen von über 1000 Rupien jährlich (3). Diese Zahl wurde von keinem anderen Distrikt der Präsidentschaft Madras auch nur annähernd erreicht: im gesamten Distrikt Guntur gab es beispielsweise nur insgesamt vier solcher Großbetriebe (4), im Distrikt Anantapur nur zwei (5) und im Nilgiri Distrikt neun (6). Selbst die Distrikte mit bedeutender Kanalbewässerung und damit mit einer hohen agrarischen Produktion wie z.B. Godavari oder Tinnevelly wiesen nur 25 bzw. 30 solcher Großbetriebe auf (7).

Von den gesamten Grundsteuerabgaben in Höhe von 5,5 Mill. Rupien entfielen 1900/01 allein über 3 Mill. Rupien auf große Bauern mit einer Veranlagung von über 100 Rupien im Jahr, dagegen nur 0,9 Mill. Rupien auf Besitzungen mit Steuerzahlungen unter 30 Rupien (8). Letztere aber machten insgesamt etwa 84 % der bäuerlichen Eigentumsbetriebe von Tanjore aus (9).

Es ist also festzustellen, daß sich das Ackerland im Untersuchungsgebiet nach 100 Jahren britischer Kolonialverwaltung in den Händen einer kleinen Minderheit von Eigentumsbauern konzentrierte, die allein vollen Nutzen aus bewässerungswirtschaftlichen Ausbau- und Intensivierungsmaßnahmen ziehen konnten. Für die große Masse der Klein- und Kleinstbauern dagegen - allein 65 % der Eigentumsbauern bewirtschafteten Betriebe mit einer Steuereinschätzung von weniger als 10 Rupien im Jahr, was etwa 0,3 bis 0,5 ha Naßland entspricht - genügte der Landbesitz kaum zur Subsistenz. Diese Gruppe mußte daher i.d.R. ein zusätzliches Einkommen durch Kulidienste zu erzielen versuchen. Für diese kleinen Landbesitzer wirkten sich auch die Verschuldungsprozesse besonders fatal aus.

(1) Beteille, 1965, 140
(2) Kantowsky, 1970, 140
(3) Madras District Gaz., Tanjore, 1905, II, 22
(4) Madras District Gaz., Guntur, 1906, II, 25
(5) Madras District Gaz., Anantapur, 1905, II, 17
(6) Madras District Gaz., Nilgiri, 1905, II, 14
(7) Madras District Gaz., Godavari, 1906, II; Madras District Gaz., Tinnevelly, 1905, III
(8) Madras District Gaz., Tanjore, 1906, I, 110
(9) Madras District Gaz., Tanjore, 1905, II, 22

Tabelle XVIII

Die ländliche Klassenstruktur im Tanjore Distrikt 1900-1970

Landkreis	Eigentumsbauern (in % der landwirtschaftl. Bevölkerung)		Pächter (in % der landwirtschaftl. Bevölkerung)		Landarbeiter (in % der landwirtschaft. Bevölkerung)	
	1900	1970	1900	1970	1900	1970
Shiyali	18	23	25	10	57	67
Mayavaram	20	24	30	7	50	69
Kumbakonam	22	24	34	10	44	66
Nannilam	23	23	19	6	58	71
Papanasam	-	28	-	6	-	66
Mannargudi	41	32	20	5	39	63
Negapatam	26	20	6	4	68	76
Tirutturaippundi	45	35	19	5	36	60
Tanjore	60	38	9	4	31	58
Orattanadu	-	63	-	1	-	36
Pattukkottai	60	46	29	2	11	52
Peravurani	-	63	-	1	-	36
Arantangi	-	70	-	1	-	29
TANJORE DISTRIKT	41	33	21	8	38	59
Ø Altes Delta und Randdelta	28	26	22	7	50	67
Ø Neues Delta und Stauteichregion	60	56	19	2	21	42

Quellen: CENSUS OF INDIA, 1900/01, MADRAS PRESIDENCY, TANJORE DISTRICT
CENSUS OF INDIA, 1971, DISTRICT CENSUS HANDBOOK, THANJAVUR DISTRICT, PART X-B
WORLD AGRICULTURAL CENSUS, THANJAVUR, 1970/71

2. Pachtverhältnisse

Ein besonders hoher Anteil von Pächtern an der Agrarbevölkerung ist ein charakteristisches Merkmal des Untersuchungsgebietes (Tabelle XIX). Dieser Sachverhalt erklärt sich vor allem aus der weit überdurchschnittlich großen Zahl absentistischer bzw. nicht selbst wirtschaftender Großbauern.

Bei den Pachtverträgen gab es in Tanjore zwei Typen, die **Naturalpacht** und die **Geldpacht**. Die Naturalpacht wurde gewöhnlich für solche Ländereien erhoben, die für den Eigenverbrauch bestimmte Kulturen erzeugten, die Geldpacht für Ackerland mit Marktfrüchten (1). Die Naturalabgabe läßt sich wiederum in zwei Typen gliedern, in **Ernteteilpacht** und in **fixierte Naturalpacht**. Bei der Ernteteilpacht erhöhte sich mit der Ernte automatisch die absolute Höhe der Abgabe. Die Ernteteilpacht wird in Tanjore als "waram" bezeichnet, die im voraus festgesetzte Pacht als "kuthagai". Im letzten Viertel des 19. Jh.s und zwischen den beiden Weltkriegen verdrängte die "kuthagai"-Pacht zunehmend die "waram"-Pacht (2).

Die Pachthöhe betrug i.d.R. 50 % der Ernte auf schlechtem und 65 % auf gutem Boden (3). Bei dem außerordentlich fruchtbaren bewässerten Ackerland in den Landkreisen Tanjore und Kumbakonam konnte die Abgabe bis zu 80 % der Ernte ausmachen (4). In allen Fällen stellte der Landbesitzer lediglich den Boden zur Verfügung. Vielfach war das Einkommen eines Teilpächters daher niedriger als der durchschnittliche Jahresverdienst eines Landarbeiters (5). Der Faktor Boden war im Untersuchungsgebiet also erheblich stärker bewertet als unter den rentenkapitalistischen Verhältnissen im Vorderen Orient, wo auch Wasser, Zugvieh und Saatgut als rentenberechtigte Produktionsfaktoren in die Ertragsaufteilung eingingen und der Boden allein meist nur 20 % der Pachtabgaben bestimmte.

Die Summe der fixierten Naturalpacht ("makta") übertraf zu Anfang des 20. Jh.s die zu zahlende Grundsteuer durchschnittlich um das fünf- bis neunfache und machte bei Reisland etwa 60 %, bei Hirseland 40 % der Ernte aus (6). Die Höhe der festen Naturalpacht zeigte zwischen den Weltkriegen eine stark steigende Tendenz (7). Das gleiche gilt auch für die fixierte **Geldpacht**. Diese betrug Ende des 19. Jh.s auf Flächen mit doppeltem Reisanbau etwa 300 Rs./ha und übertraf damit die Grundsteuer um das siebenfache (8). Bis Mitte des 20. Jh.s erhöhte sich die Geldpacht weiter auf das 10- bis 12-fache der Grundsteuer. Allein von 1900 bis 1916 z.B. stieg sie im Untersuchungsgebiet um 90 %, die Preise für landwirtschaftliche Produkte erhöhten sich gleichzeitig jedoch nur um 30 % (9).

Insgesamt kam es unter der britischen Kolonialverwaltung zu einer zunehmenden **Trennung von Eigentum und Bewirtschaftung**, zum allmählichen Verlust der traditionellen **Stabilität** in der Pachtstruktur und zu einem einschneidenden **wirtschaftlichen Abstieg** der Pächterklasse infolge von überhöhten Pachtforderungen ("rack-renting") (10).

---

(1) Thomas und Ramakrishnan, 1940, 345
(2) Thomas und Ramakrishnan, 1940, 343 f.
(3) Royal Commission on Agriculture, 1928, III, 442 f.
(4) Madras Provincial Banking Enquiry Committee, 1930, IV, 328
(5) Sivaswamy, 1948, 2, 9
(6) Sivaswamy, 1948, 2, 48
(7) Sivaswamy, 1948, 1, 10
(8) Royal Commission on Agriculture, 1928, III, 440
(9) Sivaswamy, 1948, 2, 49
(10) Malaviya, 1954, 197

Tabelle XIX

Anteil der Pächterbauern an der Gesamtzahl der Bauern in den Landkreisen des Tanjore Distrikts 1900-1970

Landkreis	1900 (%)	1950 (%)	1970 (%)
Arantangi	-	-	1,9
Orattanadu	-	-	2,1
Pattukkottai	32,6	12,3	3,4
Peravurani	-	-	2,0
Kumbakonam	60,7	55,7	29,3
Mannargudi	32,8	29,9	13,3
Mayavaram	60,0	52,5	22,7
Negapatam	18,8	22,9	15,9
Nannilam	45,2	43,4	21,6
Papanasam	-	47,9	18,3
Shiyali	58,1	57,6	30,9
Tanjore	13,0	23,2	9,1
Tirutturaippundi	29,7	27,7	12,4
TANJORE DISTRIKT	34,4	33,9	14,1

Quellen: CENSUS OF INDIA, 1900/01, MADRAS PRESIDENCY, TANJORE DISTRICT

CENSUS OF INDIA, 1950/51, DISTRICT CENSUS HANDBOOK, TANJORE DISTRICT

WORLD AGRICULTURAL CENSUS, 1970/71, THANJAVUR DISTRICT

3. Landlosigkeit

Tanjore erlebte unter der britischen Kolonialverwaltung ein starkes Anwachsen der Klasse der landlosen Landarbeiterschaft. Damit trat eine Entwicklung auf, die in ganz Indien registriert wurde: während es 1882 nur 7,5 Mill. Landarbeiter gab, stieg diese Zahl bis 1921 bereits auf 21 Mill. (1), bis 1931 auf 33 Mill. und bis 1947 auf 70 Mill. an (2). Zwar gab es in manchen Teilen Indiens bereits vor Beginn der britischen Kolonialzeit recht erhebliche Anteile an landlosen Landarbeitern. KUMAR (3) z.B. schätzt den Anteil der Landarbeiter an der landwirtschaftlichen Bevölkerung Südindiens für das Jahr 1800 auf 17-25 %. Doch stieg ihre Zahl danach weit stärker an als die der sonstigen Agrarbevölkerung (Tabelle XX). Im Cauvery Delta etwa betrug 1900 der Anteil der Landlosen 50 % (Tabelle XVIII).

Auch im Verhältnis zwischen Landarbeitern und Landbesitzern kam es zu erheblichen Veränderungen. Die Beziehung wurde unpersönlicher und zunehmend nach britischem Vorbild vom (kurzfristigen) Kontrakt bestimmt. Gleichzeitig nahm die Sicherheit der Beschäftigung ab (4). Bei einem stark wachsenden Anteil landloser Landarbeiter, die sich vor allem aus ehemaligen Handwerkern, Kleinbauern und Pächtern rekrutierten, kam es so zu einer zunehmenden **Polarisierung** zwischen Landbesitzern auf der einen und Landlosen auf der anderen Seite. Diese zeigt sich in einer wachsenden **Verelendung** der Landarbeiterschaft, deren geringer Lohn und deren begrenzte jährliche Beschäftigungsdauer in vielen Fällen kaum eine ausreichende Subsistenz ermöglichten (5).

4.3.3.3 Demographische Entwicklung und agrare Pro-Kopf Produktion

Die Bevölkerungsentwicklung im Untersuchungsgebiet steht in ursächlichem Zusammenhang mit der agrarwirtschaftlichen Entwicklung. Eine zunehmende landwirtschaftliche Produktionsbasis übte nämlich eine **Sogwirkung** auf die Bevölkerung von benachbarten benachteiligten Gebieten aus und ließ auch die natürlichen Zuwachsraten der Bevölkerung steigen. Eine stagnierende oder rückläufige agrarwirtschaftliche Entwicklung führte dagegen wiederholt zu **Auswanderungswellen** aus dem Distrikt, die überwiegend in die Plantagenregionen von Ceylon und Südostasien gerichtet waren. Eine Stagnation oder sogar ein Rückgang der Produktion betraf dabei in immer gravierenderem Maße die **schwächeren Glieder der Gesellschaft**. Mißernten, die im traditionellen Dorfverband mit seinem relativ elastischen Sicherungssystem alle Gruppen der Dorfbevölkerung recht gleichmäßig betroffen hatten, wirkten sich nunmehr ausschließlich auf diejenigen Bevölkerungsschichten aus, die bei steigenden Getreidepreisen infolge unzureichender Geldmittel nicht mehr in der Lage waren, genug Reis für die Ernährung ihrer Familien zu kaufen. Wie BHATIA (6) eindrucksvoll darstellt, wandelten sich **Hungersnöte** in Indien entsprechend von einer **natürlichen Kalamität** zu einem **sozialen Problem der Armut**.

Die bedeutendsten Abwanderungswellen aus Tanjore gab es 1890-1900 (21,2 % der Bevölkerung) und 1910-20. In diesen Dekaden war die negative Bevölkerungsbilanz des Distrikts die bei weitem höchste der gesamten Präsidentschaft

---

(1) Palme Dutt, 1949, 223 f.
(2) Kuhnen, 1965, 191
(3) Kumar, 1965, 191

(4) Beteille, 1965, 123
(5) Sivertsen, 1963, 16
(6) Bhatia, 1963

Tabelle XX

Zahl und Anteil der landlosen Landarbeiter im Tanjore Distrikt
1880-1970

Jahr	Zahl der Landarbeiter und abhängiger Familienmitglieder	Anteil der Landarbeiter an der landwirtschaftlichen Bevölkerung
1880/81	ca. 350.000	ca. 32,0 %
1900/01	464.755	37,9 %
1920/21	504.787	37,5 %
1950/51	717.389	38,7 %
1960/61	ca. 1.300.000	ca. 47,4 %
1970/71	ca. 1.600.000	ca. 59.1 %

Quellen: CENSUS OF INDIA, 1880/81 bis 1970/71

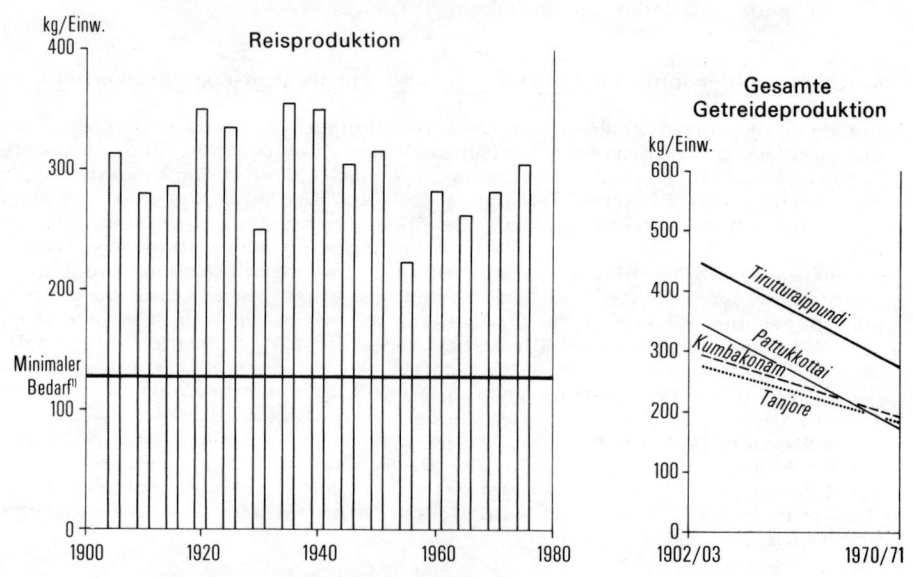

Quellen: Eigene, nur grob annähernde Berechnungen, nach
Season and Crop Reports, 1905/06 - 1973/74; Census of India, 1900/01 - 1970/71;
Madras District Gaz., Tanjore, 1905, II, Table VIII; World Agricultural Census, Thanjavur District, 1970/71, Tb. 5

[1] Auskunft des Tiruppanandal Panchayat Union Office, 7. 1. 1977

Abb.12:
Reis- und Getreideproduktion pro Kopf der Bevölkerung (1900–1975)

Madras (1). Es ist aufschlußreich, daß gerade die reichsten Teile des inneren Alten Deltas, in denen die Landlosigkeit am größten und die Polarisierung zwischen den sozialen Klassen am ausgeprägtesten war, die stärkste Abwanderung verzeichneten (2). Umgekehrt erlebte der Landkreis Pattukkottai nach der Eröffnung des Cauvery-Mettur-Systems zwischen 1941 und 1950 eine nie zuvor erreichte Bevölkerungszunahme, die mit 33,0 % diejenige des Landesdurchschnitts (20,0 %) weit übertraf.

Die Daten über Anbauflächen, Flächenerträge und Bevölkerungszahlen lassen annähernde Aussagen über die Pro-Kopf-Produktion an Getreide zu (Abb. 12). Zwar zeigten sich erhebliche Schwankungen von Jahr zu Jahr, doch stand auch in Jahren geringer Pro-Kopf-Produktion insgesamt immer eine erhebliche **Überschußmenge** an Getreide zur Verfügung (3). Dieser Befund belegt, daß trotz steigender Bevölkerungszahlen jederzeit so viel Getreide erzeugt wurde, daß potentiell für alle Bevölkerungsteile eine ausreichende Lebensgrundlage gegeben war. Daß sich dennoch offensichtlich die Lebensbedingungen nur für kleine Teile der Agrarbevölkerung verbesserten, für große Teile der Bevölkerung aber verschlechterten, zeigt den Einfluß der agrarstrukturellen Veränderungen, die trotz Überschußproduktion zu weitverbreiteter Armut führten und umfangreiche Auswanderungswellen in Gang setzten.

4.4 Zusammenfassung: Koloniale Formen sozialer und regionaler Ungleichheit

Die Analyse präkolonialer und kolonialzeitlicher Formen sozialer und wirtschaftlicher Ungleichheit in Südindien soll in einem kurzen Exkurs mit Prozessen sozialen Wandels im asiatischen Trockenraum verglichen und dabei noch einmal zusammenfassend dargestellt werden. Eine ausgeprägte soziale Polarisierung innerhalb der traditionell **geschlossenen, statischen, sozialhierarchisch geschichteten dörflichen Gesellschaft,** so wie sie für Tanjore beschrieben wurde, ist nämlich gleichermaßen für die traditionelle nomadische Stammesgesellschaft kennzeichnend, so wie sie etwa SCHOLZ (4) für Belutschistan darstellt.

Wie im wechselfeuchten Cauvery Delta, wo erst die ständigen gemeinsamen Anstrengungen der Bevölkerung eine großflächige künstliche Bewässerung und damit eine gesicherte Überschußproduktion ermöglichten, so war auch im trockenen Gebirgsland von Belutschistan die Existenzgrundlage nur durch eine permanente Kooperation aller Beteiligten (z.B. zur Sicherung von Tränken und Weideflächen und zur Abwehr von feindlichen Nachbarstämmen) sicherzustellen (5). Dazu war jeweils die Ausbildung einer festgefügten rituellen, wirtschaftlichen und organisatorischen Gesellschaftsstruktur erforderlich. Wie die einzelnen Dorfgemeinschaften im Cauvery Delta, so trat auch der nomadische Stamm zwecks Erhaltung seiner Existenzgrundlagen als eine **geschlossene Wirtschafts- und Sicherungsgemeinschaft** auf. In beiden Gesellschaftsformen gab es Kollektivbesitz in der Form, daß allen Mitgliedern der Gemeinschaft bestimmte Ertragsanteile an der Produktion zustanden. Die Ver-

---

(1) Aravamudan, 1937, 154
(2) Statistical Atlas, Thanjavur District, 1950/51, 17
(3) Auskunft Tiruppanandal Panchayat Union, 7.1.1977
(4) Scholz, 1974a, 1974b
(5) Scholz, 1974b, 121

teilungsschlüssel bestimmte die soziale Oberschicht. Im dörflichen Tanjore wie im nomadischen Belutschistan waren zur Erschließung und Sicherung der Ressourcen privilegierte, sozial von der sonstigen Dorf- bzw. Stammesbevölkerung deutlich abgesetzte **Eliten** ausgebildet. Dies waren die meist brahmanischen "mirasdars" im Cauvery Delta und die Stammesführer ("sardars") in Belutschistan. Beide Führungsschichten waren wirtschaftlich ausschließlich parasitär. Während jedoch im traditionellen nomadischen Lebensraum alle äußeren und inneren Belange der Stämme intern zu regeln waren, benötigte die Dorfgemeinschaft des Cauvery Deltas zur übergreifenden Regelung und Sicherung des Bewässerungsystems zusätzlich eine übergeordnete staatliche Instanz ("hydraulischer Staat").

Wie in der zentralen Kornkammer Südindiens wurde die **sozial** stark polarisierte Gesellschaftsstruktur des peripheren nomadischen Lebensraumes von Belutschistan gemäß der kolonialen Interessenlage (strategische Sicherung in Belutschistan / Grundsteuereinnahmen und Nahrungsmittelproduktion in Tanjore) zur Grundlage einer markanten **wirtschaftlichen** Ungleichheit innerhalb der Gesellschaft (Schaffung von Großformen von Grundeigentum für die traditionellen Eliten der "mirasdars" bzw. der "sardars"). Dies ist der Beginn von **ländlicher Unterentwicklung** (Landlosigkeit einer wachsenden Masse der ländlichen Bevölkerung; weitverbreitete Erscheinungen von Armut, Unterbeschäftigung, persönlicher Abhängigkeit und Schuldknechtschaft). Übergreifende wirtschaftliche und demographische Kräfte (Geldwirtschaft; Agrarhandel; überregionale Märkte, Städte, Transportmöglichkeiten; Verlust traditioneller Beschäftigungsmöglichkeiten; Bevölkerungswachstum; Druck auf und Konkurrenz um Ackerland; Verschuldungs- und Enteignungsmechanismen) induzierten und perpetuierten die Prozesse des sozialen Wandels. Die **exogen** bestimmten Einflüsse wirkten also **im Inneren** der traditionellen Gesellschaft, sie setzten Veränderungstendenzen in Gang und verstärkten diese in der Weise, daß sich die Lebensverhältnisse der Mehrheit der betroffenen Bevölkerung von Armut und Sicherheit ("security circle" des traditionellen Nomadenstammes / der traditionellen Dorfgemeinschaft) hin zu einem Zustand von weitverbreitetem Elend und von Unsicherheit (der Einkünfte; der Beschäftigung; der Pachtbeziehung; der Krankheits- und Altersversorgung etc.) verschlechterten.

Die dargestellten **Prozesse sozialen Wandels** mit dem Resultat ländlicher Unterentwicklung stellen also keinen Einzelfall dar. Solche Prozesse sind vielmehr - und das zeigte der kurze Vergleich mit Belutschistan - in die übergreifenden Theorien zu den Hintergründen und Ursachen ländlicher Entwicklung/Unterentwicklung in der Dritten Welt einzuordnen.

Die Interessenlage des kolonialen Staates führte auch zu wachsenden **regionalen Ungleichheiten** im landwirtschaftlichen Entwicklungsstand innerhalb des Tamillandes. Derartige Ungleichheiten bildeten sich vor allem **zwischen** weltmarktorientierten, binnenmarktorientierten und subsistenzwirtschaftlich bestimmten Agrarregionen. Von besonderer Bedeutung ist dabei, daß alle drei Typen von Wirtschaftsräumen funktionell aufeinander bezogen und in vieler Weise strukturell miteinander verknüpft waren. Diese Beziehungen und Verknüpfungen bestimmten ihrerseits den Stand der agraren Entwicklung und den Grad der Nutzung der Ressourcen. Das gleiche gilt für die sich **innerhalb** der Regionen herausbildenden räumlichen Ungleichheiten im landwirtschaftlichen Entwicklungsstand.

Neu ist in der kolonialen Phase der Agrarentwicklung auch die **Verbindung** zwischen regionaler, innerregionaler und lokaler Ungleichheit im Stand der landwirtschaftlichen Entwicklung und im Ausmaß der sozialen Ungleichheit. Landwirtschaftlich begünstigte Regionen weisen i.d.R. auf lokaler Ebene eine relativ kleine Gruppe besonders Begünstigter mit hohem Status, großem Einfluß und beträchtlichem materiellen Wohlstand auf, der eine große Gruppe besonders Benachteiligter gegenübersteht, die durch einen niedrigen Status, kaum Einflußmöglichkeiten und eine unzureichende materielle Lage gekennzeichnet ist. Mit der weiteren Entwicklung der Ressourcen zeigt sich die Tendenz, daß die Ungleichheiten zwischen beiden Gruppen zunehmen und daß der Zugang der Gruppen und Individuen zu den Ressourcen für wenige immer mehr begünstigt und für die Mehrheit zunehmend verhindert wird. Noch eine weitere Tendenz tritt zutage, daß nämlich auch innerhalb der in Hinsicht auf ihren sozialen Status relativ homogenen Kastengruppen ein **Selektionsprozeß** einsetzt, denn durch den sich verschärfenden ungleichen Zugang zu den Ressourcen entstehen auch Ungleichheiten im materiellen Wohlstand und damit im Einfluß innerhalb der Kastengruppen. Das bedeutet eine Schwächung des traditionellen Zusammenhanges zwischen kastenmäßigem Status und materiellem Wohlstand. Dies trifft besonders für die Kastengruppen mit höchstem und hohem Status zu und betrifft aus den genannten Gründen wiederum besonders die hochentwickelten Regionen und Dörfer. Der geringere Entwicklungsstand der Ressourcen in den landwirtschaftlich weniger begünstigten Regionen läßt die soziale Ungleichheit dagegen weniger ausgeprägt erscheinen.

Somit läßt sich feststellen, daß in der kolonialen Phase der Agrarentwicklung tiefgreifende und sich verstärkende Ungleichheiten im landwirtschaftlichen Entwicklungsstand und in den Lebensbedingungen der Agrarbevölkerung entstanden, die sich auf regionaler, innerregionaler und lokaler Ebene zeigen und die zueinander kausale, funktionale und strukturelle Verbindungen aufweisen. Auf der Grundlage einer Agrargesellschaft, die bereits vorkolonial durch ausgeprägte Unterschiede in Status und Einfluß gekennzeichnet war, kam es infolge der kolonialen Machtverhältnisse, der kolonialen Agrarpolitik und der dahinterstehenden wirtschaftlichen Interessen zu Prozessen mit dem Charakter einer ausgesprochenen **regionalen und sozialen Selektivität**. Dadurch entstanden bei einer ungleichen Entwicklung der Ressourcen, vor allem der Ressource Wasser, solche Formen regionaler und sozialer Ungleichheit, die bereits alle Merkmale **ländlicher Unterentwicklung** aufweisen.

5. POSTKOLONIALE AGRAR- UND SOZIALENTWICKLUNG

5.1 Postkoloniale Agrarentwicklung

5.1.1 Entwicklung des Bewässerungswesens

Die Bewässerungsfläche des Untersuchungsgebietes wies zu Beginn der indischen Unabhängigkeit 464.800 ha auf. Davon entfielen 431.800 ha, d.h. 93 %, auf die Kanalbewässerung. Das Lower Coleroon Anicut System bewässerte 9.600 ha (1), das Cauvery Delta System 354.700 ha (2) und das Cauvery-Mettur-System 67.500 ha. Von Stauteichen waren im Distrikt 28.200 ha, von Brunnen 4.800 ha bewässert (3).

Die Bewässerungsflächen innerhalb des Distrikts waren 1950/51 (Tabelle XXI) im Vergleich zu 1930/31 sowohl im inneren Alten Delta wie auch im mittleren Alten Delta deutlich gewachsen. Die Bewässerungsflächenanteile im Randdelta hatten dagegen stagniert. Im neuen Delta machte sich die Wirkung des Cauvery-Mettur Projekts bemerkbar: die Bewässerungsfläche stieg um über 40 %.

5.1.1.1 Modernisierungsphase (ab 1947): Das Cauvery-Delta-Modernisierungsprojekt

Als erstes großes Projekt zur Bewässerungsentwicklung im Tanjore Distrikt beschloß die unabhängige indische Regierung eine umfangreiche Verbesserung der **Entwässerung** im Cauvery Delta. Diese Entscheidung wurde dadurch nötig, daß die Entwässerungsprobleme des Cauvery Deltas immer gravierender zutage traten. Im Gegensatz zu anderen großen Kanalbewässerungssystemen war nämlich kein eigenes Entwässerungssystem vorhanden; es handelte sich um ein sogenanntes **"irrigation-cum-drainage system"**. Die Folge war, daß bei zunehmender Wasserversorgung der gesamte Deltarandbereich allmählich zu versumpfen drohte, weil das geringe Gefälle zum Meer hin einen ausreichenden natürlichen Wasserabfluß stark behinderte. Sobald die Unterläufe der Deltakanäle gefüllt waren, drohte auch der obere Deltabereich zu überfluten (4).

Bereits 1943 wurde deshalb ein komplettes Bündel von Maßnahmen vorgeschlagen, das zwei Schwerpunkte umfaßte:

1. Vertiefung, Verbreiterung und Eindämmung von Entwässerungsläufen
2. Trennung des Entwässerungssystems vom Bewässerungssystem in tiefgelegenen Deltabereichen und direkte Verbindungen zum Meer.

Die Verwirklichung dieser Vorschläge wurde jedoch erst nach 1947 in Angriff genommen. Ein erster Abschnitt des **"Cauvery Delta Drainage Scheme"**, das bereits in den ersten Fünfjahresplan (1951-1955) aufgenommen wurde, umfaßte Entwässerungsmaßnahmen, wie z.B. im Landkreis Shiyali einen direkten Durchbruch des Vellapallam zum Meer, sowie die Vertiefung und Verbreiterung der wichtigsten Entwässerungsläufe. Außerdem sollte dieses Programm dazu beitragen, große versumpfte Flächen in den küstennahen Landkreisen des südlichen Deltas zu rekultivieren (5). Der Schwerpunkt des Vorhabens lag aber mehr auf der **protektiven** als auf der produktiven Seite.

---

(1) Collectors Office, Tanjore, Yearwise and Sourcewise Particulars, 1974/75
(2) Descriptive Booklet, 1955^2, 31
(3) Season and Crop Report, 1946/47
(4) University of Madras, AERC, 1961, 27
(5) University of Madras, AERC, 1961, 29

Tabelle XXI

Bewässerungsflächenanteile im Tanjore Distrikt 1950/51

Region		Landkreis	Gesamt-fläche (1000ha)	Bewäss.-fläche (1000ha)	Anteil der Bewäss.-fläche (%)
ALTES DELTA	iAD	Papanasam	59,1	41,4	70,1
		Kumbakonam	54,0	37,1	68,7
		Shiyali	43,8	26,6	60,7
	mAD	Mayavaram	72,4	48,9	67,5
		Mannargudi	76,9	53,4	69,4
		Nannilam	74,4	55,9	75,1
		TOTAL	380,6	263,3	69,2
iAD			113,1	78,5	69,4
mAD			267,5	184,8	69,1
RAND-DELTA		Negapatam	61,2	35,3	57,7
		Tirutturaippundi	126,8	35,7	28,2
		TOTAL	188,0	71,0	37,8
NEUES DELTA		Pattukkottai	173,4	59,6	34,4
		Arantangi	104,8	8,8	8,4
		Orathanadu	-	-	-
		Peravurani	-	-	-
		TOTAL	278,2	68,4	24,6
DISTRIKT		TOTAL	954,0	430,9	45,2
		Tanjore	107,2	28,2	26,3

Quelle: STATISTICAL ATLAS, THANJAVUR, 1950/51, Table IX

Der zweite Fünfjahresplan (1956-1961) umfaßte auch ein größeres **produktives** Projekt, das "**New Kattalai High Level Canal Project**", das einen weiteren Ausbau des Kattalai Systems bedeutete (1). Mit Hilfe eines 138 km langen Kanals kamen südwestlich der Deltawurzel 8.200 ha unter Bewässerung (2), teilweise direkt durch Kanäle, teilweise indirekt über die Speisung von Stauteichen (3).

Die Entwicklung der Bewässerungsflächen bis 1960 läßt jedoch den eher protektiven Charakter der Bewässerungspolitik in dieser Zeit erkennen: die Flächen unter Bewässerung nahmen kaum zu. Nach 1960 sollte sich daran nicht viel ändern, auch wenn die indische Regierung ehrgeizige Pläne zur Verbesserung des Deltabewässerungssystems entwickelt hatte. Ein großangelegtes **Projekt zur Modernisierung des Cauvery Delta Systems** stand zur Diskussion. Man ging davon aus, daß es durch eine bessere Wassernutzung möglich sein müßte, mindestens 32.000 ha bisherigen Regenfeldlandes bzw. ungenutzten Landes zusätzlich zu bewässern, ohne die zur Verfügung stehende Wassermenge insgesamt zu erhöhen (4).

Im Juli 1964 führte eine amerikanische Expertengruppe auf Antrag der indischen Regierung eine Erkundung im Delta durch. Die Experten kamen zu dem Schluß, daß die Wassernutzung im Deltabewässerungssystem keineswegs zufriedenstellend sei und daß viel Wasser vergeudet würde. Sie schlugen daher ein ganzes Bündel von Maßnahmen zur rationelleren Wassernutzung vor (5). Auf der Grundlage dieser Empfehlungen wurde das Projekt zur Modernisierung des Cauvery Delta Systems in den vierten Fünfjahresplan aufgenommen (6). Es umfaßte vor allem die folgenden Maßnahmen:

1. Instandhaltung und Erhöhung von Uferdämmen
2. Schaffung einer eigenen Abteilung für Instandhaltungsarbeiten an Uferdämmen
3. Ersetzen aller festen Wehre durch moderne regulierbare Schleusenwehre
4. Bau neuer zusätzlicher Stauwehre
5. Pflege und Ausbau der Bewässerungskanäle
6. Erweiterung und Ausbau von Entwässerungskanälen.

Die Bewässerungsfläche stieg bis 1970 langsam aber stetig an (Tabelle XXII). Das ist als ein Erfolg der Modernisierungsmaßnahmen des Public Work Department zu bewerten, auch wenn die Entwicklung weit hinter den Erwartungen von zusätzlich 32.000 ha zurückblieb. Daß die nächsten fünf Jahre bis 1975/76 einen Einschnitt dieser Entwicklung und rückläufige Werte zeigen, liegt daran, daß der Landkreis Arantangi 1972 vom Tanjore Distrikt abgetrennt wurde.

Die Zunahme der Bewässerungsflächen seit 1960 muß allerdings vor dem Hintergrund einer allgemein abnehmenden und sich verzögernden Wasserzufuhr gesehen werden. Die Zahlen über den Beginn der Wasserversorgung sowie über die aus dem Mettur Reservoir bereitgestellten Wassermengen zeigen, daß die Wassermenge im Vergleich zur ersten nachkolonialen Phase von durchschnittlich 10,12 Mill. m^3 (1947-60) um 13,9 % auf durchschnittlich 8,8 Mill. m^3 (1961-75) abnahm. Der Beginn der Wasserzufuhr verschob sich gleichzeitig um durchschnittlich neun Tage (Abb. 8). Daß diese allgemein abnehmende und

---

(1) Adiceam, 1966, 213
(2) Adiceam, 1966, 392
(3) Office of the Chief Engineer, Irrigation, Madras, 1956

(4) Adiceam, 1966, 398
(5) The Hindu, 24.7.1964; 27.7.1964; 1.8.1964
(6) The Hindu, 13.10.1964

Tabelle XXII

Entwicklung der Bewässerungsflächen im Tanjore Distrikt in der Modernisierungsphase (1947-1976)

Jahr	Bewäss.-fläche (1000ha)	5-Jahres-durch-schnitt (1000 ha)	Jahr	Bewäss.-fläche (1000ha)	5-Jahres-durch-schnitt (1000 ha)
Erster Abschnitt			Zweiter Abschnitt		
1947/48	471,7		1961/62	504,7	
1948/49	478,4	Ø 478,7	1962/63	505,3	
1949/50	481,8		1963/64	505,6	Ø 505,5
1950/51	482,9		1964/65	508,1	
1951/52	484,8		1965/66	503,9	
1952/53	453,9		1966/67	505,7	
1953/54	479,8	Ø 474,8	1967/68	510,6	
1954/55	483,5		1968/69	511,8	Ø 506,4
1955/56	472,0		1969/70	510,8	
1956/57	474,8		1970/71	492,9	
1957/58	482,5		1971/72	510,6	
1958/59	482,3	Ø 482,3	1972/73	472,8	
1959/60	483,1		1973/74	477,9	Ø 485,1
1960/61	488,7		1974/75	483,8	
			1975/76	480,5	

Quellen:

1947-1959, 1961-1969: SEASON AND CROP REPORTS
1960: ADICEAM, 1966, Tableau XLVI
1970: WORLD AGRICULTURAL CENSUS, THANJAVUR DISTRICT, 1970/71
1971: PROGRESS REPORT, IADP, THANJAVUR, 1972
1972-73: SEASON AND CROP REPORTS
1974: PUBLIC WORKS DEPARTMENT, MADRAS, IRRIGATION BRANCH, 1976
1975: COLLECTORS OFFICE, THANJAVUR, GENERAL STATISTICS, 1975/76

sich verzögernde Wasserversorgung nicht zu einem generellen Rückgang des Bewässerungsfeldbaus und zu einer erhöhten Variabilität führte, belegt zweifellos den Erfolg des Modernisierungsprojekts (Tab. XXIII).

Die Ursachen und Hintergründe dafür, daß sich die Wasserversorgung des Cauvery Deltas verschlechterte, stehen im Zusammenhang mit Streitigkeiten der südindischen Staaten um die Nutzung des Cauvery Wassers. Die Gliedstaaten Kerala, Karnataka und Tamilnadu, über die sich das Einzugsgebiet des Cauvery erstreckt, beanspruchen nämlich jeweils eine optimale und möglichst zunehmende Wassermenge für ihre aus dem Cauvery gespeisten Bewässerungssysteme. Dies wirkt sich insbesondere für das am Flußunterlauf gelegene Tamilnadu negativ aus. Immer wieder kam es deshalb besonders in Dürrejahren zu Konflikten (1). Um die Verteilung des Cauvery Wassers zwischen den drei Anliegerstaaten endgültig zu regeln, wurde im August 1976 beschlossen, die "Cauvery Valley Authority" zu gründen, die aus je einem Bewässerungsexperten der drei Gliedstaaten bestehen und unter die Leitung eines von der Zentralregierung zu bestimmenden Fachmannes gestellt werden sollte (2).

Die Entwicklung der Bewässerung innerhalb des Distrikts läßt für das Jahr 1975/76 folgende Merkmale erkennen (Tabelle XXIV): im Randdelta und im Neuen Delta stiegen die Bewässerungsflächen seit 1950/51 erheblich an. Der traditionelle Unterschied zum Alten Delta hat sich damit deutlich verringert. Im Neuen Delta führte der Ausbau des Cauvery-Mettur-Systems zu einem markanten absoluten und relativen Anwachsen der Bewässerungsflächen.

Die Zahl der **Brunnen** stieg im Untersuchungsgebiet zwischen 1950 und 1970 von 24.000 auf 46.000 an (3). Noch bemerkenswerter aber ist die zunehmende **Modernisierung und Intensivierung der Brunnenbewässerung** seit 1960:

Jahr	Zahl der jährlich neu angelegten Filter-Point Brunnen	Zahl der jährlich neu angelegten Tubewells
1960/61	243	50
1961/62	200	51
1962/63	152	54
1963/64	218	57
1964/65	248	56
1965/66	1852	84
1966/67	1703	114
1967/68	1300	203
1968/69	1532	366
1969/70	1557	366
1970/71	956	314
1971/72	1400	287
1972/73	1503	227
1973/74	1548	525
1974/75	1635	721
1975/76	1857	670

Quelle: Progress Report, IADP, Tanjore, 1975/76

---

(1) Indian Express, 27.7.1976
(2) The Hindu, 28.8.1976

(3) Season and Crop Reports, 1950/51 bis 1970/71

Tabelle XXIII

Menge und Dauer der Wasserversorgung des Cauvery Deltas durch den Mettur-Stausee (1947-1975)

Jahr	Wassermenge (Mill.m^3)	5-Jahresdurchschnitt (Mill.m^3)	Zeitpunkt d. Öffnung d. Damms (Tage nach dem 1.6.)	5-Jahresdurchschnitt d. Öffnungsdatums
Erster Abschnitt				
1947/48	10,90		± 0	
1948/49	10,16	Ø 10,00	+18	Ø 19.6.
1949/50	9,48		+23	
1950/51	9,46		+33	
1951/52	8,67		+20	
1952/53	7,61		+35	
1953/54	9,88	Ø 9,33	+35	Ø 25.6.
1954/55	11,43		+14	
1955/56	9,08		+20	
1956/57	10,83		+31	
1957/58	10,60		+15	
1958/59	11,54	Ø 10,95	+20	Ø 22.6.
1959/60	11,53		+27	
1960/61	10,24		+15	
Zweiter Abschnitt				
1961/62	11,78		+19	
1962/63	12,60		+19	
1963/64	8,98	Ø 9,86	+29	Ø 23.6.
1964/65	10,31		+36	
1965/66	5,63		+12	
1966/67	7,03		+51	
1967/68	7,20		+33	
1968/69	8,14	Ø 7,87	+37	Ø 6.7.
1969/70	8,16		+37	
1970/71	8,80		+24	
1971/72	9,12		+27	
1972/73	8,67		+33	
1973/74	9,97	Ø 8,66	+25	Ø 4.7.
1974/75	7,31		+50	
1975/76	8,23		+34	

Quelle: eigene Berechnungen nach:
P.W.D.,IRRIGATION BRANCH, TANJORE, unveröff. Zusammenstellung, Januar 1977

Tabelle XXIV

Bewässerungsflächenanteile im Tanjore Distrikt 1975/76

Region		Landkreis	Gesamt-fläche (1000ha)	Bewäss.-fläche (1000ha)	Anteil der Bewäss.-fläche (%)
ALTES DELTA	iAD	Papanasam	59,1	41,5	70,2
		Kumbakonam	54,9	33,6	61,2
	mAD	Shiyali	44,1	26,9	61,1
		Mayavaram	73,2	47,8	65,3
		Mannargudi	78,1	54,7	70,0
		Nannilam	75,3	56,3	74,7
		TOTAL	384,6	260,1	67,8
iAD			113,9	75,1	65,9
mAD			270,7	185,7	68,6
RAND-DELTA		Negapatam	62,2	40,4	64,4
		Tirutturaippundi	128,5	41,7	32,5
		TOTAL	190,7	81,7	42,8
NEUES DELTA		Pattukkottai	71,3	36,7	51,5
		Arantangi	-	-	-
		Orathanadu	58,2	39,2	67,4
		Peravurani	27,1	17,5	64,6
		TOTAL	156,5	93,4	59,7
DISTRIKT		TOTAL	819,8	480,5	58,6
		Tanjore	88,1	44,5	50,5

Quelle: COLLECTORS OFFICE, TANJORE, GENERAL STATISTICS, 1975/76

5.1.1.2 Phase der integrierten Entwicklungsplanung (Zukunft)

Trotz der insgesamt als positiv zu bewertenden Entwicklung der Bewässerung im Cauvery Delta sind noch eine Vielzahl von Bewässerungsproblemen zu lösen, wenn man eine Optimierung der Wassernutzung anstrebt. Diese Probleme, die alle Aspekte der Bewässerung und Entwässerung betreffen, wurden bereits früh erkannt und formuliert. ADICEAM (1) z.B. umreißt vier Hauptprobleme:

1. Mangelnde Eindämmung der Flüsse und Kanäle

    Das Gefälle des Cauvery Deltas ist so gering und die Flüsse haben infolge zunehmender Verschlammung ihre Betten so erhöht, daß immer wieder weitflächige Überschwemmungen auftreten, insbesondere am küstenwärtigen Deltarand.

2. Ungenügender Ausbau des Entwässerungsnetzes

    Die Entwässerungsprobleme haben ihre Ursache weitgehend ebenfalls im ungenügenden Gefälle. Als besonders hemmend für die Entwässerung erweisen sich zudem die alten Strandwälle an der Küste, die den Abfluß in das Meer behindern. Deshalb droht bei Hochwasser der ganze Deltabereich, der meist nur wenige Dezimeter über dem Meeresniveau liegt, weitflächig zu überschwemmen. Das Risiko ist im südöstlichen Deltabereich mit seinen hohen Niederschlagsmengen besonders groß. Die noch immer in großer Zahl vorhandenen schleusenlosen Steinwehre über vielen Entwässerungsläufen verschärfen das Problem.

3. Unzureichende Pflege der Bewässerungskanäle

    Das Bewässerungsnetz des Cauvery Deltas weist etwa 30.000 Kanäle aller Klassen mit einer Länge von insgesamt rund 20.000 km auf. Die Kanäle wurden in unterschiedlichen Epochen angelegt; die Mehrzahl ist schon mehrere Jahrhunderte, z.T. Jahrtausende alt. Das führt zu verschiedenen Problemen für die Bewässerungswirtschaft:
    a) Die Kapazität der Kanäle ist durch Verschlammung eingeschränkt.
    b) Die ursprüngliche Kapazität entspricht nicht mehr den Bedürfnissen der heute zu versorgenden Bewässerungsflächen und der zu bewässernden Feldfrüchte.
    c) Die alten für die Inundationsbewässerung bei Flutwasser konzipierten Kanäle sind für die moderne kontrollierte Bewässerung bei normalem Wasserstand nicht geeignet.

4. Landentwicklungsprobleme

    Für eine effiziente Nutzung des zur Verfügung stehenden Wassers bildet auch der schlechte Zustand einer großen Anzahl von Bewässerungsfeldern ein Hemmnis. Dies betrifft z.B. die Unebenheit der Feldflächen, nichtstandardisierte Feldgrößen, sowie fehlende Schleusenanlagen zur Wasserverteilung innerhalb des dörflichen Feldgrabensystems (2).

Diese komplexen Probleme veranlaßten die Bewässerungsbehörde, ein neues großangelegtes Modernisierungsprojekt zu konzipieren, das alle Aspekte der Be- und Entwässerung in **integrierter** Form in Angriff nehmen und in seinen Dimensionen alle bisherigen Bewässerung- und Entwässerungsmaßnahmen weit in den Schatten stellen sollte. Eine solche umfassende Modernisierung des Cauvery Deltas aber sollte etwa 120 Mill. Rupien erfordern (3), also das

---

(1) Adiceam, 1966, 399-401
(2) The Hindu, 27.7.1976

(3) Adiceam, 1966, 401

12-fache der Summe, die im dritten Fünfjahresplan für die Bewässerungsentwicklung vorgesehen war. Als das integrierte Modernisierungsprojekt für das Cauvery Delta 1969 endgültig formuliert wurde, ging man schon von Gesamtkosten in Höhe von 490 Mill. Rupien aus (1). Dieses Projekt konnte daher bis heute wegen fehlenden Kapitals nicht verwirklicht werden. Im Gegenteil scheinen etwa seit 1971 in Hinblick auf das geplante Modernisierungsvorhaben manche größere Maßnahmen am Bewässerungssystem zunächst zurückgestellt worden zu sein.

Das "Modernization of the Old Cauvery Delta System Project"

Die Notwendigkeit für die Modernisierung des Cauvery Delta Systems ergibt sich aus den geschilderten **Problemen** der Be- und Entwässerung. Hinzu kommen vielfach auch **Erfordernisse**, die neue, moderne Anbautechniken an ein Bewässerungssystem stellen, vor allem in Hinsicht auf die mengenmäßige und zeitliche Wasserverteilung. Dabei bestehen u.a. folgende Probleme:

1. Das bestehende Wasserverteilungssystem gewährleistet **zu Beginn** der Bewässerungssaison keine ausreichende Wasserversorgung.
2. Für den Deltarandbereich tritt vor allem infolge der Bewässerung von Feld zu Feld eine starke zeitliche **Verzögerung** der Wasserversorgung auf.
3. Neue Anbautechniken und neue Reissorten erfordern eine bessere **Regulierung** der Wasserzufuhr und eine höhere Wasserkapazität in Spitzenbedarfszeiten (1).

Außerdem besteht im Delta noch immer die Gefahr von Überflutungen. Das Grand Anicut kann überdurchschnittlichen Hochwasserfluten nicht widerstehen, wie die Fluten von 1896, 1911, 1912, 1913, 1924, 1956, 1959 und 1961 zeigten. Sie resultieren seit der Fertigstellung des Mettur Dammes vor allem aus übermäßigen herbstlichen und frühwinterlichen nordostmonsunalen Niederschlägen im Bereich des Cauvery-Unterlaufes.

Das Projekt ist über einen Zeitraum von 10 Jahren geplant und umfaßt drei Abschnitte. Folgende Maßnahmen sind dabei vorgesehen:

1. Modernisierung des Grand Anicut
2. Modernisierung des Lower Coleroon Anicut
3. Verbesserungsmaßnahmen an verschiedenen Hauptkanälen der Bewässerungssysteme von Cauvery und Vennar
4. Flußbegradigungen
5. Bau von Regulatoren
6. Verbesserungen an Zweigkanälen (A-class-channels)
7. Entwässerungsmaßnahmen
8. Straßenentwicklung (51 km Uferdammstraßen)
9. Grundwasserentwicklung (1000 neue Tubewells und 5000 neue Filter-Point Brunnen)
10. Landentwicklung (Einebnen und Neueindämmen von Bewässerungsland).

Das Modernisierungsprojekt umfaßt also **integrierte** Maßnahmen zur Verbesserung der Wasserversorgung und damit zur Erhöhung der landwirtschaftlichen Produktivität. Integration bedeutet in diesem Zusammenhang einerseits einen Prozeß, in dem die vorher teilweise selbständig nebeneinander bestehenden Bewässerungsanlagen zu einem zusammenhängenden System zusammengefaßt werden sollen. Integration meint andererseits, daß die vorher unabhängig

---

(1) Project Report, 1969, 3   (2) Project Report, 1969, 29

voneinander durchgeführten Maßnahmen zur Verbesserung der Be- und Entwässerung, der Oberflächen- und Grundwassererschließung, der kleinmaßstäbigen und großmaßstäbigen Eingriffe, der bewässerungstechnischen, landwirtschaftlichen und infrastrukturellen Entwicklungen in einem gemeinsamen Projekt zusammengefaßt werden sollen (1).

Der **Wasserhaushalt** des Cauvery Deltas soll durch das Modernisierungsprojekt folgendermaßen verändert werden:

	Vor-Projekt Zeit (Mrd. Kubikfuß = 28,4 Mill. m³)	Nach-Projekt Zeit (Mrd. Kubikfuß = 28,4 Mill. m³)
Oberflächenwasser		
A. **Wasserzufuhr**		
1. Zufluß	242	242
2. Niederschläge	88	88
	330	330
B. **Wasserverbrauch**		
1. Evapotranspiration durch Feldfrüchte	139	173
2. Nicht-nutzbare Evapotranspiration	20	4
3. Verdunstung von gefluteten Feldern	38	42
4. Wasserabluß in das Meer	50	50
	247	269
C. **Differenz** (entspricht dem Versickern in den Boden)	83	61
1. Davon Nutzung durch Brunnen	8	23

Quelle: Project Report, 1969, 48-50

5.1.2 Entwicklung der Landwirtschaft

5.1.2.1 Intensivierungsphase (ab 1947) und "Grüne Revolution" (ab 1960)

Bis etwa 1960 kam es nur zu recht geringen landwirtschaftlichen Fortschritten. Diese beruhten in erster Linie auf landwirtschaftlicher Demonstrationsarbeit. Die Landwirtschaftsbehörde konzentrierte sich dabei auf eine Förderung solcher Anbaupraktiken, durch die ohne großen Kapitaleinsatz, nur durch erhöhte Anstrengungen der Bauern, der Ertrag zu steigern war. Da als einer der Hauptgründe für den geringen Ertrag ein allgemeiner Mangel

---

(1) The Hindu, 26.7.1976

an Stickstoff im Boden diagnostiziert worden war (1), versuchte man besonders die **Gründüngung** großflächig zu steigern. Doch konnte nicht verhindert werden, daß die Flächenproduktivität weiter sank (Tabelle XXV).

Anfang der 60-er Jahre begann im Untersuchungsgebiet ein grundlegend neuer landwirtschaftlicher Entwicklungsabschnitt. Dieser ist im gesamtstaatlichen Rahmen zu sehen. Unter dem Eindruck einer sich drastisch verschärfenden Nahrungsmittelknappheit, und nicht ohne Druck ausländischer Geldgeber, insbesondere der USA, wollte die indische Regierung nun mit allen Mitteln moderner Agrartechnologie versuchen, die Getreideproduktion deutlich zu steigern. Die neue Strategie sollte zunächst unter dem "Intensive Agricultural Districts Programme" (IADP, siehe Kap. 5.2.1) in einigen Versuchsdistrikten erprobt werden. Einer von ihnen war der Distrikt Tanjore, dem die Landwirtschaftsbehörde seit 1960/61 die ganze Palette biologischer, chemischer und technischer Neuerungen für den Reisbau zur Verfügung stellte. Dieses Programm markiert den Beginn der "Grünen Revolution" im Cauvery Delta. Im folgenden sollen ihre wichtigsten Elemente und Resultate am Beispiel des Untersuchungsgebietes aufgezeigt werden.

1. Doppelanbau

Eine der markantesten Veränderungen der Landwirtschaft von Tanjore unter dem vom IADP eingeführten "Double Cropping Programme" war die starke Erhöhung des **Doppelanbaus** von durchschnittlich 97.800 ha 1961-65 auf durchschnittlich 179.000 ha 1971-75. Eine solche Ausweitung war jedoch nur unter verschiedenen Voraussetzungen möglich. Zunächst ist die benötigte absolute Wassermenge bei einer längeren Anbauperiode naturgemäß größer. Außerdem muß auch die jahreszeitliche Wasserversorgung den besonderen Bedürfnissen des Doppelanbaus angemessen sein. Besonders wichtig für einen gesicherten Doppelanbau von Naßreis sind dabei ein frühzeitiger Beginn der Bewässerung, eine kontinuierliche und ausreichende Wasserzufuhr während der beiden Anbauperioden und eine ausreichend lange andauernde Wasserversorgung, um auch die zweite Naßreisfrucht zur Reife zu bringen.

Entsprechend galt die Aufmerksamkeit unter dem "Double Cropping Programme" vor allem einer **Verbesserung und Sicherung der Be- und Entwässerung** im Cauvery Delta. Neben einer Modernisierung des gesamten Deltabewässerungssystems (Kap. 5.1.1.1) konzentrierte man sich besonders auf eine systematische Vermehrung von flachen, elektrisch oder mit Dieselmotoren betriebenen Rohrbrunnen, der sogenannten **"Filter-Point" Brunnen**. Die umfassende Einführung solcher mechanisierter Rohrbrunnen stellt seitdem die wohl **bedeutsamste agrartechnische Neuerung** im Untersuchungsgebiet dar. Nur mit Hilfe von Filter-Point Brunnen konnte sich die markante Ausdehnung des Doppelanbaus von Naßreis großflächig vollziehen, und nur der Besitz einer solchen Brunnenanlage ermöglichte es dem Bauern, die größtmöglichen Erträge aus allen neuen Agrartechniken zu erzielen. Diese Brunnen erlauben es den Bauern nämlich, ihre Saatbeete schon einzurichten, **bevor** Wasser aus dem Mettur Reservoir zur Verfügung steht. Das ist eine entscheidende Voraussetzung für doppelten Naßreisanbau, weil dadurch die Anbauperiode um mehrere Wochen verlängert werden kann. Auch **zu Ende der Bewässerungsperiode**, wenn die Kanalbewässerung oft nicht mehr ausreicht, läßt sich die zweite Reisernte durch den Einsatz der Rohrbrunnenbewässerung problemlos sichern. Als ein dritter großer Vorteil der sich im Cauvery Delta entwickeln-

---

(1) Rajapogal, 1942, 243

Tabelle XXV

Durchschnittliche Reisproduktion und -produktivität und ihre Variabilität in der bewässerungslandwirtschaftlichen Intensivierungsphase im Tanjore Distrikt (seit 1947)

Fünfjahres-zeitraum	Durchschnittliche Reisproduktion (1000 Tonnen)	Durchschnittliche Flächenproduktivität (kg/ha)
1947-1951	902,9	1686
1952-1956	847,0	1574
1957-1960	860,0	1475
1961-1965	957,5	1585
1966-1970	1002,8	1587
1971-1973	1288,0	2054
	Minimale und maximale Abweichung (%)	Minimale und maximale Abweichung (%)
1947-1951	min. - 7,5 max. + 3,1	min. - 3,6 max. + 6,6
1952-1956	min. -22,9 max. +17,8	min. -26,1 max. +19,4
1957-1960	min. - 7,2 max. + 4,8	min. - 8,9 max. + 5,9
1961-1965	min. - 7,2 max. + 8,6	min. - 7,1 max. + 9,0
1966- 1970	min. -14,3 max. +11,8	min. -10,0 max. +12,5
1971-1973	min. - 4,8 max. + 4,2	min. - 3,0 max. + 2,2

Quellen: eigene Berechnungen nach:
        1947-1953: UNIVERSITY OF MADRAS, AERC, 1961, 163
        1956-1973: SEASON AND CROP REPORTS, 1956/57 bis 1973/74
        1954-1955: keine Daten

den modernen Brunnenbewässerung kommt hinzu, daß für die Reisfelder mit Hilfe von Grundwasser in allen wichtigen Wachstumsstadien eine mengenmäßig optimale, **gleichmäßige Wasserversorgung** zu sichern ist.

2. Die Züchtung und Verbreitung neuen hochertragreichen Saatguts kurzer Reifezeit

Im Untersuchungsgebiet wurde im Zusammenhang mit dem IADP ein eigenes **"High Yielding Varieties Programme"** eingerichtet (1). Ziel dieses Programms war es, die lokalen, meist hochwüchsigen und breitblättrigen Reissorten, die ohne große Pflege zwar sichere, aber geringe Erträge brachten, durch moderne, sehr ertragreiche, aber auch pflegeintensive Reissorten zu ersetzen. Diese wurden z.T. aus dem Ausland importiert (vor allem aus dem Internationalen Reisforschungsinstitut von Manila), weitgehend aber auch in den staatlichen indischen **Reisforschungsanstalten** wie Aduthurai im Cauvery Delta (nahe Kumbakonam) gezüchtet.

Das besondere Augenmerk liegt bis heute auf einer möglichst engen Verbindung von Forschung, Verbreitung und Adoption, um die Zeitlücke zwischen der Züchtung einer neuen Sorte und ihrer endgültigen Adoption durch den Bauern klein zu halten (2). Unter dem **"Seed Certification Scheme"** werden die von den landwirtschaftlichen Forschungsstationen entwickelten "breeder seeds" zunächst an ausgewählte "A-class state seed farms" weitergegeben, wo die sogenannten "foundation seeds" erzeugt werden. Von dort geht die "foundation seed" an eine der neun "B-class state seed farms" des Distrikts, die die "certified seeds" produzieren. Die "certified seeds" werden dann zur "processing unit" nach Tiruvalur geschickt und dort behandelt. Nachdem dann Saatproben vom "International Seed Testing Laboratory" in Coimbatore untersucht worden sind, werden die neuen Reissorten über "agricultural depots" und "agricultural subdepots" an die Bauern verteilt (3). Daß dieses System im Untersuchungsgebiet gut funktionierte, belegt Tabelle XXVI.

Den **schnellreifenden** unter den neuen Reissorten kommt im Cauvery Delta eine besondere Bedeutung zu, weil erst die kurzen Anbauzeiten dieser Sorten in Kombination mit einer zweiten Reisfrucht mittlerer Dauer auch in solchen Gebieten einen Doppelanbau von Reis ermöglichen, die nicht unmittelbar bei den ersten Flutwassern mit dem Anbau beginnen können. Zum Durchbruch aber verhalf den schnellreifenden hochertragreichen Reissorten erst die Varietät ADT 27, die in Aduthurai gezüchtet und 1967 eingeführt wurde (4). Ihre Reifezeit beträgt nur 105 Tage. Etwa ab 1970 gewann die Sorte Karuna immer mehr an Bedeutung als erste Frucht beim Doppelanbau (5). Reissorten **mittlerer Reifezeit** werden gewöhnlich nach der Kuruvai-Frucht als zweite Reisfrucht angebaut und als Thaladi bezeichnet. Die gebräuchlichste Sorte im Untersuchungsgebiet ist die in Coimbatore gezüchtete CO 25 mit 165 Tagen Reifezeit. Speziell für **Tiefwasserbedingungen** wurde die Sorte TNR 1 gezüchtet, die 140 Tage bis zur Reife braucht, besonders hohe Halme entwickelt und im Cauvery Delta in Überschwemmungsgebieten, etwa in der Gegend von Talanayar, angebaut wird (6).

---

(1) Progress Report, IADP, Tanjore, 1972, 22
(2) Directorate of Agriculture, Madras, Febr. 1976, 6
(3) Auskunft District Agricultural Officer, Tirutturaippundi, 11.8.1976
(4) Etienne, 1968, 229
(5) Project Report, 1969, 7; Progress Report, IADP, Tanjore, 1975/76, 22
(6) Project Report, 1969, 7

Tabelle XXVI

Ausbreitung hochertragreicher Reissorten und Saatgutverteilung unter dem High Yielding Varieties Programme im Tanjore Distrikt (seit 1960)

Jahr	Reisfläche des Distrikts (1000 ha)	Fläche unter HYVs	Anteil der Reisfläche unter HYVs (%)
1966/67	608	43	7,1
1968/69	646	229	35,4
1969/70	678	521	76,8
1970/71	676	564	83,4
1971/72	677	629	92,9
1972/73	678	621	91,6
1973/74	684	650	95,0
1974/75	628	587	93,5
1975/76	632	598	94,6

Quellen: 1966/67:   DIRECTORATE OF AGRICULTURE, MADRAS, FEBR.1976
ab 1968/69:PROGRESS REPORT, IADP, TANJORE, 1975/76, 22

Jahr	Menge des verteilten Saatgutes (Tonnen)
1960/61	759
1961/62	1271
1962/63	1797
1963/64	4628
1964/65	8100
1965/66	9859
1966/67	7691
1967/68	11248
1968/69	7898
1969/70	5923
1970/71	3732
1971/72	3806
1972/73	3608
1973/74	3938
1974/75	2149
1975/76	2019

Quelle: PROGRESS REPORT, IADP, TANJORE, 1975/76, 29

Außer einer gegenüber den alten lokalen Sorten deutlich erhöhten Flächenproduktivität erbringen die neuen hochertragreichen Reissorten, insbesondere die Kuruvai-Frucht, eine gute **Qualität** der Ernte (1). Bauern, die traditionell nur eine Frucht kultivierten, nämlich Samba ab August oder September, wechselten deshalb vor allem im oberen Deltabereich oft zu einem frühen Kuruvai-Anbau mit ADT 27 über und lassen es offen, ob sie danach noch eine zweite Thaladi-Frucht anbauen, was sie von den Wasserversorgungsbedingungen abhängig machen (2).

3. Verbesserung der Düngemöglichkeiten

Als dritte Maßnahme zur agraren Ertragssteigerung strebte man unter dem IADP eine Verbesserung der Düngemöglichkeiten an. Um einen optimalen Düngereinsatz zu gewährleisten, wurden zunächst umfangreiche **Bodenuntersuchungen** unter dem "Soil Survey Scheme" (3) durchgeführt. Seit 1971/72 gibt es ein eigenes Programm, das "Soil Fertility Evaluation Trial Scheme", unter dem speziell die Anwendungsmöglichkeiten von chemischen Düngemitteln erprobt wurden (4).

Düngemittel werden den Bauern vorwiegend durch Kooperativen, aber auch durch private Händler zugänglich gemacht. 1973 gab es 528 "village primary cooperative societies", die als Verteilungspunkt für Düngemittel fungierten. Auch der Privathandel richtete immer mehr Stützpunkte für den Verkauf von chemischem Dünger ein (5). Zwischen 1960 und 1975 stieg der Einsatz von Ammoniumsulphat im Untersuchungsgebiet von 1.750 auf 20.750 Tonnen, von Superphosphat von 1.360 auf 8.900 und von Pottasche von 6 auf 1.830 Tonnen (6).

4. Verstärkung der Schädlingsbekämpfung

Als vierte Maßnahme wurde eine bessere Schädlingsbekämpfung angestrebt. Pestizide werden seitdem über staatliche landwirtschaftliche Depots unter Ausschaltung des privaten Handels verteilt. Dort erhält der Bauer auch die nötige Ausrüstung wie Sprühvorrichtungen etc.. Die Menge der verteilten Pestizide stieg zwischen 1960 und 1975 von 271 auf 17.037 Tonnen (7).

5. Mechanisierung

Die Mechanisierung der Landwirtschaft wurde unter dem IADP nicht so umfassend vorangetrieben wie die vier vorher beschriebenen Maßnahmen: zwar richtete man in Tiruvalur eine staatliche Traktorenwerkstatt ein, doch beschränken die kleinen Felder und die zahllosen Kanäle den Einsatz von Traktoren im Deltabereich erheblich (8). Daher wurde mit 16.400 ha 1975/76 nur ein Bruchteil der Anbaufläche maschinell bearbeitet.

---

(1) Project Report, 1969, 59
(2) Project Report, 1969, 59
(3) Progress Report, IADP, Tanjore, 1975/76, 3
(4) Progress Report, IADP, Tanjore, 1975/76, 2
(5) Progress Report, IADP, Tanjore, 1975/76, 4
(6) Progress Report, IADP, Tanjore, 1975/76, 30
(7) Progress Report, IADP, Tanjore, 1975/76, 36
(8) Gopalakrishnan, 1972, 33 f.

6. Wirkungen

Tabelle XXVII zeigt für den Zeitraum von 1957 bis 1975 sowohl für die Reisanbauflächen wie für den Doppelanbau den Grad der jährlichen Schwankungen. Besonders hoch waren die Schwankungen beim Doppelanbau von Naßreis. Eine abnehmende und weniger gesicherte Wasserversorgung schlägt sich also besonders beim doppelten Bewässerungsfeldbau nieder. Hier konnten, wie z.B. 1971-1975, im Fünfjahresdurchschnitt Abweichungen vom Mittel von fast 50 % auftreten, während die Abweichungen vom Mittel bei den Nettoanbauflächen gleichzeitig Werte von unter 5 % aufwiesen (1). Es zeigt sich also, daß die zusätzliche Nutzung von Grundwasser noch keineswegs so weit fortgeschritten ist, daß Anbaurisiken beim Doppelanbau wirklich ausgeschlossen werden können.

Die Angaben über die durchschnittlichen **Reisproduktionsmengen** (Tabelle XXV) machen deutlich, daß die landwirtschaftliche Produktion zunächst fiel, ab 1966 aber einen markanten Aufschwung nahm. Wegen des hohen und anhaltenden Anstiegs in Produktion und Produktivität erscheint es daher angemessen, diesen Zeitabschnitt als **Intensivierungsphase** zu bezeichnen.

Bei den jährlichen Schwankungen von Reisproduktion und Flächenproduktivität (Tabelle XXV) wird deutlich, daß die größten Abweichungen im Fünfjahresdurchschnitt 1952-56 und, in geringerem Maße, in den Trockenjahren 1966-70 zu verzeichnen sind. Besonders geringe Jahresschwankungen traten dagegen 1971-75 auf. Starke oder geringe Abweichungen der Produktion bzw. Flächenproduktivität waren also unabhängig von der absoluten Durchschnittshöhe der Erträge. Starke Abweichungen vom Durchschnitt kamen nämlich z.B. 1966-70 in Zeiten hoher wie auch 1952-56 in Zeiten geringen Produktion vor. Auch die Angaben über die jährlichen und jahreszeitlichen Niederschläge sowie über die jährliche Wasserversorgung des Deltas (2) (Abb. 8) zeigen keinen direkten Zusammenhang mit den Produktionsschwankungen. Vielmehr sind es meist wenige Tage zu hoher Niederschläge mit dadurch verursachten Überflutungen oder wenige Wochen zu geringer Niederschläge bzw. Wasserversorgung, die, treten sie in landwirtschaftlich besonders entscheidenden Stadien auf, Mißernten verursachen können; eine insgesamt gleichmäßige und ausreichende Wasserversorgung während der wichtigsten Wachstumsphasen kann dagegen trotz unterdurchschnittlich hoher jährlicher und jahreszeitlicher Niederschlags- und Wassermengen, wie z.B. 1968/69, zu Rekordernten führen.

Die **räumliche Differenzierung** des Anbaus in der Intensivierungsphase (Abb. 9f) zeigt wiederum das Phänomen von zunehmendem Hülsenfrüchteanbau bei steigender Bewässerungsintensität (Tabelle XV). Außerdem wird im Neuen Delta der Trend zu einem erhöhten Marktfrüchteanbau deutlich.

5.1.2.2 Agrarwirtschaftliche Probleme und Perspektiven

Es kann kein Zweifel daran bestehen, daß die Maßnahmen der "Grünen Revolution" die landwirtschaftliche Entwicklung des Tanjore Distrikts stark gefördert und die Anbaupraktiken vielfältig umgeformt haben. Einige Maßnahmen konnten jedoch bisher noch nicht erfolgreich durchgeführt werden, wie z.B. eine wirkliche **Sicherung der Kanalbewässerung**, eine überall **gleich-**

---

(1) Progress Report, IADP, Tanjore, 1975/76
(2) Directorate of Economics and Statistics, Crop Weather Studies Bulletin, No. 2, 1971; P.W.D., Irrigation Branch, Tanjore, 1977

Tabelle XXVII

Durchschnittliche Reisanbauflächen und ihre Variabilität in der bewässerungslandwirtschaftlichen Intensivierungsphase im Tanjore Distrikt (seit 1947)

Fünfjahres-zeitraum	Durchschnittliche Reisanbauflächen brutto (1000 ha)	Durchschnittliche Doppelanbauflächen von Reis (1000 ha)
1947-1951	ca. 535,2	n.v.
1952-1956	ca. 538,0	n.v.
1957-1960	583,7	88,2
1961-1965	604,9	97,8
1966-1970	631,4	123,7
1971-1975	627,7	179,0
	Minimale und maximale Abweichung (%)	Minimale und maximale Abweichung (%)
1957-1960	min. -2,5 max. +2,5	min. -12,8 max. +10,5
1961-1965	min. -1,9 max. +1,0	min. - 6,9 max. + 7,1
1966-1970	min. -3,8 max. +2,9	min. -21,9 max. +14,9
1971-1975	min. -4,9 max. +4,7	min. -26,7 max. +46,2

Quellen: eigene Berechnungen nach:

        1947-1973: SEASON AND CROP REPORTS, außer
        1949:   UNIVERSITY OF MADRAS, AERC, 1961, 175
        1950:   BALIGA, 1957, 158
        1974-1975: PROGRESS REPORT, IADP, TANJORE, 1975/76, 20

zeitige Bewässerung im gesamten Deltasystem und ein allgemein akzeptierter
und praktikabler Anbauplan für die zeitliche Durchführung und räumliche
Lokalisation des doppelten Reisanbaus.

Wie wenig gesichert die Kanalbewässerung tatsächlich ist, zeigte das Dürrejahr 1976/77. Wegen des niedrigen Wasserstandes im Mettur-Reservoir, eine
Folge ausbleibender Niederschläge aus den Mangoschauern und dem Südwestmonsun, verzögerte sich der Beginn der Bewässerung um mehr als 50 Tage
gegenüber dem üblichen Termin. Gleichzeitig entbrannte ein heftiger Streit
über die Aufteilung des Cauvery Wassers zwischen den Gliedstaaten Kerala,
Karnataka und Tamilnadu (1) (Kap. 5.1.1). Wenn die Bauern sich entschieden, noch eine Kuruvai-Frucht anzubauen, so bestand die Gefahr, daß die
Ernteperiode mit den schweren Herbstniederschlägen zusammenfiel oder daß
aus Zeitmangel kein zweiter Anbau mehr möglich sein würde. Dennoch entschlossen sich vor allem Kleinbauern zum Anbau von Kuruvai-Reis (2). Auch
in Gebieten mit elektrisch betriebenen Filter-Point Brunnen war die Situation
der Bauern, die solche Anlagen besaßen, problematisch, da gleichzeitig mit
dem niedrigen Wasserstand im Mettur-Stausee die hydroelektrische Stromerzeugung gedrosselt und damit die Stromversorgung stark eingeschränkt war.
Außerdem ergaben sich für die wenigen inselhaft verstreuten frühen Saatbeete besondere Gefahren durch Pflanzenkrankheiten (3).

Auch nach Einsetzen der Wasserversorgung aber war 1976/77 keine gleichmäßige Versorgung des gesamten Deltas möglich. Erstmals seit Einweihung
des Cauvery-Mettur-Systems mußte daher vom Beginn der Bewässerungsperiode
an das sogenannte "morai"-System, das sonst nur für die Untersysteme üblich war, eingesetzt werden, bei dem immer abwechselnd eines der drei
Hauptsysteme des Deltas einige Tage lang Wasser erhält. Im Sommer 1976 war
die Wasserversorgung so ungenügend, daß nur das Cauvery- und das Vennar-System im Wechsel jeweils fünf Tage lang mit Wasser versorgt wurden
und das System des Grand Anicut Kanals für die erste Anbauperiode überhaupt kein Wasser erhielt (4). Im Landkreis Pattukkottai konnten daher nur
11,6 % der Vorjahresflächen mit Kuruvai-Reis bestellt werden (Tabelle XXVIII).
An diesem Beispiel wird deutlich, daß die Landwirtschaft von Tanjore trotz
aller Entwicklungsmaßnahmen noch immer ein **"gamble with the monsoon"**,
also ein Glücksspiel ist (5).

Die Probleme, die die katastrophale Wasserknappheit von 1976/77 für die
Agrarwirtschaft von Tanjore verursachte, waren allerdings räumlich sehr
differenziert (Tabelle XXVIII). Im Inneren des Alten Deltas wirkte sich die
schlechte Kanalwasserversorgung wegen der vielen Rohrbrunnen und auch
wegen der überproportionalen Aneignung von Kanalwasser im oberen Deltabereich am geringsten aus, während das mittlere Alte Delta und das Randdelta stark in Mitleidenschaft gezogen wurden. Die Bewässerungslandwirtschaft
im Neuen Delta brach nahezu zusammen. Hier wurde deshalb in großem Umfang wieder Trockenreis angebaut, so wie es vor dem Bau des Grand Anicut
Kanals üblich gewesen war.

Außer einer ungenügenden Sicherung vor Wasserknappheit ist noch immer
eine deutliche **zeitliche Verzögerung** in der Wasserversorgung des oberen und
des unteren Deltas festzustellen (6). Der Hauptgrund ist die weiterhin vor-

---

(1) The Hindu, 28.8.1976
(2) Indian Express, 22.7.1976
(3) Indian Express, 22.7.1976

(4) Indian Express, 25.7.1976
(5) Indian Express, 28.7.1976
(6) Project Report, 1969, 53

Tabelle XXVIII

Anbauverhältnisse beim Naßreis in einem Jahr extremer Wasserversorgungsprobleme in den landwirtschaftlichen Bezirken des Tanjore Distrikts (1976/77) (Stand: 31.12.1976)

Landwirtschaft-licher Bezirk	K U R U V A I		S A M B A		T H A L A D I	
	Saatbeet (1000ha)	Anbau-fläche (1000ha)	% von 1975/76	Saatbeet (1000ha)	Anbau-fläche (1000ha)	% von 1975/76	Saatbeet (1000ha)	Anbau-fläche (1000ha)	% von 1975/76
Mayavaram	3,7	27,2	78,2	5,0	48,1	63,3	2,2	18,8	59,4
Mannargudi	2,0	15,8	50,5	7,0	74,7	78,0	1,1	10,7	44,6
Negapatam	3,1	25,0	79,6	6,8	66,8	84,4	3,5	9,7	42,5
Kumbakonam	3,4	30,4	83,4	4,3	37,1	110,1	2,1	24,0	69,7
Tanjore	2,4	14,8	49,0	1,4	14,4	37,5	0,6	5,8	27,3
Pattukkottai	0,5	2,2	11,6	0,3	7,8	11,8	0,1	8,2	28,8
TOTAL	15,1	115,4	63,1	24,8	248,9	63,9	9,6	70,0	47,7

Quelle: P.W.D., IRRIGATION BRANCH, TANJORE, CULTIVATION STATISTICS PARTICULARS, 31.12.1976

herrschende Feld-zu-Feld Bewässerung. Die unzureichende und späte Wasserversorgung des Randdeltas schränkt hier die Möglichkeit, zwei Reisernten im Jahr einzubringen, stark ein (Tabelle XV).

Die noch immer zu geringe, unzureichend gesicherte und mangelhaft kontrollierte Wasserversorgung macht auch einen durchgehenden Zeitplan für den Reisanbau im Tanjore Distrikt unmöglich. Auch ist es noch nicht gelungen, größere zusammenhängende Blöcke mit Doppelanbau von solchen mit Einfachanbau abzugrenzen, wodurch die Bewässerung wirtschaftlicher und effektiver, der Anbau bodenschonender und der Ertrag gesteigert werden könnten.

Von allen landwirtschaftlichen und technischen Elementen der "Grünen Revolution" ist im Untersuchungsgebiet die **Bewässerung** nach wie vor **der begrenzende Faktor**. Insgesamt liegt daher der Schwerpunkt der Zukunftsplanung auf der **Modernisierung des Deltabewässerungssystems** unter besonderer Berücksichtigung der **Grundwassererschließung**. Das Hauptziel des Modernisierungsprojekts ist es, die Doppelanbaufläche von Naßreis auf 240.000 ha allein innerhalb des Cauvery Deltas zu vergrößern (Tabelle XXIX). Die Wasserzufuhr soll so gestaltet werden, daß diese Flächen zonalisiert und von denen mit Einfachanbau abgegrenzt werden können (1). Auch den Anbau von Hülsenfrüchten im Anschluß an Naßreiskultivierung will man weiter steigern. Die vorher flutgefährdeten Gebiete sollen geschützt und neben Reis zusätzlich mit Hirse bebaut werden. Neu im Anbauprogramm sind Baumwolle nach Naßreis sowie Cholam-Hirse und Zuckerrohr.

Der Schwergewicht der Planung liegt eindeutig auf einer **Steigerung der Nahrungsmittelproduktion**: man geht davon aus, daß durch bessere Landentwicklung und Bewässerung bei der Samba-Frucht und bei der Kuruvai-Frucht eine Steigerung des Hektarertrags um jeweils etwa 625 kg und bei der Thaladi-Frucht um etwa 750 kg zu erreichen ist. Dadurch soll die Samba-Ernte zusätzlich 412.500 Tonnen, die Kuruvai-Ernte zusätzlich 168.000 Tonnen und die Thaladi-Ernte zusätzlich 121.800 Tonnen liefern. Die Erhöhung des doppelten Reisanbaus wird etwa weitere 400.000 Tonnen erbringen (2). Bei den Trockenfrüchten erstrebt man einen Produktionszuwachs von jeweils 100.000 Tonnen bei Blackgram und Greengram sowie 50.000 Tonnen beim Erdnußanbau (3). Die Perspektive der Zukunft ist also eine **gesteigerte Intensivierung**.

5.1.2.3 Regionen des Bewässerungsfeldbaus

Mit Hilfe der einleitend (Kap. 2.3) erarbeiteten Prinzipien und Kriterien sollen abschließend aktueller Stand und räumliche Gliederung des Bewässerungsfeldbaus im Untersuchungsgebiet zusammengefaßt werden.

Das **Alte Delta** ist mit ca. 70 % an der Bewässerungsfläche die bedeutendste und flächenmäßig umfangreichste Region des Bewässerungsfeldbaus (Abb. 1). Dies ist der Bereich traditioneller Kanalbewässerung im Aufschüttungsbereich des Cauvery und seiner sich verzweigenden Deltamündungsarme. Der Anteil der Bewässerungsfläche an der Gesamtfläche liegt hier zwischen 60 und 80 %. An Brunnenbewässerung finden sich vor allem im oberen westlichen Bereich des Alten Deltas in großer Zahl Rohrbrunnen, die die Bodenwasservorräte in geringer Tiefe nutzen. Die Bewässerungsintensität (die den Prozentsatz des Ackerlandes angibt, das mehr als eine bewässerte Ernte im Jahr trägt) nimmt von

---

(1) Project Report, 1969, 53
(2) Indian Express, 28.7.1976

(3) Indian Express, 28.7.1976

Tabelle XXIX

Plan der Anbauverhältnisse im Cauvery Delta System nach Durchführung des integrierten Modernisierungsprojekts (Zukunft)

Anbauform (Fruchtfolge in einem Jahr)	Augenblickliche Fläche (1000 ha)	Anbauform (Fruchtfolge in einem Jahr)	Geplante Fläche (1000 ha)
Samba CO25 -	206,0 -	Samba CO25 -	52,0 -
Samba CO25 + Hülsenfrüchte	32,0 32,0	Samba CO25 + Hülsenfrüchte	40,0 32,0
Kuruvai ADT27 + Thaladi CO25	100,0 100,0	Kuruvai ADT27 + Thaladi CO25	128,0 128,0
Samba CO25 + Mais	2,0 2,0	Kuruvai ADT27 + Thaladi CO25	100,0 100,0
Zuckerrohr -	4,0 -	Samba CO25 + Baumwolle PPS72	6,0
Samba CO25 (flutgefährdet)	16,0 -	Samba CO25 + Cholam	4,0 4,0
nil. -	- -	Samba CO25 Mais	6,0 6,0
nil. -	- -	Kuruvai ADT27 Thaladi IR5	12,0 12,0
nil. -	- -	Cholam Zuckerrohr	12,0 12,0
GESAMTFLÄCHE (netto) GESAMTFLÄCHE (brutto)	360,0 494,0		360,0 654,0

Quelle: PROJECT REPORT, 1969, 60

Nordwesten nach Südosten regelhaft ab und beträgt im Nordwesten zwischen 140 und 160 %, im Süden zwischen 120 und 140 % und äußersten Südosten unter 120 %. Der Anbau besteht durchweg aus Naßreis in Monokultur.

Das Alte Delta ist die Bewässerungsregion mit dem intensivsten Naßreisanbau. In aller Regel werden jährlich zwei Naßreisernten eingebracht, und vielfach schließt sich noch eine dritte, auf Bodenfeuchte beruhende Hülsenfrüchteernte in der Trockenzeit an. Das Alte Delta ist somit die agrarische **Kernregion** des Distrikts.

Das **Randdelta** weist nur etwa 10 % der Bewässerungsfläche auf und umfaßt die küstennahen Teile des Cauvery Deltas (Abb. 1). Aufgrund der spezifischen Ausprägung einzelner Bewässerungsphasen und der damit verbundenen typischen Anbauformen und Probleme des Bewässerungsfeldbaus bildet das Randdelta eine gesonderte Agrarregion innerhalb des Deltas. Grenzlinie gegen das Alte Delta ist etwa die 20-Fuß Isohypse. Im Randdelta ist der Anteil der Bewässerungsfläche an der Gesamtfläche räumlich sehr differenziert, im Durchschnitt aber deutlich niedriger als im Alten Delta. Die Bewässerungsintensität ist überall sehr viel geringer als im Alten Delta und liegt i.d.R. unter 120 %. Allgemein kann also nur eine Naßreisernte im Jahr erzielt werden. Wie im Alten Delta dominiert der Naßreisanbau in Monokultur, im Süden verbunden mit Trockenreisanbau (Reisanbau auf Regenfall), der im äußersten Südosten sogar überwiegt. Der anschließende, auf Bodenfeuchte beruhende trockenzeitliche Anbau von Hülsenfrüchten ist starken jährlichen Schwankungen unterworfen.

Die zeitliche Verzögerung des Anbaus, die unzureichende Wasserversorgung in Zeiten mit Spitzenbedarf, die Notwendigkeit mehrfacher Wasserhebungsvorgänge, die Probleme der Entwässerung und die dadurch verursachten Versumpfungs- und Versalzungserscheinungen prägen die für das Bewässerungs- und Anbausystem des Randdeltas typischen Merkmale. Die landwirtschaftliche Produktivität dieser Region ist im Vergleich zum Alten Delta deutlich geringer, die Schwankungen im Ertrag sind bedeutend höher. Das Randdelta ist innerhalb des Untersuchungsgebietes eine **periphere Agrarregion**.

Die Bewässerungsregion des **Neuen Deltas** ist mit etwa 19 % an Fläche die zweitgrößte nach dem Alten Delta. Ihre Grenzen sind nach Westen gegen die Deltaumrahmung der Grand Anicut Kanal und nach Osten gegen das Alte Delta der Pamaniyar Kanal (Abb. 1). Im Neuen Delta hatte die Bewässerungsfläche 1970/71 einen durchschnittlichen Anteil von 39 % an der Gesamtfläche und liegt damit deutlich niedriger als im Alten Delta. Die Bewässerungsintensität ist mit Werten zwischen 120 und 140 % ebenfalls geringer als im Alten Delta, jedoch deutlich höher als im Randdelta. Im Neuen Delta ist Naßreis die erstrangige Frucht; Naßreis tritt in Pattukkottai als Monokultur auf und wird sonst von Hirsen und Ölfrüchten ergänzt.

Das Bewässerungssystem dieser Region ist dadurch gekennzeichnet, daß Stauwehre zur Wasserhebung fehlen, daß eine oder mehrere zusätzliche "Akkumulationsphasen" (Stauteiche) eingeschaltet sind und daß die Bewässerungsfluren gewöhnlich direkt in die Bewässerungskanäle entwässern. Insgesamt ist das Bewässerungssystem des Neuen Deltas durch die Kombination mehrerer unterschiedlich alter Bewässerungssysteme mit unterschiedlichen Bewässerungsanlagen geprägt. Das Neue Delta ist somit als ein Raum anzusprechen, der sich im Laufe der letzten 50 Jahre von einer ausgesprochen **peripheren Agrarregion** zu einer zweiten **Kernregion** des Untersuchungsgebietes entwickelte.

Die **Deltaumrahmung** umfaßt die westlich und südlich des Grand Anicut Kanals gelegenen Stauteichbewässerungsgebiete (Abb. 1). Nur etwa 1 % der bewässerten Fläche des Distrikts liegen in dieser Region. Der Anteil der Bewässerungsfläche an der Gesamtfläche liegt i.d.R. unter 40 %, die Bewässerungsintensität unter 120 %. Das sind die niedrigsten Werte unter allen vier Bewässerungsregionen. Das Anbaumuster wird auch hier allgemein vom Naßreisanbau geprägt, der im nördlichen Bereich der Deltaumrahmung mit Hirsen, im südlichen Bereich mit Ölfrüchten kombiniert ist.

Es handelt sich bei der Deltaumrahmung nicht um ein einziges großes zusammenhängendes Bewässerungssystem wie in den anderen Bewässerungsregionen, sondern um eine Anzahl von lokalen, in sich abgeschlossenen und unabhängig voneinander funktionierenden Kleinsystemen. Allein im äußersten Norden der Region versorgen der Uyakondan Kanal und der New Kattalai High Level Kanal eine Anzahl von Stauteichen mit Wasser aus dem Cauvery und verbinden einzelne Stauteiche zu einem zusammenhängenden System. Hier wird jedoch i.d.R. nicht direkt aus den Kanälen bewässert wie im Neuen Delta.

Die Größe der Anbauflächen in der Deltaumrahmung schwankt von Jahr zu Jahr, da sie von den stark variierenden lokalen Niederschlägen abhängig ist. Aus dem gleichen Grund ist es außerdem nicht möglich, mit Hilfe der traditionellen Stauteichbewässerung die neuen hochertragreichen Reissorten anzubauen. Die Deltaumrahmung ist daher die Region geringster Produktivität und größter Ertragsschwankungen innerhalb des Untersuchungsgebietes. Sie stellt somit neben der Deltarandregion eine zweite **periphere Agrarregion** dar.

5.2 Polit-ökonomische Voraussetzungen und Hintergründe der postkolonialen Agrarentwicklung

5.2.1 Staatliche Organisation des Agrarsektors als Voraussetzung der Agrarentwicklung

Bereits in den letzten Jahren der britischen Kolonialzeit wurden in Indien die Weichen für eine anschließende **planwirtschaftliche Entwicklung** des Landes gestellt. 1944 wurde das "Planning Development Board" gegründet, 1946 schufen die Briten das "Advisory Planning Board", und 1950 wurde die heute noch bestehende "National Planning Commission" geschaffen, die die zentrale Planungsbehörde des Landes darstellt (1). Indiens Planung beruht auf **Fünfjahresplänen**, die in enger Zusammenarbeit zwischen der zentralen Planungskommission, den Zentralministerien, den Regierungen der Gliedstaaten, der Administration der Distrikte sowie den "Community Development Blocks" entstehen. Alle genannten Ebenen der Verwaltung können ihre eigenen Beiträge zu den vorgegebenen Zielsetzungen des zentralen Planungsentwurfs beisteuern (2).

Die zentrale Planung Indiens gilt insbesondere auch dem Bewässerungswesen und der Landwirtschaft, denen seit dem Dritten Fünfjahresplan (1961/62 - 1965/66) sogar höchste Priorität eingeräumt wird (3). Dabei kommt den umfassenden **Agrarentwicklungsprogrammen** der indischen Regierung eine beson-

---

(1) Fritsch, 1968, 21   (3) Fritsch, 1968, 25
(2) Fritsch, 1968, 23 f.

dere und wachsende Bedeutung zu. Da ihre räumlich-organisatorischen Grundzüge eine der wesentlichen Voraussetzungen für die Agrarentwicklung des Untersuchungsgebietes darstellen, sollen diese im folgenden erläutert werden.

Das für den ländlichen Bereich Indiens bedeutsamste Entwicklungsprogramm war zunächst das "**Community Development Programme**" (CDP), das 1952 von Nehru begonnen worden war und sich bis 1965 schrittweise über das ganze Land erstreckte (1). Für die Durchführung des CDP wurde ein eigenes Ministerium, das "Ministry of Community Development and Cooperation" geschaffen, das allerdings mit den alten Landwirtschafts- und Bewässerungsbehörden Kompetenzstreitigkeiten auszutragen hatte (2). Besonders bemerkenswert an der Organisation des CDP ist seine **räumliche Strukturierung**. Das CDP basiert nämlich auf "Community Development Blocks", auch "Panchayat Unions" genannt, die aus durchschnittlich etwa 100 Dörfern mit insgesamt 60.000 Einwohnern gebildet wurden (3). 1965 war Indien in 5.238 solcher Blöcke unterteilt, die das Land flächenhaft bedecken (4).

Der **Entwicklungsstab** eines Blocks besteht aus einem Block Development Officer, dem je ein Assistant Development Officer für Landwirtschaft, Tierzucht, Genossenschaften, Panchayats (dörfliche Selbstverwaltung), ländliche Kleinindustrie, Bauwesen, Betreuung von Frauen und Kindern sowie Sozialarbeit unterstehen. Als Hauptakteure der Entwicklung gelten die "gram sevaks", dörfliche Entwicklungshelfer, die je etwa 10 Dörfer betreuen und die Dorfbewohner zur Selbsthilfe aktivieren sollen (5). Dieses Konzept wurde mit dem der **ländlichen Selbstverwaltung** verknüpft, dem "panchayati raj" (wörtlich: Herrschaft durch Dorfräte). Die Selbstverwaltung stützt sich auf demokratisch-volkstümliche Institutionen, die auf Dorf-, Block- und Distriktebene geschaffen bzw. wiederbelebt wurden (6). Die Selbstverwaltung der Dörfer beruht auf dem Dorfrat ("panchayat"), der von allen erwachsenen Dorfbewohnern ("gram sabha") gewählt wird und gewöhnlich 7-15 Mitglieder umfaßt. Im Untersuchungsgebiet hatten sich bis 1974/75 1.487 Dorfpanchayats gebildet (7). Die Selbstverwaltung des Blocks trägt ein "panchayat samiti", ein durch die Vorsitzenden der Dorf-Panchayats ("sarpanch") (8) gebildetes Gremium. Die Präsidenten der "panchayat samitis" bilden auf Distriktebene zusammen mit gewählten lokalen Repräsentanten die "zila parishad".

Man erwartete, daß diese lokalen Selbstverwaltungsorgane mit den staatlichen Entwicklungsbehörden eng zusammenarbeiten würden (9), um so gemeinsam ländliche Entwicklung auf unterster Ebene voranzutreiben. Dazu gehörten neben sozialen Aufgaben die Erstellung kleiner Bewässerungsanlagen, die Errichtung staatlicher Saatbetriebe und die Propagierung von landwirtschaftlichen Kooperativen (10). Diese Zielsetzungen und die entsprechende räumliche Organisation des CDP zeigen, daß im unabhängigen Indien zunächst ein **Dezentralisierungsprozeß** angestrebt wurde, mit dem man die traditionelle Selbstverwaltung des indischen Dorfes wiederzubeleben (11) und eine Planung von unten zu initiieren hoffte.

---

(1) Kantowsky, 1970, 27 f.
(2) Bansil, 1975^2, 33
(3) Spate und Learmonth, 1967^3, 276
(4) Kantowsky, 1970, 27
(5) Kantowsky, 1970, 29
(6) Kantowsky, 1970, 9
(7) Statistical Handbook, Tamil Nadu, 1975, 290
(8) Rieger, 1968, 39
(9) Kantowsky, 1970, 9
(10) Brown, 1971, 4
(11) Spate und Learmonth, 1967^3, 276 f.

Aus einer Reihe von Gründen (Kap. 5.2.2) erwies sich das CDP als weitgehend ungeeignet, die Entwicklung des ländlichen Raumes in Indien zu ermöglichen (1). Daher konzentrierte man sich in einem zweiten Abschnitt der staatlichen indischen Entwicklungsplanung allein auf die Förderung des Einzelbauern. Als vorrangiges Ziel galt allein die Erhöhung der landwirtschaftlichen Produktion. In räumlicher Hinsicht rückte man vom Dezentralisierungskonzept ab und richtete die Entwicklungsanstrengungen auf diejenigen Teile des Landes, in denen künstliche Bewässerung möglich war. Hier wollte man systematisch alle Möglichkeiten moderner Agrartechnologie ausschöpfen. Von den 325 Distrikten Indiens wurden 1965 die 114 Distrikte, in denen der Bewässerungsfeldbau überwog, für das "**Intensive Agricultural Areas Programme**" ausgewählt (IAAP). Seit 1960 hatte man unter dem "**Intensive Agricultural District Programme**" (IADP) schon Versuchsdistrikte geschaffen, in denen man die geplante Modernisierung des Agrarsektors erproben wollte (2). Zu diesen gehörte auch das Untersuchungsgebiet (Kap. 5.1.2).

Die streng zentralistische, hierarchisch mehrfach gestufte räumlich-organisatorische Struktur der Agrarverwaltung von Tamilnadu steht ganz im Zeichen einer Modernisierung der Landwirtschaft (Tabelle XXX). Die besondere Stellung, die dabei dem Cauvery Delta als Ausgangspunkt und Motor dieser Entwicklung zugedacht ist, kommt dadurch zum Ausdruck, daß der Tanjore Distrikt direkt einem bundesstaatlichen "Joint Director of Agriculture" unterstellt ist, der zugleich die Position des Programmdirektors für das IADP einnimmt.

5.2.2 Polit-ökonomische Motive und Hintergründe der Agrarentwicklung

Die 1942 von der britischen Kolonialverwaltung propagierte Grow-More-Food Kampagne wurde nach 1947 in den ersten indischen Fünfjahresplan mit einbezogen (3), ohne jedoch große Erfolge zu erzielen (Kap. 5.1.1 und 5.1.2). Da die indische Regierung davon ausging, daß die geringe Produktivität der Landwirtschaft nur im Zusammenhang mit den übergreifenden institutionellen und infrastrukturellen Verhältnissen im ländlichen Indien zu verstehen sei, konzentrierte man seit Beginn der 50-er Jahre alle Bemühungen darauf, die traditionelle Institution indischen Wirtschaftens, die **Dorfgemeinschaft**, wiederzubeleben. Diese hatte während der Kolonialzeit entscheidende strukturelle Veränderungen erfahren (Kap. 4.3). Mit dem "Community Development Programme" wollte man die sozio-ökonomischen Verhältnisse im Dorf so beeinflussen, daß es der Dorfgemeinschaft ermöglicht würde, wieder weitgehend selbstgenügsam zu wirtschaften und außerdem die Erträge zu steigern. Das grundlegende Ziel des Programmes war es, die Menschenmassen zu mobilisieren und dazu zu bringen, in Eigeninitiative ein möglichst weites Spektrum von sozialen und wirtschaftlichen Verbesserungen zu schaffen.

Der Hauptgrund des immer offensichtlicher zutage tretenden Fehlschlagens ist darin zu sehen, daß die dominanten, wirtschaftlich und sozial herausgehobenen Gruppen der Dorfgemeinschaft es verstanden, ihren Einfluß geltend zu machen, um selbst in erster Linie aus dem Programm Nutzen zu ziehen (4). Die neuen Panchayats mit ihren gewählten Vertretern auch niederer Kasten waren in der Praxis häufig nur die ausführenden Organe der hinter der Szene agierenden dörflichen Einflußgruppen. So erklärt es sich, daß das

---

(1) Kantowsky, 1970
(2) Frankel, 1971, 5

(3) Baliga, 1957, 167
(4) Kantowsky, 1970, 141

Tabelle XXX
Staatliche Organisationsstruktur der Landwirtschaft in Tamil Nadu (Stand 1976/77)

Räumliche Ebene	Institution
	Director of Agriculture
Bundesstaat	Joint Director of Agriculture = Programmdirektor des IADP in Tanjore; mit Deputy Directors of Agriculture	Joint Directors of Agriculture at Headquarter (je für: Nahrungsfrüchte; Hülsenfrüchte; Saatgutproduktion; Ölfrüchte; Düngemittel; Gartenbau; Verwaltung; Planung)		
Distrikt	Deputy Directors of Agriculture	Special Deputy Directors	Deputy Director of Agriculture, Marketing
Division	Divisional Agricultural Officers	Regular Divisional Agricultural Officers	Special Divisional Agr. Officers	Divisional Agricultural Officers, Marketing
Community Development Block	Deputy Agricultural Officers	Regular Deputy Agr. Officers	Special Deputy Agr. Officers	Deputy Agricultural Off., Marketing
Dorf	VLW AA DA	VLW AA DA	VLW AA DA	VLW AA DA

VLW = Village Level Worker; AA = Agricult. Assistant; DA = Demonstrators Assist.

Quelle: DIRECTORATE OF AGRICULTURE, MADRAS, unveröff. Zusammenstellung, 1977.

Community Development Programme, das für die Wohlfahrt aller und insbesondere der schwächeren Glieder der ländlichen Gesellschaft gedacht war, in Wirklichkeit oft nur die wohlhabenden Bauern begünstigte (1).

Zum Scheitern des Community Development Programme trug auch bei, daß es der landwirtschaftlichen Entwicklungspolitik an gesicherten landwirtschaftlichen Daten und an Untersuchungen über die Faktoren mangelte, die regional und lokal die Effizienz der Landwirtschaft behinderten (2). Ein schwerer Nachteil für das Community Development Programme war es außerdem, daß sich eine umfangreiche ländliche Bürokratie entwickelte, die einerseits in vieler Hinsicht mit der schon vorhandenen Administration kollidierte und andererseits ihre Existenz dadurch rechtfertigen mußte, daß sie "Papier-Resultate", also übertriebene Erfolgsmeldungen, vorlegte. So erklären sich sicherlich manche Statistiken der Community Development Behörden, die scheinbar eindrucksvolle Erfolge belegen (3).

Nach dem Dritten Fünfjahresplan (1961/62 - 1965/66) trat die indische Agrarpolitik mit dem **Intensive Agricultural Areas Programme** (IAAP) in ein neues Stadium. BROWN (4) nennt vier voneinander jeweils abhängige **Hauptziele** dieses Programms:

1. In Versuchsdistrikten die effektivsten Wege zu demonstrieren, wie man die Nahrungsmittelproduktion durch gemeinsame Anstrengungen zwischen Zentralregierung, Gliedstaat, Distrikt, Block, Dorf und Einzelbauer erhöhen kann;
2. Das Einkommen der Bauern allgemein zu erhöhen;
3. Das wirtschaftliche Potential des Dorfes zu vergrößern;
4. Eine angemessene landwirtschaftliche Basis für schnelleres, landesweites Wirtschaftswachstum und soziale Verbesserungen zu schaffen.

Um diese Hauptziele zu erreichen, wurde ein **10-Punkte Programm** entworfen, das die folgenden Maßnahmen umfaßte:

1. Angemessene Kreditbereitstellung;
2. Versorgung mit Düngemitteln, Pestiziden, Herbiziden, verbessertem Saatgut, modernen landwirtschaftlichen Geräten etc., und zwar von Stützpunkten aus, die innerhalb Ochsenkarrendistanz (5-8 km) von jedem Dorf liegen sollten. Gleichzeitig plante man, die entsprechenden Sektoren der indischen Produktionsgüterindustrie zu erweitern;
3. Garantierte Mindestpreise für die wichtigsten Getreidearten;
4. Verbesserte Marktstrukturen;
5. Technische Hilfe für den Einzelbauern, z.B. bei der Wasserversorgung;
6. Direkte und indirekte Planung jedes bäuerlichen Betriebes;
7. Dorfplanung, um die lokalen Dienstleistungsbetriebe außerhalb des bäuerlichen Betriebes zu stärken;
8. Schaffung eines Arbeitsprogramms für öffentliche Werke, bei dem unbeschäftigte oder saisonal unterbeschäftigte ländliche Arbeitskräfte für solche lokale Agrarprojekte eingesetzt werden sollen, die eine Erhöhung der Nahrungsmittelproduktion erwarten lassen;
9. Analyse der Effizienz von Organisation, Methoden, Arbeitsweisen etc. der Verwaltung;
10. Organisatorische, administrative, strukturelle und prozedurale Veränderungen, entsprechend den spezifischen Bedürfnissen jedes einzelnen Distrikts unter dem IADP (5).

---

(1) Spate und Learmonth, 1967³, 277
(2) Bansil, 1975², 32
(3) Spate und Learmonth, 1967³, 276
(4) Brown, 1971, 9
(5) Brown, 1971, 9 f.

Das Ziel des IADP, das die Agrarentwicklung des Untersuchungsraumes in den folgenden Jahren entscheidend steuerte (Kap. 5.1.2), läßt sich auf einen Nenner bringen: mit Hilfe ausgewählter Distrikte als **Entwicklungspolen** sollte Indiens Landwirtschaft von einem **statischen** zu einem **dynamischen** Sektor der Volkswirtschaft gemacht werden (1).

5.3 Struktur und Wandel des postkolonialen Sozialsystems

Schwerpunkt der folgenden Betrachtung sind Struktur und Wandel der aus der Kolonialzeit ererbten agrarsozialen Verhältnisse. Dabei ist insbesondere die Frage zu stellen, welche sozialen Konsequenzen die staatlichen **Agrarreformmaßnahmen** sowie die jüngere **Modernisierung der Landwirtschaft** hatten. Es soll versucht werden, so Einsicht in die **Ursachen, Strukturen** und **Tendenzen** heutiger ländlicher Unterentwicklung zu gewinnen.

5.3.1 Jüngere agrarstrukturelle Wandlungstendenzen

5.3.1.1 Entwicklung der postkolonialen Landbesitzstruktur

Einen Überblick über Zahl und Fläche der landwirtschaftlichen Betriebe in den Landkreisen gibt für 1970/71 Tabelle XXXI. Die Durchschnittsgröße der Betriebe ist außerordentlich gering (1,23 ha), die Landbesitzverteilung ausgesprochen ungleichgewichtig: 62,8 % der Betriebe mit Flächen unter 1 ha nehmen nur 20,8 % des Ackerlandes ein; nur 3,4 % der Betriebe sind über 5 ha groß, sie umfassen aber 23,9 % des in Privathand befindlichen Ackerlandes (2).

Bei der Landnutzung (Tabelle XXXII) zeigt sich die Tendenz, daß, mit Ausnahme der Kleinstbetriebe, mit zunehmender Größe der Anteil der Anbaufläche an der Gesamtfläche der Betriebe abnimmt und daß ebenfalls der Anteil der Bewässerungsflächen, die Anbauintensität auf der gesamten Fläche und die Anbauintensität im Bewässerungsland sich verringern. Das anbaufähige Ödland nimmt gleichzeitig prozentual zu. Mit der Größe der Betriebe steigt auch der Anteil der Marktfrüchte, vor allem der Ölfrüchte. Es läßt sich somit feststellen, daß die Intensität des Anbaus in den kleineren und mittleren Größenklassen der Betriebe deutlich höher liegt als in den oberen Größenklassen. Für eine Untersuchung des Ausmaßes der **Landbesitzkonzentration** in den einzelnen Landkreisen des Untersuchungsgebietes bietet daher eine Einteilung der Betriebe nach Flächen kein verläßliches Bild über ihre tatsächliche Bedeutung. Um zu vergleichbaren Klassen von Betrieben zu gelangen, wird im folgenden eine Einteilung vorgenommen, die von der jeweiligen **Steuereinschätzung** der Betriebe und damit von ihrer tatsächlichen **Produktivität** ausgeht.

Abb. 13 zeigt für 1950/51 die Zahl und den jeweiligen Grundsteueranteil großer, mittlerer und kleiner Betriebe, wobei die Klassifizierung von der Grundsteuerveranlagung ausgeht. Es wird deutlich, daß 1950/51 nur 2,1 % der Betriebe 43,7 % des Steueraufkommens erbrachten, während auf die große Masse der Kleinbetriebe mit jährlichen Steuerzahlungen unter 10 Rupien –

---

(1) Brown, 1971, 11
(2) World Agricultural Census, Thanjavur District, 1970/71

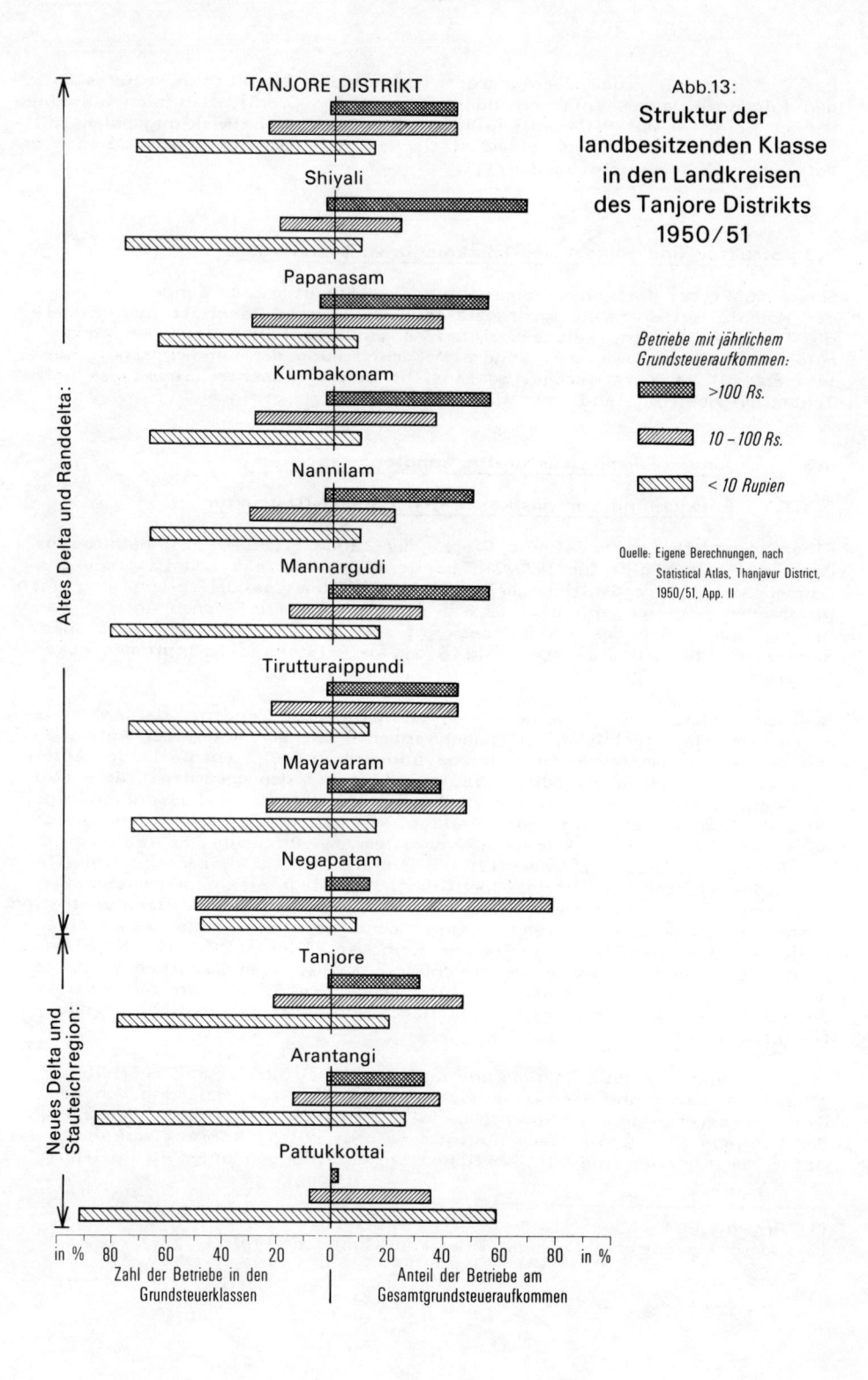

Abb.13:
Struktur der landbesitzenden Klasse in den Landkreisen des Tanjore Distrikts 1950/51

Betriebe mit jährlichem Grundsteueraufkommen:

▨ >100 Rs.

▨ 10 – 100 Rs.

▨ < 10 Rupien

Quelle: Eigene Berechnungen, nach Statistical Atlas, Thanjavur District, 1950/51, App. II

Altes Delta und Randdelta:
- TANJORE DISTRIKT
- Shiyali
- Papanasam
- Kumbakonam
- Nannilam
- Mannargudi
- Tirutturaippundi
- Mayavaram
- Negapatam

Neues Delta und Stauteichregion:
- Tanjore
- Arantangi
- Pattukkottai

in % 80 60 40 20 0 20 40 60 80 in %
Zahl der Betriebe in den Grundsteuerklassen | Anteil der Betriebe am Gesamtgrundsteueraufkommen

Tabelle XXXI

Bäuerliche Eigentumsverhältnisse in den Landkreisen des Tanjore Distrikts 1970/71

Landkreis	Landwirtschaftliche Betriebe (gesamt)		davon selbstbewirtschaftete Eigentumsbetriebe (% der Zahl)	davon Pachtbetriebe (% der Zahl)	davon Betriebe mit Mischformen der Bewirtschaftung (% der Zahl)	Durchschnittliche Betriebsgröße (ha)
	Zahl	Fläche (ha)				
Arantangi	43.258	49.437	95,0	1,9	3,1	1,14
Orattanadu	47.444	67.257	96,0	2,1	1,9	1,42
Pattukkottai	30.140	35.314	93,9	3,4	2,7	1,17
Peravurani	35.562	37.503	93,5	2,0	4,5	1,05
NEUES DELTA und STAUTEICHREGION	156.404	189.511	94,7	2,3	3,0	1,21
Kumbakonam	42.509	42.835	57,5	29,3	13,2	1,01
Mannargudi	47.325	59.537	81,4	13,3	5,3	1,26
Mayavaram	52.505	58.143	66,6	22,7	10,7	1,11
Negapatam	33.352	48.548	76,6	15,9	7,5	1,46
Nannilam	45.576	61.120	65,8	21,6	12,6	1,34
Papanasam	40.661	47.274	71,5	18,3	10,2	1,16
Shiyali	28.056	33.067	58,0	30,9	11,1	1,18
Tanjore	50.853	64.683	84,6	9,1	6,3	1,27
Tirutturaippundi	50.827	71.473	80,2	12,4	7,4	1,41
ALTES DELTA und RANDDELTA	391.664	486.680	72,2	18,6	9,2	1,24
TANJORE DISTRIKT	548.068	676.191	78,6	14,0	7,4	1,23

Quelle: WORLD AGRICULTURAL CENSUS, THANJAVUR DISTRICT, 1970/71

Tabelle XXXII

Landnutzung in den Betriebsgrößenklassen des Tanjore Distrikts 1970/71

Betriebs-größen-klasse (ha)	Nettoan-baufläche in % der Gesamt-fläche	Bewässe-rungsflä-che in % d. Anbau-fläche	Anbau-fähiges Brach-land in %	Anteil der Markt-früchte %	Anbau-inten-sität (ges.) %	Anbau-inten-sität (im Naß-land)
0 - 0,5	87,4	81,4	2,4	14,8	133,5	132,1
0,5 - 1,0	90,5	82,7	2,0	11,1	134,1	130,0
1 - 2	90,9	81,6	2,2	10,6	133,3	127,6
2 - 3	90,6	81,7	2,3	10,7	132,1	127,0
3 - 4	88,8	80,0	2,8	12,6	130,1	127,4
4 - 5	88,4	79,8	2,9	12,8	129,0	127,2
5 - 10	87,0	78,7	3,4	13,5	127,6	125,8
10 - 20	81,3	73,8	5,5	17,4	122,2	122,6
20 - 30	73,9	66,5	7,5	24,1	116,5	119,6
30 - 40	71,8	69,2	7,3	21,8	112,1	113,3
40 - 50	72,7	59,8	10,6	18,5	116,7	114,8
über 50	69,6	69,2	10,0	32,7	114,6	118,6
DISTRIKT	88,4	80,3	2,9	12,4	130,8	

Quelle: WORLD AGRICULTURAL ATLAS, THANJAVUR DISTRICT, 1970/71

sie machten 72,6 % aller Betriebe aus - nur 13,0 % der Grundsteuern entfielen. Dies zeigt den hohen Grad der Grundbesitzkonzentration kurz nach dem Ende der Kolonialzeit.

Der Grad der Besitzkonzentration ist räumlich differenziert (Abb. 13): 1950/51 zeigten sich die höchsten Werte in den Landkreisen Shiyali, Papanasam, Kumbakonam und Nannilam, wo die Großbetriebe mehr als das Fünffache des Steueraufkommens der Kleinbetriebe erbrachten. Alle diese Landkreise stärkster Besitzkonzentration liegen im nördlichen Bereich des Alten Deltas, wo die besten hydrologischen und edaphischen Voraussetzungen für die Bewässerungslandwirtschaft bestehen und wo schon in vorkolonialer Zeit ein sehr intensiver und produktiver Naßreisanbau stattfand. In den Landkreisen, die überwiegend außerhalb des Alten Deltas liegen, sind die ausgewiesenen Werte der Besitzkonzentration durchweg geringer als im Alten Delta. Damit ergibt sich ein deutlicher Zusammenhang zwischen **Besitzkonzentration** und **Bewässerungsintensität**.

Vergleicht man für die Landkreise des Untersuchungsgebietes jeweils die Anteile der landbesitzenden Bevölkerung an der Agrarbevölkerung mit dem entsprechenden Grad der Besitzkonzentration innerhalb der landbesitzenden Klasse, so ergibt sich eine deutliche Korrelation: hohe Anteile Landloser treten in Gebieten starker Besitzkonzentration auf. In Shiyali z.B. besaßen 1950/51 nur 25 % der in der Landwirtschaft arbeitenden Familien überhaupt Land. Von diesen 25 % entfielen auf 2,8 % der Betriebe allein 67,6 % des Steueraufkommens. Das bedeutet, daß auf nur 0,7 % aller in der Landwirtschaft beschäftigten Familien über 2/3 der Produktivkraft des Landes konzentriert war. Es ergibt sich also gerade für die Landkreise im Inneren des Alten Deltas eine **doppelte** und dadurch **verschärfte Konzentration** von landwirtschaftlicher Produktivkraft in den Händen weniger.

Die weitere Entwicklung der Besitzkonzentration bis 1970 läßt sich aufgrund fehlender Statistiken nicht rekonstruieren. Doch konnten für die noch darzustellenden vier Beispieldörfer Daten erhoben werden, die die Entwicklung und Struktur der landbesitzenden Klasse im Zeitraum zwischen 1923 und 1976 erhellen. Sie geben zumindest Anhaltspunkte für die jüngere Entwicklung der Landbesitzverhältnisse im Untersuchungsgebiet.

Für die Entwicklung der Landbesitzstruktur im Tanjore Distrikt im 20. Jh. läßt sich zusammenfassend folgendes Fazit ziehen: Der Anteil der grundbesitzenden Bevölkerung an der Agrarbevölkerung sank stark ab. Die Tendenz einer Polarisierung zwischen Landbesitzenden und Landlosen wurde dadurch verschärft, daß bereits vor der Jahrhundertwende und verstärkt zu Ende der Kolonialzeit auch innerhalb der landbesitzenden Klasse ganz beträchtliche Konzentrationen von Ackerland zu verzeichnen waren. Ihnen stand eine große Masse von Klein- und Kleinstbauern gegenüber. Die landwirtschaftliche Produktivkraft konzentrierte sich zunehmend in den Händen einer kleinen Minderheit, und das Untersuchungsgebiet wurde zu einem Distrikt der **Großgrundbesitzer und Großbauern**. Alle diese Vorgänge waren im Alten Delta weit stärker ausgeprägt als in der Deltaumrahmung, wo zwar ebenfalls der Anteil der Grundbesitzer an der Agrarbevölkerung zurückging, wo sich aber kaum großbäuerlicher Besitz herausbildete.

5.3.1.2 Entwicklung der postkolonialen Pachtverhältnisse

Die statistischen Angaben über den Anteil der Pächter an der Agrarbevölkerung sind wegen teilweise veränderter Definitionen nur beschränkt über einen längeren Zeitraum hinweg vergleichbar. Auch erfassen sie meist nur Pächter mit schriftlichen Pachtverträgen, und deshalb geben diese Statistiken i.d.R. geringere Werte über die Bedeutung des Pachtwesens an als empirische Untersuchungen. Wenn die Agrarstatistik für Tanjore 1970/71 z.B. 14 % der Betriebe als Pachtbetriebe ausweist (Tabelle XXXI), so ist ihr Anteil in der Realität mindestens doppelt so hoch. Außerdem erfassen die Statistiken gewöhnlich nicht alle Typen von Pächtern. Ein bedeutender Teil kleinbäuerlicher Eigentümer pachtet nämlich Land von Großbauern hinzu, andererseits erweitern auch größere Bauern ihre Betriebe durch Zupacht. Beide bilden eine von der Statistik nicht erfaßte Kategorie von Pächtern (1).

Aufschluß über die aktuellen Pachtformen im Untersuchungsgebiet gibt der WORLD AGRICULTURAL CENSUS von 1970/71 (Tabelle XXXIII). Es wird deutlich, daß die Zahlung einer festen Naturalpacht überwiegt, gefolgt von Pachtabgaben in Form von Ernteanteilen (13,9 %) und in Form einer festen Geldpacht (11,9 %). Die jeweils vorherrschende Form der Pacht variiert stark in den einzelnen Landkreisen. Feste Geldpacht tritt vorwiegend in Landkreisen außerhalb des Alten Deltas auf, in denen einerseits vielfach Marktfrüchte wie z.B. Erdnüsse produziert werden und andererseits die Unterverpachtung von Land erst eine recht neue Erscheinung ist, so daß derartige "moderne" Pachtverhältnisse dominieren. Feste Naturalabgaben überwiegen im Alten Delta. Hier dominiert die Produktion von Nahrungsfrüchten in Form des Naßreisanbaus. Beträchtliche Anteile an Pachtbetrieben mit der traditionellen Form der Ernteteilung ("waram") treten nur im noch bestehenden Stauteichbewässerungsgebiet auf (Landkreis Arantangi), wo sich die neueren Pachtsysteme noch nicht durchgesetzt haben.

Nach einer Untersuchung von LADEJINSKY (2) lag 1965 die durchschnittliche Höhe der Pacht je nach Produktivität des Bodens zwischen 4,5 und 7,5 Sack Reis pro acre. Das entspricht etwa 750 bis 1280 kg/ha. Bei einem durchschnittlichen Ertrag von 1500 kg/ha 1965/66 (3) bedeutet dies auch bei doppeltem Naßreisanbau etwa 50 % der Ernte. In einer für drei repräsentative Dörfer durchgeführten Analyse der Pachtverhältnisse wurde 1969/70 festgestellt, daß bei der vorherrschenden festen Naturalpacht die Pachtabgabe beim Einfachanbau 490 bis 940 kg/ha betrug, und daß beim Doppelanbau 670 bis 1.410 kg/ha zu entrichten waren (4). Das entspricht ebenfalls etwa 30-50 % des zu erzielenden Ertrages.

Insgesamt arbeiten nach der Untersuchung des IADP von 1969/70 (5) die reinen Pachtbetriebe weniger effizient als die Eigentumsbetriebe, was besonders im Inneren und im Randbereich des Alten Deltas zu beobachten war. Hier leisten selbst kleine Pächter i.d.R. keine körperliche Feldarbeit, sondern überwachen nur die Arbeit von Landarbeitern auf ihrem Pachtland. Im Neuen Delta, wo die Pächter ihre Felder gewöhnlich selbst bestellen und wo ein stärkeres Interesse an verbesserten Anbautechniken besteht, ergab die Untersuchung, daß die Arbeitsintensität und somit die Produktivität auch auf Pachtland recht hoch ist (6).

---

(1) Kotowsky, 1959, 282
(2) Ladejinsky, 1965, 3
(3) Season and Crop Report, 1965/66
(4) IADP, Directorate of Agriculture, o.J., 28

(5) IADP, 1969/70, 28
(6) IADP, Directorate of Agriculture, o.J. 50

Tabelle XXXIII

Pachtverhältnisse in den Landkreisen des Tanjore Distrikts 1970/71

Landkreis	Pachtbetriebe (gesamt)		Betriebe mit fester Geld- pacht (% d. Fläche)	Betriebe mit fester Natu- ralpacht (% d. Fläche)	Betriebe mit Pacht in Form von Erntean- teilen (% d. Fläche)	sonstige Pacht- betriebe (% d. Fläche)
	Zahl	Fläche (ha)				
Arantangi	830	671	11,9	16,2	61,2	10,7
Orattanadu	1.010	1.496	36,7	52,3	9,9	1,1
Pattukkottai	1.037	768	41,0	41,9	13,5	3,6
Peravurani	722	468	4,9	19,9	13,7	61,5
NEUES DELTA und STAUTEICHREGION	3.599	3.403	28,4	38,4	21,3	11,9
Kubakonam	12.470	11.134	13,5	77,6	7,3	1,6
Mannargudi	6.313	8.658	8,8	78,8	10,0	2,4
Mayavaram	11.942	13.047	12,5	73,4	11,0	3,1
Negapatam	5.288	7.403	6,3	79,6	12,3	1,8
Nannilam	9.841	11.822	2,6	67,8	28,9	0,7
Papanasam	7.453	7.043	8,2	80,4	10,8	0,6
Shiyali	8.672	9.075	12,7	74,7	7,7	4,9
Tanjore	4.628	3.804	8,7	81,4	5,6	4,3
Tirutturaippundi	6.288	7.733	28,1	44,3	22,3	5,3
ALTES DELTA und RANDDELTA	72.895	79.719	11,2	72,6	13,6	2,6
TANJORE DISTRIKT	76.494	83.122	11,9	71,2	13,9	3,0

Quelle: WORLD AGRICULTURAL CENSUS, THANJAVUR DISTRICT, 1970/71

Durch ein **Pächterschutzgesetz**, das "Tamilnadu Cultivating Tenants Protection and Payment of Fair Rent Act" von 1956, wurde die Pachtabgabe im Untersuchungsgebiet auf maximal 40 % des Ertrages begrenzt. Die Folge war jedoch, daß vielen Pächtern, die keine längerfristigen, vertraglich festgelegten Rechte am Boden hatten, die Pachtverträge aufgekündigt wurden (Tabelle XIX). Deshalb versuchte die indische Regierung durch ein weiteres Gesetz, das "Agricultural Lands Record of Tenancy Rights Act" von 1969, eine allgemeine Registrierung der Pächter und ihrer Rechte durchzusetzen. Doch auch dieses Gesetz führte vielfach zum Gegenteil der angestrebten Zielsetzung: weiteren Pächtern wurde das Pachtland entzogen. Bis heute verfügt die Mehrheit der Pächter nicht über schriftliche Dokumente, und wie vor der Zeit der Pächtergesetze müssen sie durchweg rund 60 % des Ertrages an den Landbesitzer bezahlen. Dieser hat jederzeit die Möglichkeit, sie von ihrem Pachtland zu vertreiben (1). Längerfristige Pachtverträge werden kaum noch abgeschlossen, weil dem Verpächter daran gelegen ist, die niedrigen gesetzlichen Pachtsätze zu vermeiden und zu verhindern, daß der Pächter dauernde Rechte auf das Pachtland geltend machen kann, wie es die Pächterschutzgesetze vorsehen.

Daß die Landreformgesetze in ganz Tamilnadu in Hinsicht auf die Pachtverhältnisse oft das **Gegenteil** ihrer Intentionen bewirkten, zeigt eine Zusammenstellung von SONACHALAM (2). Während innerhalb von 12 Jahren nach Verabschiedung des Pächterschutzgesetzes von 1956 insgesamt 16.428 Anträge von Landlords zur Kündigung von Pächtern gestellt wurden, von denen 10.583 erfolgreich waren, beantragten nur 633 gekündigte Pächter ihre Wiedereinsetzung auf ihr Pachtland, was in 370 Fällen angeordnet wurde. In ganz Tamilnadu betrug damit die tatsächlich Pächtern wieder zugeteilte Fläche an Pachtland nur 239 ha.

Die Situation der Pächter ist bei anwachsender Konkurrenz um den Boden in der Mehrzahl der Fälle durch unsichere Pachtbeziehungen sowie hohe, vielfach ansteigende Pachtabgaben gekennzeichnet. Dies ist z.T. eine Folge der sich in das Gegenteil ihrer Intentionen umkehrenden Landreformgesetze. Doch auch die jüngsten Entwicklungen im Bereich der Anbautechniken schwächten die Position der Pächter, da die Landeigentümer ein wachsendes Interesse zeigten, die erheblichen Gewinne aus der modernisierten Landwirtschaft selbst abzuschöpfen. Viele von ihnen kündigten deshalb ihren Pächtern und bewirtschafteten ihr Land mit Hilfe von Lohnarbeitern. Zudem wurde die Höhe der Pacht wegen der angeblich erhöhten Produktivität des Bodens von 1967-70 um ca. 15-30 % jährlich erhöht, obwohl den Pächtern wegen mangelnder Sicherheiten oftmals keine Kredite erteilt wurden und ihnen so der Zugang zu produktivitätssteigernden Maßnahmen praktisch verwehrt war (3).

5.3.1.3 Entwicklung der Landarbeiterschaft

Ein Überblick über die Entwicklung von Zahl und Anteil landloser Landarbeiter seit 1880 (Tabelle XX) zeigt, daß sich der Anteil der Landarbeiter an der Agrarbevölkerung zwischen 1880 und 1970 nahezu verdoppelte, während die absolute Zahl der Landarbeiter und ihrer Familienangehörigen etwa um das Viereinhalbfache stieg. Während dieses Zeitraumes gab es einschneidende Veränderungen in Art und Ausmaß der Beschäftigung von Landarbeitern. Die Zahl der "pannaiyals", der fest an einen Betrieb gebundenen Arbeitskräfte,

---

(1) Gough, 1976, 4 (3) Frankel, 1971, 98 f.
(2) in: Venkatarami, 1973, 51

nahm ab, die Anteile der Tagelöhner, die für einen festen täglichen Geldbetrag arbeiten, wuchs stark an. Es lassen sich zwei Typen von Tagelöhnern unterscheiden, einen wiederum fest an einen Betrieb gebundenen Arbeiter, der jedoch nur an tatsächlichen Arbeitstagen bezahlt wird (regular coolie), und einen völlig ungebundenen Tagelöhner, der für jeden Landbesitzer oder Pächter arbeitet, der ihn beschäftigen will (casual coolie oder "attu kulikkar") (1). Wegen der anwachsenden Konkurrenz um Arbeit verringerte sich die durchschnittliche jährliche Beschäftigungsdauer der Tagelöhner. 1969/70 z.B. fanden Kulis höchstens noch an 160-180 Tagen im Jahr Arbeit (2).

Obwohl von der Regierung Mindestlöhne vorgeschrieben sind, werden diese nur in Ausnahmefällen tatsächlich ausbezahlt, da zu viele Arbeitskräfte zur Verfügung stehen. Häufig bieten daher bei landwirtschaftlichen Arbeiten, für die der Bauer eine bestimmte Zahl von Kulis sucht, eine größere Anzahl ihre Dienste an. Diese arbeiten dann für den (gesetzlichen) Lohn der eigentlich angeforderten geringeren Anzahl. So stiegen die nominalen Reallöhne im Distrikt zwar seit 1952 gering an; die Situation der Landarbeiter aber verbesserte sich wegen der tatsächlich unter dem vorgeschriebenen Minimum liegenden Löhne und wegen der kürzeren Beschäftigungsdauer nicht bzw. verschlechterte sich vielfach sogar (3). Oft umgehen Landbesitzer die Auszahlung der Mindestlöhne auch dadurch, daß sie Landarbeiter durch geringe Landübertragungen (Drohung der Pachtkündigung) oder Darlehen (Verschuldung) an sich binden (4).

5.3.2 Konsequenzen für die ländlichen Lebensbedingungen

Im folgenden soll versucht werden, die jüngere Entwicklung der Lebensbedingungen der landwirtschaftlichen Bevölkerung abzuschätzen. Dabei stellt sich die Frage, inwieweit die "Grüne Revolution" mit ihren beträchtlichen Produktionssteigerungen die Situation der Bevölkerung beeinflußt hat. Besondere Aufmerksamkeit gilt in diesem Zusammenhang der These von FRANKEL (5), daß mit den modernen Agrartechnologien Prozesse einer neuen **sozialen und regionalen** Selektivität verbunden gewesen seien.

Obwohl die neue Saatgut-Düngemittel Technologie (6) im Cauvery Delta von großen und kleinen Bauern gleichermaßen angenommen wurde, also betriebsgrößenneutral ist, so unterscheiden sich doch die verschiedenen sozialen Gruppen dadurch, wie weit und wie stark sie von der "Grünen Revolution" Nutzen ziehen konnten. Eine entscheidende Rolle spielt dabei der Einsatz von **Filter-Point Brunnen**, die allein die volle Produktivität der neuen Reissorten ermöglichen und sichern. Filter-Point Brunnen aber kosten zwischen 4.000 und 10.000 Rupien. Das können Bauern mit mehr als 4 ha bewässertem Land unter Umständen aus eigener Kraft bezahlen. Aber auch die vom Department of Agriculture oder der Land Mortgage Bank bereitgestellten Kredite erfordern als Sicherheit mindestens Landeigentum von etwa 1,6 bis 2 ha (7). Diese Voraussetzungen erfüllen im Untersuchungsgebiet jedoch höchstens ein Fünftel aller Landbesitzer.

---

(1) Gough, 1976, 7
(2) Sonachalam, zit. n. Venkatarami, 1973
(3) Gough, 1976, 4 f.

(4) Gough, 1976, 15
(5) Frankel, 1971, 81-118
(6) v. Blanckenburg, 1974
(7) Frankel, 1971, 95

Die Anbaukosten für hochertragreiche Reissorten betrugen im Cauvery Delta 1975/76 etwa 1.500-2.000 Rs./ha. Diese Kosten sind in Tabelle XXXIV exemplarisch aufgelistet. Dazu stellen die beiden Cooperative Central Banks und die 555 Primary Agricultural Credit Societies **Kredite** in Höhe von etwa 50 % der Kosten zur Verfügung, größtenteils in Form von Düngemitteln. Doch stellte sich bald heraus, daß von den bewilligten Krediten immer nur kleine Teile tatsächlich in Anspruch genommen wurden. Der Grund war, daß viele Kleinbauern fürchteten, bei mangelnder Wasserversorgung würden sich die hohen Düngergaben nicht lohnen (1).

Der größte potentielle Vorteil der neuen Agrartechnologie liegt in der Möglichkeit, bisher einmal im Jahr bestelltes Naßland in **Doppelanbauflächen** umzuwandeln. Die erforderlichen Kosten dafür liegen bei etwa 1.500-2.000 Rs./ha. Kreditaufnahmen in solcher Höhe sind für kleine Bauern oder Pächter ohne Filter-Point Brunnen wegen möglicher Mißernten jedoch zu risikoreich, und aus eigener Kraft können kleine und auch mittelgroße Betriebe mit bisher nur einer Ernte das Mehr an Kosten für Saatgut, Dünger, Schädlingsbekämpfung und Arbeitslohn nicht aufbringen.

Daraus läßt sich schließen, daß Bauern mit Flächen unter 2 ha - und das waren 1970/71 immerhin 83,2 % aller Betriebe (2) im Untersuchungsgebiet - fast automatisch von dem größtmöglichen Nutzen der "Grünen Revolution" ausgeschlossen sind (3). Zwar konnten auch **kleine Bauern** ihre Reisproduktion bis 1970 um etwa 10-40 % steigern, doch brachte dies bei steigenden Lebenshaltungskosten bestenfalls eine Sicherung der Grundbedürfnisse oder eine geringe Steigerung des Nahrungskonsums in Form von beispielsweise zwei statt vorher einer täglichen Mahlzeit. **Mittlere Bauern** mit Flächen unter 4 ha profitierten nur dann wirklich von der "Grünen Revolution", wenn es sich um überwiegend selbst bewirtschaftete Betriebe handelt, so daß Kredite aufgenommen werden konnten, um Filter-Point Brunnen zu installieren und Teile der Flächen in Doppelanbauland umzuwandeln. Nur die etwa 5 % **Großbauern** des Distrikts mit Betrieben über 4 ha Naßland zogen erhebliche Vorteile aus den neuen Agrartechniken und konnten bis 1970 ihr Nettoeinkommen um durchschnittlich 50-60 % steigern. Je größer der Landbesitz, desto größer sind die absoluten und relativen Gewinne. Ein Indiz dafür ist z.B. die Tatsache, daß schon 1968, als es im ganzen Bundesstaat Tamilnadu insgesamt nur 200 Traktoren gab, allein im Cauvery Delta bei den Land Mortgage Banks innerhalb eines Jahres 200 Anträge auf Finanzierung eines Traktors gestellt wurden (4), obwohl ein Traktor weit über 100.000 Rupien kostet.

In einer modellhaften Zusammenstellung (Tabelle XXXV) soll versucht werden, für eine Reihe von Jahren die unterschiedliche Entwicklung der Gewinne von Großbauern und Kleinbauern im Gefolge der "Grünen Revolution" abzuschätzen. Dazu wird die Ertragslage eines **Großbauernbetriebes** mit 10 acres Naßland und eines **Kleinbauernbetriebes** mit 1 acre Naßland, bei dem der Bauer zusätzlich 100 Tage im Jahr als Tagelöhner arbeitet, über einen Zeitraum von 10 Jahren hinweg schematisch dargestellt. Der Einfluß der neuen Agrartechnologie bei von Jahr zu Jahr unterschiedlichen Bedingungen der Wasserversorgung soll so in seinen Grundzügen für zwei verschieden große Betriebe analysiert werden.

Die Zusammenstellung zeigt einige deutliche Trends. Beim traditionellen Anbau in den Jahren 1 bis 4 erzielt der Großbauer regelmäßig Überschüsse,

---

(1) Frankel, 1971, 97
(2) World Agricultural Census, Thanjavur, 1970/71, 3
(3) Frankel, 1971, 104
(4) Frankel, 1971, 104

Tabelle XXXIV

Anbaukosten und Gewinnberechnungen beim Naßreisanbau im Alten Delta des Tanjore Distrikts 1975/76 (Dorf Pandanallur)

Arbeitsgänge u. Inputs	Arbeitszeiten und Anbaukosten			
	Arbeitszeit in Tagen für drei acres:			Anbaukosten pro acre (in Rupien)
	Ochsen- gespann	Männer (4-6 Rs)	Frauen (1-2 Rs)	
I. SAATBEET (12 % d. Fläche)				
1. Bestellung d. Saatbeete	2	2		3,30
2. Vorbereitung d. Anbaus		2		2,70
3. Einebnen der Felder		1		1,30
4. Kosten Saatgut				67,00
5. Aussaat		1		1,30
6. Bewässerung				nil.
7. Düngg. u. Schädlingsbekpfg.				8,00
8. Auszupfen Schößl., Transport		5		6,70
II. VORBEREITEN HAUPTFELD				
1. Pflügen (Ochsen) (3-mal)	6	6		10,00
2. Pflügen (Traktor)				46,70
3. Einebnen Felder		4		5,30
III. UMPFLANZEN		8	45	54,00
IV. PFLEGEARBEITEN				
1. Erstes Jäten			15	10,00
2. Zweites Jäten			10	6,70
V. DÜNGEN				
1. 5 Ladungen F.Y.M. (Dung)				10,00
2. Ausbreiten Dünger		1		1,30
3. Chemischer Dünger				366,00
(Urea 65 kg/acre)				
(Phosphat 67 kg/acre)				
(Pottasche 33 kg/acre)				
VI. BEWÄSSERUNG				
1. Bewässerungen (12-mal)				nil.
2. Personalkosten				10,0
VII. PFLANZENSCHUTZ				
1. Kosten Pestizide				40,00
2. Personalkosten		3		5,00
VIII. ERNTE				
1. Ernte u. Transport		45		90,00
2. Dreschen u. Reinigen		12		24,00
3. Transport Reis u. Stroh		3		5,00
KOSTEN FÜR 1 ACRE				775,00
ERTRÄGE Reis (2.137 kg)				2.175,00
Stroh (1.050 kg)				75,00
NETTOERTRAG PRO ACRE				1.475,00

Quelle: DEPUTY AGRICULTURAL OFFICER, PANDANALLUR EXTENSION

Tabelle XXXV

Modell der Ertragsentwicklung beim groß- und kleinbäuerlichen Naßreisanbau im Tanjore Distrikt unter den Bedingungen traditioneller und moderner Anbautechniken

JAHR	1	2	3	4	5	6	7	8	9	10
Wetter/Wasserversorgung	normal	schlecht	gut	normal	normal	normal	schlecht	normal	gut	schlecht
Reisart	tradit.	tradit.	tradit.	tradit.	HYV	HYV	HYV	HYV	HYV	HYV
Flächenertrag/kg/acre	720	650	800	720	1200/1000	1200/1000	1350/850	1350/1000	1350/1100	1350/850
GROSSBAUER (10 acres)										
AUFWENDUNGEN GESAMT (Rupien)	3000	3000	3000	3000	5700	5700	6200	8410	8410	8910
davon Arbeit	3000	3000	3000	3000	3000	3000	3000	3900	3900	3900
davon Dünger-Pestizide-Saatgut	-	-	-	-	2700	2700	2700	3510	3510	3510
davon Filter-Point Brunnen	-	-	-	-	-	-	500	100	1000	1500
davon Eigenkapital Vorjahr	3000	3000	3000	3000	4500	5700	6200	8410	8410	8410
davon Kredite (Zinsen % p.a.)	-	-	-	-	1200	-	-	-	-	-
davon Sparkapital	-	-	-	-	-	-	-	-	-	-
ERTRAG GESAMT (Rupien)	5760	5200	6400	5760	9600	9600	10800	14040	14040	14040
davon ab Eigenverbrauch	700	700	700	700	700	700	700	700	700	700
davon ab sonst. Lebensunterhalt	560	560	560	560	560	560	560	560	560	560
davon ab Kreditzurückzahlung	-	-	-	-	-	-	-	-	-	-
REST	4500	4500	4500	4500	8340	8340	9540	12780	12780	12780
davon ab Investition Folgejahr	3000	3000	3000	3000	5700	6200	8410	8410	8910	8410
ÜBERSCHUSS	1500	1500	1500	1500	2640	2140	1130	4370	3870	4370
KLEINBAUER (1 acre)										
AUFWENDUNGEN GESAMT (Rupien)	300	300	300	300	435	435	435	435	435	435
davon Arbeit	300	300	300	300	300	300	300	300	300	300
davon Dünger-Pestizide-Saatgut	-	-	-	-	135	135	135	135	135	135
davon Filter-Point Brunnen	-	-	-	-	-	-	-	-	-	-
davon Eigenkapital Vorjahr	300	300	270	300	300	300	300	270	300	380
davon Kredite (Zinsen % p.a.)	-	-	30(30)	-	135(10)	-	135(10)	135(10)	135(10)	55(10)
davon Sparkapital	-	-	-	-	-	-	-	20(30)	-	-
ERTRAG GESAMT (Ernte/Lohnarbeit)	576/300	520/300	640/300	576/300	800/300	800/300	680/300	800/300	880/300	680/300
davon Eigenverbrauch ab (400 min.)	426	400	450	426	500	500	400	474	500	470
davon ab sonst. Lebensunterh. (150)	150	150	150	150	150	150	150	150	150	150
davon ab Kreditrückzahlung	-	-	40	-	150	-	150	176	150	60
REST	300	270	300	300	300	300	280	300	380	300
davon ab Investition Folgejahr	300	270	300	300	300	300	280	300	380	300
ÜBERSCHUSS	nil.	nil.	nil.	nil.	nil.	nil.	nil.	nil.	nil.	nil.

Einlagen über den Spalten:
- Spalten 5–7: EINFÜHRUNG HOCHERTRÄGIGER REISSORTEN UND CHEMISCHER DÜNGEMITTEL
- Spalten 6–7: INSTALL. FILTER-POINT BRUNNEN
- Spalten 8–10: DREI ACRES DOPPELANBAULAND

die zwar stark schwanken, aber keine Kreditaufnahmen notwendig machen. Der Kleinbauer dagegen erzielt in keinem Jahr Überschüsse, wird aber in schlechten Jahren zur Kreditaufnahme gezwungen und muß dann entweder seinen Nahrungsverbrauch noch unter das Minimum senken oder eine zunehmende Verschuldung in Kauf nehmen. In dem Modell setzen beide Bauern vom 5. Jahr an hochertragreiche Reissorten ein. Der finanzielle Einsatz erhöht sich dadurch für beide, jedoch in unterschiedlichem Maße. Während der Großbauer alle Input-Möglichkeiten ausschöpft und seine durchschnittlichen Erträge stark erhöht, spart der Kleinbauer am kostspieligen Dünger und erzielt daher relativ geringere Erträge. Dennoch muß der Kleinbauer wegen der höheren Anbaukosten größere Kredite aufnehmen als zuvor, während der Großbauer die erhöhten Aufwendungen aus eigenen Mitteln finanzieren kann. Dadurch ergeben sich im Laufe der Jahre für den Großbauern deutlich vergrößerte Gewinne, während der Kleinbauer seinen Konsum gering steigern, jedoch keinen Überschuß erzielen oder Kapital bilden kann.

In dem Modell kann sich der Großbauer im sechsten Jahr daher aus eigenen Mitteln einen Filter-Point Brunnen kaufen und zunächst 3 acres seiner insgesamt 10 acres Naßland in Doppelanbauland umwandeln. Schon im 8. Jahr schlägt diese Investition bei den Gewinnen deutlich zu Buche. Gleichzeitig muß der Kleinbauer bei schlechten Wasserversorgungsbedingungen im 7. Jahr seine Kreditaufnahmen noch erhöhen und erzielt auch weiterhin keine Überschüsse. Bestenfalls kann er in guten oder normalen Jahren seinen Nahrungskonsum gering steigern.

Spätestens mit Einrichtung des Filter-Point Brunnens vergrößert sich die Kluft in den wirtschaftlichen Lebensbedingungen zwischen dem Groß- und dem Kleinbauern. Sie verschärft sich unter den Bedingungen einer ungenügenden Wasserversorgung. Diese Kluft würde sich bei Installierung eines weiteren Filter-Point Brunnens, bei zunehmender Mechanisierung und damit abnehmenden zusätzlichen Beschäftigungsmöglichkeiten für den Kleinbauern sowie bei fortdauerndem Ansteigen der Lebenshaltungskosten mit Sicherheit noch weiter öffnen. FRANKEL zieht daher den Schluß, daß die Einführung neuer Anbautechniken **innerhalb der landbesitzenden Klasse** eine erhebliche **Verschärfung der wirtschaftlichen Disparitäten** mit sich gebracht hat.

In **regionaler** Hinsicht profitierten die Bauern in den westlichen und nördlichen Bereichen des Deltas mit guten Bewässerungsmöglichkeiten mehr als die in den Deltarandbereichen, wo doppelter Reisanbau vielfach unmöglich ist. Viele mittelgroße Landbesitzer im Alten Delta, die einen Teil ihres Landes verpachtet haben und daher weniger kreditwürdig sind, zogen weniger Nutzen aus der "Grünen Revolution" als diejenigen des Neuen Deltas, wo selbstbewirtschaftete Eigentumsbetriebe die Regel sind.

Pächterbauern konnten auch mit mittleren Betrieben i.d.R. kaum oder nicht an den möglichen Vorteilen der "Grünen Revolution" teilnehmen. Die traditionell hohe Pachtrate läßt einen großen Teil der Pächter am Rande der Subsistenz leben, ohne daß Überschüsse für landwirtschaftliche Innovationen gebildet werden können. Bei steigenden Preisen für Reis sind die wenigen Pächter im Vorteil, die ihre Pachtabgaben in festen Geldsummen zu entrichten haben. Wie Tabelle XXXIII zeigt, überwiegt jedoch im Alten Delta gegenüber dem Neuen Delta deutlich die Pachtzahlung in Naturalform, so daß die Pächter im Alten Delta im Vergleich zu denen im Neuen Delta benachteiligt sind.

In scharfem Kontrast zu den deutlichen Gewinnen einer Minderheit der großen Landbesitzer steht die unveränderte Armut der größten Gruppe der landwirtschaftlichen Bevölkerung, der **landlosen Landarbeiter**. Die "pannaiyals", die ihren Lohn in Form von Nahrung, Wohnung und Kleidung sowie kleineren Geldzahlungen erhalten, weisen wegen der stark gestiegenen Preise insgesamt noch etwas günstigere Lebensbedingungen auf als die ungebundenen Landarbeiter, bei denen die stagnierenden Löhne die steigenden Lebenshaltungskosten oft nicht mehr decken können.

Im folgenden soll versucht werden, die reale Lohnentwicklung von Landarbeitern anhand der Kaufkraft zu bestimmen. Die **Löhne** für männliche landwirtschaftliche Tagelöhner betrugen im Untersuchungsgebiet 1902/03 durchschnittlich 0,25 Rs./Tag. Gleichzeitig lag der Preis von Reis etwa bei 0,09 Rs./kg (1). Vom Lohn für seine Tagesarbeit konnte der Kuli damals also etwa 2,8 kg Reis kaufen. 1930/31 erhielt der ungebundene landwirtschaftliche Arbeiter bei Naturalentlohnung sogar durchschnittlich 4,9 kg Reis am Tag. 1972/73 lag der Lohn eines männlichen landwirtschaftlichen Tagelöhners bei durchschnittlich 3,17 Rs., der Kaufpreis von Reis bei durchschnittlich 0,90 Rs./kg. Der Tageslohn erbrachte also 3,5 kg Reis. Bei gleichzeitig abnehmender Beschäftigungsdauer verbesserte sich die Kaufkraft des Landarbeiters zwischen 1900 und 1970 also nur wenig in bezug auf Nahrungsmittel; sie verschlechterte sich sogar in bezug auf den sonstigen Bedarf, bei dem seit 1900 noch stärkere Verteuerungen auftraten.

Die Löhne der Landarbeiter zeigen im Tanjore Distrikt zudem beträchtliche jahreszeitliche **Schwankungen** sowie deutliche Unterschiede zwischen der Entlohnung von Männern und Frauen:

Monate	Männer (Rupien/Tag)	Frauen (Rupien/Tag)
Juli	2,65	1,25
August	2,97	1,75
September	3,62	2,80
Oktober	4,23	3,33
November	3,20	2,46
Dezember	2,70	1,48
Januar	3,00	3,00
Februar	3,25	3,25
März	2,98	1,97
April	f.	1,63
Mai	f.	1,45
Juni	3,13	f.
Jahresdurchschnitt	3,17	2,22

Quelle: Season and Crop Report, 1972/73

Innerhalb des Tanjore Distrikts ergeben sich wiederum **regionale** Unterschiede bei der Entwicklung der Lebensbedingungen der Landarbeiter, die vor allem von den Beschäftigungsmöglichkeiten abhängig sind. Diese sind ihrerseits

---

(1) Madras District Gaz., Tanjore, 1905, II, 24

vom Umfang der Umwandlung in Doppelanbauland, vom Grad der Diversifikation des Anbaumusters und von den Arbeitsmöglichkeiten außerhalb der Anbausaison geprägt. Insofern ist der Landarbeiter im westlichen und nördlichen Teil des Deltas noch relativ begünstigt, da er hier bei zwei Ernten im Jahr den Spitzenlohn von etwa 4 Rs./Tag durchschnittlich 30-40 Tage im Jahr verdienen kann und den sonstigen Lohn von 2-3 Rs./Tag etwa weitere 8-9 Monate erzielt. Ein Landarbeiter im Inneren des Alten Deltas kann so 700-800 Rupien im Jahr verdienen. Damit aber ist wegen der gleichzeitigen Zunahme der Lebenshaltungskosten sein Realeinkommen im Vergleich zur Zeit vor der Einführung der neuen Agrartechniken nicht verbessert worden (1). Deutlich schlechter ist jedoch die wirtschaftliche Lage der Landarbeiter in Ost-Tanjore (2), wo nach Einführung der neuen Anbautechniken nur große Landbesitzer allein durch höhere Flächenerträge Gewinne erzielen. Hier erfahren die Landlosen den größten relativen und vielfach sogar einen absoluten wirtschaftlichen Niedergang, da sie i.d.R. 3-6 Monate im Jahr ohne Beschäftigung sind und die gewöhnlich in Geldform ausgezahlten Löhne zwar angestiegen sind, wegen der erhöhten Lebenshaltungskosten jedoch real stagnieren. Die Situation der Landarbeiter verschlechtert sich auch dadurch, daß Landbesitzer zunehmend Wanderarbeiter anstellen, die aus den benachbarten Distrikten nach Tanjore strömen. Das zusätzliche Arbeitskräfteangebot drückt die Löhne und verlängert die Zeit der Arbeitslosigkeit der heimischen Landarbeiterschaft.

Die Intensivierung der bewässerungslandwirtschaftlichen Produktion im Untersuchungsgebiet hatte also eine **soziale und regionale Selektion** zur Folge und damit eine **Verstärkung der sozialen und regionalen Disparitäten**.

5.4 Zusammenfassung: Postkoloniale Formen regionaler und sozialer Ungleichheit

Die staatliche indische Agrarpolitik verfolgte im ersten Abschnitt der postkolonialen Zeit eine Förderung und Wiederbelebung der traditionellen Dorfgemeinschaften, im zweiten dagegen die entschiedene Unterstützung des einzelnen bäuerlichen Landbesitzers (Kap. 5.2.2). Dieser zweite Abschnitt unterscheidet sich von allen vorherigen Phasen der Agrarentwicklung Südindiens durch die zunehmende Bedeutung von neuen agrarwirtschaftlichen Ressourcen in Hinsicht auf den Entwicklungsstand der Landwirtschaft: Energie, Pumpanlagen, durch Züchtung entwickeltes Saatgut, chemische Düngemittel, Pestizide etc.. Dadurch benötigten die einzelnen Bauern mehr Geld bzw. Kredite - die neue Landwirtschaft wurde ausgesprochen kapitalintensiv.

Die mit der Agrarentwicklung in dieser Phase verbundenen Prozesse regionaler und sozialer Selektivität (Kap. 5.3.2) und die daraus resultierenden **neuen Formen regionaler und sozialer Ungleichheit** sind durch eine Reihe von empirischen Studien für Südindien belegt. Sie sollen im folgenden zusammengefaßt werden, wodurch die Verhältnisse im Untersuchungsgebiet in einen größeren räumlichen Rahmen einzuordnen sind. Dieser Arbeitsschritt stützt sich neben den eigenen Beobachtungen und Untersuchungsergebnissen vor allem auf die aufschlußreichen Arbeiten von ALEXANDER (3), BYRES (4), CHAMBERS und FARMER (5), CHATTERJEE (6), FARMER (7), FEDER (8),

---

(1) Frankel, 1971, 106
(2) Frankel, 1971, 107
(3) Alexander, 1975a; 1975b
(4) Byres, 1972

(5) Chambers and Farmer, 1977
(6) Chatterjee, 1975
(7) Farmer, 1977
(8) Feder, 1977

FRANKEL (1), GOUGH (2), GROENEVELD (3), KURIEN (4), LADEJINSKY (5), MAI (6), MUTHIAH (7), OOMMEN (8), PARTHASARATHY und PRASAD (9), PFLAUMER (10), RIEGER (11), SINGH (12) und YAPA (13).

Die unabhängige indische Regierung versuchte mit einer Vielzahl von Maßnahmen und Gesetzen, die aus der Kolonialzeit ererbten sozialen und wirtschaftlichen Ungleichheiten innerhalb der Agrarbevölkerung zu vermindern. Dies strebte man vor allem mit Agrarreformgesetzen und Dorfentwicklungsprogrammen an. Mit Hilfe der **Agrarreformen** versuchte man, die Probleme des Zamindar-Systems, des bäuerlichen Großgrundbesitzes, des Absentismus, der Ausbeutung und Entlassung von Pächtern und der Unterbezahlung und Abhängigkeit von Landarbeitern zu lösen. Mit dem **Dorfentwicklungsprogramm** des Community Development sollten vor allem die schwächsten Glieder der Dorfgemeinschaft, die Landlosen, Frauen und Kinder gefördert werden. Es stellt sich die Frage, ob diese Programme dazu beitrugen, die sozialen und regionalen Ungleichheiten im südlichen Indien zu mindern.

Verschiedene Befunde belegen, daß sich die Ungleichheiten zwischen den ländlichen Klassen während des **ersten Abschnitts** der Bewässerungsentwicklung nicht nur nicht verringerten, sondern vielfach sogar verstärkten: "My thesis is that this process of increasing social disparity was started nearly more than one and a half decades back with the advent of community development movement in our country. To lay all blame for socialeconomic disparity at the doors of green revolution will be historically incorrect and simplistic" (14). Die Betonung der landwirtschaftlichen Produktionsförderung um jeden Preis ohne ausreichende Berücksichtigung sozialer Gerechtigkeit führte schon im ersten agrarwirtschaftlichen Entwicklungsschritt dazu, daß die Ressourcen zur landwirtschaftlichen Entwicklung planmäßig denjenigen zukamen, die als **Innovatoren** in Frage kamen. Das waren vor allem die reichen Bauern, die das meiste Land besaßen, über das meiste Wasser verfügten, die meisten Kapitalreserven zum Kauf von neuem Saatgut und teuren Düngemitteln hatten und die die effektivsten Anbautechniken anwenden konnten.

Diese Politik wurde in der Phase der "Grünen Revolution" fortgesetzt und verstärkt. Dies führte zu einer Akzentuierung der Ungleichheiten (15). Der Faktor Landeigentum und besonders Eigentum an bewässerbarem Land wurde in diesem Entwicklungsabschnitt immer bedeutsamer für die materiellen Lebensbedingungen, und der Besitz von Land bestimmte zunehmend über die Einflußmöglichkeiten des einzelnen innerhalb der Dorfgemeinschaft, aber auch in Hinblick auf die Entwicklungsbehörden. Letztere waren für die Verteilung von Fördermitteln verantwortlich und daher bei einer kapitalintensiven Landwirtschaft von größter Wichtigkeit für die Entwicklung der Ressourcen.

Staatliche Agrarpolitik und das besondere Interesse des Staates an möglichst schnellen und umfangreichen Produktionserhöhungen ließen so die ohnehin reichen Bauern noch reicher werden. Dieser Prozeß wurde dadurch verstärkt,

(1) Frankel, 1971
(2) Gough, 1968/69; 1976
(3) Groeneveld, 1978
(4) Kurien, 1977
(5) Ladejinsky, 1970
(6) Mai, 1978
(7) Muthiah, 1975
(8) Oommen, 1975

(9) Parthasarathy und Prasad, 1975
(10) Pflaumer, 1972
(11) Rieger, 1975
(12) Singh, 1974
(13) Yapa, 1977
(14) Chatterjee, 1975, 176
(15) Chatterjee, 1975, 177

daß die Entscheidungsgewalt über die Verteilung der knappen Ressourcen mit der Weiterentwicklung des Community Development Programms (Kap. 5.2.2) immer mehr in die Hände der ländlichen Einflußgruppen überging. Es läßt sich allerdings nicht genau bestimmen, in welchem Maße die Ungleichheiten zwischen den einzelnen agraren Klassen und Regionen anwuchsen und ob es sich nur um eine **relative** oder um eine **absolute** Verschärfung der Ungleichheiten handelt. Die Befunde dazu sind uneinheitlich. Auch fehlen Kenntnisse über die regionale und kleinräumige Differenzierung in Ausmaß und Dynamik der Ungleichheiten.

Kennzeichnendes Merkmal der "Grünen Revolution" ist neben der **Kapitalintensität** des Anbaus die wachsende **Überschußproduktion** für den Markt. Beide Faktoren setzten agrarsoziale Prozesse in Gang, die eine **Veränderung der traditionellen Klassenstruktur** bewirkten. Als Ergebnis der "Grünen Revolution" entstand vor allem eine neue Klasse reicher **"Farmer"**, die es verstanden, das besonders zu Beginn der "Grünen Revolution" sehr reiche Angebot an günstigen staatlichen Subventionen zu nutzen. Das besondere Kennzeichen dieser "Farmer" ist ihre Fähigkeit, die Bedeutung der einzelnen Produktionsfaktoren zu ermessen und sie ökonomisch rationell einzusetzen. Ihre Stellung ist die eines allein auf eine Ertragsoptimierung ausgerichteten landwirtschaftlichen Betriebsleiters. Dies ist der grundlegende Unterschied zum einfachen "Ryot", der vielfach unrationell wirtschaftet, und zum "Landlord" alten Stils, der sein Land nur verwaltet. Vielfach werden solche Farmer auch als "kapitalistische" Farmer oder als "gentleman"-Farmer bezeichnet. Ihre Funktion besteht hauptsächlich darin, die von Lohnarbeitern durchgeführten landwirtschaftlichen Arbeiten zu überwachen. Sie gehören gewöhnlich nicht den Brahmanen, sondern den traditionell dominanten Bauernkasten an, die ihr Land im Gegensatz zu den Landlords selbst bewirtschafteten, die frühzeitig die sich bietenden guten Gewinnmöglichkeiten erkannten und die außerdem nicht wie die Landlords, die meist Großgrundbesitzer waren, unter die Gesetze zur Betriebsgrößenbeschränkung fielen (1).

Diese Veränderungen führten dazu, daß sich nicht nur die Ungleichheiten innerhalb der einzelnen Kastengruppen verschärften, sondern daß sich vielfach auch die traditionelle Verbindung zwischen Kaste und Landbesitz lokkerte. Die unternehmerischen Bauernkasten erlangten immer mehr Land, und durch Investitionen in Pump- und Brunnenanlagen auch einen privilegierten Zugang zu der Ressource Wasser. Der materielle Wohlstand mancher Mitglieder dieser Kasten übertraf daher bald denjenigen der traditionell Reichsten im Dorf. Die Identität von Kaste und agrarer Klasse blieb bei den traditionell unterprivilegierten Kastengruppen dagegen weitgehend bestehen. Das betrifft besonders die Landarbeiterschaft, der nach wie vor fast alle Mitglieder der unberührbaren Kastengruppen angehören.

In einer Dorfstudie im Godavari-Delta gehen PARTHASARATHY und PRASAD (2) der Frage nach, wie sich zwischen 1965/66 und 1971/72 bei Einführung hochertragreicher Reissorten die Einkommensverhältnisse der Pächter, die Pachtbeziehungen und die Pachtbedingungen entwickelten. Im Gegensatz zu der These, daß das Einkommen im Gefolge der "Grünen Revolution" bei den kleinsten Bauern prozentual, wenn auch nicht absolut, am stärksten gewachsen sei (3), zeigen die empirischen Belege dieser Studie zunächst, daß das Einkommen der ärmeren Schichten etwa gleichblieb, daß sich aber die relativen

---

(1) Oommen, 1975, 152
(2) Parthasarathy und Prasad, 1975, 168-174
(3) Sen, 1970, 33-40; Dantwala, 1972, preface

Ungleichheiten zwischen den agraren Klassen des Dorfes deutlich vergrößerten. Die Pachtbeziehungen veränderten sich in der Hinsicht, daß immer mehr Entscheidungen vom Landeigentümer selbst getroffen werden, daß dieser immer größere Anteile der finanziellen Anbaulasten selbst übernimmt und daß der Pächter allmählich kaum noch von einem Landarbeiter zu unterscheiden ist. Der Anteil am Ernteertrag für den Pächter wurde bei Einsatz hochertragreicher Reissorten allgemein von 1/2 auf nunmehr 1/3 gesenkt. Gleichzeitig übernahm der Landbesitzer auch 2/3 der Kosten für Dünger und Pestizide. Unter diesen Bedingungen kann der Pächter zwar infolge der erheblichen Produktionssteigerungen seinen absoluten Ertrag um rund 35 % erhöhen (Tabelle XXXVI). Der Löwenanteil der Ertragssteigerung fällt jedoch an den Landbesitzer, der seinen Ernteertrag um rund 170 % steigern kann. Der Anteil der Pächters am Ertrag sinkt somit relativ von 43 % auf 28 % ab.

In einer Untersuchung über den Einfluß der "Grünen Revolution" auf die Situation der schwächeren Schichten der Agrarbevölkerung kommt OOMMEN (1) ebenfalls zu dem Ergebnis, daß sich die wirtschaftliche Lage der Kleinbauern, falls überhaupt, in den letzten Jahren am geringsten verbesserte. Der Grund liegt dieser Analyse zufolge darin, daß die reichen "Farmer" und die mittleren Bauern von den produktivitätssteigernden Ressourcen und den Vermarktungsmöglichkeiten eher, häufiger und intensiver Gebrauch machen können. Es ergibt sich also eine anwachsende Disparität zwischen großen und kleinen Landeigentümern in Hinsicht auf Einkommen und Zugang zu den Ressourcen (2). Dieser Befund wird durch zahlreiche weitere kleinräumige Studien belegt (3).

Etwas positiver stellt sich nach OOMMEN die Entwicklung der wirtschaftlichen Lage der **Landarbeiterschaft** in den 13 IADP-Distrikten Indiens dar. Im realen Gesamtlohnaufkommen, im Lohnniveau und in der Beschäftigungssituation lassen sich danach drei Kategorien von Distrikten unterscheiden (Tabelle XXXVII): in fünf Distrikten verbesserte sich die Situation deutlich, in sechs Distrikten blieb sie etwa gleich, in zwei Distrikten verschlechterte sie sich.

Es wird deutlich, daß das Cauvery Delta, in dem die Lage der Landarbeiterschaft sich durchweg verschlechterte, eine Ausnahme unter den IADP-Distrikten bildet. OOMMEN erklärt dies so: die Landarbeiterschaft insbesondere des östlichen Deltas sei in starkem Maße politisch organisiert (4); dadurch sei es hier zwar möglich gewesen, hohe Löhne durchzusetzen; das hohe Lohnniveau habe jedoch dazu geführt, daß die Landbesitzer immer weniger Lohnarbeiter beschäftigten. Insgesamt sanken daher Beschäftigungsgrad und Gesamtlohnaufkommen.

In der Mehrzahl der IADP-Distrikte Indiens verkleinerte sich jedoch nach OOMMEN die Kluft zwischen Kleinbauern und Landarbeitern seit der Einführung der "Grünen Revolution". Eine Reihe weiterer kleinräumiger Untersuchungen stützen diesen Befund (5). Als Hauptgrund für die Verbesserung

---

(1) Oommen, 1975, 151-167
(2) Oommen, 1975, 157
(3) Bapna, 1973; Billings und Arjun Singh, 1969; Frankel, 1971; Gaikwad, 1971; Kahlon und Gurbachan Singh, 1973a; Ladejinsky, 1969b; Parthasarathy, 1971; Sen, 1970; Venkatappiah, 1969; Yaneshwar Ojha, 1970
(4) Alexander, 1975a
(5) Kahlon und Gurbachan Singh, 1973a, 1973b; Aggarawal, 1973; Oommen, 1971^2; Laxminarayan, 1973

Tabelle XXXVI

Verteilung der Reisproduktion zwischen Pächter und Verpächter in einem südindischen Deltadorf 1971/72

	Hochertragreiche neue Reissorten	Traditionelle Reissorten	Steigerung (%)
Anteil d. Verpächters am Ertrag u. an den Kosten f. Düngemittel und Pestizide	2/3	1/2	
Ertrag (kg)	5727	2720	+ 110,6
Anteil d. Verpächters	3818	1360	+ 180,7
Anteil d. Pächters	1909	1360	+ 40,4
Kosten Dünger u. Pestizide (Getreideaquival.)	993	384	+ 158,6
Anteil d. Verpächters	662	192	+ 244,8
Anteil d. Pächters	331	192	+ 72,4
Nettoanteil d. Verp.	3156	1168	+ 170,2
Nettoanteil d. Pächters	1578	1168	+ 35,1

Quelle: PARTHASARATHY und PRASAD, 1975, 173

Tabelle XXXVII

Veränderungen in der Situation der Landarbeiterschaft in den IADP-Distrikten Indiens 1962/63-1969/70

Distrikt	Gesamtlohnaufkommen (1962/63 = 100)	Realer Tageslohn (1962/63 = 100)	Beschäftigungsgrad pro ha (1962/63 = 100)
Gruppe I			
West Godavari	190	112	170
Ludhiana	173	116	149
Alleppy	141	139	102
Palghat	140	128	109
Sambalpur	128	120	107
Gruppe II			
Aligarh	101	94	107
Cachar*	98	84	116
Shahabad	94	81	116
Surat-Balsar	90	78	114
Mandya	88	86	102
Raipur	84	71	117
Gruppe III			
Thanjavur	89	116	77
Burdwan*	73	83	87

* Basisjahr 1963/64

Quelle: OOMMEN, 1975, 159

der Situation der Landarbeiter sieht OOMMEN (1) jedoch nicht die "Grüne Revolution" an sich, sondern vor allem andere regionale Faktoren, wie z.B. die Knappheit von Arbeitskräften infolge eines aufblühenden nicht-agrarischen Sektors mit Arbeitskräftebedarf, wie es etwa auf den Punjab zutrifft.

Es läßt sich der Schluß ziehen, daß seit Ende der Kolonialzeit die Ungleichheiten in Status, Einfluß und materiellem Wohlstand innerhalb der agrarischen Klassen wuchsen, und daß dieser Prozeß durch die neue Saatgut-Düngemittel Technologie verstärkt wurde. Auch vergrößerten sich die Ungleichheiten innerhalb der Kastengruppen. Die traditionelle Verbindung zwischen hoher Kaste, großem Landeigentum und beträchtlichem materiellen Wohlstand veränderte sich zugunsten der mittleren Bauernkasten. Die Verbindung zwischen niederer Kaste, Landlosigkeit und unzureichenden Lebensbedingungen blieb dagegen weitgehend bestehen. Die Unterschiede zwischen den beiden Hauptgruppen verschärften sich.

Die wachsenden sozio-ökonomischen Ungleichheiten innerhalb der Agrargesellschaft resultieren aus dem ungleichen Zugang zu den Ressourcen Land, Wasser, Kapital und Energie sowie zu den Vermarktungsmöglichkeiten und Bildungseinrichtungen. Der ungleiche Zugang zu **Kapital**, das zu günstigen Konditionen allein von staatlichen Kreditinstitutionen bereitgestellt wird, beruht vor allem auf drei Faktoren: der Kreditwürdigkeit des Antragstellers, seiner Beziehung zu der Vergabebürokratie und dem Bildungsstand des Antragstellers (Bewältigung von Formalitäten). Der analphabetische Kleinbauer geringen Einflusses ist daher in seinem Zugang zu Kapital eingeschränkt. Damit ist es ihm verwehrt, etwa kostspielige moderne Brunnenanlagen zu installieren. Der Zugang zu **Energie**, d.h. zu Öl oder elektrischem Strom zum Betrieb derartiger Pumpanlagen, ist ebenfalls weitgehend vom verfügbaren Kapital abhängig. Mit einem ungleichen Zugang zu den Ressourcen Kapital und Energie ist also der ungleiche Zugang zu der Ressource **Wasser** verbunden.

Der ungleiche Zugang zu den **Vermarktungseinrichtungen** beruht auf Faktoren wie Speicher- und Transportmöglichkeiten, der Menge des erwirtschafteten Überflusses, dem Zeitpunkt des Verkaufs, der Abhängigkeit des Bauern von Händlern und Kreditgebern etc.. Hier sind Klein- und Kleinstbauern in jeder Weise benachteiligt. Der Zugang zu den **Bildungseinrichtungen** ist zwar aufgrund der allgemeinen Schulpflicht theoretisch gleich, doch ist zu beobachten, daß Kinder von Kleinbauern und Landarbeitern besonders in Arbeitsspitzenzeiten meist nicht die Schule besuchen, sondern auf den Feldern arbeiten müssen. Auch geht die gebotene Schulbildung inhaltlich wenig auf die kaufmännisch-praktischen Erfordernisse der neuen Landwirtschaft ein. Gerade bei der neuen Agrartechnologie aber sind z.B. Aufwand-Ertragsrechnungen für Landeigentümer und Pächter von besonderer Bedeutung, will man die neuen Produktionsmittel rationell und erfolgreich einsetzen. Grundvoraussetzung ist jedoch zunächst die Verfügbarkeit dieser Produktionsmittel. Bevor man also die "**Innovationsfähigkeit**" von Bauern (Bildung, agrartechnischer Sachverstand, Geschäftssinn etc.) untersucht, ist es geboten, zuerst ihre "**Innovationsmöglichkeit**" (Kredite, Einfluß, ausreichendes Landeigentum etc.) zu prüfen. Erst in einem dritten Schritt erscheint dann die Analyse der "**Innovationsbereitschaft**" (2) sinnvoll.

Kennzeichnend für die jüngere Agrarentwicklung in Südindien ist neben der Verstärkung der sozio-ökonomischen Ungleichheiten eine Zunahme **regionaler**

---

(1) Oommen, 1975, 165   (2) Bronger, 1975c

Ungleichheiten im Entwicklungsstand und in der Produktivität der Landwirtschaft. Da die künstliche Bewässerung eine unabdingbare Voraussetzung für die erfolgreiche Anwendung der neuen Agrartechnologie ist, profitieren zwangsläufig diejenigen Regionen, die bereits gut entwickelte Bewässerungsmöglichkeiten aufweisen. Hier konzentrieren **staatliche Förderungsmaßnahmen** die knappen Ressourcen, hier werden Kredite bereitgestellt, hier gibt es eine subventionierte Versorgung mit Düngemitteln und Saatgut, hier erfolgt der Ausbau der Infrastruktur (Verkehrswesen, Vermarktungssystem, Energieversorgung) etc.. Damit ist ein indirekter Entzug potentieller Förderungsmittel für die unbewässerten, nunmehr stark vernachlässigten Regionen verbunden. Das schon vor der Kolonialzeit angelegte und während der Kolonialzeit strukturell verstärkte Ungleichgewicht zwischen den Regionen Indiens hat sich dadurch in der modernen Phase der Agrarentwicklung noch einmal verschärft (1). Starke und sich vergrößernde Ungleichheiten im Entwicklungsstand zwischen den Regionen aber bringen vielfältige Entwicklungsprobleme mit sich, z.B. ausgeprägte Abwanderungsbewegungen der ländlichen Bevölkerung und einen sich verstärkenden Abfluß von Ressourcen (z.B. Kapital, Düngemittel) aus den Regionen mit einem niedrigen landwirtschaftlichen Entwicklungsstand.

Auch **innerregionale Ungleichheiten** sind in der jüngeren Phase der Agrarentwicklung angewachsen. So verstärkte sich z.B. die Kluft zwischen dem inneren Delta und dem randlichen Deltabereich, was von der räumlich differenzierten Effizienz des Deltabewässerungssystems und dem Zugang zu Grundwasserressourcen abhängt.

Auf **lokaler** Ebene lassen sich ebenfalls anwachsende Ungleichheiten im landwirtschaftlichen Entwicklungsstand erkennen. Solche Ungleichheiten entstehen nicht nur dadurch, daß innerhalb von Dorffluren große Landbesitzer mit modernen Brunnenanlagen seit einigen Jahren Doppelanbau von Reis betreiben und benachbarte kleine Landbesitzer wie zuvor allein auf Kanalbewässerung angewiesen sind und weiterhin nur eine einzige bewässerte Frucht anbauen können. In North Arcot z.B. beobachteten CHAMBERS und FARMER (2), daß durch den verstärkten Einsatz von modernen leistungsfähigen Pumpanlagen im Brunnenbewässerungsland der Grundwasserspiegel in den Dorffluren soweit absank, daß Kleinbauern mit den traditionellen Wasserhebeanlagen ("kavalai") der Zugang zum Grundwasser völlig verwehrt war. Konnte der Naßreisanbau mit zwei bis drei Ernten im Jahr in einigen Flurbezirken intensiviert werden, so fielen die benachbarten Felder von Kleinbauern als direkte Folge dieser Intensivierung plötzlich trocken.

Zusammenfassend läßt sich feststellen, daß die "Grüne Revolution" im Untersuchungsgebiet wachsende sozio-ökonomische und räumliche Ungleichheiten zur Folge hatte. Diese stehen im Zusammenhang mit der historisch gewachsenen und immer wieder neu beeinflußten und veränderten Sozialstruktur, mit der jeweiligen staatlichen Agrarpolitik sowie mit wirtschaftlichen Interessen auf nationaler, regionaler und lokaler Ebene. Daraus resultierte ein zunehmend ungleicher Zugang von Gruppen und Individuen zu den Ressourcen der Agrargesellschaft (Land, Wasser, Kredit, Energie). Daraus wiederum ergab sich eine ungleiche Entwicklung dieser Ressourcen mit der Folge, daß sich neue Formen sozialer und regionaler Ungleichheit herausbildeten.

---

(1) Pflaumer, 1972, 9   (2) Chambers und Farmer, 1977, 416

6. FALLSTUDIEN

6.1 Agrar- und Sozialentwicklung in vier ausgewählten Entwicklungsblocks

Im folgenden soll die Agrar- und Sozialentwicklung des Untersuchungsgebietes mit Hilfe von vier ausgewählten Fallstudien auf kleinräumlicher Ebene dargestellt werden. Jede Fallstudie (Abb. 1) repräsentiert dabei eine der unter Kap. 5.1.2.3 ausgegliederten Regionen des Bewässerungsfeldbaus:
1. Das Innere Delta von Tiruppanandal (etwa dem Tiruppanandal Block entsprechend) repräsentiert das **innere Alte Delta**, 2. der Deltarand von Talanayar (den gesamten Talanayar Block umfassend) kennzeichnet das **Randdelta**, 3. das Neue Delta von Peravurani (weitgehend der nördliche Teil des Peravurani Blocks) steht stellvertretend für das **Neue Delta** und 4. die Deltawurzel und Stauteichregion von Budalur (der gesamte Budalur Block) ist ein Beispiel für die Verhältnisse in der **Deltaumrahmung**. Die Untersuchungsgebiete von Talanayar und Budalur umfassen mehrere Regionen des Bewässerungsfeldbaus, so daß für diese Beispiele in Profilen auch der zentral-periphere Formenwandel vom Alten Delta zum Deltarand (Talanayar) bzw. von der Deltawurzel zur Stauteichregion (Budalur) dargestellt werden kann.

In den Fallstudien soll in einem ersten Schritt der Frage nachgegangen werden, wie sich **Bewässerung und Landwirtschaft** in räumlich differenzierter Weise entwickelten. Das Augenmerk gilt dabei zunächst den naturräumlichen Verhältnissen und dann den Hintergründen, Auswirkungen und Problemen der agrarwirtschaftlichen Entwicklung. Für diese Analyse wurden für mehr als 180 Dörfer die innerdörflichen Statistiken von 1893, 1923 und 1970-76 ausgewertet. In einem zweiten Schritt sollen danach für zwei der vier ausgewählten Fallstudien verschiedene **Aspekte ländlicher Entwicklung/Unterentwicklung** aufgegriffen werden.

6.1.1 Entwicklung, Stand und Probleme von Bewässerung und Landwirtschaft

6.1.1.1 Inneres Delta von Tiruppanandal

Das Innere Delta von Tiruppanandal liegt am mittleren Nordrand des Distrikts zwischen den Deltamündungsarmen Coleroon und Cauvery (Abb. 1). **Physiogeographisch** handelt es sich dabei um eine von den Zweigflüssen des Cauvery durchquerte alluviale Ebene mit sehr geringem Gefälle nach Osten. Ihre höchsten Punkte liegen weniger als 30 m über dem Meeresspiegel (1). Die jährlichen **Niederschlagssummen** betragen durchschnittlich 1.175 mm und nehmen von Westen nach Osten zu. Die vom Nordost-Monsun verursachten Niederschläge übertreffen diejenigen des Südwest-Monsuns deutlich (2). Die Aridität liegt (nach de Martonne) bei etwa 30 (3) und steigt von Osten nach Westen. Die alluvialen **Böden** - sandig-tonig im Norden und lehmig im Süden - sind durchweg sehr fruchtbar; die Landwirtschaft leidet aber darunter, daß manche Gebiete sich schlecht entwässern lassen.

Die wichtigsten natürlichen Voraussetzungen für die Agrarwirtschaft des inneren Deltas von Tiruppanandal bilden die Art der **Wasserversorgung** und **Wasserverteilung** (Abb. 14a). Der größte Anteil der Kanalbewässerungsfläche wird im

---

(1) Dhanapala Mosi, Kumbakonam Agricultural Division, 1973, 1
(2) Muthukrishna Das, 1937
(3) Adiceam, 1966, 64

Inneres Delta von Tiruppanandal

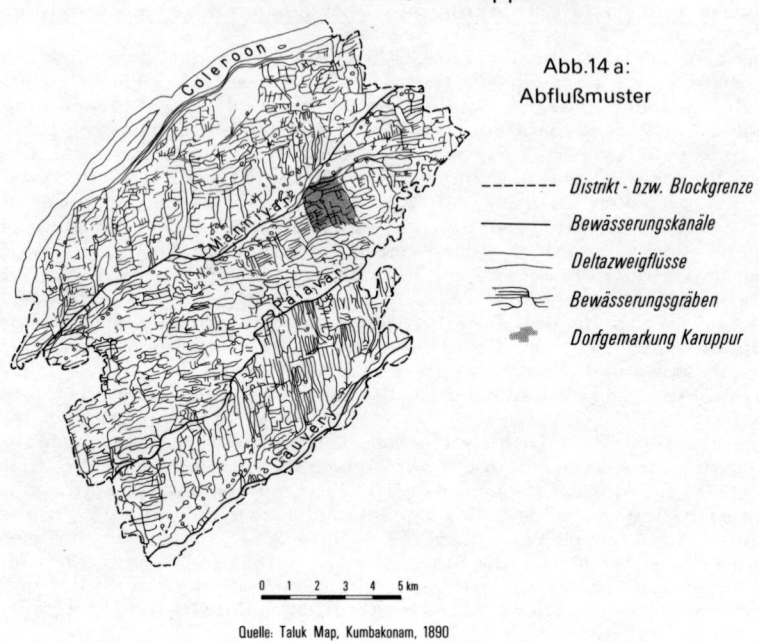

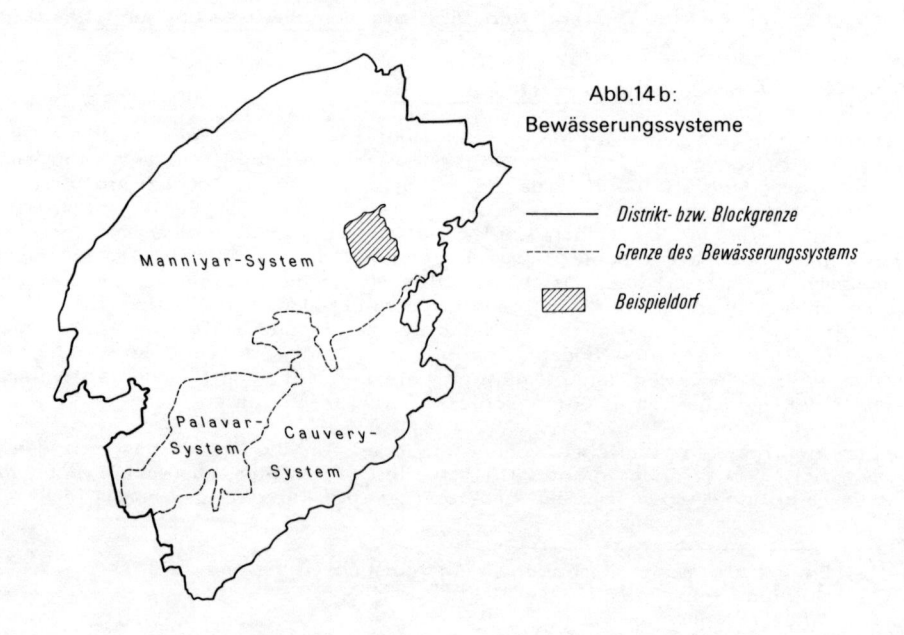

Abb.14 a:
Abflußmuster

- - - - - - Distrikt- bzw. Blockgrenze
———— Bewässerungskanäle
≈≈≈≈ Deltazweigflüsse
≋≋≋ Bewässerungsgräben
▰ Dorfgemarkung Karuppur

0 1 2 3 4 5 km

Quelle: Taluk Map, Kumbakonam, 1890

Abb.14 b:
Bewässerungssysteme

———— Distrikt- bzw. Blockgrenze
- - - - - - Grenze des Bewässerungssystems
▨ Beispieldorf

Manniyar-System
Palavar-System
Cauvery-System

Abb.15 a:
1890/91

Inneres Delta von Tiruppanandal

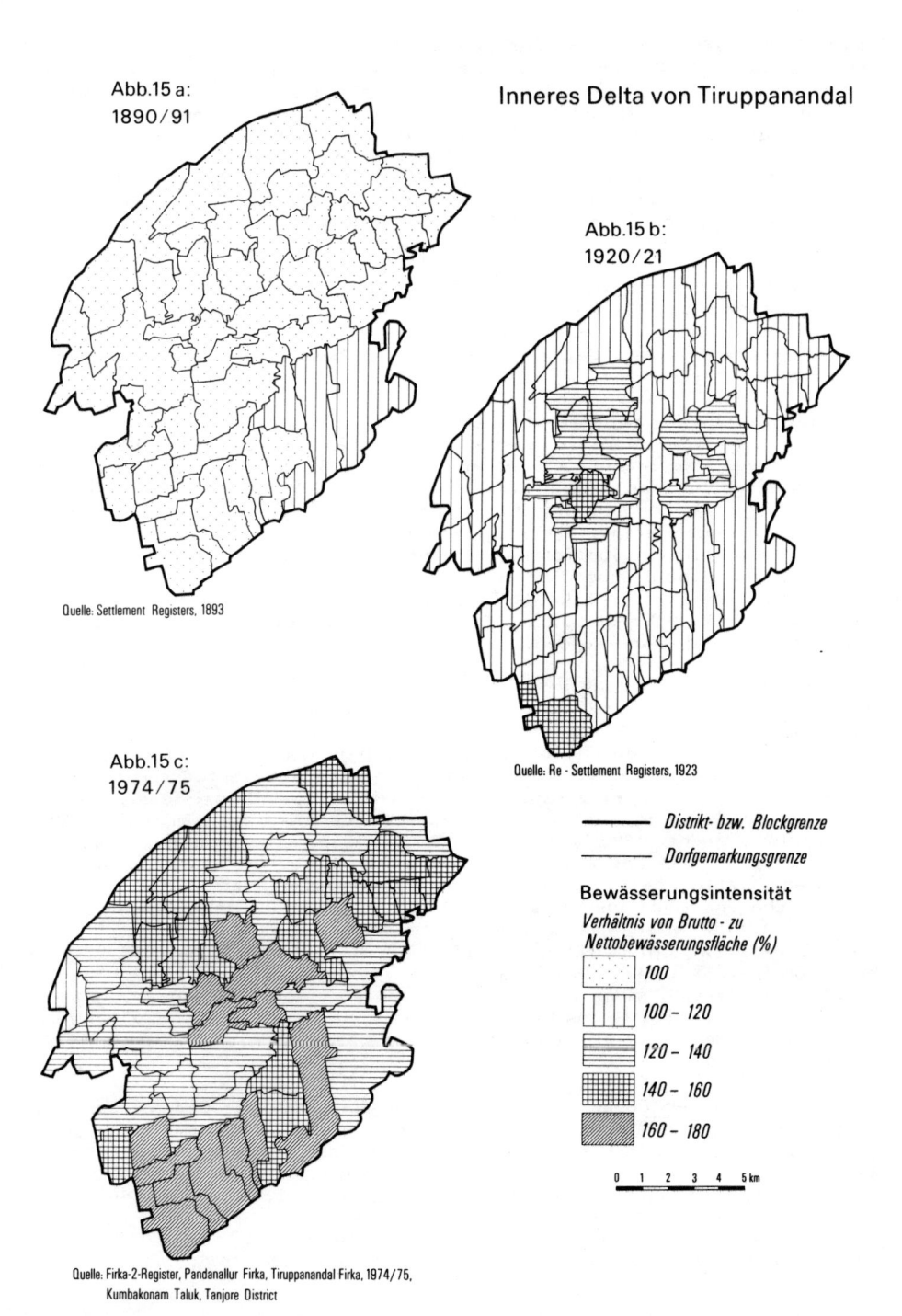

Abb.15 b:
1920/21

Quelle: Settlement Registers, 1893

Abb.15 c:
1974/75

Quelle: Re - Settlement Registers, 1923

——— Distrikt- bzw. Blockgrenze
——— Dorfgemarkungsgrenze

Bewässerungsintensität
Verhältnis von Brutto - zu Nettobewässerungsfläche (%)

- 100
- 100 – 120
- 120 – 140
- 140 – 160
- 160 – 180

0 1 2 3 4 5 km

Quelle: Firka-2-Register, Pandanallur Firka, Tiruppanandal Firka, 1974/75, Kumbakonam Taluk, Tanjore District

Norden vom System des Manniyar bewässert, ein kleinerer Teil im Süden von
dem des Cauvery. Zwischen beide schiebt sich keilförmig das kleinere Bewässerungssystem des Palavar, der gleichzeitig als Hauptentwässerungsachse
des Blocks fungiert (Abb. 14b). Dieses sehr alte, wenig schematisch angelegte Kanalbewässerungssystem, in dem mit Hilfe eines engmaschigen Netzes
von Verteilerkanälen und Feldgräben jedes einzelne Dorf mit Wasser versorgt
werden kann, garantiert eine jährliche Bewässerungsperiode von 7-8 Monaten Dauer, jeweils von Juni/Juli bis Januar/Februar (1). Zusätzlich zum Kanalbewässerungssystem gab es 1975/76 im Inneren Delta von Tiruppanandal
786 Filter-Point Brunnen, die 1.276 ha bewässerten.

Das **Agrarpotential** des Inneren Deltas von Tiruppanandal ist kleinräumlich
wenig differenziert. Als geringfügig benachteiligt erscheint das Gebiet nahe
des Coleroon infolge der schlechteren Bodenentwässerung, als geringfügig
bevorzugt das nahe des Cauvery aufgrund der besonders guten Wasserversorgung.

Die Entwicklung des Bewässerungsfeldbaus soll im folgenden vor allem anhand von zwei Indikatoren dargestellt werden, der **Bewässerungsintensität**
und der jeweiligen **Anbaukombination**. Erstere mißt den Grad des bewässerten jährlichen Mehrfachanbaus und gibt so Aufschluß über die Effizienz der
Bewässerung. Die Anbaukombinationsregionen zeigen die auf der Bewässerung
beruhenden Anbausysteme. Als Anbaukombinationen werden dabei nach WEAVER
(2) die Kombinationen von Feldfrüchten bezeichnet, die in ihrem prozentualen
Anteil an der Anbaufläche die geringste Abweichung von einer theoretischen
Idealkurve aufweisen. Für beide Indikatoren konnten für nahezu alle der
180 erfaßten Dörfer vergleichbare Daten der Jahre 1890, 1920 und 1975 gesammelt und analysiert werden.

Die **Bewässerungsintensität** im Inneren Delta von Tiruppanandal betrug
1974/75 140,7 %. Sie liegt damit deutlich über dem Distriktdurchschnitt von
127,4 %. Die höchsten Werte von 160-180 % treten in den zentralen und südlichen Bereichen des Blocks auf (Abb. 15c): hier werden die unmittelbar
vom Cauvery mit Wasser versorgten und in den Palavar entwässerten sowie
die direkt vom Manniyar durchquerten Dorffluren besonders intensiv bewässert. Die Bewässerungsintensität hat sich seit dem New Settlement von 1893
beträchtlich erhöht: 1890/91 war bewässerter Doppelanbau geringen Umfangs
allein auf drei vom Cauvery direkt bewässerte Dörfer im Südosten der Region
beschränkt (Abb. 15a); für das gesamte Beispielgebiet betrug die durchschnittliche Bewässerungsintensität nur 100,2 %. Dreißig Jahre später (Abb. 15b)
gab es schon in allen Dörfern bewässerten Doppelanbau, die durchschnittliche Bewässerungsintensität stieg auf 113,9 %. Werte von 120-140 % und teilweise über 140 % traten 1920/21 allerdings nur im zentralen, vom Manniyar
bewässerten Bereich sowie im äußersten Südwesten auf. Die Schwerpunkte
höchster Bewässerungsintensität verlagerten sich somit vom Südostrand in
den inneren und südwestlichen Bereich. Diese Tendenz sollte sich bis 1975
weiter verstärken.

In den Teilgebieten hoher Bewässerungsintensität liegt die Begünstigung für
einen doppelten Naßreisanbau in erster Linie in der Menge und Dauer der
Kanalwasserversorgung. Es gilt die Regel, daß der Doppelanbau in solchen
Dorffluren besonders ausgeprägt ist, die nahe der Hauptkanäle oder Zweigkanäle liegen. Bei der vorherrschenden Bewässerung von Feld-zu-Feld sind

---

(1) Dhanapala Mosi, Kumbakonam Agricultural Division, 1973, 2
(2) Weaver, 1954

dies die Bereiche mit einer besonders frühzeitigen und - was noch wichtiger ist - gesicherten Wasserversorgung auch in Zeiten von Wasserknappheit. Entsprechend ist die Bewässerungsintensität vor allem in den Dörfern hoch, die von Manniyar, Palavar oder Cauvery durchquert werden und die ein engmaschiges Netz von Verteilerkanälen und dörflichen Bewässerungsgräben aufweisen. Ein weiterer wichtiger Faktor, der den bewässerten Doppelanbau fördert, ist in den letzten Jahren die Einrichtung von Filter-Point Brunnen geworden. Da die Grundwasserverhältnisse überall günstig sind, konnten in jüngster Zeit auch diejenigen Bereiche für einen doppelten Naßreisanbau erschlossen werden, die abseits der großen Kanäle liegen.

Das einzige **Bewässerungsproblem** im Inneren Delta von Tiruppanandal ist die Entwässerung in Zeiten stärkster Wasserführung, da die starke Schwemmstoffakkumulation die Entwässerungskapazität der Kanäle einschränkt. Dieses Problem wird durch das geringe natürliche Gefälle der Region und die nur mäßige Durchlässigkeit der Böden verschärft.

Bei der **Landwirtschaft** des Inneren Deltas von Tiruppanandal überwiegen der Naßreis- (1974/75: 66,5 % der Bruttoanbaufläche) und Hülsenfrüchteanbau (28,4 %). In den Bereichen mit hoher Bewässerungsintensität (Abb. 15c) ist der Bewässerungsfeldlandtyp Bwf_3 (Abb. 6) mit zwei Naßreisernten weitverbreitet. In den Dörfern geringerer Bewässerungsintensität wird meist nur eine einzige Samba-Reisfrucht angebaut, der oftmals Hülsenfrüchteanbau folgt (Bewässerungsfeldlandtyp Bwf_4). Dieser Feldlandtyp herrscht im Beispielgebiet insgesamt vor. Entsprechend zeigt der größte Teil des Inneren Deltas von Tiruppanandal 1974/75 die **Anbaukombination** Naßreis-Hülsenfrüchte (RHü), kleinere Bereiche vor allem im zentralen Bereich sind als Dörfer mit Naßreis in Monokultur ausgewiesen (Abb. 16c). Letztere beschränken sich allgemein auf die Gebiete besonders hoher Bewässerungsintensität. Die Dörfer am Nordrand des Beispielgebietes, in denen neben dem Reisanbau Ölfrüchte- und Hirseanbau betrieben wird, liegen vorwiegend auf den nicht vom Kanalbewässerungssystem des Manniyar erreichbaren höher gelegenen Uferdammbereichen des Coleroon, so daß hier größere Regenfeldbaubezirke in den Dorffluren auftreten.

Bei den Anbaukombinationsregionen dominierte zur Zeit des New Settlement (Abb. 16a) und des Re-Settlement (Abb. 16b) ganz eindeutig der Naßreisanbau in Monokultur, der 1890/91 84,1 % der Bruttoanbaufläche, 1920/21 86,2 % einnahm. Trockenzeitlichen Hülsenfrüchteanbau auf vorherigem Bewässerungsland gab es noch nicht, da die geringere Leistungsfähigkeit des Bewässerungssystems und das Fehlen von Filter-Point Brunnen dazu nicht die ausreichende Bodenfeuchte bereitstellten.

Für die **zukünftige Entwicklung** des Bewässerungsfeldbaus im Inneren Delta von Tiruppanandal wird vor allem das geplante Modernisierungsprojekt für das Cauvery Delta System (Kap. 5.1.1) von Bedeutung sein. Schon in der ersten Phase dieses Projektes ist eine Begradigung des Manniyar vorgesehen, und auch die geplante Anlage von 1.000 Tiefbrunnen im inneren Alten Delta wird die Bewässerung dieses Beispielgebietes weiter verbessern und intensivieren (1).

---

(1) Project Report, 1969, 32

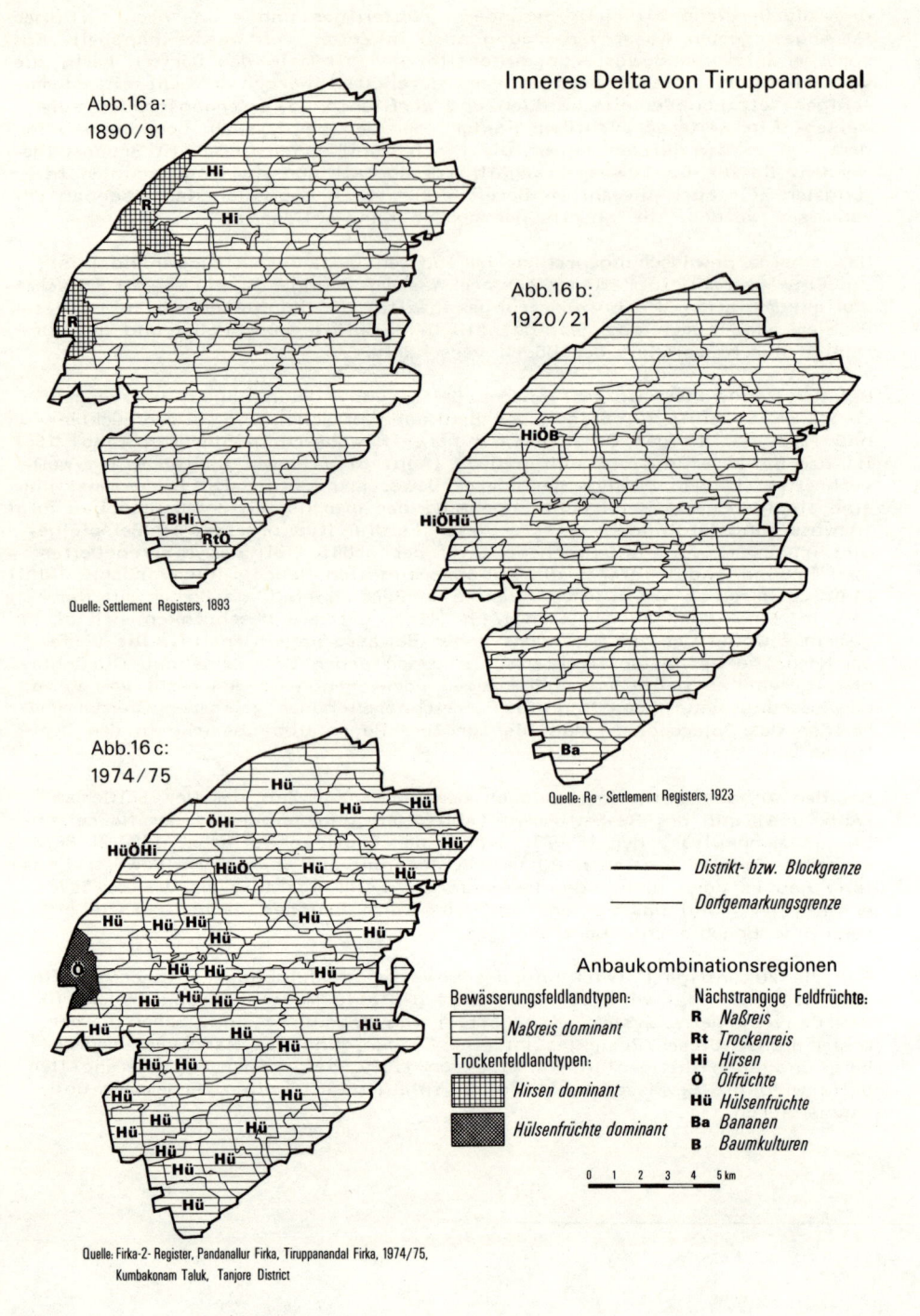

Inneres Delta von Tiruppanandal

Abb. 16 a: 1890/91

Quelle: Settlement Registers, 1893

Abb. 16 b: 1920/21

Quelle: Re - Settlement Registers, 1923

Abb. 16 c: 1974/75

Quelle: Firka-2- Register, Pandanallur Firka, Tiruppanandal Firka, 1974/75, Kumbakonam Taluk, Tanjore District

— Distrikt- bzw. Blockgrenze
— Dorfgemarkungsgrenze

Anbaukombinationsregionen

Bewässerungsfeldlandtypen:
   Naßreis dominant

Trockenfeldlandtypen:
   Hirsen dominant
   Hülsenfrüchte dominant

Nächstrangige Feldfrüchte:
- **R** Naßreis
- **Rt** Trockenreis
- **Hi** Hirsen
- **Ö** Ölfrüchte
- **Hü** Hülsenfrüchte
- **Ba** Bananen
- **B** Baumkulturen

0 1 2 3 4 5 km

6.1.1.2 Deltarand von Talanayar

Der Deltarand von Talanayar umfaßt den Übergangsbereich vom inneren Alten Delta bis hin zum südöstlichen Küstensaum. **Physiogeographisch** handelt es sich um eine sanft nach Osten abdachende Ebene. Die einzigen Erhebungen bilden Sanddünen am Küstenrand (Abb. 17c). Hinter diesem Dünengürtel erstrecken sich weite marschige Niederungen. Auffällig sind weiter im Landesinneren einzelne isolierte Erhebungen mit relativen Höhen von 1-3 m (Abb. 17c). Es handelt sich dabei um Altdünen und Reste ehemaliger Strandwälle. **Klimatisch** liegt der Deltarand von Talanayar im Übergangsbereich vom semihumiden inneren Alten Delta zum humiden Küstensaum, dem Gebiet mit den höchsten Jahresniederschlägen des gesamten Distrikts. Die Niederschlagssummen betragen hier im Durchschnitt 1.275 mm. Die Niederschläge des Nordost-Monsuns dominieren ganz eindeutig, da der Küstenrand den Nordost-Winden besonders exponiert ist. Die hohen Niederschläge resultieren aus einer Stauwirkung, die durch Reibung der von See kommenden Luftmassen bei der ersten Berührung mit der Landoberfläche entsteht, selbst wenn diese – bis auf die Dünen – kein Relief aufweist. Die **Böden** des Untersuchungsgebietes bestehen vorwiegend aus Sand ("manal") marinen Ursprungs; deltaeinwärts nimmt der Anteil lehmig-tonigen Materials zu. Entsprechend erhöht sich die Bodenfruchtbarkeit von Ost nach West.

Die hydrologische Karte (Abb. 17a) zeigt nur im äußersten Nordwesten des Deltarandes von Talanayar eine dem Inneren Delta von Tiruppanandal vergleichbare Dichte und eine ähnlich engmaschige, alle Dörfer gleichmäßig erfassende Verzweigung des **Abflußnetzes**. Nach Südosten hin wird das Abflußmuster weitmaschiger und regelloser. Größere Flächen werden nicht von Kanälen erreicht. Im südlichen und östlichen Randbereich finden sich nur noch vereinzelte Abflußrinnen, dafür treten aber sehr viele kleine und einige größere Teiche auf. Die Teiche zeigen jeweils die ungünstigsten natürlichen Drainagebedingungen an. Insgesamt nehmen also die Güte der Wasserverteilung und damit das Potential für Bewässerungsfeldbau zur Küste hin ab. Das gleiche gilt für die Wasserversorgung, die im Vergleich zum westlichen Delta zeitlich stark verzögert ist. Die Kanäle füllen sich gewöhnlich erst im August und stellen dem Bauern nur 6 – 6,5 Monate im Jahr Irrigationswasser zur Verfügung. Zudem treten häufig auch mengenmäßige Versorgungsengpässe auf, wenn für die Landwirtschaft im oberen Teil des Alten Deltas zu viel Wasser verbraucht wird.

Entsprechend der sich vom Deltainneren zum Deltarand verschlechternden edaphischen und insbesondere hydrologischen Verhältnisse kann der Deltarand von Talanayar von West nach Ost in drei **Subregionen des Bewässerungsfeldbaus** untergliedert werden: 1. in die fruchtbare zentrale Region im Nordwesten, die noch dem Alten Delta zuzuordnen ist, 2. in die mäßig fruchtbare Randregion, die den mittleren und größten Bereich des Beispielgebietes umfaßt und bereits dem Randdelta zugehört, und 3. in die wenig fruchtbare Küstenregion, die kaum noch vom Kanalsystem erschlossen wird (Abb. 17b). Alle drei Regionen weisen unterschiedliche bewässerungslandwirtschaftliche Merkmale, Entwicklungstendenzen und Problemkreise auf.

Die **Küstenregion** des Deltarandes von Talanayar zeigt geringe, seit 1890 jedoch deutlich vergrößerte Bewässerungsflächenanteile und eine äußerst niedrige Bewässerungsintensität (Abb. 18 a-c). In der Landwirtschaft überwiegt der wenig ertragreiche Trockenreisanbau, zu dem in jüngster Zeit die Ölfrüchte getreten sind (Abb. 19 a-c). Der Dünengürtel und die salinen Sandböden sind unfruchtbar, ihre Wasserhaltekapazität für Bewässerungsfeldbau

Deltarand von Talanayar

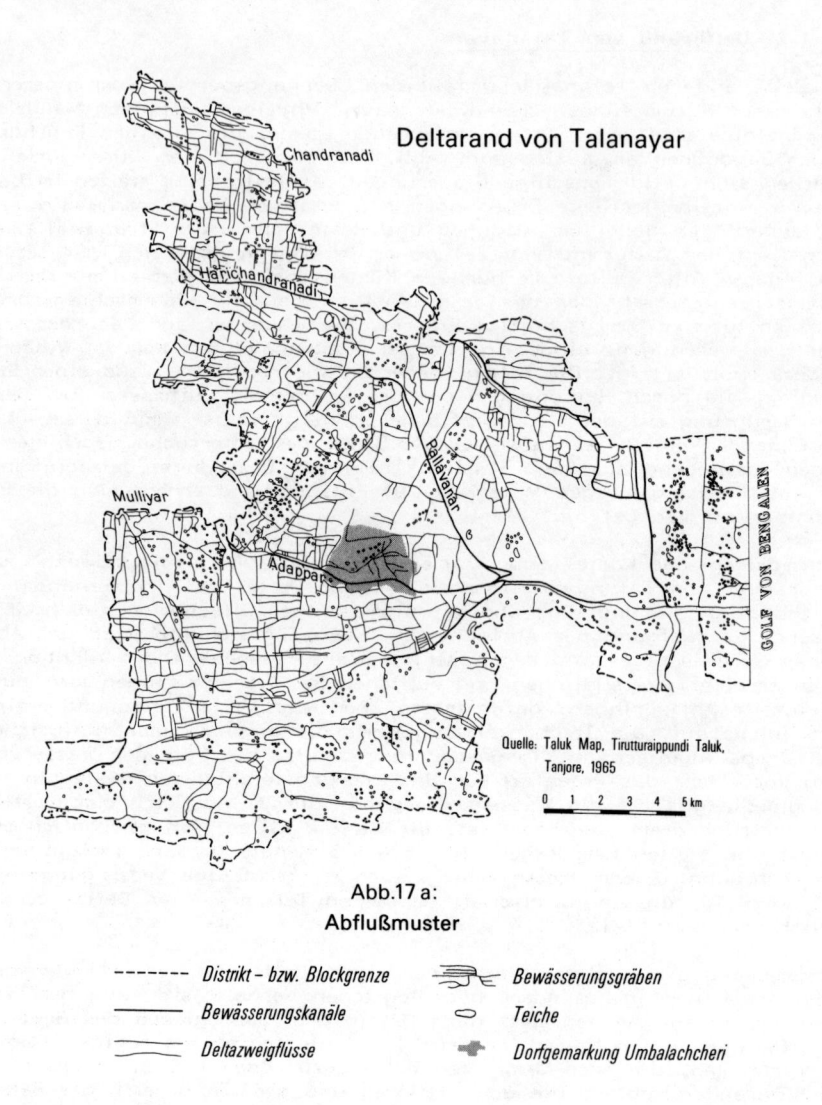

Quelle: Taluk Map, Tirutturaippundi Taluk, Tanjore, 1965

Abb.17 a:
Abflußmuster

------- Distrikt - bzw. Blockgrenze
———— Bewässerungskanäle
≡≡≡ Deltazweigflüsse
≈≈ Bewässerungsgräben
○ Teiche
▩ Dorfgemarkung Umbalachcheri

Abb.17 b:
Bewässerungssysteme

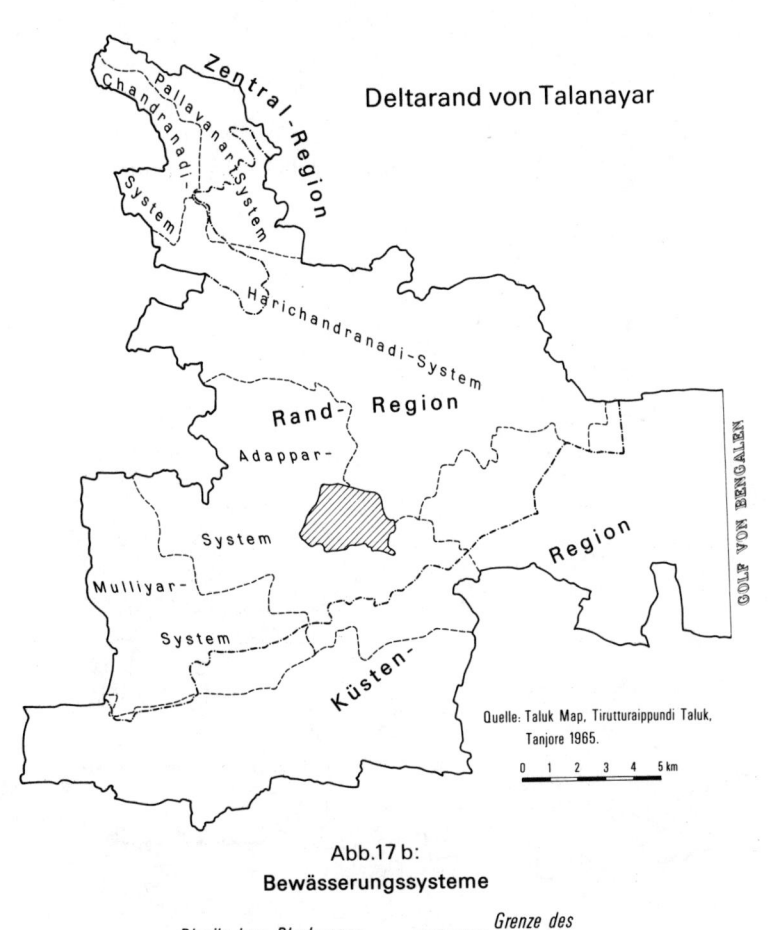

— Distrikt- bzw. Blockgrenze
--- Grenze der Bewässerungsregion
--- Grenze des Bewässerungssystems
▨ Beispieldorf

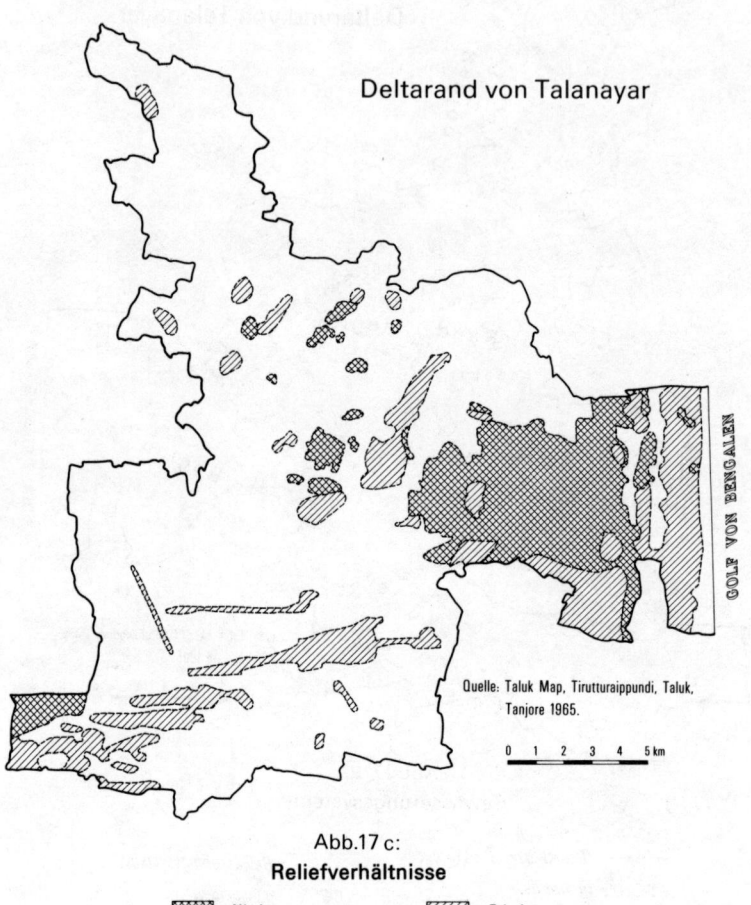

Deltarand von Talanayar

Quelle: Taluk Map, Tirutturaippundi, Taluk, Tanjore 1965.

0 1 2 3 4 5 km

GOLF VON BENGALEN

Abb.17 c:
Reliefverhältnisse

Niederung   *Erhebung*

ist unzureichend. Auch die sich nach Westen anschließenden marschigen Niederungen sind für die Landwirtschaft ungeeignet, da hier Brackwasser stagniert und Entwässerungsmaßnahmen bisher nicht erfolgten.

In der **Randregion** sind die Bewässerungsflächenanteile dagegen recht hoch; sie nahmen insbesondere zwischen 1890 und 1920 deutlich zu. Die Bewässerungsflächen konzentrieren sich auf drei Bänder entlang der wichtigsten Zweigkanäle. Die Bewässerungsintensität ist allerdings niedrig. Doppelanbau tritt überhaupt erst seit 1920 in nennenswertem Umfang auf. Innerhalb der Region variiert die Bewässerungsintensität zudem stark. Wie im Inneren Delta von Tiruppanandal zeigt sich dabei ein Zusammenhang zwischen Bewässerungsintensität und Entfernung vom Hauptkanal. Es dominiert in Monokultur betriebener Naßreisanbau (Bwf_1), der seit 1890 auch die wenigen Trockenreisflächen verdrängt hat (Abb. 19 a-c). In allen Fällen hat sich heute in der Randregion die Verwendung hochertragreicher Reissorten durchgesetzt.

Neben der verspäteten und unzureichenden Wasserzufuhr liegt ein spezifisches **Bewässerungsproblem** dieser Subregion in der Eigenart des Reliefs. Die zahlreichen größeren und kleineren Erhebungen (Altdünen und ehemalige Strandwälle) sowie das niedrige Niveau der Bewässerungskanäle erschweren den freien Zufluß des Irrigationswassers in die Dorffluren; meist ist es daher notwendig, das Wasser von den Kanälen in die Felder zu heben. Häufig wird das Wasser noch mit traditionellen Hebeanlagen auf die Felder gebracht, z.B. mit Wasserkörben ("erai kudai") oder mit aus Kokospalmstämmen ausgehöhlten Wasserschaufeln ("erai maram"). Vielfach werden zur Wasserhebung auch Hebelbäume verwendet ("yetram"). An modernen Wasserhebeanlagen setzen wohlhabende Bauern zunehmend mobile Dieselpumpen ein, die auch gegen Bezahlung an andere Bauern ausgeliehen werden. Daneben gibt es auch staatlich eingerichtete große Wasserhebeanlagen, die sogenannten "River Pumping Schemes". Dabei handelt es sich um sehr leistungsfähige, fest installierte elektrische Pumpanlagen, die Wasser aus den Kanälen in die Felder pumpen. Sie versorgen höher gelegene, zuvor unbewässerte Teile der Dorffluren in Größenordnungen von 50 bis 500 ha mit Hilfe von neu angelegten Grabensystemen. Im Untersuchungsgebiet gab es 1975/76 sieben solcher Anlagen mit einer Bewässerungsfläche von insgesamt 1.331 ha (1).

Ein weiteres Problem, das nicht nur die Randregion betrifft, ist der hohe Salzgehalt des **Grundwassers**, so daß Brunnenbewässerung nicht möglich ist. Auch das Oberflächenwassers neigt zur Versalzung, wenn bei trockenzeitlich geringen Abflüssen das Wasser in den Kanälen stagniert oder mit den Gezeiten Meerwasser in die Kanäle eindringt (2).

Ein besonders schwerwiegendes Problem für die Randregion ist die fast alljährliche **Überflutung** von Dorffluren während der schweren Regenfälle von Oktober bis Dezember. Dies betrifft vor allem die Dörfer, die in den niedrigen Bereichen zwischen Adappar und Harichandranadi liegen (Abb. 17c). Alle Dörfer der Randregion sind zudem von verheerenden Überschwemmungen bedroht, wenn infolge heftiger Zyklone oder Sturmfluten Meerwasser in die Mündungsarme eindringt. Bei starker Belastung erweist sich zudem die Kapazität des Entwässerungssystems als unzureichend, zumal die Ausflüsse in das Meer häufig durch Sand blockiert werden. Auch daraus ergeben sich Versumpfungs- und Versalzungserscheinungen in weiten Bereichen des Deltarandes. Ein cha-

---

(1) Collectors Office, Tanjore, Yearwise and Sourcewise Particulars, 1975/76
(2) Dhanapala Mosi, Mannargudi Agricultural Division, 1973, 3

Deltarand von Talanayar

— Distrikt- bzw. Blockgrenze
— Dorfgemarkungsgrenze

0 1 2 3 4 5 km

Waldschutzgebiet

GOLF VON BENGALEN

Quelle: Settlement Registers, 1893

Abb. 18 a:
Bewässerungsintensität 1890/91

Verhältnis von Brutto - zu Nettobewässerungsfläche (%)
100

Deltarand von Talanayar

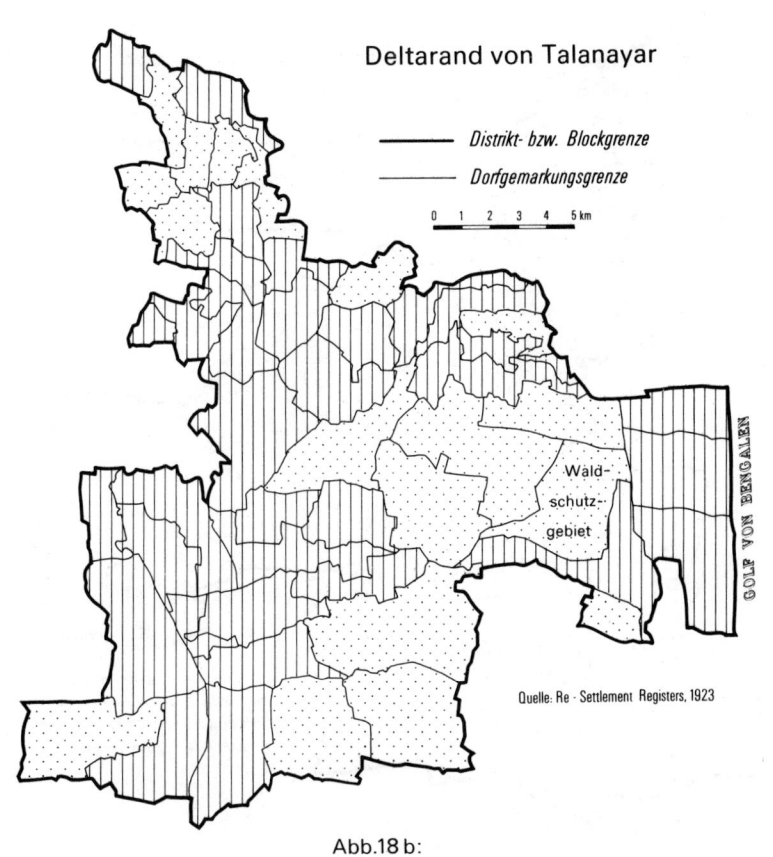

— Distrikt- bzw. Blockgrenze
— Dorfgemarkungsgrenze

0 1 2 3 4 5 km

Waldschutzgebiet

GOLF VON BENGALEN

Quelle: Re - Settlement Registers, 1923

Abb.18 b:
Bewässerungsintensität 1920/21

Verhältnis von Brutto - zu Nettobewässerungsfläche (%)

100
100 – 120

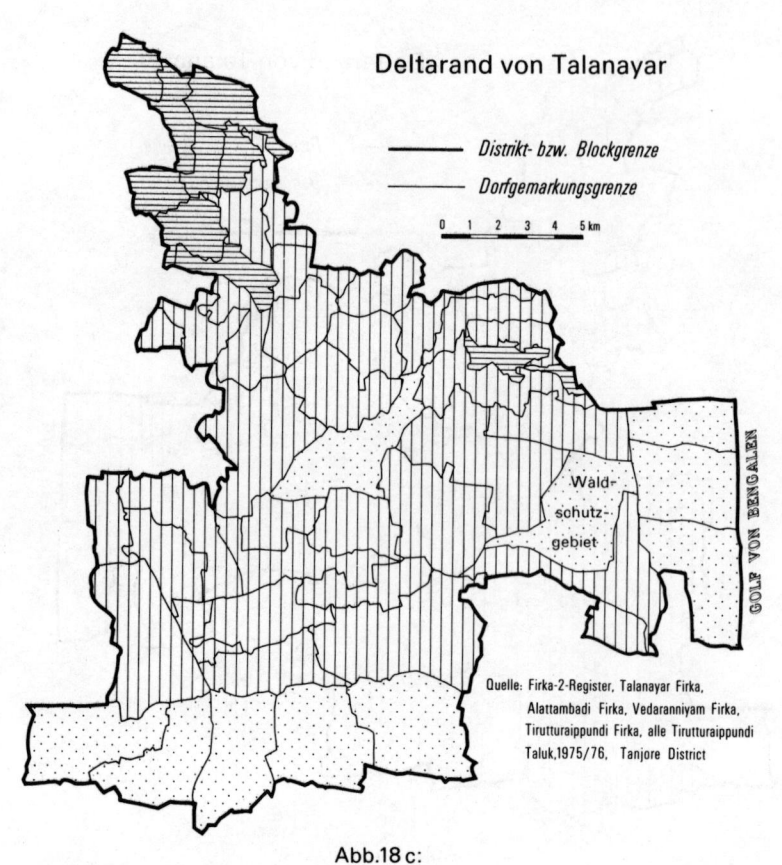

Abb.18 c:
Bewässerungsintensität 1975/76

Verhältnis von Brutto - zu
Nettobewässerungsfläche (%)

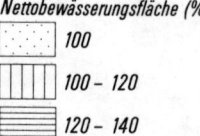

- 100
- 100 – 120
- 120 – 140

Deltarand von Talanayar

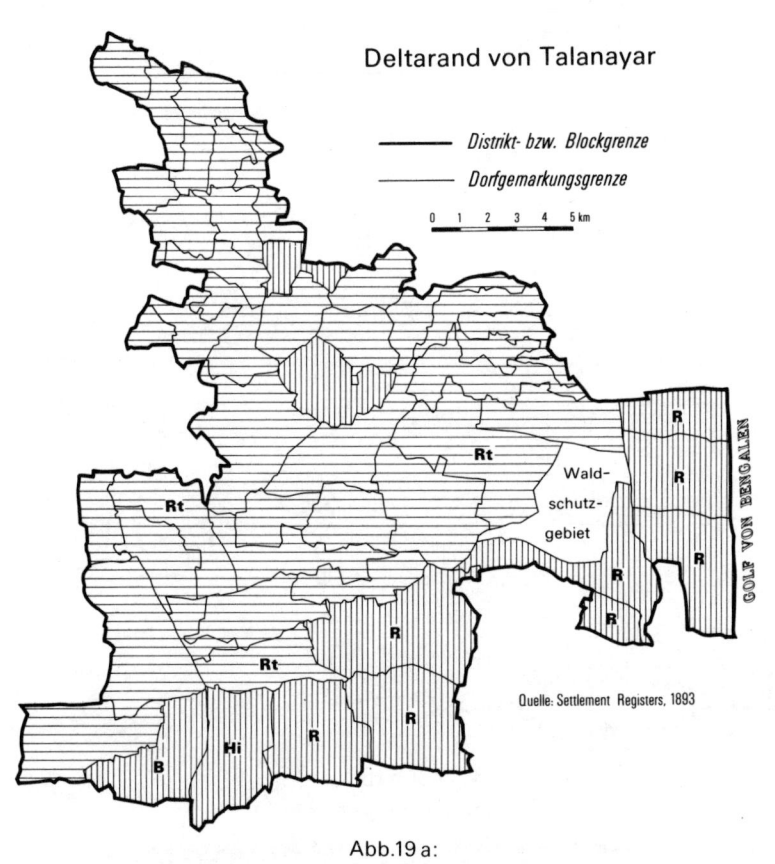

—— *Distrikt- bzw. Blockgrenze*
— *Dorfgemarkungsgrenze*

0 1 2 3 4 5 km

Waldschutzgebiet

GOLF VON BENGALEN

Quelle: Settlement Registers, 1893

Abb.19 a:
Anbaukombinationsregionen 1890/91

Bewässerungsfeldlandtypen:
▭ *Naßreis dominant*

Trockenfeldlandtypen:
▥ *Trockenreis dominant*

Nächstrangige Feldfrüchte:
R *Naßreis*
Rt *Trockenreis*
Hi *Hirsen*
B *Baumkulturen*

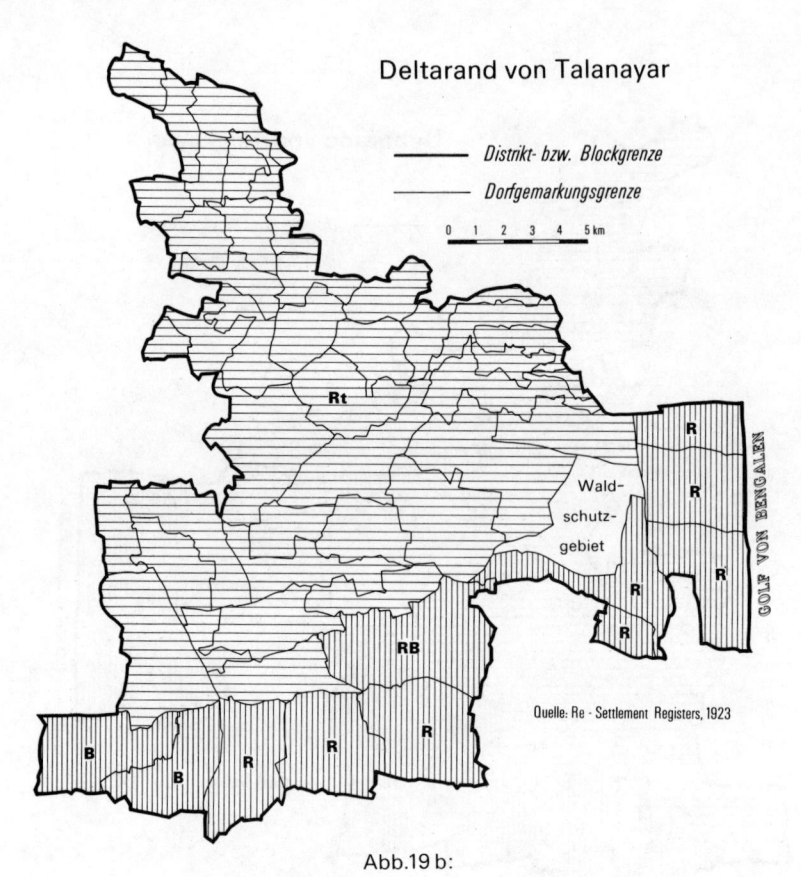

Deltarand von Talanayar

— Distrikt- bzw. Blockgrenze
— Dorfgemarkungsgrenze

0 1 2 3 4 5 km

GOLF VON BENGALEN

Waldschutzgebiet

Quelle: Re - Settlement Registers, 1923

Abb.19 b:
Anbaukombinationsregionen 1920/21

Bewässerungsfeldlandtypen:
▭ Naßreis dominant

Trockenfeldlandtypen:
▥ Trockenreis dominant

Nächstrangige Feldfrüchte:
R Naßreis
Rt Trockenreis
B Baumkulturen

Deltarand von Talanayar

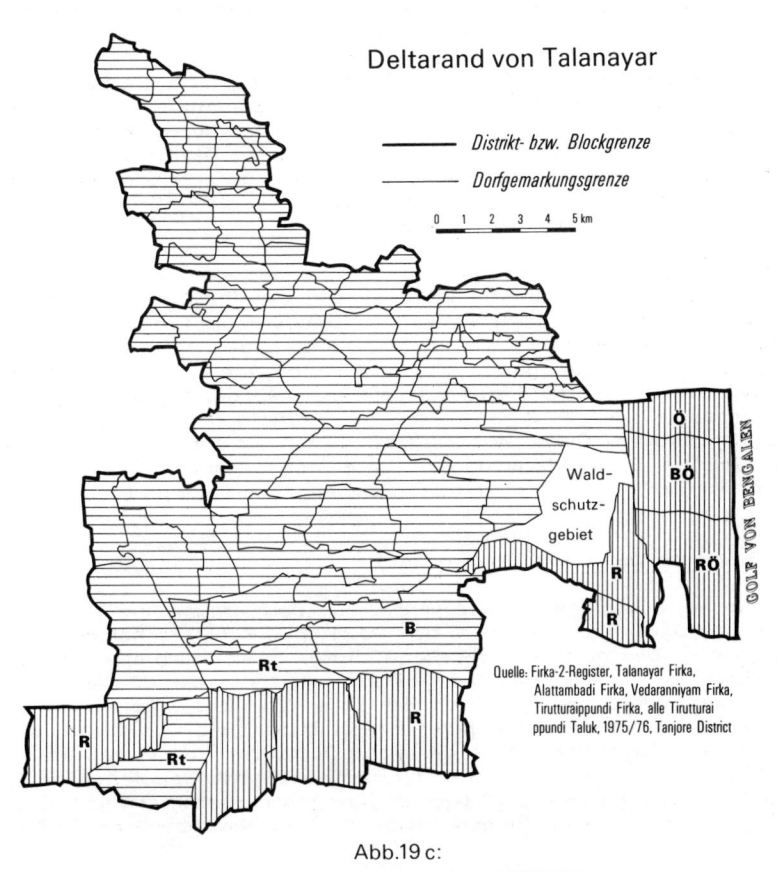

— Distrikt- bzw. Blockgrenze
— Dorfgemarkungsgrenze

0 1 2 3 4 5 km

Waldschutzgebiet

GOLF VON BENGALEN

Quelle: Firka-2-Register, Talanayar Firka, Alattambadi Firka, Vedaranniyam Firka, Tirutturaippundi Firka, alle Tirutturaippundi Taluk, 1975/76, Tanjore District

Abb. 19 c:
Anbaukombinationsregionen 1975/76

Bewässerungsfeldlandtypen:
▭ Naßreis dominant

Trockenfeldlandtypen:
▥ Trockenreis dominant

Nächstrangige Feldfrüchte:
R Naßreis
Rt Trockenreis
Ö Ölfrüchte
B Baumkulturen

rakteristisches Merkmal der Landwirtschaft in dieser Subregion ist daher in jüngster Zeit die Verwendung von Tiefwasserreissorten in den durch Überflutungen besonders gefährdeten Gebieten. Bisher konnten 2.400 ha damit angebaut werden (1).

In der **zentralen Region** hat die Bewässerungsintensität insbesondere nach 1920 deutlich zugenommen (Abb. 18 a-c). Naßreisanbau in Monokultur überwiegt eindeutig. Im Vergleich zur Randregion ist Doppelanbau von Naßreis hier weitverbreitet. Insgesamt stellt die zentrale Region damit einen agrarischen Gunstraum dar; das ebene Relief ohne Depressionen oder Erhebungen, das ausreichende Gefälle und die fruchtbaren und durchlässigen Böden lassen keine größeren Probleme auftreten.

Die landwirtschaftliche Entwicklung der **Zukunft** wird sich im Deltarand von Talanayar vor allem auf eine Verbesserung der Entwässerung und auf eine Wiedergewinnung der bereits versalzten und versumpften Gebiete konzentrieren müssen. Als besonders wichtig erscheint zudem eine ausreichende und frühzeitige Wasserversorgung, die jedoch eine Änderung des heutigen Systems der Bewässerung von Feld-zu-Feld erfordern würde. Die Aussichten auf baldige Verbesserungen sind jedoch gering: im Rahmen des Modernisierungsprojektes des Cauvery Delta Systems sind Ausbaumaßnahmen am Mulliyar erst in der zweiten Entwicklungsphase, am Harichandranadi und Adappar sogar erst in der dritten und letzten Entwicklungsphase geplant (2).

6.1.1.3 Neues Delta von Peravurani

Das neue Delta von Peravurani gehört zur Deltaumrahmung (Abb. 1) und ist **physiogeographisch** ein Teil des westlich des Deltas gelegenen höheren Riedellandes. Der nordwestliche Rand dieses Beispielgebietes, das eine sanft gegen Südosten abgedachte Ebene bildet, wird von der 30-m-Höhenlinie begrenzt, der südöstliche Rand von der 15-m-Höhenlinie. Rotlehmböden herrschen vor; nur im südlichen Bereich des Beispielgebietes finden sich auch tonige Böden. **Klimatisch** liegt das Neue Delta von Peravurani in der trockenen Binnenregion des Distrikts mit einem Ariditätsindex (nach de Martonne) von unter 25. Die durchschnittlichen jährlichen Niederschläge betragen nur 945 mm, wovon im langjährigen Mittel 21 % im November und 12 % im August fallen.

Der Bewässerungsfeldbau beruht im Neuen Delta von Peravurani in erster Linie auf dem **Cauvery-Mettur Projekt.** Das Untersuchungsgebiet liegt im unteren Bereich des Grand Anicut Kanals; die beiden Hauptbewässerungskanäle für das Beispielgebiet sind die Zweigkanäle Pannavayal und Pudupatam mit ihren Verteilerkanälen (Abb. 20a). Letzterer bewässert 2.803 ha, wovon 26 % auf Bewässerung über **Stauteiche** und 74 % auf **direkte Kanalbewässerung** entfallen. Bewässerung aus nicht vom Kanalsystem gespeisten Stauteichen gibt es nicht mehr. Viele Stauteiche werden allerdings wie vor Fertigstellung des neuen Kanalsystems zusätzlich durch saisonal wasserführende Flüsse und Bäche gespeist und ergänzen so die Kanalbewässerung. Die einzelnen Bewässerungssysteme sind räumlich so miteinander verflochten, daß eine eindeutige Abgrenzung nicht mehr möglich ist (Abb. 20b).

In einigen Dörfern ergänzen **Brunnen** die Kanal- und Stauteichbewässerung. Der jahreszeitlich stark schwankende Bodenwasserspiegel nähert sich im

---

(1) Ratnam, 1971, 7 (2) Project Report, 1969, 33

Neues Delta von Peravurani

Abb.20a:
Abflußmuster

------- Distrikt- bzw. Blockgrenze
———— Bewässerungskanäle
           Flüsse
           Bewässerungsgräben
      Stauteiche
      Dorfgemarkung Idaiyatti   0 1 2 3 4 5 km

Abb.20b:
Bewässerungssysteme

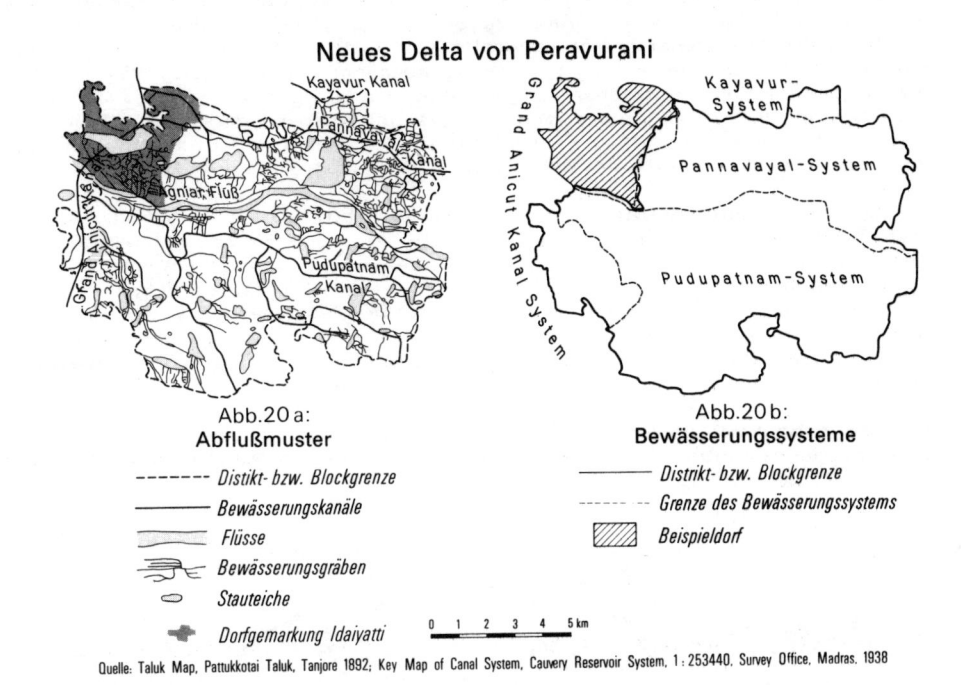

———— Distrikt- bzw. Blockgrenze
------- Grenze des Bewässerungssystems
▨ Beispieldorf

Quelle: Taluk Map, Pattukkotai Taluk, Tanjore 1892; Key Map of Canal System, Cauvery Reservoir System, 1:253440. Survey Office, Madras. 1938

Frühsommer in manchen Bereichen bis auf 1,5 m der Oberfläche, so daß flache Schachtbrunnen angelegt werden können, die während der Trockenzeit zwei bis drei Monate lang Trockenfrüchte wie Hirse, Erdnuß und Sesam mit Wasser versorgen.

Die Entwicklung von Bewässerung und Landwirtschaft im Neuen Delta von Peravurani läßt sich nur für die drei Ryotwari-Dörfer dieses Beispielgebietes detailliert seit 1890/91 verfolgen. Ansonsten handelt es sich wie überall im Neuen Delta um ehemalige Zamindari- und Inam-Dörfer, in denen erst seit ihrer Umwandlung in Ryotwari-Dörfer und den damit verbundenen Surveys und Settlements in den Jahren 1957 bis 1970 Aufzeichnungen auf Dorfebene existieren. Die Entwicklung der Bewässerungslandwirtschaft in den drei alten Ryotwari-Dörfern zeigt die folgenden Grundzüge:

Jahr	Anteil d. LNF a.d. Ges.fläche (%)	Bewäss.-anbau (%)	Trocken-feldbau (%)	Bewässe-rungs-intensität (%)	Anbau-kombi-nation
1890/91	52,5	17,5	35,0	100,0	HiR
1920/21	59,7	17,9	39,8	106,0	RÖHi
1964/65	59,7	44,5	15,2	122,1	RBÖ
1975/76	61,7	44,1	17,6	151,4	RÖB

Quelle: Settlement Register 1893, Re-Settlement Register 1923, Dorfstatistiken

Es wird deutlich, daß sich nach 1935 als Folge des Cauvery-Mettur Projekts das Verhältnis von Trockenanbau- zu Bewässerungsflächen umgekehrt hat. Die Bewässerungsintensität ist ebenfalls seit Eröffnung des Grand Anicut Kanals deutlich angestiegen, sehr markant aber noch einmal seit 1964/65. Die jeweiligen Anbaukombinationen zeigen, daß der Hirseanbau schon zwischen 1890/91 und 1920/21 zugunsten von Naßreis und insbesondere von Ölfrüchten zurückgedrängt wurde. Nach Fertigstellung des Grand Anicut Kanals erlangte dann der Naßreisanbau eine dominierende Rolle.

Die **Bewässerungsintensität** nahm von 1964/65 (Abb. 21a) bis 1975/76 (Abb. 21b) fast überall gleichmäßig zu. Nur die südlichen, niedrig gelegenen und nur teilweise vom Kanalsystem erreichten Gebiete weisen geringere Werte auf, ebenso wie die Dörfer im nördlichen Teil des Beispielgebietes, in denen die Böden zur Versalzung neigen. Die ansonsten deutliche Zunahme der Bewässerungsintensität erklärt sich durch die hohe Leistungsfähigkeit des Grand Anicut Kanal-Systems und seit 1964/65 durch die Einführung neuer schnellreifender Reissorten.

Bei den **Anbaukombinationen** (Abb. 22a, b) überwiegt der in Monokultur betriebene Naßreisanbau im östlichen Bereich; im Westen werden zusätzlich zum

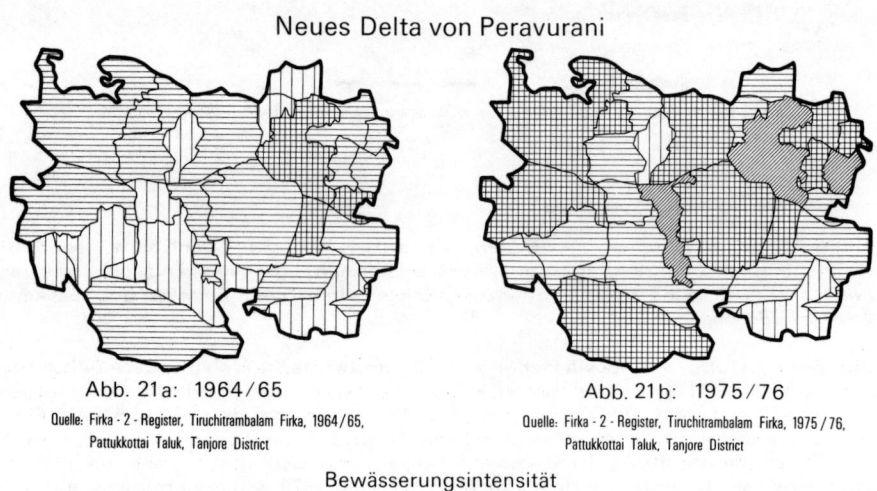

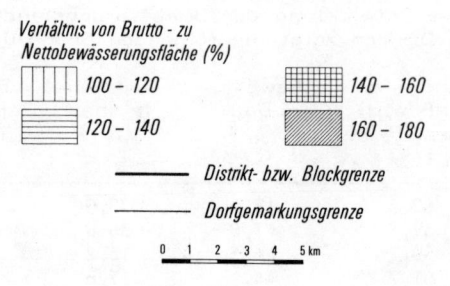

Neues Delta von Peravurani

Abb. 21a: 1964/65
Quelle: Firka - 2 - Register, Tiruchitrambalam Firka, 1964/65, Pattukkottai Taluk, Tanjore District

Abb. 21b: 1975/76
Quelle: Firka - 2 - Register, Tiruchitrambalam Firka, 1975/76, Pattukkottai Taluk, Tanjore District

Bewässerungsintensität

Verhältnis von Brutto - zu Nettobewässerungsfläche (%)

- 100 - 120
- 120 - 140
- 140 - 160
- 160 - 180

— Distrikt- bzw. Blockgrenze
— Dorfgemarkungsgrenze

0 1 2 3 4 5 km

dominierenden Naßreis Ölfrüchte angebaut und Baumkulturen (Kokospalmen, Casuarina, Bambus) betrieben. Der **Ölfrüchteanbau** setzte sich erst nach der Jahrhundertwende großflächig durch und nahm seit Einführung der Kanalbewässerung relativ zwar stark, absolut aber kaum ab. 1975/76 wurden 12 % der Anbaufläche mit Ölfrüchten bestellt (1). Dabei kommen verschiedene Anbauformen vor. Auf Bodenfeuchte beruhender Erdnuß- oder Sesamanbau erfolgt im Anschluß an eine Samba-Naßreisfrucht von Februar bis April auf dem vorherigen Naßland (kombinierter Bewässerungs- und Regenfeldlandtyp K_1, siehe Abb. 6). Oft wird aber auch auf Trockenland anschließend an eine Erdnußfrucht von August bis Dezember eine zweite Ölfrucht, Erdnuß oder Sesam, von Dezember bis März angebaut; letztere wird gewöhnlich extensiv aus flachen Schachtbrunnen bewässert, während die erste Ölfrucht auf der Grundlage der winterlichen Monsunniederschläge gedeiht (Regenfeldlandtyp R_2). Als extensivster Typ ist auf Trockenland der Anbau von nur einer einzigen Ölfrucht (August bis Dezember/Januar) anzutreffen (Regenfeldlandtyp R_1).

Das Gebiet des Neuen Deltas von Peravurani stellt sich heute durchweg als ein agrarischer **Gunstraum** dar. Wegen der allgemein ausreichenden und rechtzeitigen Wasserversorgung in den Jahren seit der Eröffnung des Grand Anicut

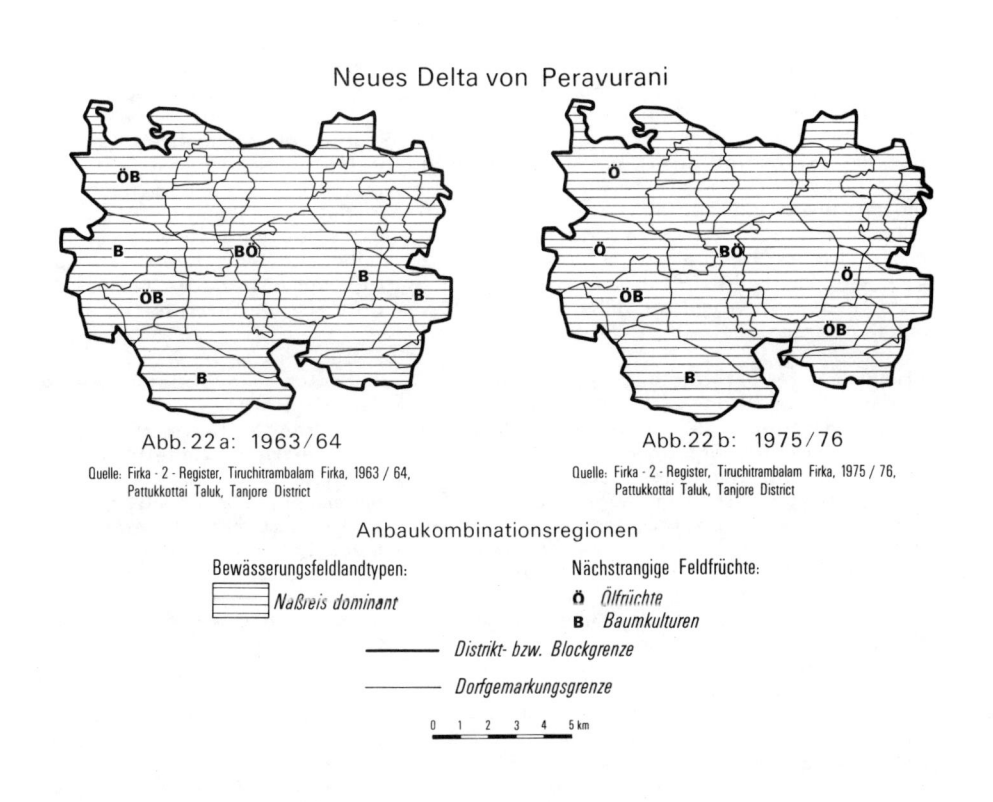

Neues Delta von Peravurani

Abb. 22 a: 1963/64

Quelle: Firka - 2 - Register, Tiruchitrambalam Firka, 1963 / 64, Pattukkottai Taluk, Tanjore District

Abb. 22 b: 1975/76

Quelle: Firka - 2 - Register, Tiruchitrambalam Firka, 1975 / 76, Pattukkottai Taluk, Tanjore District

Anbaukombinationsregionen

Bewässerungsfeldlandtypen:
Naßreis dominant

Nächstrangige Feldfrüchte:
Ö Ölfrüchte
B Baumkulturen

— Distrikt- bzw. Blockgrenze
— Dorfgemarkungsgrenze

0 1 2 3 4 5 km

---

(1) Taluk Register No. 2, Pattukkottai Taluk, 1975/76

Kanals haben die Bauern jedoch vielfach die alten Stauteiche vernachlässigt; sie ließen die Stauwälle verfallen und die Stauteichbetten verschlammen; unzureichende Kanalbewässerung mußte so verheerende Folgen zeigen. Ein solcher Fall trat 1976/77 erstmals auf. Die im Mettur-Reservoir gespeicherte Wassermenge reichte gerade zu einer Bewässerung des Alten Deltas, so daß dem Grand Anicut Kanal kein Wasser zugeteilt werden konnte. Für das Neue Delta von Peravurani bedeutete dies, daß nur einige wenige Dörfer, deren Stauteiche noch funktionierten und die daher rechtzeitig Monsunniederschläge speichern konnten, überhaupt in der Lage waren, Naßreis anzubauen. Ansonsten wurden in der Hoffnung auf reichliche Monsunniederschläge die meisten Flächen mit wenig ergiebigem Trockenreis eingesät.

Auf derartige Notsituationen werden sich die Bauern im Neuen Delta von Peravurani auch in **Zukunft** einstellen müssen, denn das Modernisierungsprojekt für das Cauvery Delta System schließt keine Maßnahmen für das Neue Delta ein. Einzig eine für Tamilnadu befriedigende Regelung des Streits mit Karnataka und Kerala um die Verteilung des Cauvery Wassers könnte mit einer gesicherten Wasserversorgung für das Mettur-Reservoir (1) den Bewässerungsfeldbau im Neuen Delta auf Dauer sicherstellen.

6.1.1.4 Deltawurzel und Stauteichregion von Budalur

Der Budalur Block liegt an der äußersten westlichen Spitze des Cauvery Deltas und bildet mit seinem nördlichen Teil die Wurzel des Alten Deltas, gehört aber mit seinem mittleren Teil zum Neuen Delta und mit seinem südlichen Teil zur Stauteichregion der Deltaumrahmung. **Physiogeographisch** hat das Beispielgebiet damit an drei Regionen Anteil: im Norden am Delta, einer hügellosen Ebene mit einem sanften Gefälle von weniger als 1 % nach Osten; im mittleren und südwestlichen Bereich an der Deltaumrahmung, die etwas höher liegt als das Delta und ein sanft gewelltes Relief mit relativen Höhenunterschieden bis ca. 15 m aufweist; im Südosten schließlich an den Ausläufern des Vallam-Tafellandes, das sich hier fingerförmig in die Deltaregion vorschiebt und absolute Höhen bis zu 100 m und zur Deltaregion relative Höhenunterschiede bis zu 50 m aufweist.

Klimatisch gehört die Deltawurzel und Stauteichregion von Budalur ebenso wie das Neue Delta von Peravurani mit einem Ariditätsindex (nach de Martonne) von unter 25 zur trockenen Binnenregion. Die durchschnittlichen Jahresniederschläge betragen nur 985 mm, die jahreszeitliche Verteilung zeigt von allen Untersuchungsgebieten das ausgeglichenste Bild: 13 % der Jahresniederschläge fallen im August und 18 % im November. Die **Böden** des Beispielgebietes sind zonal von Nord nach Süd gegliedert: auf alluviale dunkle Lehmböden (Delta) folgen braune Tonböden (Neues Delta und Deltaumrahmung) und Roterdeböde (Vallam-Tafelland). Damit nimmt die Bodenfruchtbarkeit von Norden nach Süden ab. Von der natürlichen Entwässerungsfähigkeit her sind jedoch die leichten Böden im südlichen Bereich günstiger als die schweren Alluvialböden des Deltas.

Die **hydrographische Karte** des Budalur Blocks (Abb. 23a) zeigt in der von Coleroon, Cauvery und Vennar gebildeten Deltawurzel ein eng verästeltes Netzwerk von Zweig- und Verteilerkanälen. Nach Süden schließt sich der Grand Anicut Kanal an, der hier die Wurzel des Neuen Deltas bildet. Beide Bereiche erhalten i.d.R. acht Monate im Jahr (Juni bis Januar) Irrigations-

---

(1) The Hindu, 28.8.1976

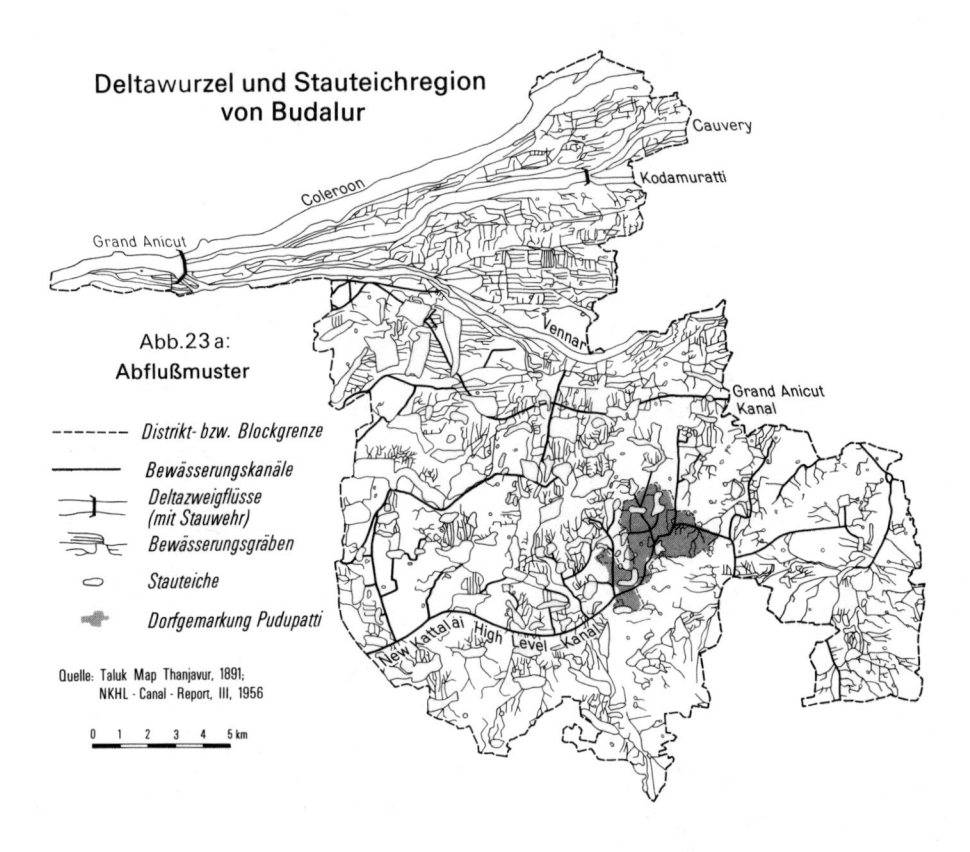

Deltawurzel und Stauteichregion von Budalur

Abb. 23 a:
Abflußmuster

- - - - - - Distrikt- bzw. Blockgrenze
────── Bewässerungskanäle
Deltazweigflüsse (mit Stauwehr)
Bewässerungsgräben
Stauteiche
Dorfgemarkung Pudupatti

Quelle: Taluk Map Thanjavur, 1891;
NKHL - Canal - Report, III, 1956

0 1 2 3 4 5 km

Beschriftungen auf der Karte: Cauvery, Coleroon, Kodamuratti, Grand Anicut, Vennar, Grand Anicut Kanal, New Kattalai High Level Kanal

wasser aus dem Mettur-Stausee. Nach Menge und Dauer der Wasserversorgung weisen sie damit die besten Bedingungen im gesamten Untersuchungsgebiet auf. Die jahreszeitliche Wasserzufuhr für das Grand Anicut Kanal-System richtet sich nach den Anbauerfordernissen:

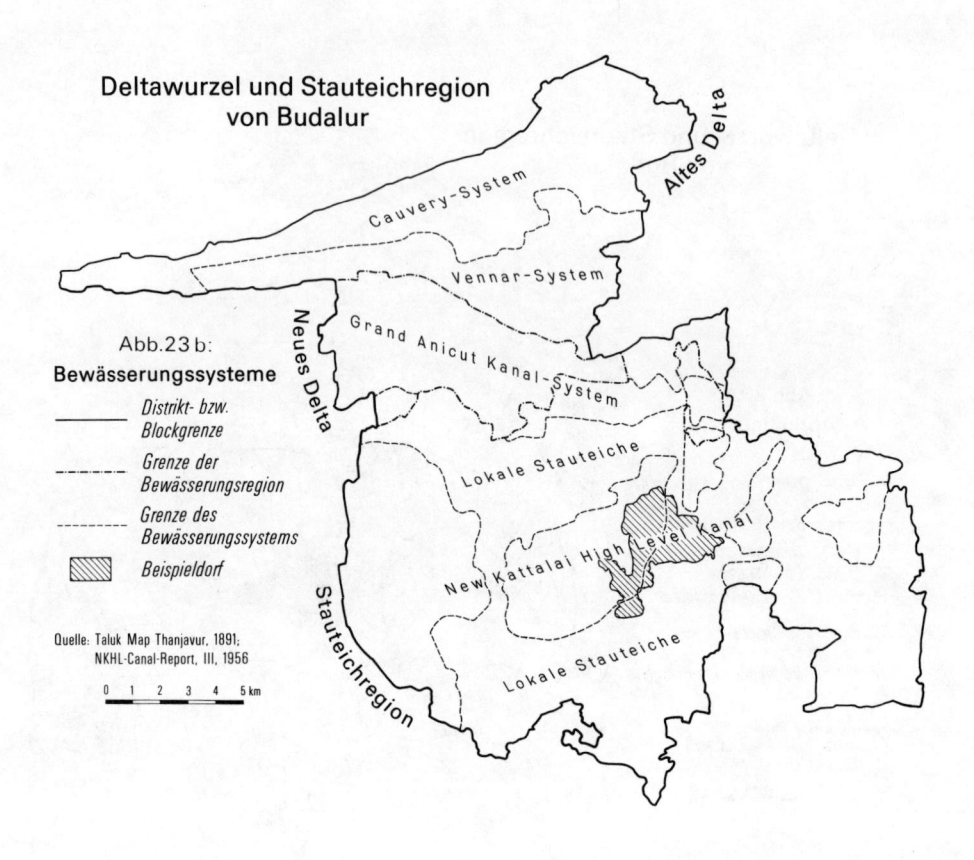

**Deltawurzel und Stauteichregion
von Budalur**

Abb. 23 b:
Bewässerungssysteme

—————— Distrikt- bzw.
 Blockgrenze
– – – – – Grenze der
 Bewässerungsregion
-- -- -- -- Grenze des
 Bewässerungssystems
▨ Beispieldorf

Quelle: Taluk Map Thanjavur, 1891;
NKHL-Canal-Report, III, 1956

0 1 2 3 4 5 km

Cauvery-System
Altes Delta
Vennar-System
Neues Delta
Grand Anicut Kanal-System
Lokale Stauteiche
New Kattalai High Level Kanal
Stauteichregion
Lokale Stauteiche

Zeitraum	durchschnittl. Wasserzufuhr (m^3/sek.)	Anbauperioden
15.6.–15.7.	51	Anlage kanalgespeister Saatbeete für kuruvai- und samba-Reis
16.7.–15.8.	104	Bewässerung in den Hauptfeldern mit Spitzenbedarf bis zur Blüte der kuruvai- und samba-Frucht.
16.8.–15.9.	98	Saatbeetvorbereitung für thaladi-Reis.
16.9.–30.9.	73	Nach Ernte des kuruvai-Reis Spitzenbedarf für thaladi-Reis.
1.10.–15.10.	59	Geringer Bedarf für samba- und thaladi-Reis

Quelle: Adiceam, 1966, 402

Im Süden des Beispielgebietes dominiert die Stauteichbewässerung. Die Stauteiche des Beispielgebietes sind im Norden vielfach noch durch das Kanalsystem des New Kattalai High Level Kanals miteinander verbunden. Weiter im Süden herrschen dann isolierte Stauteiche oder Stauteichketten vor. Ihre Wasserversorgung beruht auf den lokalen, vor allem den nordostmonsunalen Niederschlägen. Die hohe jährliche und jahreszeitliche Variabilität dieser Niederschläge birgt für den Bewässerungsfeldbau beträchtliche Risiken, und die mengenmäßig geringe Wasserzufuhr schränkt das Potential für Naßreisanbau stark ein.

Insgesamt lassen sich im Budalur Block fünf Bewässerungssysteme mit einer jeweils charakteristischen Bodennutzung (1970/71) abgrenzen (Abb. 23 b):

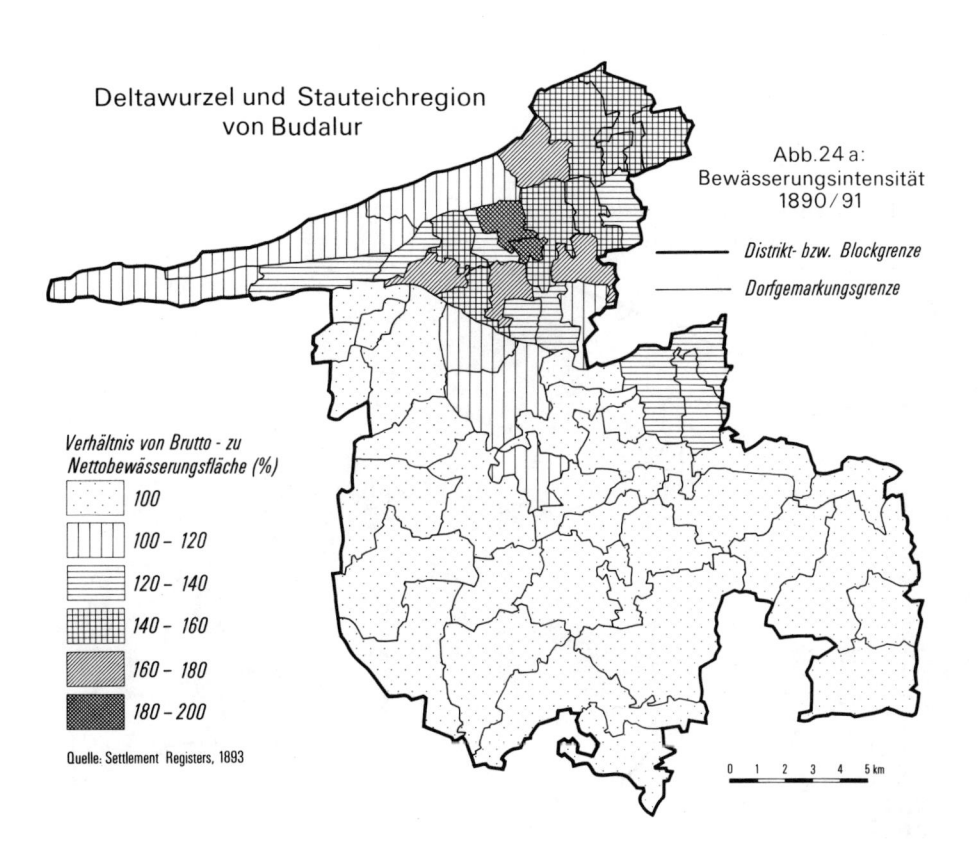

Deltawurzel und Stauteichregion von Budalur

Abb. 24 a:
Bewässerungsintensität
1890/91

— Distrikt- bzw. Blockgrenze
— Dorfgemarkungsgrenze

Verhältnis von Brutto- zu Nettobewässerungsfläche (%)
- 100
- 100 – 120
- 120 – 140
- 140 – 160
- 160 – 180
- 180 – 200

Quelle: Settlement Registers, 1893

0 1 2 3 4 5 km

Region	Bewässerungsfläche (% d. Ges.fl.)	Regenfeldland (% der Ges.fl.)	Anbaufähiges Ödland (% der Ges.fl.)	Nicht ackerfähiges Land (% d. Ges.fl.)
Cauvery System	55	10	7	28
Vennar System	68	6	5	21
GAK-System	54	6	14	26
Stauteichregion und NKHLK	25	29	19	27
Stauteichregion	19	35	16	30

Quelle: eigene Berechnungen nach: District Census Handbook, Thanjavur, 1970/71, Part X-A

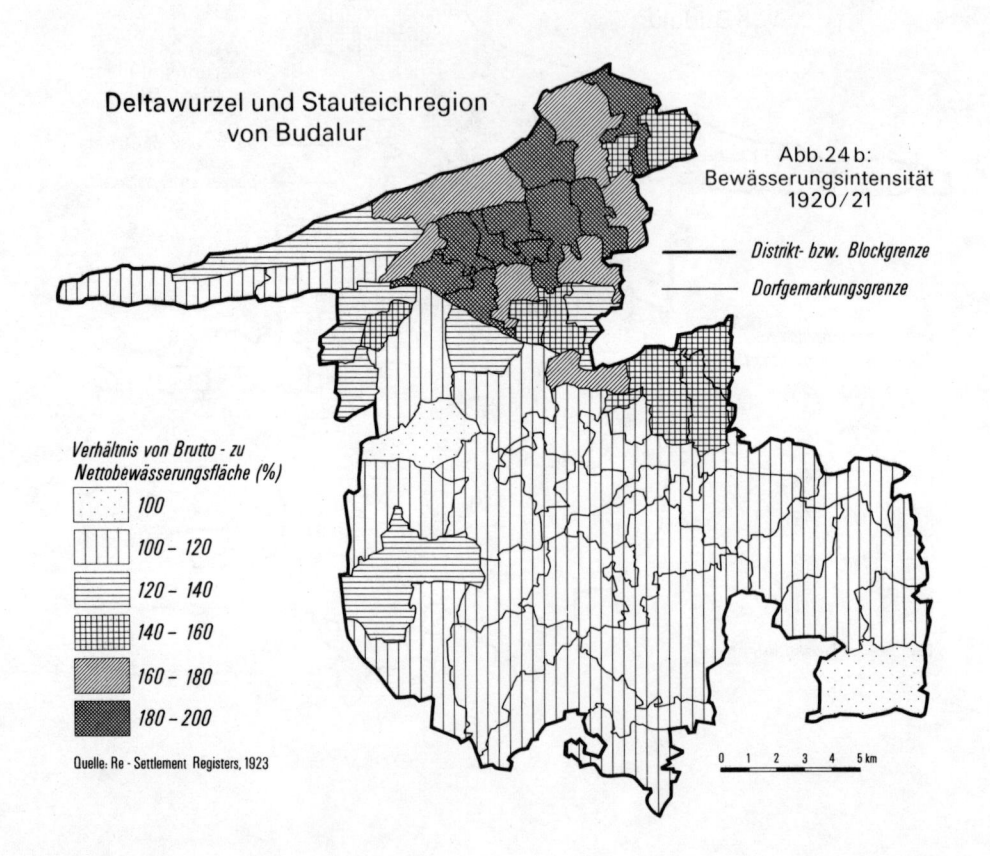

Deltawurzel und Stauteichregion von Budalur

Abb. 24 b:
Bewässerungsintensität
1920/21

─── Distrikt- bzw. Blockgrenze
─── Dorfgemarkungsgrenze

Verhältnis von Brutto- zu Nettobewässerungsfläche (%)
- 100
- 100 - 120
- 120 - 140
- 140 - 160
- 160 - 180
- 180 - 200

Quelle: Re-Settlement Registers, 1923

Bei der **Bewässerungsintensität** zeigt sich 1975/76 (Abb. 24c) ein noch markanterer Unterschied zwischen den alten Kanalbewässerungsbereichen im Norden (durchweg über 180 %, weit überwiegend über 190 %) und dem Stauteichbewässerungsland im Süden (allgemein unter 120 %); die vom Grand Anicut Kanal bewässerten Bereichen stellen mit Werten zwischen 120 und 160 % wieder einen Übergangsraum dar. Die Entwicklung der Bewässerungsintensität seit 1890/91 (Abb. 24a) zeigt, daß der Wurzelbereich des Alten Deltas schon zur Zeit des New Settlement sehr intensiv bewässert wurde. Dies war der einzige Bereich des gesamten Deltas, in dem damals überhaupt in nennenswertem Umfang Doppelanbau von Naßreis betrieben wurde. Zwischen 1890/91 und 1920/21 (Abb. 24b) nahm die Bewässerungsintensität in weiten Bereichen der Deltawurzel noch einmal deutlich zu: der Kern dieser Subregion erreichte zur Zeit des Re-Settlements bereits Werte von über 180 %, ein äußerer Ring von Dörfern von über 160 %. Der Vergleich mit Innerem Delta und Randdelta macht deutlich, daß die bewässerungstechnischen Ausbaumaßnahmen der britischen Kolonialverwaltung im zweiten Abschnitt der Regulierungs- und Strukturierungsphase (1882-1902) in erster Linie der Deltawurzelregion zugute kamen. In den Stauteichbewässerungsregionen nahm die Bewässerungsintensität sogar bis heute kaum zu (Werte von unter 110 %).

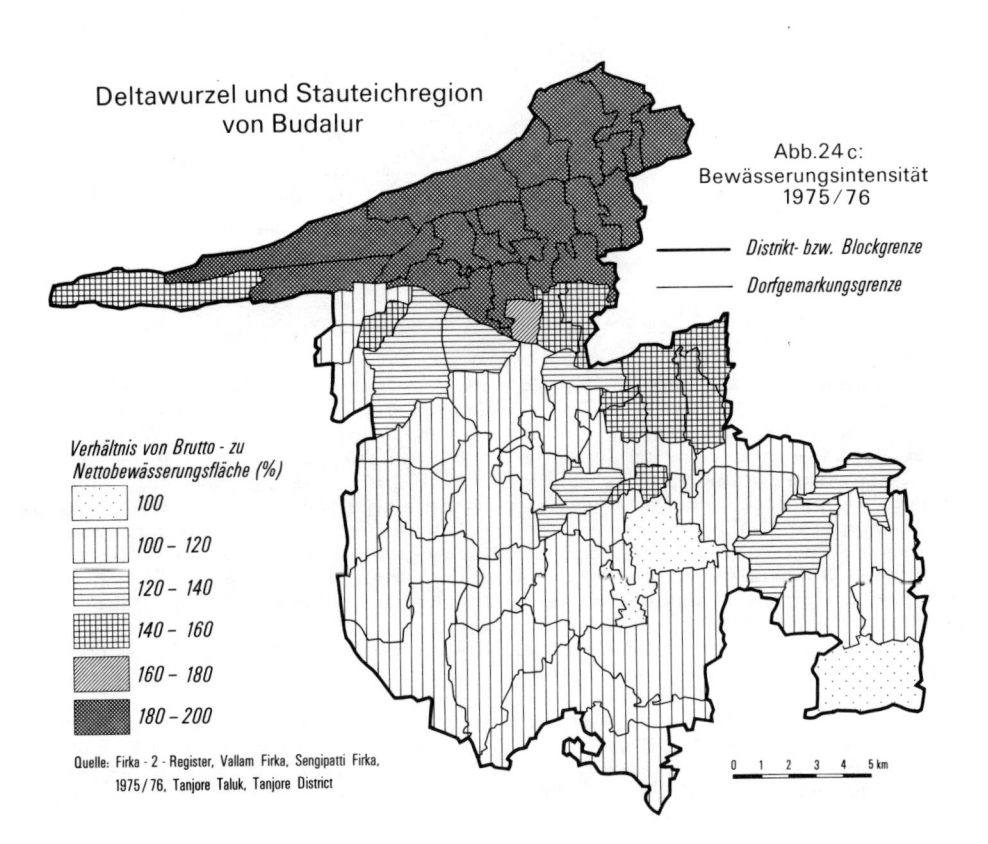

Deltawurzel und Stauteichregion von Budalur

Abb. 24 c: Bewässerungsintensität 1975/76

Distrikt- bzw. Blockgrenze
Dorfgemarkungsgrenze

Verhältnis von Brutto- zu Nettobewässerungsfläche (%)
- 100
- 100 – 120
- 120 – 140
- 140 – 160
- 160 – 180
- 180 – 200

Quelle: Firka-2-Register, Vallam Firka, Sengipatti Firka, 1975/76, Tanjore Taluk, Tanjore District

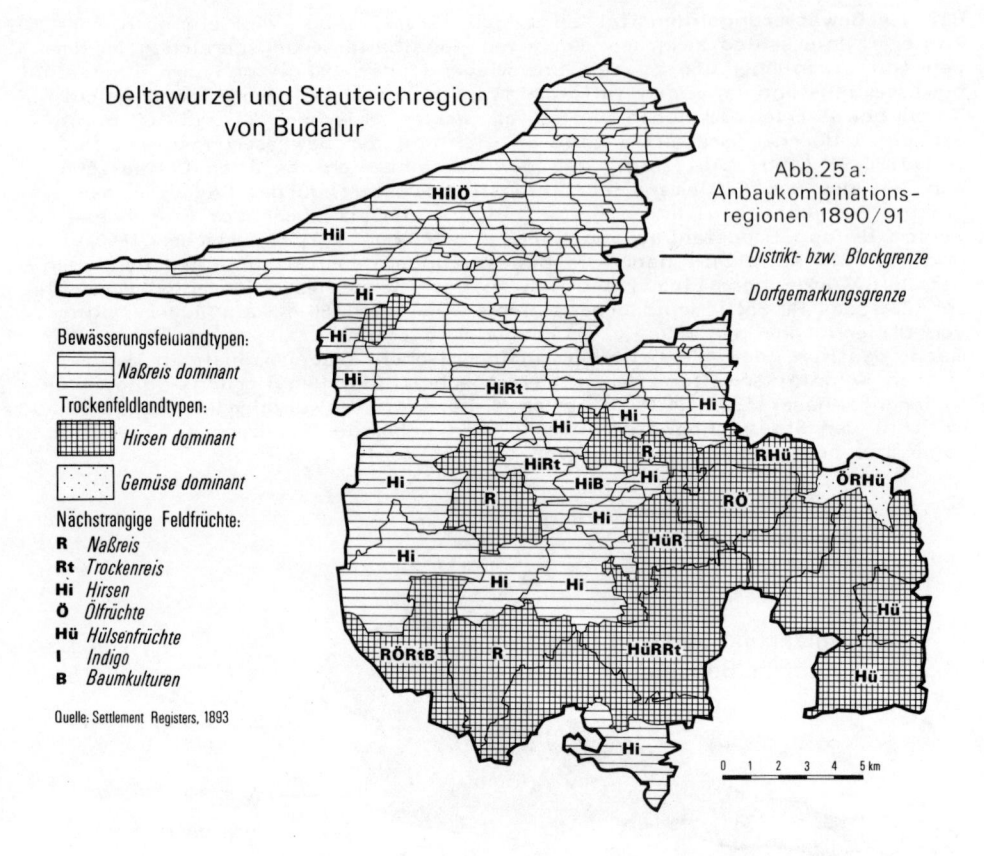

**Deltawurzel und Stauteichregion
von Budalur**

Abb.25 a:
Anbaukombinations-
regionen 1890/91

— Distrikt- bzw. Blockgrenze
— Dorfgemarkungsgrenze

Bewässerungsfeldlandtypen:
- Naßreis dominant

Trockenfeldlandtypen:
- Hirsen dominant
- Gemüse dominant

Nächstrangige Feldfrüchte:
R Naßreis
Rt Trockenreis
Hi Hirsen
Ö Ölfrüchte
Hü Hülsenfrüchte
I Indigo
B Baumkulturen

Quelle: Settlement Registers, 1893

0 1 2 3 4 5 km

Die **Anbauverhältnisse** zeigen 1975/76 einen in fast allen Bereichen des Beispielgebietes überwiegenden Naßreisanbau; im Bereich der Kanalbewässerungsregionen wird Naßreis entweder in Monokultur oder, vor allem in Gebieten hoher Bewässerungsintensität, zusätzlich mit Hülsenfrüchten betrieben. Im Südwesten kommt Naßreisanbau dagegen vor allem in Verbindung mit Ölfrüchten vor (Abb. 25c). Im Kanalbewässerungsbereich überwiegt der Bewässerungsfeldlandtyp Bwf_2 mit zwei Reisernten im Jahr (Abb. 6). Im Stauteichbewässerungsgebiet herrscht dagegen der Bewässerungsfeldlandtyp Bwf_1 mit einer jährlichen Naßreisernte vor. Während in den Kanalbewässerungsregionen allein hochertragreiche Reissorten verwendet werden, überwiegen im Stauteichbewässerungsgebiet noch die traditionellen lokalen Sorten, die ohne Einsatz chemischer Dünge- und Pflanzenschutzmittel angebaut werden; sie können zwar Dürreperioden überstehen, erbringen allerdings auch viel geringere Erträge.

Die Anbauverhältnisse haben sich seit 1890/91 (Abb. 25a) beträchtlich verändert. Im Vergleich zu 1975/76 war die Reisanbaufläche 1890/91 sehr viel kleiner; Reis-Monokultur beschränkte sich auf die Kanalbewässerungsregionen im Norden, und die Stauteichbewässerungsregion wies nur in ihrem west-

**Deltawurzel und Stauteichregion
von Budalur**

Abb.25 b:
Anbaukombinations-
regionen 1920/21

——— Distrikt- bzw. Blockgrenze
——— Dorfgemarkungsgrenze

Bewässerungsfeldlandtypen:
  Naßreis dominant
Trockenfeldlandtypen:
  Hirsen dominant
  Ölfrüchte dominant

Nächstrangige Feldfrüchte:
R Naßreis
Hi Hirsen
Ö Ölfrüchte
Hü Hülsenfrüchte
B Baumkulturen
Bw Baumwolle

Quelle: Re - Settlement Registers, 1923

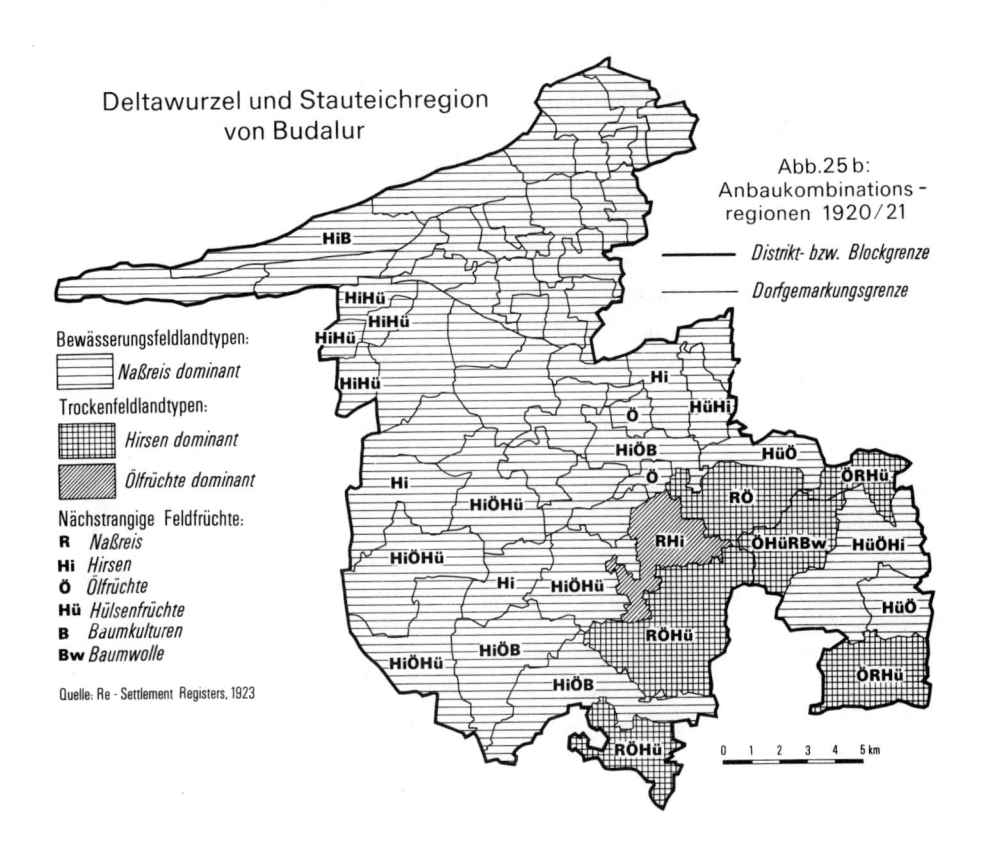

lichen Bereich Naßreisanbau auf. Im Osten überwogen 1890/91 Dorffluren mit dominantem Hirseanbau. Das räumlich differenzierte Anbaumuster im Stauteichbewässerungsgebiet resultiert bis heute weniger aus den Bodenverhältnissen als vielmehr aus kleinräumigen Reliefunterschieden, die die lokalen Bewässerungsmöglichkeiten bestimmen.

Zwischen 1890/91 und 1920/21 (Abb. 25b) nahmen die Flächen mit Naßreisanbau vor allem im Südwesten zu und waren bald größer als die Hirseanbauflächen. Diese Veränderung war vor allem eine Folge der verbesserten Pflege der innerdörflichen Bewässerungssysteme und der Ausbauarbeiten an den Stauteichanlagen. Die Stauteichbetten wurden entschlammt und vergrößert, die Stauwälle repariert, die Schleusenanlagen verbessert und modernisiert. Diese Maßnahmen wurden im Zusammenhang mit der großangelegten Förderung der Stauteichbewässerung durch die britische Kolonialverwaltung zu Beginn des 20. Jahrhunderts unternommen (1). Die wichtigste Veränderung im Anbaumuster

---

(1) Royal Commission, 1928, App. 256

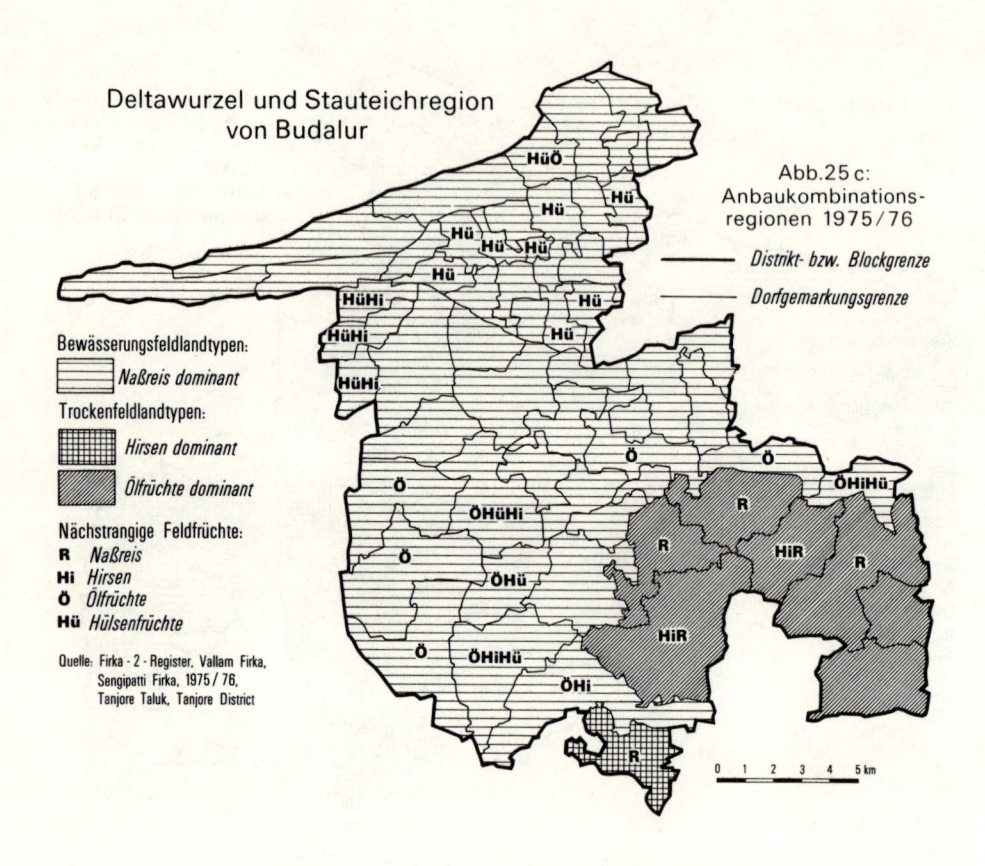

Deltawurzel und Stauteichregion von Budalur

Abb. 25 c: Anbaukombinationsregionen 1975/76

——— Distrikt- bzw. Blockgrenze
——— Dorfgemarkungsgrenze

Bewässerungsfeldlandtypen:
- Naßreis dominant

Trockenfeldlandtypen:
- Hirsen dominant
- Ölfrüchte dominant

Nächstrangige Feldfrüchte:
R Naßreis
Hi Hirsen
Ö Ölfrüchte
Hü Hülsenfrüchte

Quelle: Firka-2-Register, Vallam Firka, Sengipatti Firka, 1975/76, Tanjore Taluk, Tanjore District

aber war die starke Zunahme des **Ölfrüchteanbaus** in der gesamten Stauteichregion, vor allem im südwestlichen Bereich, wo Ölfrüchte vielfach eine dominierende Bedeutung im Anbausystem erlangten.

Die hohe Produktivität des Deltawurzelbereiches geht teilweise auf Kosten des im Inneren und besonders am Rand des Deltas betriebenen Bewässerungsfeldbaus. Dies wird sich in **Zukunft** durch den im Modernisierungsprojekt vorgesehenen Ausbau der Rohrbrunnenbewässerung im inneren Alten Delta wohl nur teilweise ausgleichen, denn die schon in der ersten Phase geplante Modernisierung des Grand Anicut wird in der Deltawurzel aller Voraussicht nach dafür sorgen, daß diese Region ihre bisherige agrarische Vorrangstellung zumindest beibehalten wird. Dadurch wird sich die Kluft im landwirtschaftlichen Entwicklungsstand zum Deltarand und insbesondere zur Stauteichbewässerungsregion weiter vertiefen.

6.1.2 Sozialstrukturelle, demographische und produktive Entwicklungstendenzen

Die folgende Untersuchung konzentriert sich vor allem auf drei Aspekte ländlicher Entwicklung/Unterentwicklung: 1. auf Grundzüge und Wandlungserscheinungen der Agrarsozialstruktur, 2. auf die jeweiligen demographischen Verhältnisse und 3. auf den Umfang und Wandel in der Pro-Kopf-Erzeugung von Getreide. Auch für diese Perspektive konnte für den Zeitraum seit 1890 detailliertes Datenmaterial für alle 183 Dörfer gesammelt und ausgewertet werden.

Der **erste** Aspekt soll Aussagen über die sozialen und wirtschaftlichen Lebensbedingungen der Agrarbevölkerung ermöglichen. Der **zweite** Aspekt untersucht in kleinräumig differenzierter Form Ausmaß und Entwicklung des Bevölkerungsdrucks auf den Boden; dadurch lassen sich Hinweise auf die Konkurrenz um Ackerland gewinnen, und außerdem kann der jeweilige Grad der Nachfrage nach den erzeugten Agrarprodukten ermessen werden. Der **dritte** Aspekt geht schließlich der Frage nach, ob bei steigenden Bevölkerungszahlen überhaupt eine potentiell ausreichende Nahrungsbasis vorhanden ist. Dieser Aspekt soll mit dem ersten verbunden werden, indem nach den Verteilungsmechanismen von agrarischen Überschüssen gefragt wird. Im Mittelpunkt dieser Untersuchung steht somit die Frage, ob landwirtschaftliches Wachstum der Agrarbevölkerung gleichmäßig zugute gekommen ist oder ob bestimmte Gruppen dabei auf Kosten anderer Gruppen Vorteile erlangen konnten. Diese drei Aspekte sollen im folgenden in zwei der vier vorgestellten Beispielregionen untersucht werden. Ausgewählt wurden dazu der Deltarand von Talanayar und die Deltawurzel und Stauteichregion von Budalur, weil diese in räumlicher Hinsicht besonders klar gegliedert und am stärksten differenziert sind.

Im **Deltarand von Talanayar** zeigte sich zu Beginn des 20. Jahrhunderts ein räumlich deutlich differenziertes Bild in der Verteilung der agrarsozialen Klassen (Tabelle XXXVIII). Kamen in der zentralen Region auf einen Landbesitzer mehr als zwei Landlose, so betrug der Anteil der Landlosen in der küstenwärtigen Randregion nur etwa die Hälfte, in der Küstenregion sogar nur ein Fünftel der Agrarbevölkerung. Vergleicht man diese mit Ausdehnung und Intensität des Bewässerungsfeldbaus, so zeigt selbst die kleinräumig differenzierte Betrachtung deutliche Zusammenhänge (Abb. 18a und Abb. 26a): je besser die Landwirtschaft entwickelt ist, desto ausgeprägter erscheint das Ausmaß der Landlosigkeit bzw. umgekehrt der Grad der Konzentration von Landbesitz. Die zentrale Region mit hohen Bewässerungsanteilen von überall mindestens 60 % weist fast ausnahmslos Dörfer auf, in denen mehr als 60 %, vielfach über 80 % der Agrarbevölkerung ohne Land sind. Geringe Landarbeiteranteile von allgemein unter 40 %, oft nur 20 %, kommen dagegen in der Küstenregion vor. Die Randregion verzeichnet ein noch differenzierteres Bild: entlang der Hauptkanäle Harichandranadi, Adappar und Mulliyar konzentrieren sich Dörfer mit hohen Bewässerungsanteilen und ebenso hohen Anteilen an Landlosen in der Agrarbevölkerung (jeweils meist über 60 %).

Es ergeben sich für die Zeit der Jahrhundertwende also deutliche Hinweise darauf, daß ein hoher landwirtschaftlicher Entwicklungsstand mit **strukturellen Schwächen im agrarsozialen Bereich** korreliert. Wenn nur noch eine Minderheit der in der Landwirtschaft tätigen Bevölkerung über Ackerland verfügte (und in diese Minderheit sind in der Statistik bereits die Pächter einbezogen), und wenn innerhalb dieser landbesitzenden Minderheit wiederum

Tabelle XXXVIII

Tendenzen wirtschaftlicher und sozialer Entwicklung im Deltarand von Talanayar (1890/1900 bis 1970/75)

	Anteil Bruttobe-wässerungsfläche a.d. Gesamtfläche (%)	Anteil der Landlosen (%)	Bevölkerungs-dichte (Ew./km²)	Pro-Kopf-Pro-duktion an Getreide (kg/Ew./Jahr)
	1890/91	1900/01	1890/91	1890/91
Zentrale Region	77,3	68	156	808
Randregion	53,3	52	108	788
Küstenregion	5,6	23	143	378
	1970/71	1970/71	1970/71	1975/76
Zentrale Region	96,6	77	380	675
Randregion	85,7	64	232	730
Küstenregion	21,1	52	324	148

Quellen: eigene Berechnungen nach:
SETTLEMENT REGISTERS, 1893. CENSUS OF INDIA, 1890/91; 1900/01.
SEASON AND CROP REPORT, 1905/06. PROGRESS REPORT, IADP, 1975/76.
DISTRICT CENSUS HANDBOOK, THANJAVUR, 1970/71

Deltarand von Talanayar

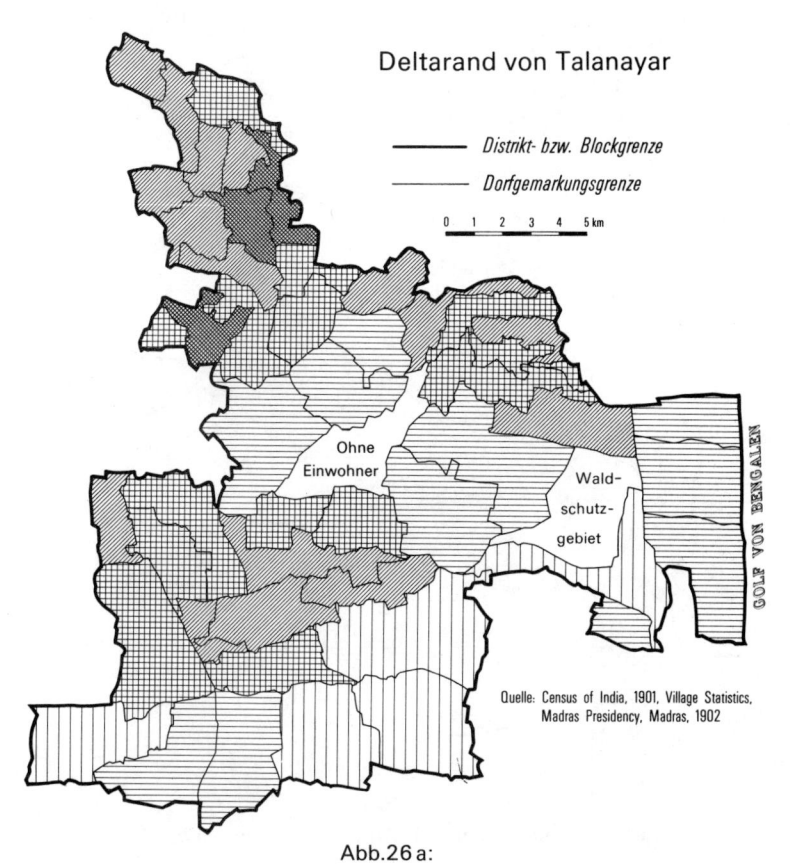

—— Distrikt- bzw. Blockgrenze
—— Dorfgemarkungsgrenze

0 1 2 3 4 5 km

Ohne Einwohner

Wald-schutz-gebiet

GOLF VON BENGALEN

Quelle: Census of India, 1901, Village Statistics, Madras Presidency, Madras, 1902

Abb. 26 a:
Anteil der Landlosen an der Agrarbevölkerung 1900/01

(%)
0 – 20
20 – 40
40 – 60
60 – 80
80 – 100

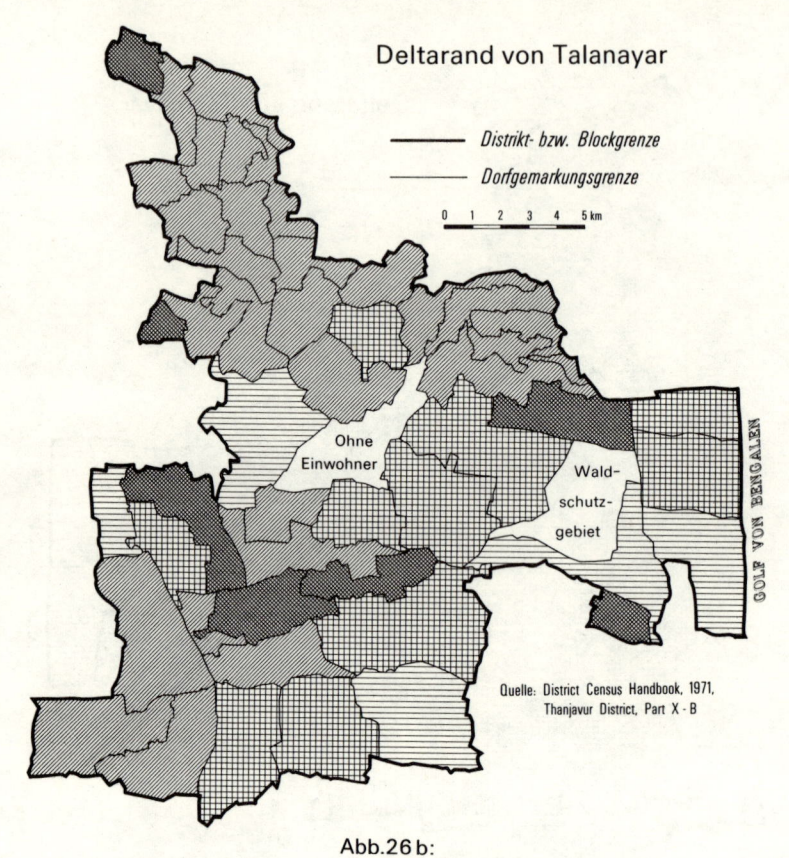

Deltarand von Talanayar

— Distrikt- bzw. Blockgrenze
— Dorfgemarkungsgrenze

0 1 2 3 4 5 km

Ohne Einwohner

Wald-schutz-gebiet

GOLF VON BENGALEN

Quelle: District Census Handbook, 1971, Thanjavur District, Part X - B

Abb. 26 b:
Anteil der Landlosen an der Agrarbevölkerung 1970/71

(%)
20 – 40
40 – 60
60 – 80
80 – 100

Tabelle XXXIX

Tendenzen wirtschaftlicher und sozialer Entwicklung in der Deltawurzel und Stauteichregion von Budalur

	Anteil Bruttobewässerungsfläche a.d. Gesamtfläche (%)	Anteil der Landlosen (%)	Bevölkerungsdichte (Ew./km²)	Pro-Kopf-Produktion an Getreide (kg/Ew./Jahr)
	1890/91	1900/01	1890/91	1890/91
Deltawurzel	66,8	41	284	537
Stauteichregion 1 (teilweise Vennar-gespeist)	33,2	44	131	516
Stauteichregion 2	16,3	17	87	599
Stauteichregion 3	14,9	9	88	677
	1970/71	1970/71	1970/71	1975/76
Deltawurzel	108,7	55	482	419
Neues Delta	67,3	57	233	658
Stauteichregion (von NKHL-Kanal gespeist)	27,6	38	145	501
Stauteichregion (lokale Niederschläge)	21,0	38	127	402

Quellen: eigene Berechnungen nach:
SETTLEMENT REGISTERS, 1893. CENSUS OF INDIA, 1890/91; 1900/01.
SEASON AND CROP REPORT, 1905/06. PROGRESS REPORT, IADP, 1975/76.
DISTRICT CENSUS HANDBOOK, THANJAVUR, 1970/71.

nur ein geringer Anteil über wirklich beträchtliche Ressourcen verfügte (Kap. 5.3.1), so läßt sich daraus der Schluß ziehen, daß die Lebensbedingungen der ländlichen Bevölkerung offensichtlich stark polarisiert waren.

Für 1970/71 zeigt Tabelle XXXVIII ein noch deutlicheres Mißverhältnis zwischen Bauern und Landarbeitern. 77 % (1900: 68 %) der Agrarbevölkerung in der zentralen Region sind nun ohne Land, 64 % (52 %) in der Randregion und 52 % (21 %) in der Küstenregion. In allen Bereichen des Beispielgebietes (Abb. 26b) sind also seit Anfang des 20. Jh.s eine sehr beträchtliche Anzahl von Pächtern und Kleinbauern zu Landlosen abgesunken.

Ähnliche Erscheinungen, Prozesse und Zusammenhänge zeigen sich in der **Deltawurzel und Stauteichregion von Budalur.** Hohe Anteile Landloser an der Agrarbevölkerung traten hier 1900/01 in den kanalbewässerten Deltagebieten auf, sehr geringe dagegen in der Stauteichregion (Tabelle XXXIX). Die räumliche Verteilung der Landlosigkeit (Abb. 27a) zeigt ebenfalls einen offensichtlichen, wenn auch nicht in jedem Dorfe gleichermaßen eindeutigen Zu-

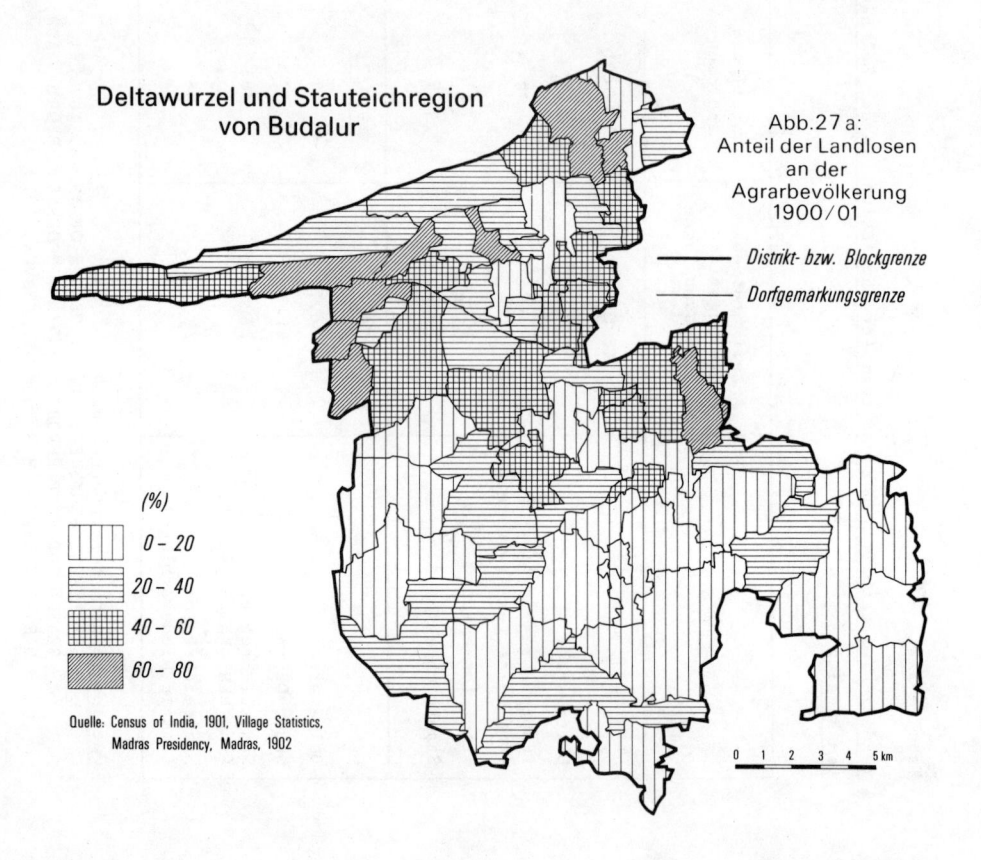

Abb. 27a: Anteil der Landlosen an der Agrarbevölkerung 1900/01

sammenhang zur Bewässerungsintensität (Abb. 24a). Wie im Deltarand von Talanayar stiegen die Anteile landloser Landarbeiter bis 1970/71 in allen Bereichen noch einmal an (Abb. 27 b): in den Kanalbewässerungsregionen um 10-15 %, in den Stauteichbewässerungsregionen sogar um 20-30 %.

Es stellt sich die Frage, wie der **Zusammenhang** zwischen landwirtschaftlichem Entwicklungsstand und Agrarsozialstruktur zu erklären und wie die seit der Jahrhundertwende zu beobachtende weitere Verschärfung in den agrarsozialen Verhältnissen zu deuten ist. Sicher erscheint zunächst, daß es sich um komplexe Zusammenhänge handelt, die nicht in einem einfachen Schema von Ursache und Wirkung aufzulösen sind. Daher soll im folgenden versucht werden, zusammenfassend noch einmal die Faktoren anzusprechen, die für eine Deutung in Betracht kommen. Dieser Versuch beansprucht nicht, eine umfassende Erklärung bieten zu können; vielmehr sollen zusammenfassend einige Anhaltspunkte gegeben werden, die mögliche Zusammenhänge zwischen landwirtschaftlicher Entwicklung und ländlicher Unterentwicklung aufdecken.

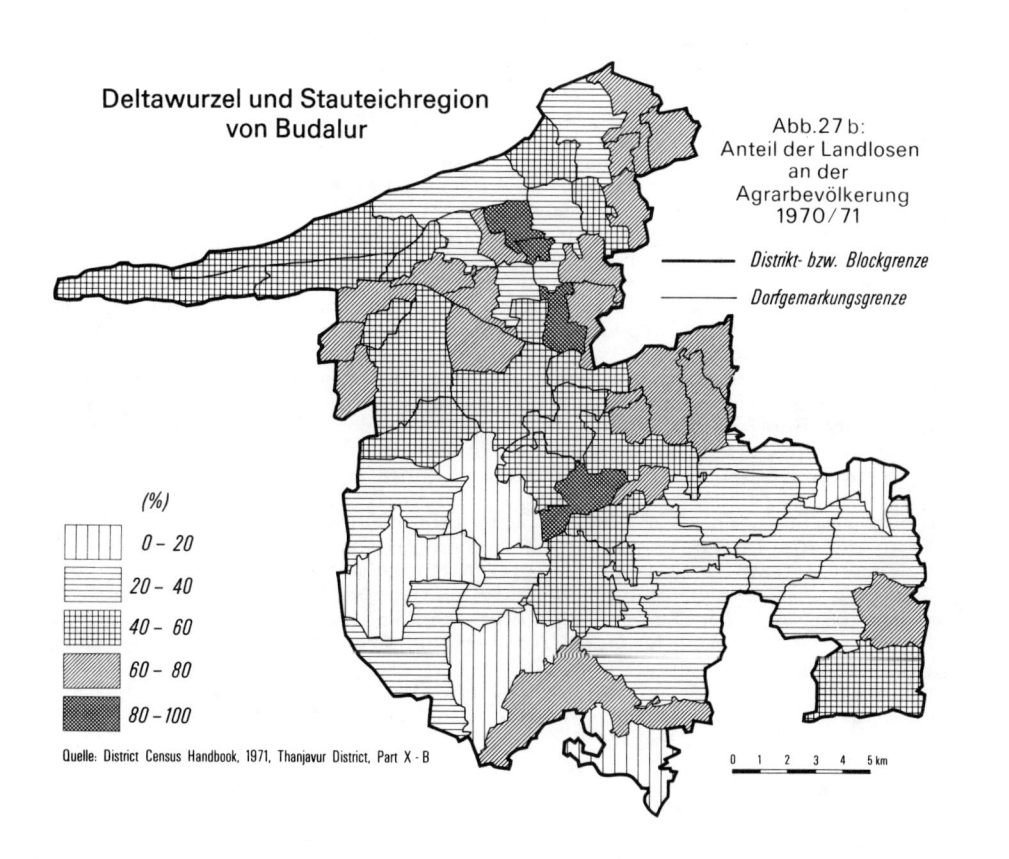

Deltawurzel und Stauteichregion von Budalur

Abb. 27 b:
Anteil der Landlosen an der Agrarbevölkerung 1970/71

—— *Distrikt- bzw. Blockgrenze*
— *Dorfgemarkungsgrenze*

(%)
0 - 20
20 - 40
40 - 60
60 - 80
80 - 100

Quelle: District Census Handbook, 1971, Thanjavur District, Part X - B

0 1 2 3 4 5 km

Diesem Versuch werden zwei **Thesen** vorangestellt:

1. Eine bereits **präkolonial ausgeprägte soziale Polarisierung** der Agrarbevölkerung im "hydraulischen Milieu" der Deltaregion legte den Grundstein für eine ebensolche **wirtschaftliche** Polarisierung, die sich bereits in einer ersten Phase der Kolonialzeit mit der Einführung von Privateigentum an Grund und Boden herausbildete.

2. **Übergreifende wirtschaftliche Umwälzungen und demographische Prozesse**, die nun auch in der Deltaumrahmung wirkten, führten in einer zweiten Phase der Kolonialzeit im Delta zu einer weiteren Verschärfung der sozioökonomischen Polarisierung und in der Deltaumrahmung zu einer tendenziellen Angleichung der agrarsozialen Verhältnisse an die der Deltaregion. Beide Prozesse halten nach der Kolonialzeit unverändert an und werden durch die "Grüne Revolution" weiter verschärft.

Zur **ersten These**: Im traditionellen Dorfverband des Cauvery Deltas gab es bereits früh eine kleine Landeignergruppe von **"mirasdars"**, die in vielen Dörfern ("brahmadeyas") von der Kaste der **Brahmanen** gestellt wurde (Kap. 3.3). Brahmanen und anderen hochrangigen Kastengruppen aber war aus rituellen Gründen körperliche Arbeit auf den Feldern untersagt. Daher bildete sich bereits früh auch eine erhebliche **Landarbeiterschaft** heraus. Diese landwirtschaftlichen Arbeitskräfte waren i.d.R. Mitglieder der unberührbaren Kastengruppen, vor allem der **Paraiyans**. Die Dominanz der Brahmanen im Cauvery Delta erklärt sich aus der **Ansiedlungs- und Agrarpolitik der hydraulischen Herrscher** Südindiens, der Cholas. Landerschließungsmaßnahmen, bewässerungslandwirtschaftlicher Ausbau und Organisation des Bewässerungswesens, die Sicherung des agrarischen Überschusses für den Staat und das Durchsetzen von Grundsteueransprüchen erforderten eine **loyale Schicht** gebildeter, organisatorisch befähigter und in der sozialen Hierarchie hochstehender lokaler Führer. Außerdem spielte die Einrichtung von Brahmanendörfern eine wichtige ideologische Rolle für den Staat: als Zentren hinduistischer Zivilisation erleichterten diese Dörfer die Integration nicht-hinduistischer (drawidischer) Volksgruppen in den Staat; sie bildeten somit ein wichtiges staatstragendes und stabilisierendes Element für den bäuerlichen südindischen Staat. Dies ist der politökonomische Hintergrund für die systematische Heranbildung, Förderung und Privilegierung kleiner, meist **brahmanischer dörflicher Führungsschichten**. Da diese Schichten selbst unproduktiv waren, konzentrierten sich Brahmanendörfer in den Bereichen höchsten agrarischen Potentials, wo beträchtliche Überschüsse ihren Unterhalt sicherstellten.

Die britische Kolonialverwaltung hatte allen Grund, die privilegierte Stellung und die Interessen dieser dörflichen Eliten nicht anzutasten. Vielmehr wurden die traditionellen Rechte dieser Minderheit im Cauvery Delta zur Grundlage der Anerkennung von individuellem Grundeigentum an Land. Somit entwickelte sich der Tanjore Distrikt schon im 19. Jh. zu dem in ganz Südindien eindeutig dominierenden **Zentrum von Großgrundbesitz und Großbauerntum** (Kap. 4.3.3.2). Hier liegt bis heute eine Erklärung für den funktionalen Zusammenhang zwischen hohem landwirtschaftlichen Entwicklungsstand und ausgeprägter Besitzkonzentration bzw. Landlosigkeit innerhalb der Deltaregion.

Die **zweite These** betrifft die kolonialzeitlichen und postkolonialen Veränderungen der Agrarsozialstruktur. Zur Verschärfung der agrarsozialen Polarisierung im Delta und zu negativen Auswirkungen auf die zuvor recht ausgeglichene Agrarsozialstruktur der Deltaumrahmung führten neben dem Bewässerungsausbau eine Reihe von übergreifenden wirtschaftlichen, sozialen und

demographischen Kräften. Dazu gehören Faktoren wie die bald dominierende
Geldwirtschaft, die zunehmenden überregionalen Marktbeziehungen, ein profitabler Handel mit Agrarprodukten, ein wachsendes Interesse am Grundbesitz infolge des produktivitätssteigernden Bewässerungsausbaus, der Verfall
traditioneller dörflicher Handwerkstätigkeiten (Weber), der markante Bevölkerungsanstieg und insgesamt ein rasch wachsender und sich verschärfender **Konkurrenzkampf um Ackerland**. Möglich war eine solche Konkurrenz erst
durch die Einführung von Privateigentum an Grund und Boden geworden. Damit war nämlich eine freie Transferierbarkeit gegeben, der Boden konnte verkauft, beliehen und verpfändet werden. Vor diesem Hintergrund muß die weite
Verbreitung ländlicher **Verschuldung** gesehen werden; der Verschuldungsmechanismus schließlich ließ in vielen Fällen Bauern zu Landlosen werden (Abb. 11).
Die gleiche Folge hatte die vorherrschende Erbsitte der **Realteilung**. Bei stark
anwachsender Bevölkerungszahl und wegen des zunehmenden Verfalls der Großfamilie als der bäuerlichen Wirtschaftseinheit (1) kam es zu einer starken
Besitzzersplitterung. Davon waren besonders die Kleinbauern betroffen: die
ohnehin sehr kleinen Betriebe wurden bei fortschreitender Teilung bald unrentabel und mußten aufgegeben werden.

Derartige Wandlungserscheinungen erfolgten zunächst in größerem Ausmaß in
der **Deltaregion**, wo die dargestellten Kräfte besonders früh wirkten, wo die
Landknappheit bei hohen Bevölkerungsdichten besonders gravierend und
wo infolge des Bewässerungsausbaus das hochproduktive Bewässerungsland
besonders begehrt war. Spätestens mit dem umfassenden Verkehrsausbau, mit
dem sich durchsetzenden Anbau von Marktfrüchten und mit dem ebenfalls
merklichen Bevölkerungsdruck setzten auch in der **Deltaumrahmung** in starkem Maße agrarsoziale Polarisierungsprozesse ein. Diese wurden wie in der
Deltaregion vor allem von Verschuldungsmechanismen, Bevölkerungsdruck und
Auflösung traditioneller sozialer Strukturen (Dorfgemeinschaft, Großfamilie)
ausgelöst und verfestigt.

Die **demographischen Entwicklungen** zeigen in den Beispielgebieten für 1890/91
und 1970/71 einen jeweils deutlichen Zusammenhang zwischen Bevölkerungsdichte und Ausdehnung bzw. Intensität der bewässerten Landwirtschaft.

Im **Deltarand von Talanayar** (Tabelle XXXVIII) mit seiner relativ geringen
landwirtschaftlichen Produktivität war die Bevölkerungsdichte 1890 wie 1970
mit durchschnittlich 124 bzw. 277 Einwohnern/km² deutlich niedriger als im
Distriktdurchschnitt (232 bzw. 395 Ew./km²). Keinen Zusammenhang mit dem
Stand der Agrarwirtschaft zeigt die Küstenregion; hier bilden neben der Landwirtschaft die Wirtschaftszweige Küstenfischerei und Salzgewinnung die wirtschaftliche Grundlage der Bevölkerung. Die Zuwachsrate der Bevölkerung des
Deltarandes von Talanayar zwischen 1890 und 1970 (123 %) liegt jedoch deutlich höher als die des Distrikts (70 %). In der zentralen Region war der
Bevölkerungszuwachs besonders ausgeprägt (+ 144 %). Der starke Druck auf
den Boden ist sicherlich einer der Gründe, der hier die agrarsozialen Verhältnisse besonders ungleichgewichtig werden ließ.

Im **Budalur Block** (Tabelle XXXIX) lagen die Bevölkerungsdichten in der Deltawurzel (284 bzw. 482 Ew./km²) deutlich über und in der Stauteichregion
(88 bzw. 137 Ew./km²) deutlich unter dem Distriktdurchschnitt. Die Region
des späteren Grand Anicut Kanals bildet einen Übergangsraum (131 bzw.
233 Ew./km²). Auch hier zeigt sich der Zusammenhang zum landwirtschaftlichen Entwicklungsstand deutlich. Die Zuwachsraten der Bevölkerung liegen

---

(1) z.B. Bronger, 1976, 88 f.

jedoch in allen Regionen dieses Beispielgebietes unter denen des Distriktdurchschnitts. Die besonders in der Stauteichregion weit unterdurchschnittliche demographische Entwicklung erklärt sich aus Auswanderungsbewegungen aus diesem agrarwirtschaftlich stagnierenden Raum; diese waren überwiegend in das benachbarte Neue Delta gerichtet. Dennoch führte hier bei stagnierender Agrarproduktion der Bevölkerungszuwachs von 52 % zu einer erheblichen Verknappung des Bodens. Auch in der Deltawurzel scheint das Ertragspotential einen überproportionalen Anstieg der hier ohnehin sehr hohen Bevölkerungsdichten nicht mehr zugelassen zu haben. Die Bodenreserven waren hier offensichtlich schon früh ausgeschöpft. Im Neuen Delta zeigt sich der Zusammenhang zwischen einem besonders stark anwachsenden Druck auf den Boden (78 % Bevölkerungszuwachs), zwischen landwirtschaftlicher Entwicklung (Verdoppelung des Anteils der Bruttobewässerungsfläche) und zwischen einer sich verschärfenden Besitzkonzentration (Anteil der Landlosen von 44,3 auf 56,6 %) besonders eindrucksvoll.

Abschließend soll die Frage gestellt werden, wie sich die **Agrarproduktion** pro Kopf der Bevölkerung im zeitlich-räumlichen Vergleich zwischen 1890/91 und 1975/76 entwickelte. Die in den SEASON AND CROP REPORTS alljährlich angeführten Durchschnittserträge für verschiedene Getreidearten, die für den jeweiligen Zeitpunkt erhobenen Anbaudaten sowie die Bevölkerungszählungen geben darüber einen ungefähren Aufschluß. Für 1890/91 kann man danach von einem Durchschnittsertrag von 1.650 kg/ha bei Naßreis, 1.000 kg/ha bei Trockenreis, 1.050 kg/ha bei Hirse und 370 kg/ha bei Hülsenfrüchten ausgehen (1). 1975/76 betrug der Durchschnittsertrag bei Naßreis 2.050 kg/ha, die Erträge der Trockenfrüchte veränderten sich nicht. Es wird deutlich (Tab. XXXVIII und XXXIX), daß trotz absoluter Produktionssteigerungen (von 25.400 auf 43.800 Tonnen im Deltarand von Talanayar und von 28.100 auf 37.000 Tonnen in der Deltawurzel und Stauteichregion von Budalur) die Nahrungsmittelproduktion in keiner der Regionen mit Ausnahme des Neuen Deltas von Budalur (+ 28 %) mit dem Bevölkerungswachstum Schritt halten konnte. Die Pro-Kopf Versorgung der Bevölkerung mit Nahrungsmitteln nahm im Deltarand von Talanayar durchschnittlich um 29 % ab, in der Deltawurzel und Stauteichregion von Budalur verminderte sie sich um 25 %.

Geht man, amtlichen indischen Schätzungen entsprechend, von einem jährlichen Mindestbedarf von 128 kg Getreide pro Kopf der Bevölkerung aus (2), so wird dennoch deutlich, daß **jederzeit** und **in allen Regionen** für die gesamte Landbevölkerung eine mehr als ausreichende Nahrungsmittelmenge und darüber hinaus erhebliche **Überschüsse** erzielt wurden. Unzureichende materielle Lebensbedingungen der Mehrheit der Bevölkerung (dazu Kap. 7) müssen also allein solchen Mechanismen zugeschrieben werden, die über die **Verteilung** der Agrarproduktion bestimmen: hier ergibt sich die Verbindung zu den agrarsozialen Verhältnissen. Eine Untersuchung über das Ausmaß ländlicher Armut (Kap. 7) darf also davon ausgehen, daß das Bevölkerungswachstum allein in keinem Fall als der entscheidende Faktor anzusehen ist.

6.2 Agrar- und Sozialentwicklung in vier ausgewählten Dörfern

Auf unterster räumlicher Ebene soll im folgenden die Agrar- und Sozialentwicklung in vier ausgewählten Dörfern dargestellt werden. Für diesen Ar-

---

(1) Season and Crop Reports, 1905/06; 1919/20
(2) Auskunft des Tiruppanandal Panchayat Union Office, 7.1.1977

beitsschritt werden vor allem die Ergebnisse empirischer Forschung (Kartierungen, Befragungen, Begehungen) herangezogen. Hinsichtlich der **agrargeographischen** Aspekte kann die Untersuchung nun auf einzelne Flurbezirke, auf lokale Bewässerungsuntersysteme und gegebenenfalls auf einzelne Parzellen und Bewässerungsanlagen eingehen. Dabei ist auch ein weitaus größeres Spektrum an Gesichtspunkten aufzugreifen als in den bisherigen Darstellungen auf Distrikt- und Blockebene. In **sozialgeographischer** Betrachtungsweise kann die Untersuchung nun die konkreten Lebensverhältnisse der verschiedenen in einem Dorf lebenden Kasten und Klassen, gegebenenfalls am Beispiel einzelner Familien, beleuchten.

Jedes der vier Dörfer repräsentiert einen der vier vorgestellten Entwicklungsblocks und somit jeweils eine typische Bewässerungsregion des Tanjore Distrikts. Das Dorf **Karuppur** wurde als ein Beispiel für die Agrar- und Sozialentwicklung im inneren Alten Delta ausgewählt und liegt im Inneren Delta von Tiruppanandal. Das Dorf **Umbalachcheri** im Deltarandbereich von Talanayar repräsentiert das Randdelta. Das Dorf **Idaiyatti** ist ein Beispiel für die Entwicklung im Neuen Delta und liegt im Neuen Delta von Peravurani. Die landwirtschaftliche und soziale Entwicklung in der traditionellen Stauteichregion der Deltaumrahmung charakterisiert schließlich das Dorf **Pudupatti**, das im Budalur Block im Stauteichbewässerungsbereich gelegen ist.

6.2.1 Entwicklung, Stand und Probleme von Bewässerung und Landwirtschaft

6.2.1.1 Dorf Karuppur (Inneres Delta von Tiruppanandal)

Das Dorf Karuppur liegt 25 km nordwestlich der Tempelstadt Kumbakonam im zentralen Teil des Inneren Deltas von Tiruppanandal. Karuppur, das eine Fläche von 269 ha aufweist und damit zu den kleineren Gemarkungen gehört, besteht aus zwei Hauptdörfern, Srirangarajapuram im Westen und Karuppur im Osten, die jeweils 40 bzw. 60 % der Dorfgemarkung einnehmen und als ein "Revenue Village" zusammengefaßt sind.

In Karuppur überwiegen lehmige **Böden** im Nordwesten und tonige Böden im Südosten der Gemarkung. Die bei der Steuerveranlagung vorgenommene Einteilung in Güteklassen ergibt, daß auch die geringstwertigen Böden von Karuppur immer noch deutlich höher einzustufen sind als die besten Böden in den anderen Beispieldörfern. Das Dorf gehört damit zu den bodenmäßig hervorragendsten Gebieten des Deltas.

Unweit des nördlichen Randes der Dorfgemarkung fließt der Deltazweigkanal Manniyar (Abb. 1), von dem die Verteilerkanäle abzweigen, die Karuppur mit Wasser versorgen. Es sind dies die wenig westlich vor dem Dorf abgeleiteten Kanäle Srirangarajapuram-Vaikkal, der den westlichen Rand der Dorfgemarkung durchfließt, Karuppur-Vaikkal, der das Dorf in nordwestlich südöstlicher Richtung quert sowie die den Nordrand von Karuppur schneidenden Kanäle Palaiyar und Melaiyar (Abb. 28). Rund 80 % der Gemarkung sind lückenlos für die Kanalbewässerung erschlossen. Neben der Kanalbewässerung spielt die **Rohrbrunnenbewässerung** mit Filter-Point Brunnen eine wichtige Rolle. 1976/77 gab es 24 solcher Filter-Point Brunnen, davon 18 mit Diesel- und 6 mit Elektropumpen. Diese Brunnenanlagen erschließen flachliegende Grundwasserkörper in etwa 6-9 m Tiefe; ihre Bewässerungsflächen betragen etwa je einen Hektar. Insgesamt zeigen sich seit 1890 bis auf eine

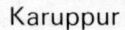

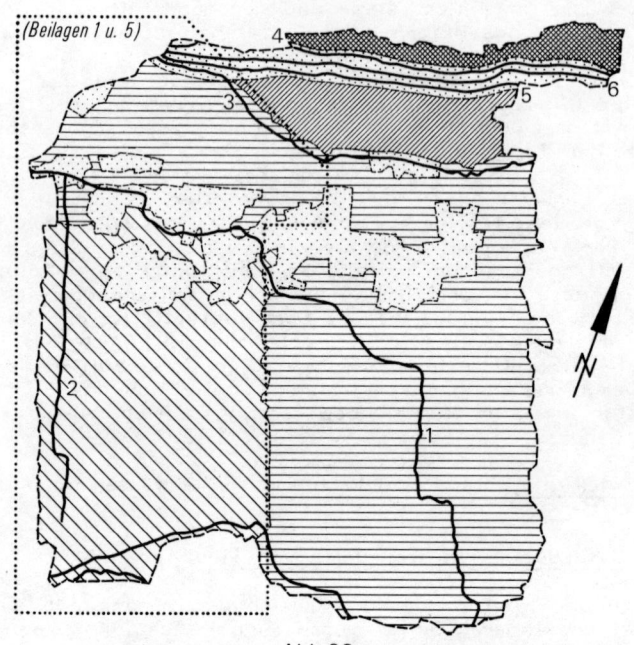

Abb.28:
Bewässerungssysteme (1923/24 und 1975/76)

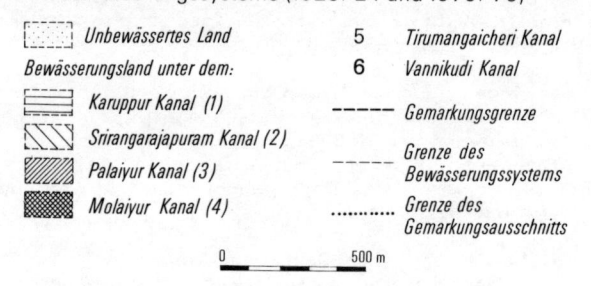

░░	Unbewässertes Land	5	Tirumangaicheri Kanal
	Bewässerungsland unter dem:	6	Vannikudi Kanal
≡	Karuppur Kanal (1)	-----	Gemarkungsgrenze
▧	Srirangarajapuram Kanal (2)	– – –	Grenze des Bewässerungssystems
▨	Palaiyur Kanal (3)		
■	Molaiyur Kanal (4)	....	Grenze des Gemarkungsausschnitts

0 _____ 500 m

Quellen: Re-Settlement Register of Karuppur village, 1923; Village Map of Karuppur village, Stand 1975/76; Adangal of Karuppur village, Stand 1975/76

geringfügige Zunahme der Bewässerungsflächen kaum Veränderungen in der Landnutzung des Dorfes (Tabelle XL); die Intensität des Anbaus stieg allerdings beträchtlich (Tabelle XLI).

Die Bewässerung innerhalb des Dorfes erfolgt von Feld zu Feld. Der Zufluß wird durch Einstiche in die Umwallungen der Bewässerungsgräben reguliert. Gewöhnlich erhält jedes dörfliche Untersystem einige Stunden lang soviel Wasser aus dem Manniyar, daß alle Felder überstaut werden können. Traditionell gab es in Karuppur, so berichten alte Bauern, festgefügte **Regeln** über die Dauer und Menge der innerdörflichen Wasserversorgung für jeden einzelnen Landbesitzer. Mit der Auflösung des geschlossenen Dorfverbandes und mit der erhöhten Mobilität des Landeigentums verloren diese Regeln jedoch ihre Gültigkeit. Dies führt in Zeiten von Wasserknappheit oft zu **Streitigkeiten** im Dorf. Die Bauern verbringen dann die Nächte auf den Umwallungen der Bewässerungsgräben, um ihre Feldschleusen zu überwachen und sich einen ausreichenden Wasserzufluß zu sichern.

Das außerordentlich günstige edaphische, hydrologische und bewässerungstechnische Potential ermöglicht in Karuppur eine Landwirtschaft mit intensiver Bewässerung (Tabelle XLI). Dies zeigen auch deutlich die **Anbauverhältnisse** von 1973/74 in einem westlichen Gemarkungsausschnitt der Dorfflur von Srirangarajapuram (Beilage 1). Es überwiegt eindeutig doppelter Naßreisanbau, zusätzlich gefolgt von Blackgram (Bewässerungsfeldlandtyp Bwf_3, Abb. 6). Geringere Flächen werden vom Anbautyp mit Naßreis (eine oder zwei Ernten) ohne weitere Hülsenfrüchte eingenommen (Bwf_1 und Bwf_2). Ein dritter wichtiger Anbautyp ist der mit einer einzigen Samba-Naßreisfrucht und anschließendem Blackgram (Bwf_4). Neben diesen Anbautypen werden in dem Gemarkungsausschnitt auf kleinen Flächen nahe der Siedlung ganzjährig Baumfrüchte kultiviert (Dauerfeldlandtyp D_1).

Diese **kleinräumige Differenzierung** im Anbaumuster beruht vor allem auf unterschiedlichen Verhältnissen in der Wasserversorgung. Der doppelte Naßreisanbau überwiegt im gesamten Versorgungsbereich des reichlich Wasser führenden Karuppur-Kanals; im Bewässerungsgebiet des Srirangarajapuram-Kanals tritt Doppelanbau dagegen allgemein nur im oberen Bereich auf. Nach Süden hin nimmt die Wasserführung in diesem Kanal nämlich deutlich ab, und zudem treten hier die schlechtesten Böden der Dorfflur auf. Eine einzige größere Fläche mit doppeltem Naßreisanbau beruht in diesem Bereich auf der Versorgung durch einen Filter-Point Brunnen. Einfacher Naßreisanbau ohne anschließende Hülsenfrüchte wird auf einem schmalen Streifen zwischen den beiden Hauptsiedlungsachsen von Srirangarajapuram betrieben. Obwohl hier die besten Böden auftreten, erlaubt die etwas höhere Lage dieser Fläche keine optimale Bewässerung und damit keinen bewässerten Doppelanbau.

Beim Naßreis werden in ganz Karuppur ausschließlich hochertragreiche moderne Reissorten verwendet. Damit verbunden ist der Einsatz großer Mengen an chemischen Dünge- und Pflanzenschutzmitteln. Die Düngemittel werden gewöhnlich unmittelbar vor dem Umpflanzen des Naßreises auf den Bewässerungsfeldern ausgestreut. Die Pflanzenschutzmittel verteilt der Bauer i.d.R. mit Sprühanlagen, die er sich im nahen landwirtschaftlichen Depot von Pandanallur ausleiht. Neben Pflanzenschutzmitteln werden auch Gifte gegen die verheerenden Rattenplagen angewendet, der in manchen Jahren große Teile der Ernte schon auf dem Felde zum Opfer fallen.

Der **landwirtschaftliche Kalender** von Karuppur ist charakteristisch für den gesamten inneren Deltabereich von Tanjore und damit für überwiegende Teile des Deltas:

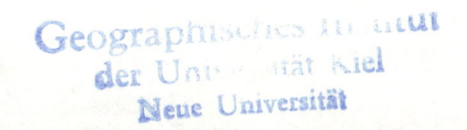

Tabelle XL

Karuppur: Landnutzung 1890/91-1970/71

Jahr	Bewässerungs-fläche (ha)	Anteil a.d. Gemarkung (%)	Trockenanbau fläche (ha)	Anteil a.d. Gemarkung (%)
1890/91	204	76	24	9
1920/21	209	78	25	9
1962/63	214	80	10	4
1970/71	216	80	8	3

Quellen: SETTLEMENT REGISTER 1893; RE-SETTLEMENT REGISTER 1923
DORFSTATISTIKEN (STATISTCAL REGISTER);
DISTRICT CENSUS HANDBOOK, THANJAVUR, 1970/71, PART X-A

Tabelle XLI

Karuppur: Anbauverhältnisse 1890/91-1974/75

Jahr	Anbaufläche (brutto) (ha)	Naßreisanbau			Anbau-inten. N.reis (%)	Hülsen-früchte (ha)	Son-stige (ha)
		(ha)	(%)	(davon 2. Frucht)			
1890/91	222	204	92	nil	100	nil	18
1920/21	277	253	91	47	123	nil	24
1962/63	335	328	98	124	161	nil	7
1973/74	515	348	68	140	167	162	5
1974/75	426	349	82	142	168	73	4

Quellen: SETTLEMENT REGISTER 1893; RE-SETTLEMENT REGISTER 1923;
DORFSTATISTIKEN (VILLAGE ADANGALS)

1. Schritt: Anlage von rohrbrunnengespeisten Saatbeeten, Reiseinsaat	Ende Mai
Anlage von kanalgespeisten Saatbeeten, Reiseinsaat	Mitte Juni
2. Schritt: Umpflanzen der Schößlinge auf die Hauptfelder nach ca. 25 Tagen, zuvor a) Überstauen der Felder mit Kanalwasser, b) mehrmaliges Pflügen, c) Auflösen von Erdklumpen ("puddling"), d) Einebnen ("kulivettu") mit dem von einem Ochsengespann gezogenen großen Streichbrett ("mamotti") oder mit dem von Landarbeitern gezogenen kleinen Streichbrett ("parambu palagai") und e) Düngung	Ende Juni/ Mitte Juli
3. Schritt: 1. Jätvorgang, 20-25 Tage nach dem Umpflanzen	Mitte Juli/ Anfang August
4. Schritt: 1. Schädlingsbekämpfung, ca. 25 Tage nach dem Umpflanzen	Anfang August/ Ende August
5. Schritt: 2. Jätvorgang, 60 Tage nach dem Umpflanzen	Ende August/ Mitte September
6. Schritt: 2. Schädlingsbekämpfung, ca. 65-70 Tage nach dem Umpflanzen	Anfang Sept./ Ende September
7. Schritt: Kuruvai-Reis-Ernte ca. 103-105 Tage nach dem Umpflanzen, danach Dreschen - Trocknen - Reinigen - Verkaufen	Ende Sept./ Anfang Oktober
8. Schritt: Anlage von Saatbeeten für Thaladi-Reis, Reiseinsaat	Anfang Sept./ Ende September
9. Schritt: Umpflanzen	Ende Sept./ Anfang Oktober
10.-13. Schritt: wie bei der Kuruvai-Frucht	
14. Schritt: Einsaat von Blackgram in das Thaladi-Reisfeld ca. 14 Tage vor der Ernte	Ende Januar/ Anfang Februar
15. Schritt: Ernte der Thaladi-Frucht ca. 140 Tage nach dem Umpflanzen	Anfang Februar/ Ende Februar
16. Schritt: Ernte Blackgram	Anfang/ Ende April

Der Anbau von drei Feldfrüchten relativ kurzer Reifezeit hintereinander und vor allem der Einsatz von Rohrbrunnen verteilen die landwirtschaftlichen Aktivitäten im Gegensatz zum einfachen Naßreisanbau traditioneller Sorten recht gleichmäßig über das ganze Jahr hinweg. Dennoch bilden die Zeiten des Umpflanzens und der Ernte markante **Arbeitsspitzen**, weil diese Arbeiten unter Zeitdruck auszuführen sind. Da das erforderliche Überstauen und Durchfeuchten des Feldes der zeitlich begrenzten Wasserversorgung wegen meist nur für wenige Stunden gewährleistet ist, muß die Umpflanzarbeit unbedingt innerhalb von ein oder zwei Tagen beendet sein. Andernfalls würden die empfindlichen Schößlinge vertrocknen. Deshalb stellen auch kleine und kleinste Bauern dafür Lohnarbeitskräfte ein, mit deren Hilfe sie ihre gesamten Felder innerhalb weniger Tage oder gar Stunden bepflanzen können. Auch bei der

Ernte gibt es Grund zur Eile. Das Korn soll möglichst reif geerntet werden, damit es trotz der häufigen und heftigen Regenfälle vor allem während der Kuruvai-Ernte schnell trocknet. Im überreifen Zustand der Frucht aber neigt der Halm zum Umknicken.

Das **Abernten** der Felder erfolgt fast überall mit kleinen Handsicheln. Große Garben werden auf dem Kopf über die Bewässerungsdämme zum Dreschplatz getragen. Ein Problem stellt nach dem Dreschvorgang das Trocknen des Getreides dar, weil bei dem hohen Anteil von Doppelanbau freie und trockene Flächen fehlen. Jede geeignete Stelle wird daher ausgenutzt, und vor allem geteerte Durchgangsstraßen sind ein begehrter Trockenplatz. Bei jedem Regenguß muß das Getreide allerdings hastig eingesammelt und anschließend wieder ausgebreitet werden. Das trockene Getreide wird schließlich in "puris" gespeichert; dies sind bis zu 3 m hohe, zylindrische Behälter aus gedrehten Strohseilen, die auf erhöhten Lehmfundamenten errichtet werden und jeweils bis zu 1.500 kg Korn fassen.

6.2.1.2 Dorf Umbalachcheri (Deltarand von Talanayar)

Das Dorf Umbalachcheri liegt 11 km südöstlich der Kreisstadt Tirutturaippundi im Deltarandbereich von Talanayar, und zwar in seinem als Randregion bezeichneten zentralen Teil (Abb. 17). Umbalachcheri, das eine Fläche von 563 ha aufweist, besitzt größtenteils ein flaches, ebenes Relief; im nordwestlichen Teil seiner Gemarkung liegt jedoch eine inselartige **Erhebung** mit einer relativen Höhe von 1-3 m über dem sonstigen Dorfland. Dieser Teil der Dorfgemarkung kann als ein Rest ehemaliger Strandwälle gedeutet werden. Nördlich davon wird die Dorfgemarkung von einer ausgedehnten **Niederung** eingenommen. Sie ist Teil eines ehemaligen Deltamündungsarmes.

Der Zweigfluß Adappar durchquert den Südrand von Umbalachcheri (Abb. 29a). Südlich davon verläuft der South Rajan-Kanal und nördlich der North Rajan-Kanal, der in einem großen Bogen durch das Dorf führt. Beide Kanäle werden etwa 2 km oberhalb des Dorfes mit dem Umbalachcheri-Regulator vom Adappar abgeleitet und parallel zu diesem auf flachen Dämmen in die Dorfflur geführt. Vom Adappar selbst kann keine direkte Bewässerung betrieben werden, da das Flußbett auf der Höhe von Umbalachcheri einige Dezimeter niedriger liegt als die Dorfflur. Am Nordrand quert der Annapillai-Kanal die Dorfgemarkung zwischen der Erhebung im Süden und der ausgedehnten Niederung im Norden. Zwischen beiden Kanälen verläuft ein Bewässerungsgraben genau auf der Längsachse des höher gelegenen Flurstücks (Abb. 29b).

Tabelle XXLII zeigt die **Entwicklung der Landnutzung** in Umbalachcheri seit 1890/91. Es wird deutlich, daß der Bau des Mettur-Dammes die Landwirtschaft des Dorfes kaum beeinflußte. Erst zwischen 1962/63 und 1973/74 stiegen die Bewässerungsflächen geringfügig an; hier zeigen sich erste Erfolge der Entwässerungsmaßnahmen im Deltarand. Einen wichtigen Einschnitt markiert dagegen das **Umbalachcheri River Pumping Scheme**, das 1974 fertiggestellt wurde. Unter diesem Projekt der lokalen Bewässerungsbehörde können 120 ha ehemaligen Trockenlandes im Bereich des angesprochenen höher gelegenen Flurteiles mit Wasser aus dem North Rajan-Kanal versorgt werden (Abb. 29b). Zwei elektrische Pumpen mit einer Hubhöhe von 3,5 m heben das Wasser in den 1.700 m langen Umbalachcheri River Pumping Scheme-Kanal, der das fruchtbare Land über sechs Verteilergräben bewässert. Von dieser Anlage profitieren etwa 150 Bauern in Umbalachcheri, die jährlich eine Wassergebühr von 9-10 Rupien pro acre und die jährlichen Betriebskosten der Anlage

Tabelle XLII

Umbalachcheri: Landnutzung 1890/91-1975/76

Jahr	Bewässerungsfläche		Trockenanbaufläche	
	Fläche (ha)	Anteil a.d. Gemarkung (%)	Fläche (ha)	Anteil a.d. Gemarkung (%)
1890/91	242	44	130	23
1920/21	242	45	155	28
1962/63	255	45	96	17
1970/71	268	48	82	15
1973/74	299	53	56	10
1975/76	388	69	5	1

Quellen: SETTLEMENT REGISTER 1893; RE-SETTLEMENT REGISTER 1923; DORFSTATISTIKEN; DISTRICT CENSUS HANDBOOK, THANJAVUR, 1970/71, PART X-A

Tabelle XLIII

Umbalachcheri: Anbauverhältnisse 1890/91-1975/76

Jahr	Anbaufläche (brutto) (ha)	Reisanbaufläche			Hülsenfrüchte	Sonstige	Bewäss. intensität (%)
		Gesamt (brutto)	davon 2.Frucht	davon unbewäss.			
1890/91	304	269	n.v.	n.v.	3	32	100
1920/21	352	337	3	n.v.	nil	15	101
1962/63	365	363	11	94	nil	2	103
1970/71	384	382	19	100	nil	2	105
1973/74	585	412	18	112	171	2	105
1975/76	478	474	47	14	nil	4	111

Quellen: SETTLEMENT REGISTER 1893; RE-SETTLEMENT REGISTER 1923; DORFSTATISTIKEN (VILLAGE ADANGALS)

Abb.29 a:
Bewässerungssysteme (1970/71)

- Unbewässertes Land
- Kanalbewässerungsland unter dem:
  - Annapillai Kanal (1)
  - Peru Kanal (2)
  - Nord Rajan Kanal (3)
  - Süd Rajan Kanal (4)
- 5 Adappar Fluß
- ---- Gemarkungsgrenze
- ---- Grenze der Bewässerungssysteme

Quellen: Re-Settlement Register of Umbalachcheri village, Tanjore 1923; Village Map of Umbalachcheri village, Stand 1970/71; Adangal of Umbalachcheri village, Stand 1970/71

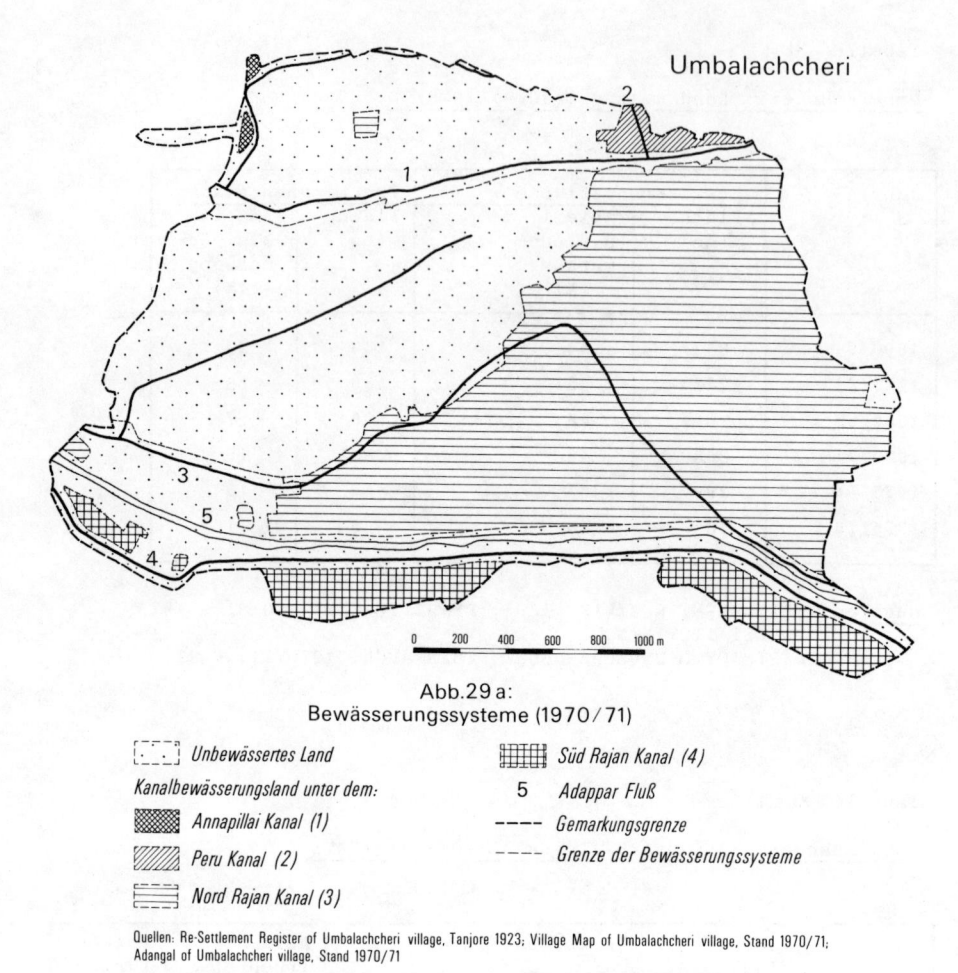

von ca. 25-30 Rupien pro acre bezahlen müssen. Das Umbalachcheri River Pumping Scheme, das etwa 300.000 Rupien kostete, ließ die Bewässerungsfläche des Beispieldorfes zwischen 1973/74 und 1975/76 etwa um ein Drittel ansteigen.

Die Entwicklung der **Anbauverhältnisse** in Umbalachcheri seit 1890/91 verzeichnet Tabelle XLIII. Es zeigt sich ein stetiges, wenn auch langsames Ansteigen des Reislandes bis 1973/74. Noch 1973/74 waren allerdings 112 ha des Reislandes (27 %) unbewässert. Es handelte sich um ausgedehnte Trockenreiskulturen auf dem höher gelegenen Flurbereich. Mit der Einrichtung des Umbalachcheri River Pumping Scheme wurden diese Flächen unter Naßreisan-

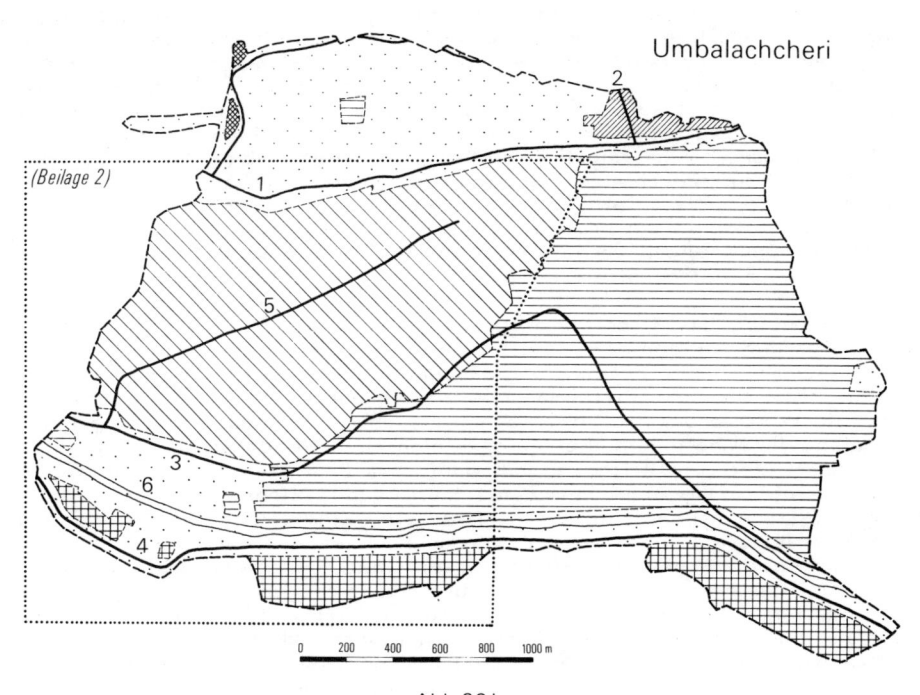

Abb. 29 b:
Bewässerungssysteme (1975/76)

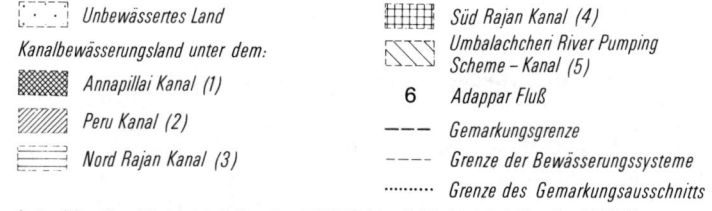

	Unbewässertes Land		Süd Rajan Kanal (4)
Kanalbewässerungsland unter dem:			Umbalachcheri River Pumping Scheme – Kanal (5)
	Annapillai Kanal (1)	6	Adappar Fluß
	Peru Kanal (2)	---	Gemarkungsgrenze
	Nord Rajan Kanal (3)	----	Grenze der Bewässerungssysteme
		....	Grenze des Gemarkungsausschnitts

Quellen: Village Map of Umbalachcheri village, Stand 1975/76; Adangal of Umbalachcheri village, Stand 1975/76

bau genommen. Gleichzeitig konnten die Bauern statt der traditionellen lokalen Sorten nun hochertragreiche neue Reissorten verwenden. Dadurch ließ sich der Ertrag nach Auskunft der Landwirtschaftsbehörde von durchschnittlich nur 750 auf bis zu 3.000 kg/ha steigern. Die gesamte zusätzlich erzeugte Getreidemenge beträgt etwa 238 Tonnen jährlich.

In einem westlichen Teil der Dorfgemarkung konnten die **Anbauverhältnisse** für 1975/76 kartiert werden (Beilage 2). Es zeigt sich die einseitige Dominanz des Reisanbaus, wobei eine einzige jährliche Samba-Frucht (Bwf_1) überwiegt. Es wird auch deutlich, daß erhebliche Flächen der westlichen Dorfgemarkung landwirtschaftlich nicht genutzt werden. Es handelt sich dabei um Bereiche unzureichender Entwässerung, die zur Überflutung und Versumpfung neigen. Größere zusammenhängende Doppelanbauflächen von Reis (Bwf_2) treten vor allem im Bewässerungsland des North Rajan-Kanals auf, und zwar im westlichen Dorfbereich. Hier ist die Wasserführung des North Rajan-Kanals noch ausreichend; traditionelle Wasserschöpfgeräte und mobile Pumpanlagen ergänzen die Kanalbewässerung. In Jahren günstiger Flußwasserversorgung und ergiebiger Herbst- und Frühwinterniederschläge wird, wie in Karuppur, auf den gut durchfeuchteten Reisfeldern noch von Februar bis April eine Hülsenfrucht angebaut (Bwf_4). Es handelt sich allgemein um Blackgram. Auf Trockenland wird in solchen Jahren auch noch das anspruchslosere Greengram gesät. Bei ungünstigen Verhältnissen verzichtet man in Umbalachcheri jedoch völlig auf den Hülsenfrüchteanbau.

Die Einrichtung des River Pumping Scheme kann als eine gelungene Maßnahme zur Steigerung der landwirtschaftlichen Produktion im Deltarandbereich gewertet werden. Dennoch sind, wie das Beispiel von Umbalachcheri zeigt, noch einige schwerwiegende **Probleme** ungelöst. In Jahren mit hohen Niederschlägen wird die Bewässerungsflur Umbalachcheris ebenso wie das niedrig gelegene Weideland im Norden und die vielen kleineren Niederungen der Dorfgemarkung überflutet. Die Reisernte muß dann vom Boot aus eingebracht werden. Zudem dringt in manchen Jahren als Folge von Zyklonen Meerwasser durch die Entwässerungskanäle in die Dorfflur ein. Eine solche Katastrophe ereignete sich letztmals 1962; seitdem wurden noch keine Gegenmaßnahmen getroffen. Das Public Works Department begann zwar mit einem "Drainage Scheme" die mangelhafte Entwässerung zu verbessern, wobei man vor allem im mittleren, besonders betroffenen Teil des Deltarandes von Talanayar die Entwässerungskanäle vertiefte; die Erfolge sind bisher jedoch gering. In manchen Fällen wird sogar der Bau neuer Entwässerungskanäle parallel zu den alten erwogen. Besonders niedrig gelegene Gebiete, in denen alle anderen Maßnahmen versagen, sollen zudem durch elektrische Pumpanlagen entwässert werden. Doch von der Realisierung dieser Pläne ist man wegen fehlender finanzieller Mittel noch weit entfernt.

6.2.1.3 Dorf Idaiyatti (Neues Delta von Peravurani)

Das Dorf Idaiyatti liegt 16 km südwestlich der Kreisstadt Pattukkottai im südlichen Bereich des Neuen Deltas. Idaiyatti hat eine Gemarkungsfläche von 1.133 ha und ist damit etwa viermal so groß wie Karuppur. Das Dorf besteht aus einer Hauptsiedlung namens Idaiyatti und 14 weiteren Weilersiedlungen, die im nordöstlichen Bereich der Dorfgemarkung verstreut sind. Das Hauptdorf ist von den Weilern deutlich abgesetzt und liegt am mittleren Nordrand der Gemarkung.

Der Bewässerungsfeldbau von Idaiyatti beruhte bis 1935 gänzlich auf einem ausgedehnten **Stauteich** (Abb. 30a), dem Periya-Eri (wörtlich: Großer Stauteich), der mit einem drei Kilometer langen Stauwall Wasser aus dem Agniar Fluß sammelte. Heute wird das Dorf in nordöstlich-südwestlicher Richtung vom **Grand Anicut-Kanal** gequert (Abb. 30b), der direkt durch das Bett des Periya-Stauteiches führt und den westlichen Zipfel des ehemaligen Staubettes trockenfallen läßt. Der äußerste nordöstliche Rand der Dorfgemarkung wird zudem vom Pannavayal-Kanal durchflossen, der unweit oberhalb der Dorfgemarkung vom Grand Anicut-Kanal abzweigt. Nördlich des Periya-Stauteichs verläuft der Grand Anicut-Zweigkanal Nr. 16, und innerhalb der Dorfgemarkung wird noch der Grand Anicut-Zweigkanal Nr. 17 vom Haupt-

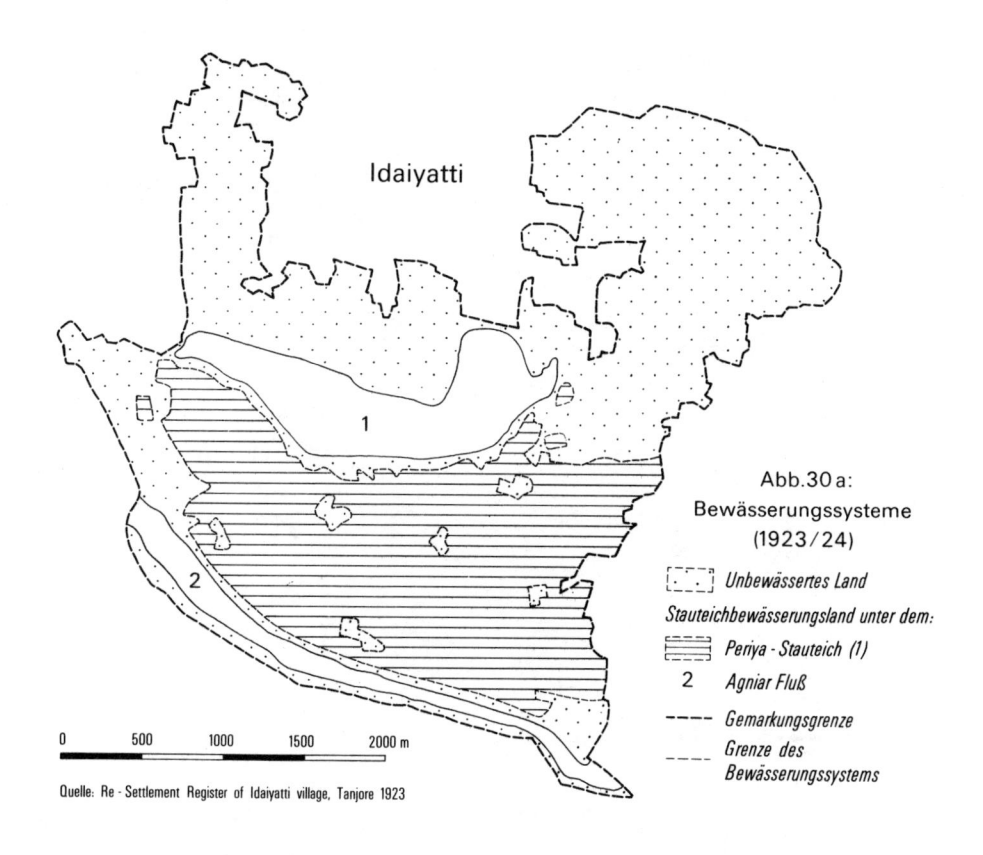

Abb.30a:
Bewässerungssysteme
(1923/24)

- Unbewässertes Land

Stauteichbewässerungsland unter dem:

- Periya - Stauteich (1)
- 2 Agniar Fluß
- ---- Gemarkungsgrenze
- ____ Grenze des Bewässerungssystems

Quelle: Re - Settlement Register of Idaiyatti village, Tanjore 1923

kanal abgeleitet. Den südlichen Bereich der Dorfgemarkung nimmt das breite Flußbett des Agniar ein.

Bewässerung wird in Idaiyatti heute sowohl als direkte Kanalbewässerung aus dem Grand Anicut-Kanal und seinen Zweigkanälen wie auch als Kombination von Kanalbewässerung und Stauteichbewässerung betrieben, indem Wasser aus dem Kanalsystem im verkleinerten Periya-Stauteich gespeichert und mit Hilfe der alten Schleusenanlagen in die Bewässerungsflur eingeleitet wird. Die ehemalige Verbindung zwischen Agniar-Fluß und Periyar-Stauteich wurde 1928 unterbrochen, so daß Wasser aus lokalen Niederschläge nicht mehr in den Stauteich strömt. Neben der Bewässerung mit Kanalwasser spielt die **Brunnenbewässerung** in Idaiyatti eine erhebliche Rolle. Anfang 1977 gab es etwa 335 der sogenannten "katcha"-Brunnen, davon ca. 100 im östlichen und ca. 225 im westlichen Teil der Gemarkung. Es handelt sich um flache temporäre Schachtbrunnen von maximal 8 m Tiefe, aus denen drei bis vier Monate lang während der Trockenzeit Wasser gefördert wird. Bei andauernder Trockenheit kann der Grundwasserspiegel in Idaiyatti bis auf 13 m absinken, und nur durch ständiges Vertiefen der Brunnenschächte läßt

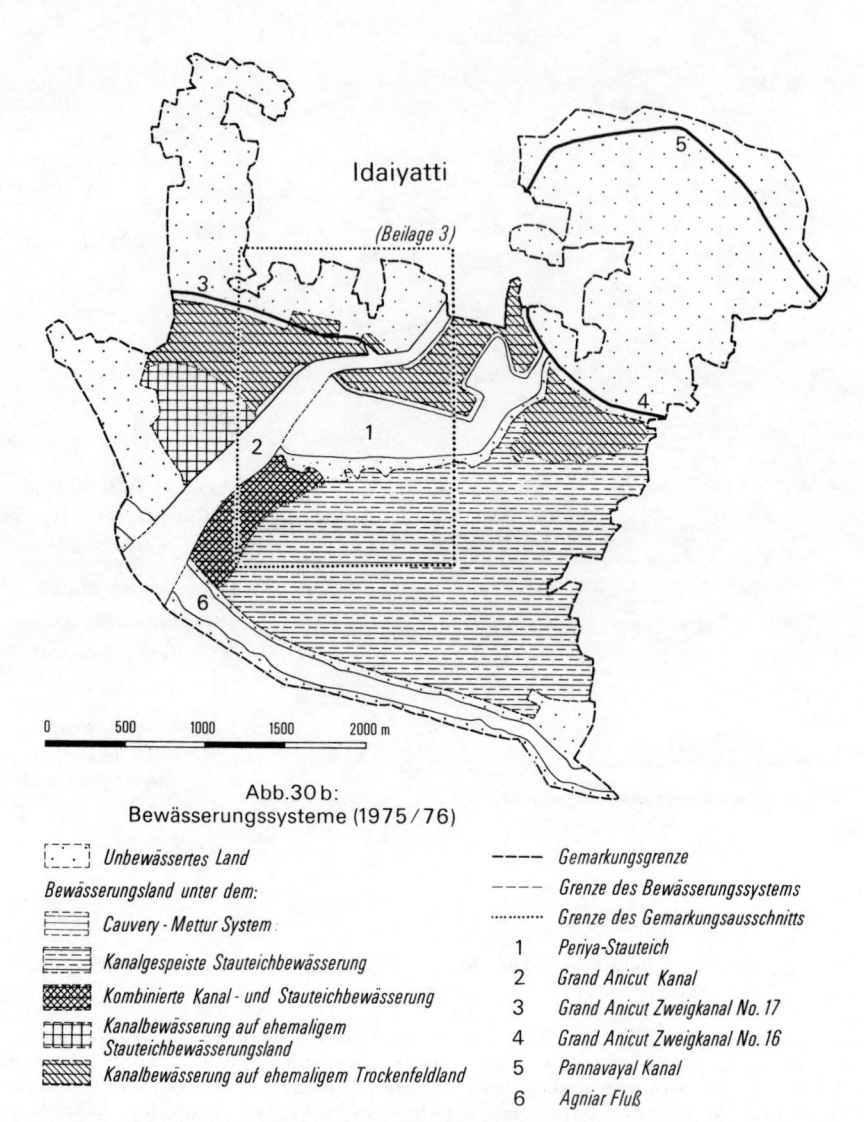

Idaiyatti
(Beilage 3)

Abb. 30 b:
Bewässerungssysteme (1975/76)

[. .] *Unbewässertes Land*
Bewässerungsland unter dem:
≡≡≡ *Cauvery - Mettur System*
≡≡≡ *Kanalgespeiste Stauteichbewässerung*
▓▓▓ *Kombinierte Kanal - und Stauteichbewässerung*
▥▥▥ *Kanalbewässerung auf ehemaligem Stauteichbewässerungsland*
▨▨▨ *Kanalbewässerung auf ehemaligem Trockenfeldland*

―――― *Gemarkungsgrenze*
---- *Grenze des Bewässerungssystems*
.... *Grenze des Gemarkungsausschnitts*

1 *Periya-Stauteich*
2 *Grand Anicut Kanal*
3 *Grand Anicut Zweigkanal No. 17*
4 *Grand Anicut Zweigkanal No. 16*
5 *Pannavayal Kanal*
6 *Agniar Fluß*

Quellen: Village Map of Idaiyatti village (Idaiyatti Chief und Idaiyatti Additional), Stand 1975/76;
Adangal of Idaiyatti village (Idaiyatti Chief und Idaiyatti Additional), Stand 1975/76

sich dann die Bewässerung sichern. Es dominieren in Idaiyatti traditionelle Wasserhebemethoden, häufig sogar noch durch menschliche Arbeitskraft mit Rolle, Zugseil und Eimer. Wohlhabende Bauern schaffen sich jedoch zunehmend dieselgetriebene Pumpanlagen an - 1976/77 waren es drei -, die allerdings gewöhnlich in permanente, ausgemauerte Brunnen ("pakka"-Brunnen) fest installiert werden.

Die Entwicklung der **Landnutzung** in Idaiyatti seit 1890/91 (Tabelle XLIV) zeigt, daß die Naßreisflächen besonders zwischen 1920/21 und 1953/54 und noch einmal bis 1963/64 stark zunahmen. Die Flächen unter Trockenanbau blieben dagegen bei starken jährlichen Schwankungen etwa gleich. Die Zahlen belegen, daß in Idaiyatti wie allgemein im Neuen Delta die potentielle Bewässerungsfläche nach Fertigstellung des Grand Anicut Kanal-Systems nur sehr allmählich tatsächlich genutzt wurde.

Ein Vergleich der Bewässerungsflächen Idaiyattis von 1920/21 und 1975/76 (Abb. 30a und 30b) weist mehrere Bereiche unterschiedlicher Entwicklung aus: 1. Die größte Fläche nimmt das ehemalige Stauteichbewässerungsland ein. Östlich des Grand Anicut Kanals wird hier Kanal- und Stauteichbewässerung in Kombination betrieben. 2. Direkt am Grand Anicut-Kanal liegen einige Felder, die von Bewässerungsgräben gespeist werden, die gleichzeitig sowohl aus dem Grand Anicut-Kanal direkt wie auch aus dem kanalgespeisten Stauteich ihr Wasser erhalten. 3. Westlich vom Grand Anicut-Kanal liegt ein kleiner Bereich, wo ehemaliges Stauteichbewässerungsland in reines Kanalbewässerungsland umgewandelt wurde. Hier übernimmt der Grand Anicut-Kanal direkt die Wasserversorgung der Felder. 4. Nördlich des ehemaligen Stauteichbewässerungslandes finden sich außerdem größere Flurbezirke, in denen seit 1920/21 Trockenland zu kanalbewässertem Naßland wurde.

Die Landwirtschaft von Idaiyatti ist durch das Nebeneinander von Bewässerungsfeldbau und Trockenfeldbau gekennzeichnet. Dies soll im folgenden für einen repräsentativen Gemarkungsausschnitt im einzelnen dargelegt werden (Beilage 3). Der Ausschnitt stellt ein Profil durch den mittleren nördlichen Teil der Dorfgemarkung dar und hat südlich des Periya-Stauteiches mit Rotlehm mittlerer und an der Nordseite mit Rotsand guter Qualität Anteil an den besten Böden des Dorfes. Die minderwertigsten Böden treten im Nordosten und Südosten des Ausschnitts mit Rotsand minderer bzw. schlechter Qualität auf.

Die **Anbauverhältnisse** von 1973/74 zeigen für diesen Teil von Idaiyatti einen scharfen Kontrast zwischen dem Trockenland im Norden und dem Naßland im Süden. Beim **Naßland** überwiegt der Doppelanbau von Naßreis (Bewässerungsfeldlandtyp Bwf_2), vor allem im kleinparzellierten ehemaligen Stauteichbewässerungsland nahe des Grand Anicut-Kanals. Hier tritt i.d.R. nur im Endbereich der Feldgräben einfacher Naßreisanbau auf (Bwf_1). Dieser Sachverhalt verdeutlicht die hohe Bewässerungskapazität der direkt vom Grand Anicut-Kanal abzweigenden Kanäle und die bessere Wasserversorgung desjenigen Teiles des Periyar-Stauteiches, der nahe am Hauptkanal liegt. Weiter östlich überwiegt im alten Stauteichbewässerungsland der einfache Naßreisanbau. Doppelanbau tritt hier nur entlang der größeren, direkt vom Stauteich abgeleiteten Feldgräben auf. Beim kanalbewässerten Gebiet nördlich und westlich des Stauteichs mit den größeren, regelhaft geschnittenen Parzellen handelt es sich um ehemaliges Trockenland. Hier dominiert wieder der doppelte Naßreisanbau. Es wird deutlich, daß die Intensität des Bewässerungsfeldbaus von Idaiyatti wie auch in Karuppur und Umbalachcheri kaum mit der jeweiligen Güte der Böden in Zusammenhang steht. Ganz offensichtlich

Tabelle XLIV

Idaiyatti: Landnutzung 1890/91 bis 1975/76

Jahr	Naßreisfläche (ha)	Anteil a.d. Gemarkung (%)	Trockenanbaufläche (ha)	Anteil a.d. Gemarkung (%)
1890/91	370	30	437	35
1920/21	322	26	471	38
1953/54	404	36	430	38
1963/64	502	44	n.v.	n.v.
1973/74	531	47	470	42
1975/76	530	47	n.v.	n.v.

Quellen: SETTLEMENT REGISTER 1893;
RE-SETTLEMENT REGISTER 1923;
DORF- U. LANDKREISSTATISTIKEN (STATISTICAL REGISTER TEIL III A u. V; TALUK REGISTER NO. II)

gibt allein die Güte der Wasserversorgung den Ausschlag für den jeweils vorherrschenden Anbautyp.

Im **Trockenfeldland** nördlich des Kanalsystems gibt es verschiedene Anbautypen in kleinkammriger Differenzierung. Es dominiert der Erdnußanbau, dazu kommen größere Flächen unter Baumkulturen. Beim Erdnußanbau gibt es zwei Anbauperioden, den monsunzeitlichen und den trockenzeitlichen Anbau. In der niederschlagsreichen Zeit von August bis Dezember können Ölfrüchte wie Erdnuß und Sesam allein auf der Grundlage der Monsunniederschläge angebaut werden. In der Trockenzeit dagegen, die von Januar bis März/April dauert, ist der Ölfrüchteanbau nur mit zusätzlicher Brunnenbewässerung möglich (Regenfeldlandtyp R_1). Beide Anbauformen kommen in Idaiyatti auch hintereinander vor (R_2). Brunnenbewässerter Erdnußanbau erbringt im Vergleich zum unbewässerten Anbau etwa den zweieinhalbfachen Ertrag (1972/73: durchschnittlich 1.577 kg/ha gegenüber 597 kg/ha) (1), so daß sich der erhöhte Aufwand lohnt.

Die kleinräumige Verteilung der Anbautypen im Trockenland ist ebenfalls in erster Linie von der Wasserverfügbarkeit abhängig. Wo Brunnen angelegt werden können, sind auch zwei Erdnußernten möglich. Im vorliegenden Gemarkungsausschnitt spielen jedoch auch die Bodenverhältnisse und die Reliefgestaltung eine wichtige Rolle. Im nordwestlichen Bereich mit Rotsandböden niedriger Qualität z.B. kommt nur einfacher Erdnußanbau vor, während im benachbarten Gebiet mit etwas besseren Böden größere Flächen im Doppelanbau kultiviert werden. Im nordöstlichen Gebiet mit Rotsandböden guter Qualität dagegen wird auch im höher gelegenen Teil doppelter Erdnußanbau betrieben, obwohl hier die Anlage von Brunnen schwieriger ist. Der höhere Aufwand wird hier jedoch durch gute Ernten belohnt.

Die landwirtschaftliche Entwicklung in Idaiyatti seit 1890/91 zeigt Tabelle XLV. Es wird deutlich, daß die Bruttoanbaufläche kontinuierlich gewachsen ist und daß dabei die Naßreisfläche überproportional stark anstieg. Diese Steigerung beruhte bis 1964/65 auf der Neuerschließung von kanalbewässertem Naßland. Das seitdem zu beobachtende weitere Anwachsen des Doppelanbaus von Naßreis beruht dagegen auf der Verwendung hochertragreichen Saatguts mit kurzen Reifezeiten, wodurch die Anbauintensität stark gesteigert werden konnte.

Der Trockenfeldbau ging bis 1964/65 absolut wie relativ stark zurück. Machten Trockenfrüchte (brutto) 1890/91 noch 53 % der gesamten Anbauflächen aus, so fiel dieser Wert bis 1964/65 auf 18 %. Dies betraf bis 1953/54 vor allem den Hirseanbau, dessen Rückgang auch vom aufkommenden **Ölfrüchteanbau** nicht ausgeglichen werden konnte. Nachdem der Ölfrüchteanbau bis 1963/64 ebenfalls zurückgegangen war, stieg seine Bedeutung jedoch wieder deutlich an. Dies erklärt sich aus der steigenden Nachfrage nach Ölfrüchten und hohen Erzeugerpreisen. Dieser Anbauzweig kommt damit dem wachsenden Bedarf des Bauern nach Bargeld entgegen, das er vor allem dazu benötigt, die kapitalintensiven neuen Anbautechniken anzuwenden. Der durch den sich schnell ausweitenden profitablen Reisanbau immer lohnendere Arbeitsaufwand im Bewässerungsland ließ das Trockenfeldland also zunächst zu einer Art Landreserve absinken. Erst die Möglichkeit eines profitablen Ölfrüchteanbaus führte zu einer neuerlichen agrarischen Inwertsetzung.

---

(1) Season and Crop Report, 1972/73

Tabelle XLV

Idaiyatti: Entwicklung der Anbauverhältnisse 1890/91 bis 1975/76

Jahr	Gesamtanbau-fläche (ha)	Naßreis (brutto) (ha)	Anteil a.d. Anbau-fläche (%)	Trocken-früchte (brutto) (ha)	Anteil a.d. Anbau-fläche (%)	Hirsen (ha)	Öl-früchte (ha)	Sonstige (ha)	Bewäss. intens. (%)
1890/91	784	370	47	414	53	338	29	47	100
1920/21	668	324	49	344	51	139	187	18	101
1953/54	720	503	70	217	30	43	152	22	123
1964/65	733	598	82	135	18	9	119	7	119
1973/74	1220	831	68	389	32	24	328	37	157
1975/76	1239	830	67	409	33	nil	307	102	157

Quellen: SETTLEMENT REGISTER 1893; RE-SETTLEMENT REGISTER 1923; DORF- U. LANDKREISSTATISTIKEN (STATISTICAL REGISTER TEIL III A U. V; TALUK REGISTER NO. II)

Der Verkauf von Reis stellt im Finanzhaushalt der Bauern weiterhin den überwiegenden Posten. Dies zeigt die folgende Aufstellung:

Anbaufrucht	Anbau- fläche (ha)	Durchschnitts- ertrag (kg/ha)	Durch- schnitts- preis (Rs./t)	Insgesamt zu erzielender Geldertrag (brutto, Rs.)
Erdnuß (unbewässert)	214	ca. 600	1.164	ca. 248.800
Erdnuß (bewässert)	54	ca. 1.580		
Sesam	60	ca. 360	2.513	ca. 54.000
Naßreis	831	ca. 2.075	526	ca. 900.000

Quellen: eigene Berechnungen nach: Dorfstatistik 1973/74; Season and
Crop Report 1973/74

Wenn in **Zukunft** ausreichende Wassermengen für das Kanalsystem zur Verfügung stehen, so ist auch weiterhin eine positive Entwicklung der landwirtschaftlichen Produktivität in Idaiyatti zu erwarten. Sie könnte diejenige weiter Gebiete des Alten Deltas deutlich übertreffen, da die Nutzung der im Neuen Delta reichlich vorhandenen Grundwasservorräte noch bei weitem nicht ausgeschöpft ist. Eine weitere positive Entwicklung der Agrarwirtschaft im Neuen Delta müßte jedoch der Pflege und Verbesserung der Entwässerungsanlagen besondere Aufmerksamkeit schenken, so daß die Gefahr von Versalzung und Versumpfung gebannt werden kann.

6.2.1.4 Dorf Pudupatti (Stauteichregion von Budalur)

Das Dorf Pudupatti liegt 10 km westlich der Kleinstadt Vallam in der Stauteichbewässerungsregion von Budalur (Abb. 1). Pudupatti hat eine Fläche von 856 ha und weist mehrere Siedlungen auf, von denen Pudupatti im Norden der Gemarkung die größte ist. Das Beispieldorf liegt im Bereich des **Tafellandes von Vallam**. Die Dorfgemarkung weist ein gewelltes Relief mit sanftem Gefälle gegen Norden auf und wird in südwestlich-nordöstlicher Richtung von der 250-Fuß Höhenlinie gequert. Fast genau entlang dieser Höhenlinie verläuft der **New Kattalai High Level-Kanal** (Abb. 31b). Die **Stauteiche** liegen jeweils in den Becken der Abflußmulden und stauen mit ihren quer zur Abflußrichtung verlaufenden Stauwällen das abgehende Wasser.

Pudupatti weist eine kleinkammrige Differenzierung der **Bodengüten** mit durchweg schlechteren Böden im östlichen und besseren Böden im westlichen Teil der Dorfgemarkung auf. Die fruchtbarsten Böden finden sich in einem kleinen Bezirk südlich des Mungiladi- und in größeren Flurteilen westlich des Semburan-Stauteichs sowie im südwestlichen Zipfel der Dorfgemarkung. Es handelt sich um alluviale Schwemmböden in den Becken der Abflußmulden.

Pudupatti liegt in der **Bewässerungsregion** traditioneller Stauteichbewässerung, in der einige Stauteiche zusätzlich vom New Kattalai High Level-Kanal gespeist werden. Dies ist in vier der acht Stauteiche von Pudupatti der Fall

Abb. 31 a:
Bewässerungssysteme (1923/24)

Nicht bewässertes Land

Bewässerungsland unter dem:

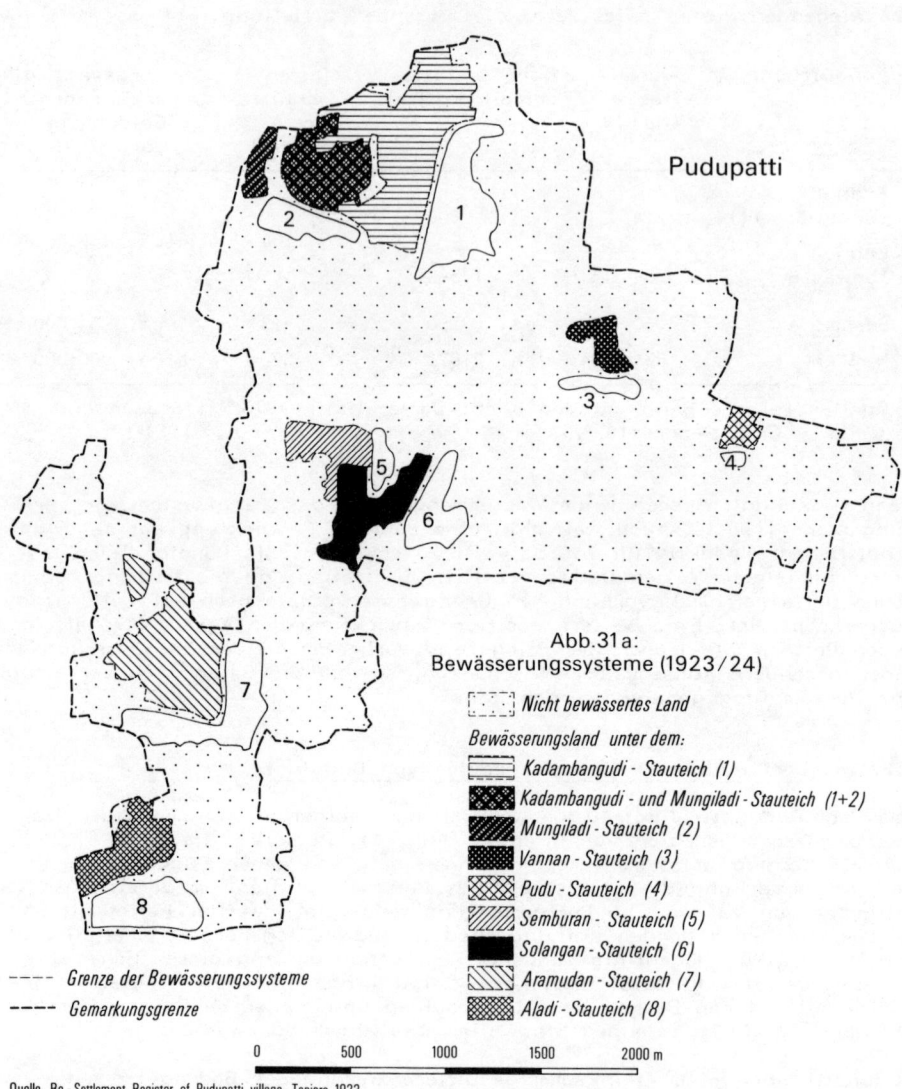

Kadambangudi - Stauteich (1)
Kadambangudi - und Mungiladi - Stauteich (1+2)
Mungiladi - Stauteich (2)
Vannan - Stauteich (3)
Pudu - Stauteich (4)
Semburan - Stauteich (5)
Solangan - Stauteich (6)
Aramudan - Stauteich (7)
Aladi - Stauteich (8)

----- Grenze der Bewässerungssysteme
——— Gemarkungsgrenze

0   500   1000   1500   2000 m

Quelle: Re-Settlement Register of Pudupatti village, Tanjore 1923

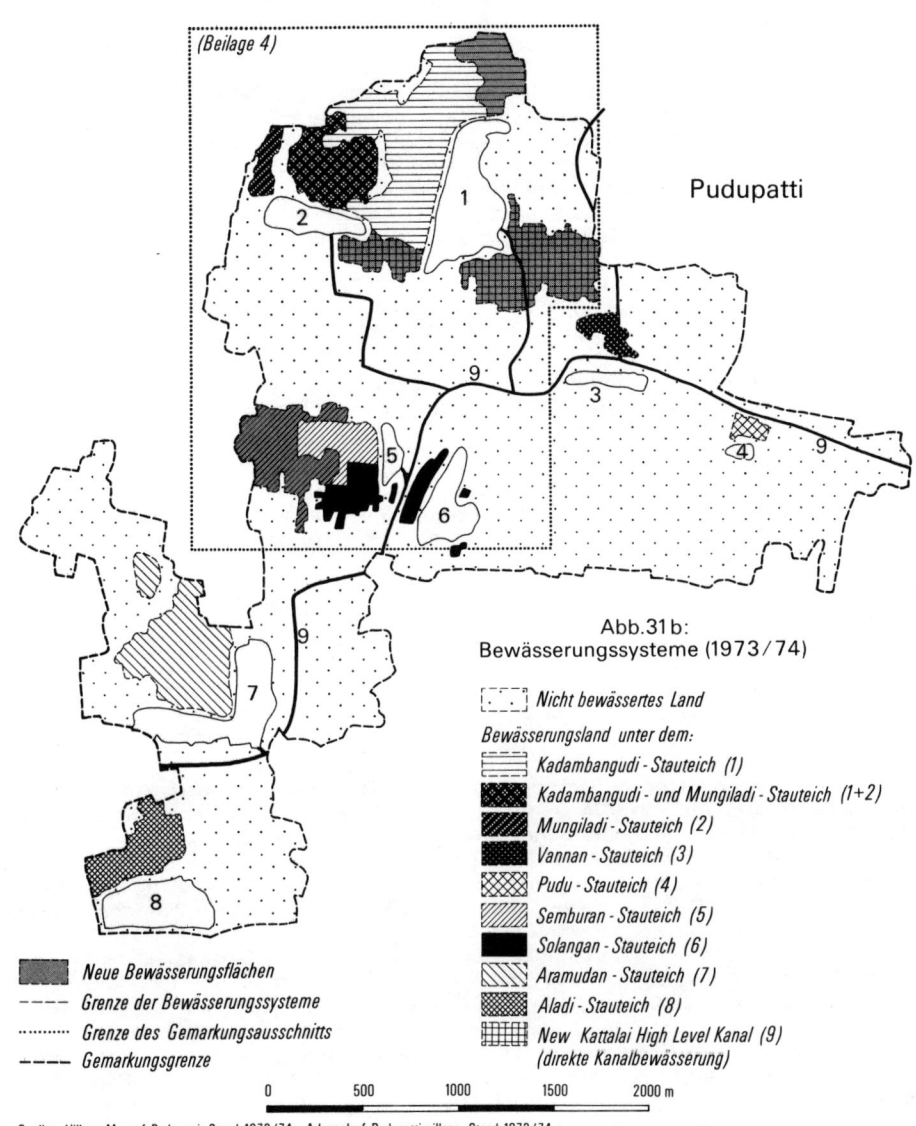

Abb. 31 b:
Bewässerungssysteme (1973/74)

- ⬚ Nicht bewässertes Land

Bewässerungsland unter dem:
- Kadambangudi - Stauteich (1)
- Kadambangudi - und Mungiladi - Stauteich (1+2)
- Mungiladi - Stauteich (2)
- Vannan - Stauteich (3)
- Pudu - Stauteich (4)
- Semburan - Stauteich (5)
- Solangan - Stauteich (6)
- Aramudan - Stauteich (7)
- Aladi - Stauteich (8)
- New Kattalai High Level Kanal (9) (direkte Kanalbewässerung)

- Neue Bewässerungsflächen
- ---- Grenze der Bewässerungssysteme
- .... Grenze des Gemarkungsausschnitts
- ---- Gemarkungsgrenze

0   500   1000   1500   2000 m

Quellen: Village Map of Pudupatti, Stand 1973/74; Adangal of Pudupatti village, Stand 1973/74

(Abb. 31b). Obwohl das Kanalsystem in diesem Bereich nicht für eine direkte Bewässerung ausgelegt ist, wird diese in Pudupatti doch praktiziert. Mit Einführung des New Kattalai High Level Scheme stieg die Bewässerungsfläche um etwa 57 ha an (direkte Kanalbewässerung und Ausweitung des Naßlandes der kanalgespeisten Stauteiche).

Neben der traditionellen Stauteichbewässerung, der kombinierten Stauteich-Kanalbewässerung und der direkten Kanalbewässerung spielt die Brunnenbewässerung in Pudupatti nur eine ergänzende Rolle. 1976/77 gab es insgesamt 40 permanente Brunnen, von denen 15 mit Ochsengespannen, aber bereits 10 mit Öl- und 15 mit Elektropumpen Grundwasser aus 8-13 m Tiefe förderten. Die Brunnen dienen sowohl der Wasserversorgung früher Naßreis-Saatbeete als auch der Bewässerung von Ölfrüchten in der Trockenzeit.

Die Entwicklung der **Landnutzung** (Tab. XLVI) zeigt, daß durch die Ausweitung der Bewässerung seit 1920/21 der Anteil des Trockenfrüchteanbaus deutlich zurückging. Wie in Idaiyatti wurde wegen der Ausweitung des sehr viel lohnenderen, aber auch arbeitsaufwendigeren Naßreisanbaus der unbewässerte Feldbau von den Bauern teilweise aufgegeben. Dies betraf jedoch nicht den ebenfalls lukrativen Ölfrüchteanbau, der bis heute überwiegend zum **Finanzhaushalt der Bauern** beiträgt:

Anbaufrucht	Anbaufläche (ha)	Durchschnittsertrag (kg/ha)	Durchschnittspreis (Rs./t)	Insgesamt zu erzielender Geldertrag (brutto, Rs.)
Erdnuß	386	ca. 600	1.164	ca. 270.000
Naßreis	202	ca. 1.650	526	ca. 175.000

Quellen: Eigene Berechnungen nach: Dorfstatistik 1973/74; Season and Crop Report 1973/74

Für einen nordwestlichen Gemarkungsausschnitt von Pudupatti sind die **Anbauverhältnisse** von 1973/74 dargestellt (Beilage 4). Es wird deutlich, daß das an die Stauteiche gebundene Bewässerungsland scharf gegen das Trockenland abgesetzt ist und daß im Bewässerungsland der Anbautyp einer einfachen Naßreisfrucht (November bis Februar) deutlich vorherrscht (Bewässerungsfeldlandtyp Bwf$_1$). Dieser Anbautyp beruht allein auf den nordostmonsunalen Niederschlägen, die in den Stauteichen gesammelt werden. Nur in Jahren überdurchschnittlich hoher Regenfälle aus dem Südwest-Monsun kann ausnahmsweise auch allein aus Stauteichen gespeister doppelter Naßreisanbau betrieben werden. Daß auch die Kanalbewässerung allein meist nicht für Doppelanbau ausreicht, zeigt der Bereich östlich des Kadambangudi-Stauteichs. Doppelter Naßreisanbau ist i.d.R. nur beim Zusammenwirken von Stauteich- und Kanalbewässerung möglich. Die Flächen mit zwei Reisernten beschränken sich auch dann auf solche Felder, die direkt am Stauwall liegen oder zumindest an die Hauptverteilergräben angrenzen. Deshalb erreichte die Bewässerungsintensität in Pudupatti 1973/74 mit 21 ha unter Doppelanbau auch nur den geringen Wert von 112 %. Bemerkenswert ist die Tatsache, daß in Pudupatti die Verwendung moderner hochertragreicher Reissorten bisher nicht möglich ist. Dies erklärt sich aus der unzulänglichen Wasserversorgung, aber auch aus der starken Stellung des im Finanzhaushalt der Bauern dominierenden unbewässerten Anbaus von Ölfrüchten. Diesem gilt die beson-

Tabelle XLVI

Pudupatti: Anbauverhältnisse 1890/91 bis 1975/76

Jahr	Gesamtan- bauflâche (brutto) (ha)	Naßreis- anbau (brutto) (ha)	Anteil a.d.An- bauflä- che (%)	Trocken- anbau (brutto) (ha)	Anteil a.d.An- bauflä- che (%)	Bewäss. intensi- tät (%)	Trocken- reis (ha)	Hirse (ha)	Hüls. früch- te(ha)	Ölfr. (ha)	Sonstige (ha)
1890/91	581	100	17	481	83	100	45	303	108	25	-
1920/21	592	153	26	439	74	119	43	181	12	199	4
1964/65	696	202	29	494	71	115	66	110	31	280	7
1972/73	716	178	25	538	75	116	81	81	45	321	10
1973/74	731	202	28	529	72	112	35	66	34	386	8
1975/76	625	201	32	424	68	100	15	57	48	300	4

Quellen: SETTLEMENT REGISTER 1893; RE-SETTLEMENT REGISTER 1923; DORFSTATISTIKEN (VILLAGE ADANGALS)

dere Beachtung der Bauern von Pudupatti, die an Neuerungen im Bereich des Bewässerungsfeldbaus wenig interessiert sind.

Die ausgedehnten Bereiche mit **Trockenfrüchten** nehmen das höher gelegene Riedelland zwischen den Abflußmulden ein. Die wichtigsten Anbautypen sind hier der reine Ölfrüchteanbau (Oktober bis Dezember) und der gemischte Ölfrüchte-Hülsenfrüchteanbau (Oktober bis Januar) (Regenfeldlandtyp R_1). Die kleinräumige Differenzierung des Anbaus läßt eine Abfolge von **feuchtigkeitsabhängigen Intensitätsstufen** vom höher gelegenen, besonders trockenen Flurbereich auf den Geländerücken bis hin zu den gut bewässerbaren Feldern in Stauwallnähe erkennen: gemischter Ölfrüchte-Hülsenfrüchteanbau als **extensivster** Anbautyp im trockensten Flurbezirk, danach eine Zone einfachen Ölfrüchteanbaus, dann doppelter Ölfrüchteanbau als intensivste Stufe des Trockenanbaus, im Bewässerungsland allgemein einfacher Naßreisanbau, und als **intensivster** Anbautyp schließlich doppelter Naßreisanbau in Stauwallnähe.

Tabelle XLVI gibt Aufschluß über die landwirtschaftlichen **Entwicklungstendenzen** von Pudupatti seit 1890/91. Augenfällig ist die deutliche Zunahme der Anbauflächen bis 1973/74, die allerdings von Jahr zu Jahr stark variieren, wie das Beispiel von 1975/76 zeigt, als eine anhaltende Trockenheit den Regenfeldbau stark beeinträchtigte.

Wegen der starken Abhängigkeit von lokalen Niederschlägen, der geringen und schwankenden Bewässerungsintensität und des Fehlens von hochertragreichen Reissorten ist der landwirtschaftliche Entwicklungsstand von Pudupatti im Vergleich zum Inneren Delta und zum Neuen Delta bis heute ausgesprochen niedrig. Da der New Kattalai High Level-Kanal nicht in das Modernisierungsprojekt für das Cauvery Delta System einbezogen ist, ist in naher **Zukunft** auch keine durchgreifende Weiterentwicklung der Landwirtschaft in der Stauteichregion von Budalur zu erwarten.

Vergleicht man **zusammenfassend** die Agrarentwicklung in den vier Beispieldörfern, so erscheinen **Karuppur** und **Idaiyatti** als Beispiele für hochproduktive, gut erschlossene und auch in Zukunft weiter entwicklungsfähige agrarische Kernräume. **Pudupatti** und **Umbalachcheri** sind dagegen trotz ihrer Verschiedenheit als Beispiele für agrarisch ausgesprochen problematische und landwirtschaftlich wenig entwickelte Räume zu bezeichnen. Wegen des umfangreichen und recht einträglichen Trockenfeldbaus ist die agrarische Situation Pudupattis dabei noch als relativ günstiger einzuschätzen als diejenige Umbalachcheris.

6.2.2 Struktur und Entwicklung der sozialökonomischen Verhältnisse

Es stellt sich die Frage, ob bzw. wieweit die dargestellte landwirtschaftliche Entwicklung der in den Dörfern lebenden und wirtschaftenden Bevölkerung zugute gekommen ist. Erst eine Antwort auf diese Frage kann als Maßstab für die Beurteilung der Agrarentwicklung herangezogen werden. Letztlich kann diese nur dann als positiv bewertet werden, wenn eine möglichst große und zunehmende Zahl von Menschen daran partizipieren und ihre Lebensbedingungen verbessern kann (Kap. 4.3.2). Um diese Frage zu klären, ist vor allem zu untersuchen, auf welchen demographischen, ökonomischen und sozialen Strukturen die Agrarentwicklung jeweils aufbaute. Umgekehrt ist auch zu fragen, inwieweit diese Strukturen ihrerseits von den landwirtschaftlichen Entwicklungsprozessen beeinflußt und verändert worden sind.

Die Untersuchung von **Bevölkerungsentwicklung, Kastengliederung** und **Siedlungsstruktur** sowie ihrer räumlichen Ausprägungen zielt zunächst darauf ab, Zusammenhänge zwischen dem Bewässerungsfeldbau als der wirtschaftlichen Grundlage der Agrarbevölkerung und demographischen, rituellen und sozialen Merkmalen der Dorfgemeinschaft aufzudecken. Damit werden zugleich wichtige Aspekte der Lebensverhältnisse der agrarsozialen Schichten im Dorf angesprochen.

Da die landwirtschaftliche Bevölkerung in den Dörfern nicht aus einer homogenen Gruppe von Landbesitzern besteht, auf die sich die Erträge der landwirtschaftlichen Produktion gleichmäßig verteilen, sollen anschließend Merkmale und Dynamik der dörflichen **Agrarsozialstruktur** untersucht werden. Der Anteil der landbesitzenden Familien an der Dorfbevölkerung läßt einen ersten Aufschluß darüber zu, wie groß die Bevölkerungsteile sind, denen die Agrarentwicklung direkt zugute gekommen ist. Dabei ist jedoch von großer Wichtigkeit, die erheblichen sozialen und wirtschaftlichen Unterschiede gerade **innerhalb** der landbesitzenden Bevölkerungsschicht zu berücksichtigen. Die dörflichen Statistiken erlauben es, für diesen Aspekt auch die historische Entwicklung etwa der letzten 50 Jahre nachzuvollziehen.

6.2.2.1 Bevölkerungsentwicklung, Kastengliederung und Siedlungsstruktur

Die Bevölkerungsentwicklung der letzten 70 Jahre zeigt in den vier ausgewählten Dörfern in den einzelnen Dekaden Steigerungs- und Rückgangsphasen (Tabelle XLVII). Den deutlichsten **Rückgang** verzeichnen die Dörfer des Alten Deltas in der Dekade 1931-1941. Wie 1911-1921 wanderten in dieser Zeit große Teile der Bevölkerung aus dem Delta ab. Schon geringfügige Veränderungen in der wirtschaftlichen Grundlage der Agrarbevölkerung, z.B. ein stagnierender Bewässerungsausbau oder der Rückgang der Reispreise während der Weltwirtschaftskrise, bewirkten wegen der großen Zahl der am Rande des Existenzminimums lebenden Landarbeiter und Kleinbauern in diesen Zeitabschnitten ausgeprägte Abwanderungstendenzen. Die starken **Steigerungsraten** der Bevölkerung von 1941-1951 beruhen dagegen auf der besonderen Anziehungskraft des Distrikts als Kornkammer, wenn in den Nachbardistrikten Hungersnöte ausbrachen. Gleichzeitig war dies die Phase der größten landwirtschaftlichen Entwicklungsdynamik unter dem Cauvery-Mettur Projekt. Damit lassen sich auch die markanten Bevölkerungsverdichtungen in den agrarisch besonders produktiven und daher attraktiven Dörfern Karuppur und Idaiyatti deuten. Richtung und Intensität der Bevölkerungsentwicklung zeigen also in allen Beispieldörfern deutliche Zusammenhänge mit dem Entwicklungsstand des Bewässerungswesens.

Im **Vergleich** zur Bevölkerungsentwicklung Südostindiens (1) lassen sich Zu- und Abwanderungsbewegungen innerhalb des Tanjore Distrikts annäherungsweise kalkulieren. Für die vier Beispieldörfer zeigt sich zunächst, daß in keinem der Dörfer der Bevölkerungszuwachs zwischen 1901 und 1971 mit den überregionalen Zuwachsraten Schritt halten konnte (Tabelle XLVII). Es läßt sich daraus ableiten, daß trotz der besonderen agrarischen Produktivität des Cauvery Deltas der Druck auf den Boden bereits so stark und die Lebensverhältnisse der dienstleistenden, handwerklichen sowie landlosen und kleinbäuerlichen Bevölkerung so unzureichend waren, daß umfangreiche Auswanderungswellen erfolgten. Die Abweichung von der überregionalen Bevölkerungsentwicklung kann dann innerhalb einer Dekade 20 % und mehr er-

---

(1) Statistical Handbook, Tamilnadu, 1975, 19

Tabelle XLVII

Bevölkerungsentwicklung in den Beispieldörfern des Tanjore Distrikts und in Südostindien 1901-1971

	1901-1911	1911-1921	1921-1931	1931-1941	1941-1951	1951-1961	1961-1971	Ø 1901-1971
Südostindien	+ 8,6	+ 3,5	+ 8,6	+11,9	+14,7	+11,9	+22,9	+113 %
Karuppur	+ 9,5	- 0,5	+12,2	-16,0	+28,3	+10,4	+11,8	+ 63 %
Umbalachcheri	+13,2	- 9,5	+11,7	- 6,0	+16,2	+13,9	+ 4,5	+ 50 %
Idaiyatti	+ 3,7	- 2,1	- 7,2	+14,7	+22,7	+ 5,6	+24,2	+ 74 %
Pudupatti	+ 9,6	+ 2,8	-16,4	+21,	-17,4	+ 9,8	+27,0	+ 32 %

Quellen: CENSUS OF INDIA, 1901-1971;
STATISTICAL HANDBOOK TAMILNADU, 1975, 19

reichen. Dieser Wert ist annäherungsweise der **Abwanderungsverlust**. Landwirtschaftlicher Fortschritt zog umgekehrt erhebliche Menschenmengen an, die **Wanderungsgewinne** erreichten in einzelnen Dörfern Größenordnungen von 10 bis 15 % in einer Dekade.

Die soziale Rangordnung der Bevölkerung, ausgedrückt durch die **Kastenzugehörigkeit**, zeigt in den vier Dörfern unterschiedliche Strukturen. Eine besonders ausgeprägte **soziale Polarisierung** im sozialen Gefüge des Dorfes zeigen die Dörfer des Alten Deltas. In Karuppur und Umbalachcheri leben kleine Gruppen von hochrangigen Brahmanenfamilien, die mit jeweils neun Familien etwa 2-3 % der Haushalte umfassen. Ihnen steht ein großer Bevölkerungsteil unberührbarer Harijans gegenüber. Dieser Bevölkerungsteil macht in Karuppur etwa 24 %, in Umbalachcheri etwa 28 % der Dorfbevölkerung aus (1976/77). Die restlichen Familien gehören verschiedenen Bauern- und Handwerkerkasten an. In Karuppur überwiegen die Bauernkasten der Padaiyachi, zu denen noch etwa 70 mohammedanische Familien kommen. In Umbalachcheri stellen die Amabalakara, Puraiyar und Chettiar den Hauptteil der Bauernkasten. Eine besondere Stellung nehmen hier noch die vier Familien von hochrangigen Ambalakara Pillais ein.

Im Vergleich zu den kastenmäßig polarisierten sozialen Verhältnissen in den Dörfern des Alten Deltas zeigt die Kastenverteilung in Idaiyatti und Pudupatti homogenere Strukturen. Hier fehlen Brahmanenfamilien völlig, der Anteil der Harijans ist mit 20 bzw. 8 % geringer, der überwiegende Teil der dörflichen Bevölkerung gehört zu den Bauernkasten, in Idaiyatti vor allem zu den Vellalars, in Pudupatti zu den Kallans. Daneben gibt es in Pudupatti eine etwa 25 % der Bevölkerung umfassende Gemeinschaft von Christen, überwiegend ehemalige Harijans.

Bei den **Siedlungsformen** treten ebenfalls deutliche Unterschiede zwischen Altem Delta und Deltaumrahmung auf, die im Zusammenhang mit der Sozialordnung der Bevölkerung und den Bewässerungsformen stehen. Der charakteristische Siedlungstyp des Alten Deltas ist das **lineare** Dorf entlang von Flüssen und Bewässerungskanälen, aber auch entlang von Straßen (1), Deichen (2) und ehemaligen Strandwällen oder Altdünen. Letzteres trifft z.B. für Umbalachcheri zu, wo die Hauptsiedlungsachse am Rande eines alten Strandwalls verläuft. Ein besonders charakteristisches Merkmal der Siedlungsstruktur des Alten Deltas und Randdeltas ist die **soziale Topographie** des Dorfes, die durch eine strenge Trennung der Wohnviertel von Brahmanen, Bauernkasten und Harijans gekennzeichnet ist (3). Sehr deutlich wird diese Trennung z.B. im westlichen Dorfteil von Karuppur, in Srirangarajapuram (Beilage 5), das drei räumlich scharf voneinander abgesetzte Segmente aufweist. Dies sind die kurze "agraharam" oder Brahmanenstraße im Süden, die langgezogene "kudiana"-Straße der Bauernkasten nördlich davon und die kompakte "cheri" oder Harijansiedlung im Nordwesten. Der östliche Dorfteil weist das gleiche Siedlungsbild auf, wobei die Gemeinschaft der Mohammedaner wiederum eine eigene, mit einer Moschee ausgestattete Straße bewohnt. Eine ähnliche innere Struktur wie Karuppur zeigen von anderen Forschern untersuchte, ebenfalls im Inneren des Alten Deltas gelegene Dörfer (4).

---

(1) Sivertsen, 1963, 15
(2) Krebs, 1939, 201
(3) Mencher, 1964, 164
(4) Beteille, 1962, 141-146; Sivertsen, 1963, 25; Singh, 1971, 947; Gough, 1960, 19; Gopalakrishnan, 1972

Die Siedlungsstruktur von Umbalachcheri ist in ihren Grundzügen ähnlich (Beilage 6). Hier bilden die Brahmanenstraßen die beiden hakenförmig abgesetzten Endstücke der langen Hauptsiedlungslinie der Bauernkasten, während die Harijansiedlungen in deutlich abgesonderten Zeilen quer zur Bauernsiedlung bzw. entfernt von dieser entlang des North Rajan Kanals auftreten. Die einzelnen sozialen Siedlungselemente sind also auch in Umbalachcheri streng **segregiert**.

Im Cauvery Delta lassen sich drei dörfliche **Haustypen** unterscheiden, die ebenfalls im Zusammenhang mit der Kastenordnung stehen. Sie sollen am Beispiel Karuppurs exemplarisch vorgestellt werden. Der stattlichste Typ ist das Brahmanenhaus, das aus Lehmziegeln erbaut und mit Dachziegeln gedeckt ist. Das Haus des brahmanischen Dorfoberhauptes von Karuppur ist ein gutes Beispiel für diesen Haustyp (Abb. 32a). Besonders charakteristisch sind der eingetiefte offene Innenhof ("muttram"), der für eine gute Durchlüftung und Beleuchtung des fensterlosen Hauses sorgt, der ausgedehnte überdachte Innenhof ("kudam") sowie ein eigener Brunnen im Hinterhof. Dieses Haus ist typisch für die beiden "agraharams" von Karuppur. Einen mittleren Rang nimmt das mit Kokoswedeln oder Reisstroh gedeckte, aus Lehmziegeln oder aus einfachen Lehmwänden errichtete mehrräumige Haus mittlerer Bauernkasten ein (Abb. 32b), das keinen Innenhof, keine gesonderte Küche und keinen eigenen Brunnen aufweist. Dieser Haustyp ist in den "kudianas" von Karuppur weitverbreitet. Angehörige der untersten Kasten wohnen in Karuppur gewöhnlich in kleinen einräumigen Hütten (Abb. 32c). Die Feuerstelle befindet sich meist auf der erhöhten, aus Lehm gestampften vorderen Veranda. Diese äußerst bescheidenen Wohnstätten, in denen bis zu zehnköpfige Familien hausen, sind typisch für die "cheris" von Karuppur.

Abb.32:
Dörfliche Haustypen im Cauvery Delta

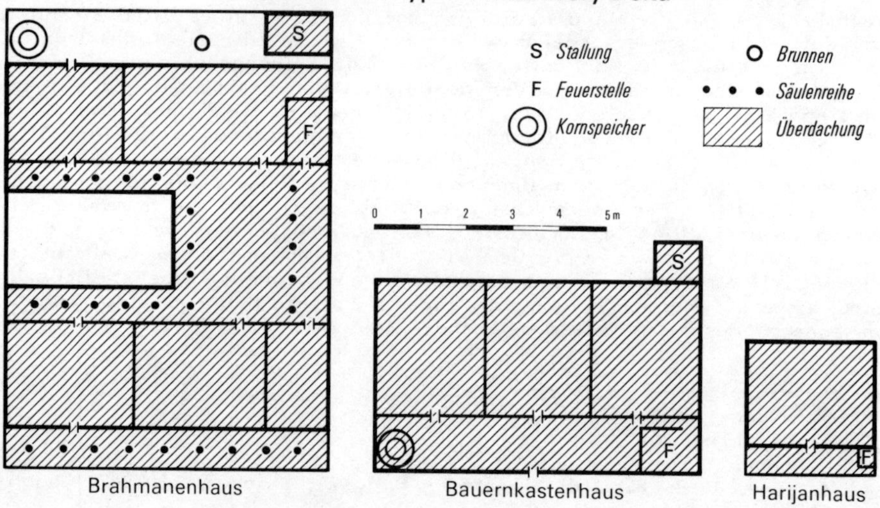

S *Stallung*   O *Brunnen*
F *Feuerstelle*   • • • *Säulenreihe*
⊙ *Kornspeicher*   ▨ *Überdachung*

Brahmanenhaus   Bauernkastenhaus   Harijanhaus

Tabelle XLVIII

Einschätzung des agrarischen Geldertrages in den Beispieldörfern des Tanjore Distrikts 1973/74

Dorf	Anbaufrucht	Anbaufläche (brutto) (ha)	Durchschnittsertrag (kg/ha)	Verkaufspreis (Rs./Tonne)	Geldertrag (Rs.)	Gesamtertrag (Rs.)	theoretisches jährliches Pro-Kopf-Einkommen (Rs.)
Karuppur	Naßreis	348	ca. 2075	526	ca. 380.000	476.000	323
	Blackgram	162	ca. 320	1852	ca. 96.000		
Umbalachcheri	Naßreis	412	ca. 2075	526	ca. 450.000	551.000	336
	Blackgram	171	ca. 320	1852	ca. 101.000		
Idaiyatti	Naßreis	831	ca. 2075	526	ca. 907.000	1.228.000	333
	Cholan	18	ca. 1260	552	ca. 13.000		
	Ragi	6	ca. 1450	637	ca. 6.000		
	Erdnuß bewäss.	54	ca. 1580	1164	ca. 99.000		
	unbew.	214	ca. 600	1164	ca. 149.000		
	Sesam	60	ca. 360	2513	ca. 54.000		
Pudupatti	Naßreis	202	ca. 1650	526	ca. 175.000	499.000	395
	Vargu	66	ca. 980	460	ca. 30.000		
	Redgram	34	ca. 440	1590	ca. 24.000		
	Erdnuß unbew.	386	ca. 600	1164	ca. 270.000		

Quelle: eigene Berechnungen nach:
DORFSTATISTIKEN. SEASON AND CROP REPORT, 1972/73.

Im Gegensatz zum linearen Siedlungstyp des Alten Deltas stehen die **kernhaften** Siedlungsformen von Idaiyatti (Beilage 7) und Pudupatti (Beilage 8), die im gesamten Südosten von Tamilnadu in den Stauteichregionen verbreitet sind. Im Tanjore Distrikt treten sie entsprechend im Roterdegebiet westlich des Pamaniyar auf (1). Hier bestehen die Gemeinden gewöhnlich aus einer Anzahl von Weilern, die zusammen mit dem als Haufendorf ausgeprägten Hauptdorf eine Steuergemeinde ("revenue village") bilden. Die einzelnen Weiler werden gewöhnlich von bestimmten Kasten- oder Religionsgruppen bewohnt. In Pudupatti z.B. leben die Harijans in einer eigenen, quer zur Durchgangsstraße gelegenen Siedlung, und auch die Gemeinschaft der Christen hat mit dem Weiler Chinna Muttandippatti einen abgetrennten Siedlungsplatz.

Die innere Struktur des Dorfes und insbesondere der Grad der Regelhaftigkeit der äußeren Anordnung der Wohnviertel geben BETEILLE (2) zufolge Aufschluß über die **soziale Homogenität bzw. Heterogenität** der einzelnen Kastengruppen im Dorf. Danach bestätigen die Siedlungsformen, worauf zuvor schon die empirischen Untersuchungen hinwiesen, nämlich eine deutlich größere kastenmäßige Heterogenität im Alten Delta als im Neuen Delta oder in der Stauteichregion.

6.2.2.2 Ausprägung und Entwicklung der ländlichen Klassenstruktur

Nach der Agrarstatistik von 1971 lassen sich für einzelne Dörfer nur noch die Kategorien der "cultivators" und der "agricultural labourers" unterscheiden. Danach weisen die beiden Dörfer im Cauvery Delta einen deutlich höheren Anteil an landlosen Landarbeitern ("agricultural labourers") und einen geringeren Anteil an Bauern ("cultivators"; Landbesitzer und Pächter) auf als die Dörfer in der Deltaumrahmung.

Auf den ersten Blick erscheint die Agrarsozialstruktur von **Karuppur**, wo immerhin deutlich mehr als die Hälfte der in der Landwirtschaft tätigen Bevölkerung als "cultivators" ausgewiesen ist, noch als verhältnismäßig ausgeglichen. Diese Einschätzung ist nach einer differenzierteren Betrachtung dieser statistischen Kategorie jedoch stark einzuschränken. **Innerhalb** der Gruppe der Bauern gibt es in den Deltadörfern nämlich beträchtliche Anteile an **Pächtern**. 1900/01 waren z.B. in Karuppur 270 Familien als "cultivators" registriert; davon waren jedoch 228 Familien (84 %) Pächter und nur 42 (16 %) Grundeigentümer. Der Statistik zufolge hat sich dieser extrem hohe Pächteranteil in Karuppur bis 1950/51 beträchtlich vermindert. Immerhin waren aber noch 48 % der "cultivators" als Pächter klassifiziert. Vielfach wurden Pachtverhältnisse jedoch nur auf dem Papier gelöst. In der Praxis erfolgte nur in wenigen Fällen tatsächlich ein Übergang zur Selbstbewirtschaftung des Landes durch den Landeigentümer oder eine Übertragung der Eigentumsrechte auf den vorherigen Pächter. Nach eigenen Erhebungen gab es 1976/77 in Karuppur noch etwa 90 Familien, die überwiegend von Erträgen auf Pachtland lebten. Es handelte sich dabei sowohl um rechtlich gesicherte Pächter wie auch um "tenants-at-will". Die Pächtergruppe machte somit wie 1950/51 rund 50 % der "cultivators" des Dorfes aus. Das bedeutet, daß in Karuppur heute nur etwa 30 % der Agrarbevölkerung Landeigentümer sind.

---

(1) Spate und Learmonth, 1967³, Karte 25.8
(2) Beteille, 1965, 25

In **Umbalachcheri**, wo 1950/51 noch 17 % der bäuerlichen Bevölkerung als Pächter registriert waren, ging dieser Anteil auf rund 4 % (1976/77) zurück. Etwa 48 % der Agrarbevölkerung waren hier 1976/77 Landeigentümer. In den beiden Beispieldörfern außerhalb des Alten Deltas spielt und spielte das Pachtwesen kaum eine Rolle. Hier betrug der Anteil der Landeigentümer 67 % in **Pudupatti** und 83 % in **Idaiyatti** (1970/71), der Anteil der Landlosen entsprechend 33 bzw. 17 %.

6.2.2.3 Struktur und Entwicklung der landbesitzenden Klasse

Der auf den ersten Blick gewonnene Eindruck von verhältnismäßig ausgeglichenen agrarsozialen Verhältnissen mußte bereits nach der Aufgliederung der statistischen Kategorie der "cultivators" in Landeigentümer und Pächter für die Deltadörfer, insbesondere für Karuppur, merklich eingeschränkt werden. Eine weitere Untergliederung der agrarsozialen Klasse der Landeigentümer soll eine noch genauere Differenzierung der Agrarsozialstruktur gewährleisten. Um bei den unterschiedlichen Feldlandtypen und Bodengüten vergleichbare Betriebsgrößenklassen zu untergliedern, wird im folgenden von der **Steuereinschätzung** der einzelnen Betriebe ausgegangen, die ja eine **Einschätzung der Produktivität** und damit eine Bewertung des Landes darstellt. Dabei werden fünf Gruppen von Landeigentümern unterschieden: kleinste bzw. kleine Landeigentümer mit Steuerabgaben unter einer Rupie bzw. unter 10 Rupien im Jahr; mittlere Landeigentümer mit einer jährlichen Grundsteuerpflicht von 10-50 Rupien; große und sehr große Landeigentümer mit 50-100 bzw. über 100 Rupien an jährlichen Grundsteuerzahlungen. Diese Kategorien sind von der Größe des Bodeneigentums und von ihrer möglichen Ertragslage her etwa so zu kennzeichnen: Bei höchster Produktivität des Ackerlandes beträgt in Karuppur die durchschnittliche Grundsteuer auf Naßland 10 Rs./acre, in Umbalachcheri bei deutlich geringerer Produktivität etwa 5 Rs./acre, in Idaiyatti und Pudupatti ca. 4 Rs./acre. Daraus ergeben sich die folgenden ungefähren **Betriebsgrößen** (bei reinem Bewässerungsland):

Größenklasse (jährliche Grundsteuerabgaben in Rupien)	Betriebsgröße in Karuppur (ha Naßland)	Betriebsgröße in Umbalachcheri (ha Naßland)	Betriebsgröße in Idaiyatti/ Pudupatti (ha Naßland)
Kleinstbetriebe (< 1)	bis 0,04	0,08	0,1
Kleinbetriebe (1 - < 10)	bis 0,4	0,8	1,0
Mittlere Betriebe (10 - < 50)	bis 2,0	4,0	5,0
Große Betriebe (50 - < 100)	bis 4,0	8,0	10,0
Sehr große Betriebe (< 100)	über 4,0	8,0	10,0

In **Karuppur**, wo sich das Ackerland in den Handen von nur etwa 30 % der Agrarbevölkerung befindet, zeigt sich auch innerhalb der landbesitzenden

Klasse die stärkste **Besitzkonzentration** (Abb. 33): 1976/77 waren 65 % der Landbesitzer Kleinst- und Kleinbauern; zusammen verfügten sie über nur 16 % der Produktivkraft des Dorfes. 7 % der Landeigentümer waren dagegen große und sehr große Bauern; auf sie konzentrierte sich 42 % des Grundsteueraufkommens.

Die Ungleichheit im Grundbesitz war 1920/21 jedoch noch extremer. Zu diesem Zeitpunkt brachten nämlich die sehr großen Landeigentümer 69 % des Steueraufkommens auf, obwohl sie nur 5 % der landbesitzenden Bevölkerung ausmachten. 58 % waren dagegen Klein- und Kleinstbauern; sie verfügten nur über 4 % der Produktionskraft des Dorfes (1). Es bleibt allerdings zu bezweifeln, ob die von den Steuerunterlagen des Dorfes (2) heute angezeigte Verminderung der Besitzkonzentration in der **Praxis** tatsächlich stattgefunden hat. Zwar hat sicherlich die Realteilung zu dieser Entwicklung beigetragen, zumal die Erbteilung nach Auflösung der Großfamilien auch grundbuchmäßig vollzogen wurde. Wichtiger erscheint noch, daß mit Rücksicht auf die Landreformgesetzgebung (Begrenzung der Besitzgrößen) viele angebliche Besitzverteilungen nur rein formell registriert wurden, ohne daß sich an den tatsächlichen Grundbesitzverhältnissen etwas änderte. Dafür spricht z.B. die Tatsache, daß in Karuppur ein einziger großer Landbesitzer, ein in Madras wohnender Brahmane, Eigentümer eines Großgrundbesitzes ("pannai") von etwa 100 ha Ackerland ist und somit allein über mehr als 40 % der Ackerfläche verfügt. Da dieser Betrieb aber formell auf mehr als 20 Eigentümer aufgeteilt und in eine Vielzahl von Rechtstiteln zersplittert ist, kann er in den Steuerregistern als solcher nicht identifiziert werden. Im Steuerregister von 1920/21 ist dieser Betrieb jedoch noch mit einer Fläche von 105 ha und einer Grundsteuerveranlagung von 2.404 Rupien (45 % des dörflichen Gesamtaufkommens) ausgewiesen. Es handelt sich hier also um einen der für 1900/01 bereits angesprochenen (Kap. 4.3.3.2) 431 Großgrundbesitzer (jährliche Steuerveranlagung von über 1.000 Rupien) des Cauvery Deltas. Allein im Landkreis Kumbakonam gab es damals 92 solcher Großbetriebe. Die neue Statistik verfälscht also zumindest für Karuppur das Bild einer nach wie vor extremen Konzentration von Landeigentum.

Für **Umbalachcheri** zeigt Abb. 33, daß in diesem Dorf die kleinen Betriebe weitaus größeren Anteil am Grundbesitz haben als in Karuppur. Sie stellen heute 49 % der Landeigentümer und verfügen über 45 % der Produktivkraft des Dorfes. Große und sehr große Landeigentümer machen nur etwa 2 % der bäuerlichen Bevölkerung aus; ihr Anteil am Grundsteueraufkommen des Dorfes beträgt etwa 13 %.

Seit 1920/21 zeigt sich damit in Umbalachcheri eine Verschiebung in den Besitzverhältnissen von großen und mittleren hin zu den kleinen Bauern. Der Anteil der Produktivkraft in den Händen von Großbauern sank der Dorfstatistik zufolge um etwa 19 %, der der mittleren Bauern um etwa 5 %, der der Kleinbauern dagegen stieg um rund 24 %. Sicherlich zeigen sich auch hier Effekte der vorherrschenden Realteilung. Es ist allerdings wieder zu fragen, inwieweit die von der Statistik belegte Abnahme der Besitzkonzentration innerhalb der landbesitzenden Klasse tatsächlich stattgefunden hat. Es läßt sich aber doch festhalten, daß die Landbesitzkonzentration in Umbalachcheri bei weitem nicht so extrem ausgeprägt ist wie in Karuppur.

Eine vergleichsweise geringe Zahl Landloser gab es 1976/77 in **Pudupatti**, wo 67 % der landwirtschaftlichen Haushalte Landeigentümer waren. Hier fehl-

---

(1) Re-Settlement Register, 1923
(2) Thaswage Register, Karuppur, 1976/77

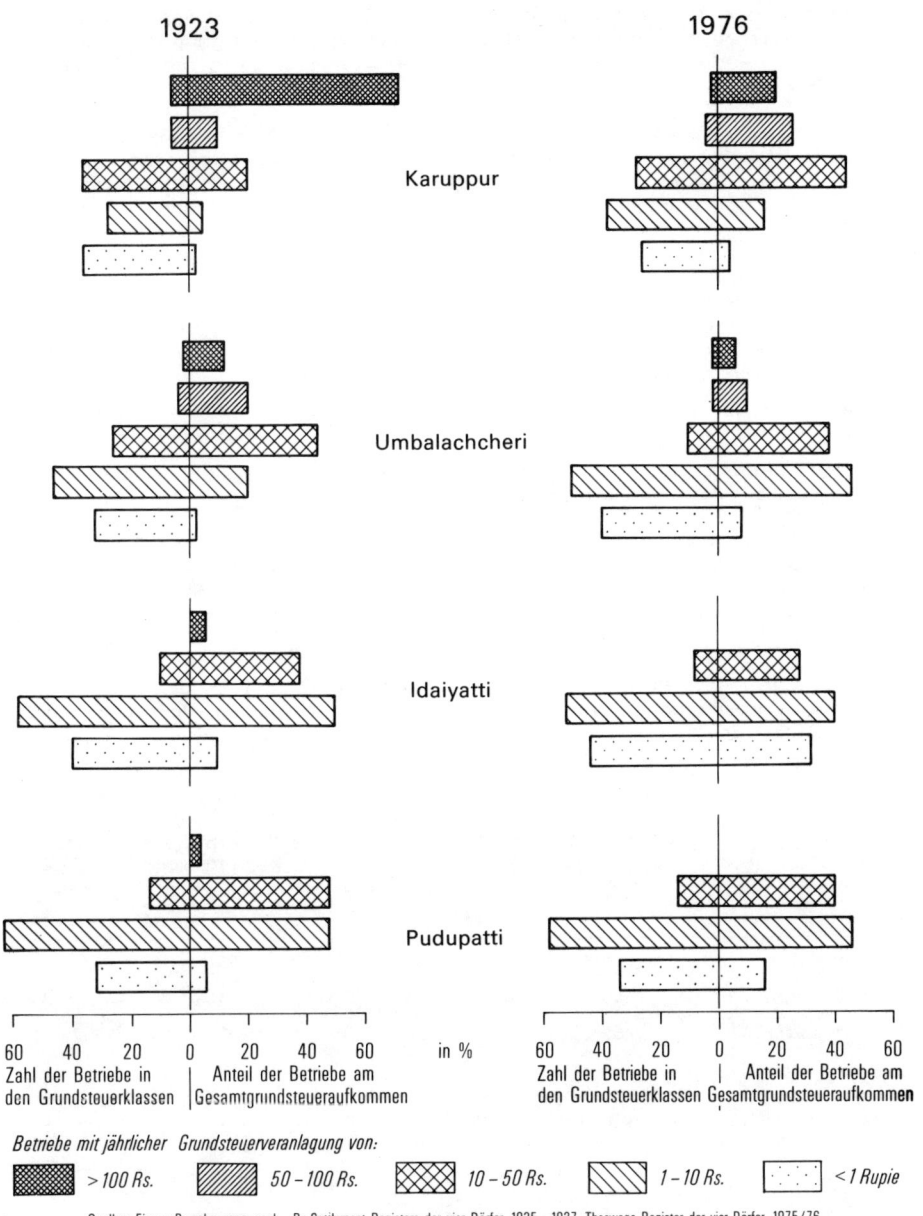

1923　　　　　　　　　　1976

Karuppur

Umbalachcheri

Idaiyatti

Pudupatti

60 40 20 0 20 40 60   in %   60 40 20 0 20 40 60
Zahl der Betriebe in | Anteil der Betriebe am   Zahl der Betriebe in | Anteil der Betriebe am
den Grundsteuerklassen | Gesamtgrundsteueraufkommen   den Grundsteuerklassen Gesamtgrundsteueraufkommen

Betriebe mit jährlicher Grundsteuerveranlagung von:

▨ > 100 Rs.　　▨ 50 – 100 Rs.　　▨ 10 – 50 Rs.　　▨ 1 – 10 Rs.　　▨ < 1 Rupie

Quellen: Eigene Berechnungen, nach Re-Settlement Registers der vier Dörfer, 1925 – 1927; Thaswage Register der vier Dörfer, 1975/76

Abb. 33:
Struktur der landbesitzenden Klasse und Grad der Besitzkonzentration in vier ausgewählten Dörfern im Tanjore Distrikt 1923/24 und 1976/77

ten 1920/21 wie 1976/77 große und sehr große Landeigentümer völlig (Abb. 33). Im Gegensatz zu Karuppur und Umbalachcheri sind in Pudupatti auch Kleinstbauern als landbesitzende Klasse von Bedeutung; sie verfügen immerhin über rund 16 % des Ackerlandes.

In **Idaiyatti**, wo der weit überwiegende Teil der Agrarbevölkerung Land besitzt (83 %), ist auch die Besitzkonzentration innerhalb der landbesitzenden Klasse am geringsten (Abb. 33). 92 % der Landeigentümer sind Klein- und Kleinstbauern; sie erbrachten 1976/77 ca. 71 % der dörflichen Grundsteuern. Kleinstbesitz ist hier noch bedeutender als in Pudupatti (32 % der Grundsteuerabgaben).

Die detaillierte Betrachtung der dörflichen Grundbesitzverhältnisse und ihrer Entwicklung in den letzten 50 Jahren läßt die bisherigen Beobachtungen auf Distrikt- und Blockebene in einem differenzierteren Bild erscheinen. **Zwei Befunde** sind vor allem bemerkenswert:

1. Der Grad der Polarisierung zwischen den ländlichen Klassen ist im Cauvery Delta noch größer, als es die Statistik zunächst vermuten läßt.
2. Betrachtet man die Ungleichheiten **innerhalb** der Landeigentümerschaft, so ist die Besitzkonzentration vor allem in Karuppur weitaus extremer, als es die Statistik ausweist. In Umbalachcheri allerdings zeigt sich seit 1920 - zumindest statistisch - ein gewisser Ausgleich. Die extremen Spitzen wurden gekappt, und der Anteil und die Bedeutung der größten Bauern ging zurück. Es kommen darin sowohl Effekte der Realteilung wie möglicherweise Auswirkungen der Agrarreformgesetzgebung zum Ausdruck.

Die **wirtschaftliche Polarisierung** der Agrarbevölkerung in den beiden Deltadörfern ist aber auch heute noch trotz aller statistischer Verfälschungen im Vergleich zu den Dörfern der Deltaumrahmung sehr krass:

Dorf	Anteil von Landeigentümern a.d. Agrarbev. (%)	Anteil von Groß- und Mittelbauern a.d. Zahl der Landeigentümer (%)	Anteil von Groß- und Mittelbauern a.d. Produktivkraft d. Dorfes (%)	Anteil von Großbauern a.d. Produktivkraft d. Dorfes (%)
Karuppur	30	35	86	42
Umbalachcheri	48	14	51	13
Pudupatti	67	12	37	nil.
Idaiyatti	83	8	29	nil.

Quellen: Thaswage Registers, 1976/77

6.2.2.4 Grundzüge und Deutung jüngerer agrarsozialer Entwicklungstendenzen

Im folgenden soll die Entwicklung der ländlichen Klassenstruktur in den vier Beispieldörfern mit dem verglichen werden, was GOUGH in zwei Dörfern des Cauvery Deltas feststellte. Die beiden Dörfer sind Kumbapettai im Inneren und Kirippur im Randbereich des Alten Deltas. GOUGH nahm die Landbesitzverhältnisse dieser Dörfer 1952 (1) und 1970 (2) detailliert auf, wodurch die postkolonialen Entwicklungstendenzen exemplarisch verdeutlicht werden konnten. Als wichtigste Faktoren zur Erklärung der Wandlungserscheinungen stellte GOUGH die Wirkungen von **Agrarreform** und **Grüner Revolution** in den Vordergrund der Untersuchung.

Beide von GOUGH untersuchten Dörfer zeigen eine starke **Landbesitzkonzentration** in den Händen weniger Bauern, die trotz Besitzaufsplitterung an möglichst viele Familienmitglieder seit 1950/51 noch zugenommen hat. In Kumbapettai fiel der Anteil der Landbesitzer an den männlichen Arbeitskräften zwischen 1950/51 und 1970/71 von 19,9 auf 8,3 %, in Kirippur von 27,6 auf 20,0 %. Der Anteil der landlosen Landarbeiter stagnierte in Kumbapettai (52 %) und stieg in Kirippur von 57 auf 74 % an. Das bedeutet, daß sich die absolute Zahl der landlosen Landarbeiter in Kumbapettai von 94 auf 141, in Kirippur von 93 auf 161 erhöhte.

Bei den Landarbeitern gibt es zwei Typen. Der eine ist der des "pannaiyal", der an einen Landbesitzer gebundene Arbeiter, der zweite Typ ist der des "attu kulikkar", des ungebundenen Landarbeiters. Letzterer Typ hat in beiden Dörfern stark zugenommen. Waren 1952 in Kumbapettai noch 44 % und in Kirippur 68 % der Landarbeiter "pannaiyals", so verringerte sich ihr Anteil bis 1976 auf 9 bzw. 14 %. Die überwiegende Zahl der Landarbeiter stellen heute also die Tagelöhner; sie sind durchweg unterbeschäftigt und finden i.d.R. höchstens 200 Tage im Jahr Arbeit. Ihre wirtschaftliche Situation verbesserte sich zwischen 1952 und 1976 trotz real steigender staatlich festgelegter Minimallöhne nicht. Vielfach verschlechterten sich die Lebensbedingungen der Landarbeiter sogar, da sich die durchschnittliche Beschäftigungsdauer verringert hatte und die Löhne oftmals weit unter den Mindestsätzen lagen. Gebundene Arbeit ist daher zu einem Privileg geworden, um das unter den Landarbeitern ein harter Wettbewerb herrscht. Dieser Befund entspricht genau den eigenen Beobachtungen im Deltadorf Karuppur.

Sehr schwierig waren in Kumbapettai und Kirippur die **Pachtverhältnisse** zu erfassen, denn der größte Teil der Pächter besitzt keine rechtsgültigen Pachtverträge. Die Folge ist, daß ein solcher Pächter 1976 statt des gesetzlich festgelegten Anteils von maximal 40 % der Ernte weiterhin wie 1952 60 % des Ernteertrages an den Landbesitzer abführen mußte. Insgesamt waren 1976 27 % des Ackerlandes von Kumbapettai verpachtet, davon knapp die Hälfte doppelt, indem das Land zunächst an offizielle Dauerpächter und von diesen an nicht-registrierte Unterpächter weitergegeben wurde; die angesprochene Differenz von 20 % bei der Ernteabgabe verblieb beim offiziellen Pächter. Von den 86 Pächtern in Kumbapettai bearbeiteten 29 das Land nicht selbst. Diese 29 verfügten über 47 % des Pachtlandes.

Die Entwicklung der Pachtverhältnisse zwischen 1952 und 1976 war durch umfangreiche Pächterentlassungen gekennzeichnet. Ihren Höhepunkt erlebte diese Entwicklung kurz vor und nach der Verabschiedung der Pächterschutzgesetze von 1956 und 1969. In Kumbapettai wurden seit 1952 mindestens 18 Pächter von 17 ha vertrieben. Insgesamt nahm der Anteil des Pachtlandes in Kumbapettai von 50 % 1952 auf 27 % 1976 ab, in Kirippur von 44 % auf 23 %. Gleichzeitig verringerte sich die Durchschnittsgröße der Pachtbetriebe in Kumbapettai von 1,3 auf 0,8 ha und in Kirippur von 2,0 auf 1,5 ha.

---

(1) Gough, 1955, 36-52, 90-102
(2) Gough, unveröffentlichtes Manuskript, 1976

Die jüngeren Veränderungen der sozio-ökonomischen Verhältnisse in den von GOUGH untersuchten Dörfern decken sich in ihren Grundzügen mit den im Rahmen dieser Arbeit dargestellten Tendenzen. Sie können auf mehrere **Ursachen** zurückgeführt werden. Diese sollen in Anlehnung an GOUGH (1) im folgenden abschließend zusammengefaßt werden.

Der eine Ursachenkomplex liegt in den **Landreformmaßnahmen.** Bedeutsamer als die **beabsichtigten Effekte** der Landreform erwiesen sich im Cauvery Delta nämlich vielfach die **Reaktionen** der betroffenen großen Landbesitzer gegen sie (Kap. 5.3.1.2) (2). Zunächst nutzten sie verschiedene Möglichkeiten, die Gesetze über die Besitzgrößenbeschränkungen einfach zu umgehen. Dazu gehört die Aufteilung von Gütern an möglichst viele Familienmitglieder, was z.B. auch im Falle des Großgrundbesitzers von Karuppur geschah; die nur formelle Registrierung von Pächtern oder Landarbeitern als Eigentümer, oft ohne deren Wissen; oder die Übertragung von Land an religiöse oder soziale Institutionen, die der alte Eigentümer weiter kontrollierte. In jüngster Zeit begnügten sich große Landbesitzer z.T. auch damit, den Einfluß der Gesetze möglichst gering zu halten. Land wird z.B. an medizinische oder pädagogische Stiftungen vergeben, die unter der Kontrolle des Stifters verbleiben und deren Einkommen, das dem Spender teilweise wieder zugute kommt, sich sogar durch staatliche Zuschüsse vergrößern kann. Bis 1974 bauten große Landbesitzer auch Zuckerrohr auf ihrem Land an, das von der Besitzgrößenbeschränkung ausgenommen war. Insgesamt wurde daher die Klasse der reichen Bauern durch die Landreformgesetze trotz einer statistischen Abnahme großen Landeigentums in der Praxis kaum geschwächt.

Die Pächterschutzgesetze kehrten sich vielfach sogar in ihr Gegenteil um. Dies zeigt sich z.B. darin, daß viele Pächter jeweils kurz vor und nach Verabschiedung der wichtigsten Gesetze entlassen wurden (3). Pächter mit rechtsgültigen Verträgen wurden gewöhnlich nur dann entlassen, wenn ein Verpächter sein Land verkaufte. Bis 1967 stellten im Untersuchungsgebiet 8.461 Landeigentümer Anträge vor Gericht, um die Entlassung von Pächtern gerichtlich zu erzwingen. Damit nahm der Distrikt Tanjore bei weitem den ersten Rang innerhalb Tamilnadus (16.428 Anträge) ein (4). Die meisten Anträge wurden wieder zurückgezogen und außerhalb der Gerichte - sicherlich meist zuungunsten der Pächter - beigelegt. In 1.271 Fällen wurden Pächter durch Gerichtsbeschluß entlassen. Die große Masse der Entlassungen von Pächtern mit gültigen Verträgen erfolgte jedoch, ohne daß Gerichte angerufen wurden. Die Pächter erhielten dann i.d.R. eine Entschädigung von 10-12 % des Landwertes; sie stimmten zu, um einen langen und kostspieligen Rechtsstreit zu vermeiden. Pächter ohne Pachtverträge konnten dagegen jederzeit vertrieben werden; sie erhielten meist nur ein kleines Geldgeschenk von 100-200 Rupien pro acre, das oft gleich dazu verwendet werden mußte, Schulden beim Grundbesitzer zurückzuzahlen (5).

Als zweiter Ursachenkomplex für die jüngeren sozialökonomischen Veränderungen in den Dörfern des Cauvery Deltas sind der Ausbau der Bewässerungslandwirtschaft und vor allem die Maßnahmen der **"Grünen Revolution"** hervorzuheben. Es zeigte sich nämlich, daß mit der Einführung der neuen Agrartechnologie Prozesse einer regionalen und sozialen Selektivität verbunden waren (Kap. 5.3.2). Die größten Bauern nutzten das Potential der modernen Anbauformen eher und intensiver als Kleinbauern; folglich erzielten sie die

---

(1) Gough, unveröffentlichtes Manuskript
(2) Gough, 1976, 5
(3) Venkataramani, 1973, 50 ff.
(4) Venkataramani, 1973, 52
(5) Gough, 1976, 10 f.

größten absoluten wie relativen Einkommenssteigerungen. Eine besondere Rolle spielt die Tatsache, daß wirklich beträchtliche Produktionssteigerungen in erster Linie durch doppelten Naßreisanbau möglich wurden. Voraussetzung dafür aber war in weiten Teilen des Deltas der Bau mechanisierter Brunnenanlagen, die sich jedoch nur die wohlhabenden Bauern leisten konnten. Auch im Gefolge der "Grünen Revolution" kam es zur Entlassung von Pächtern, da die Landbesitzer dazu neigten, die neuen gewinnträchtigen Techniken mit Hilfe von Lohnarbeitern selbst zu betreiben und nicht einen Teil der gesteigerten Erträge Pächtern zu überlassen. Dies erklärt zusätzlich, warum die Zahl der Landarbeiter in den letzten Jahren so stark gestiegen ist.

6.2.2.5 Landbesitzverteilung, Betriebsstrukturmerkmale und Kastensystem

Zahlreiche Untersuchungen über Indien haben die Zusammenhänge zwischen den sozialökonomischen Verhältnissen und dem Kastensystem herausgestellt (1). Auch in den vier ausgewählten Dörfern von Tanjore gibt es deutliche Verbindungen zwischen der wirtschaftlichen Schichtung der Agrarbevölkerung und der jeweiligen dörflichen **Kastenstruktur**. In allen Dörfern gehören die großen und größten Landeigentümer (Grundsteuerzahlungen jährlich über 50 bzw. 100 Rupien) entweder zu der höchsten Kastengruppe, den Brahmanen, oder zu den sogenannten "dominant castes" (2), d.h. zu der nach dem Anteil des Landbesitzes im Dorf bedeutendsten bäuerlichen Kastengruppe. Diese wird in Karuppur von den Padaiyachis, in Umbalalchcheri von den Ambalakaras, in Idaiyatti von den Vellalars und in Pudupatti von den Kallans gestellt. Deutlicher noch zeigt sich die Verbindung von Kaste und agrarer Klasse bei den Landarbeitern, die ganz überwiegend den "unberührbaren" Kastengruppen angehören. Dabei überwiegt die Kaste der Paraiyans. In keinem der untersuchten Dörfer besitzen Unberührbare mehr als 1 % des Landes, obwohl sie z.T. beträchtliche Teile der Bevölkerung ausmachen. Ähnliche Verhältnisse herrschen auch in den von GOUGH untersuchten Dörfern, wo die Unberührbaren 35 bzw. 47 % der Bevölkerung stellen, jedoch in keinem Fall mehr als 3 % des Ackerlandes besitzen (3).

Doch nicht nur innerhalb der landwirtschaftlichen Klassen, auch innerhalb der Bauernkasten gibt es in den Dörfern erhebliche, sich verändernde Ungleichgewichte. Dies ist eine Tatsache, die zwar häufig konstatiert (4), aber selten analysiert wird, obwohl sie von großer Wichtigkeit ist, wenn man den Stellenwert des dörflichen Kastensystems hinsichtlich der Lebensverhältnisse der Dorfbevölkerung und im Hinblick auf aktuelle Entwicklungsprobleme untersucht.

1. Karuppur

Die folgende Aufstellung gibt dazu zunächst einen Überblick über die kastenmäßige Landverteilung in Srirangarajapuram, dem westlichen Teil des Steuerdorfes Karuppur:

---

(1) z.B. Blenck-Bronger-Uhlig, 1977, 334-339
(2) Bronger, 1976, 97
(3) Gough, 1976, 12
(4) z.B. Blenck-Bronger-Uhlig, 1977, 363

Kastengruppe	Zahl d. Familien	Landbesitz (ha)	Anteil a. d. Familien im Dorf (%)	Anteil d. Landes a. d. Dorfflur (%)	Durchschnittl. Besitzfläche pro Familie (ha)
Brahmanen	7	18,4	7	23	2,6
Bauernkasten	62	62,0	61	76	1,0
Unberührbare	32	0,8	32	1	0,03

Quelle: eigene Erhebungen 1977

Am Beispiel der **Brahmanen** und der **Unberührbaren**, deren Landbesitz in Srirangarajapuram vollständig erfaßt werden konnte (Beilage 5), und am Beispiel von vier ausgewählten Bauernkasten-Betrieben unterschiedlicher Größe soll im folgenden aufgezeigt werden, wie stark die Unterschiede im Landbesitz innerhalb dieser Kastengruppen ausgeprägt sind. Auch soll die These untersucht werden, daß der Grundbesitz der am höchsten stehenden Kasten wesentlich günstigere **Betriebsstrukturmerkmale** aufweist als der der niedrigeren Kasten (1). Von der Vielzahl möglicher Merkmale der Betriebsstruktur werden dabei die folgenden herausgestellt: durchschnittliche Parzellengröße, durchschnittliche Parzellenqualität (ausgedrückt in der Grundsteuereinschätzung), Grad der Streuung der Parzellen in der Flur und Distanz zur Wohnstelle.

Die markanten wirtschaftlichen Unterschiede innerhalb der **Brahmanen**gruppe von Srirangarajapuram verdeutlicht die folgende Aufstellung:

Größenklasse	Zahl der Familien	Anteil a. d. Zahl d. Brahmanenbetriebe (%)	Anteil am Brahmanenland (%)	Durchschnittl. Besteuerung pro acre (Rs.)	Durchschnittl. Parzellengröße (ha)
Größte Betriebe	2	29	66	10,12	0,22
Großbetriebe	1	14	14	9,65	0,15
Mittelbetriebe	3	43	19	10,27	0,15
Kleinbetriebe	1	14	1	10,62	0,10
Kleinstbetriebe	nil.				

Quelle: eigene Erhebungen 1977

Die **soziale Stellung** der Brahmanenfamilien im Dorfverband ist ebenfalls sehr unterschiedlich. Die beiden größten Betriebe z.B. gehören dem Dorfoberhaupt von Karuppur und einem absentistischen Landlord. Ersterer ist ein selbst wirtschaftender Landwirt, der sein Land mit Hilfe von Lohnarbeitern bestellt und dazu drei "pannaiyals" beschäftigt (zwei Harijans, einen Padaiyachi) und zusätzlich Tagelöhner anstellt, deren Zahl im Jahresverlauf 4-5, bei Arbeitsspitzen bis zu 50 beträgt. Der Betrieb hat einen eigenen elektrisch

---

(1) z.B. Blenck-Bronger-Uhlig, 1977, 336; Bronger, 1970b, 194-207

betriebenen Filter-Point Brunnen, zwei Ochsengespanne, zwei Pflüge und zwei Ochsenkarren. Zusätzlich besitzt der Betriebsleiter eine kleine dörfliche Ziegelei. Der andere große Betrieb gehört einem in Kumbakonam lebenden Brahmanen, der sein Land gänzlich verpachtet hat und damit den traditionellen Typ des "**Landlord**" verkörpert.

Der drittgrößte Brahmanenbetrieb von Srirangarajapuram ist ebenfalls Eigentum eines absentistischen Landbesitzers, der im Nachbardistrikt wohnt und sein Land von seinem Bruder bewirtschaften läßt. Die drei Mittelbetriebe gehören dem Dorfstatistiker ("karnam") und einem weiteren selbst wirtschaftenden Brahmanen sowie einem Lehrer, der im Dorf wohnt. Auch der Kleinbetrieb wird vom Eigentümer selbst bewirtschaftet.

Die Stellung der brahmanischen Landeigentümer von Srirangarajapuram zeigt also ein **weites soziales und wirtschaftliches Spektrum**, wobei die größten Landeigentümer i.d.R. entweder außerhalb des Dorfes leben oder als selbst wirtschaftende Betriebsleiter zusätzliche qualifizierte Verwaltungsfunktionen im Dorf wahrnehmen.

Die **Betriebsstruktur** des brahmanischen Landbesitzes in Srirangarajapuram läßt am Beispiel der durchschnittlichen Besteuerung sowie der Parzellengröße des Bewässerungslandes erkennen, daß die größten Betriebe nur geringe Vorteile besitzen. Was die **Lage** der Parzellen in der Flur betrifft, so zeigt sich, daß die Parzellen jeweils weit gestreut so in der Dorfflur verteilt sind, daß alle Betriebe Anteile an den verschiedensten Eignungsbezirken haben (Beilage 5). Die mittlere Entfernung der Parzellen von den Wohnstellen beträgt bei den größten Betrieben 340-360 m, beim Großbetrieb 280 m, bei den mittleren Betrieben 300-480 m und beim Kleinbetrieb 140 m. Der brahmanische Landbesitz von Srirangarajapuram zeigt also unabhängig von den Betriebsgrößen eine starke und betriebswirtschaftlich äußerst ungünstige Streuung der Parzellen in der Flur. Die besondere Ungunst liegt vor allem in dem hohen Zeitaufwand, den die weiten Wege bei allen Feldarbeiten erfordern. Auch ist die Überwachung der Feldarbeiten und der Bewässerung stark erschwert. Außerdem ergibt sich ein sehr hoher Transportaufwand vor allem bei der Ernte, da wegen der kleinparzellierten Umwallungen der Bewässerungsfelder alle Wege zu Fuß zurückgelegt werden müssen.

Die vier ausgewählten **Bauernkasten**-Betriebe zeigen beim Naßland ähnliche durchschnittliche Parzellengrößen wie die großen und mittleren Brahmanenbetriebe; sie betragen beim größten Betrieb durchschnittlich 0,12 ha, beim Großbetrieb 0,16 ha und bei den mittleren Betrieben 0,11 ha. Auch die Landbesitzverteilung innerhalb der Flur zeigt die gleichen Züge wie beim Brahmanenland. Wegen der Lage der Wohnstellen im nördlichen Siedlungsbereich ist die durchschnittlich zu den Feldern zurückzulegende Entfernung noch etwas größer und beträgt beim größten Betrieb 510 m, beim Großbetrieb 520 m und bei den Mittelbetrieben 380-390 m.

Der Inhaber des größten Betriebes ist ebenso wie im Brahmanendorf ein absentistischer, in der Kleinstadt Kuttalam von der Bodenrente lebender Landbesitzer, der einen weiteren großen Betrieb im Nachbardorf Kaduyali besitzt und sein Land in Srirangarajapuram durch vier Pächter bebauen läßt. Er repräsentiert den Typ des traditionellen "**Landlord**". Der Großbetrieb wird dagegen vom Betriebsleiter selbst mit Hilfe eines "pannaiyal" und mit Tagelöhnern bewirtschaftet. Die beiden Mittelbetriebe gehören wiederum absentistischen Landeigentümern. Einer (Betrieb 3) wohnt im Bundesstaat Andhra Pradesh. Sein Land bewirtschaftet ein Pächter. Der andere (Betrieb 4), ein

Mohammedaner, arbeitet als Geschäftsmann bei Kumbakonam und hat sein Land an zwei Pächter vergeben.

Die drei von **Harijans** bewirtschafteten Betriebe von Srirangarajapuram gehören einem Kleinst- und zwei Kleinbauern, von denen nur einer Anteil am Bewässerungsland hat. Die durchschnittliche Parzellengröße dieser Betriebe ist mit nur 0,04 ha deutlich geringer als beim Brahmanenland.

Wesentliche Unterschiede **zwischen den Kastengruppen** von Srirangarajapuram bestehen also in der durchschnittlichen Größe des Landeigentums und damit in der wirtschaftlichen Stellung der Kastengruppen insgesamt. Die mittlere Parzellengröße des Bewässerungslandes liegt beim Brahmanenland etwas höher als beim Land der Bauernkasten und deutlich höher als beim Harijan-Land. Die Lage der Parzellen in der Flur zeigt keine kastenspezifischen Unterschiede. **Innerhalb der Kastengruppen** der Brahmanen und der Bauernkasten zeigen sich jedoch ganz erhebliche Unterschiede in der wirtschaftlichen Stellung der Landbesitzer, die eine noch deutlichere Differenzierung aufweisen als zwischen den Kasten.

2. Umbalachcheri

In Umbalachcheri ist der Landbesitz im Vergleich zu Srirangarajapuram sehr viel gleichmäßiger innerhalb der Kasten verteilt. Die folgende Aufstellung zeigt die Landbesitzverteilung innerhalb der Kastengruppe der **Brahmanen**:

Größenklasse	Zahl der Familien	Anteil a.d. Zahl d. Brahmanenbetriebe (%)	Anteil am Brahmanenland (%)	Durchschnittl. Besteuerung pro acre (Rs.)
Größte Betriebe	1	11	27	5,79
Großbetriebe	4	45	54	5,54
Mittelbetriebe	3	33	18	5,15
Kleinbetriebe	1	11	1	1,75
Kleinstbetriebe	nil.			

Quelle: eigene Erhebungen 1977

Die durchschnittliche **Parzellengröße** liegt mit über 0,30 ha deutlich über der von Srirangarajapuram, ohne daß sich merkliche Unterschiede zwischen den Größenklassen ergeben. Die Güte des Landes dagegen, gemessen an der Steuereinschätzung, nimmt mit zunehmender Betriebsgröße zu. Die **Lage** der Parzellen in der Flur von Umbalachcheri (Beilage 6) ist deutlich günstiger als in Srirangarajapuram. Einerseits konzentrieren sich die Besitzparzellen vielfach in großen zusammenhängenden Blöcken, z.B. beim größten Bauern zu einem einzigen großen Komplex von etwa 8 ha Größe westlich der Brahmanensiedlung; außerdem sind auch die bis zu den Parzellen zurückzulegenden Entfernungen geringer als in Srirangarajapuram. Die Entfernung von der Wohnstelle des größten brahmanischen Landbesitzers zu seinem Besitzblock beträgt z.B. weniger als 300 m. Wegen der erheblichen Größe der Dorfflur ergeben sich jedoch weitaus größere maximale Entfernungen als in Srirangarajapuram (Betrieb 1: 1.500 m; Betrieb 4: 1.400 m).

Für eine weitere Bauernkaste, die der hochrangigen **Ambalakara Pillais**, konnten ebenfalls alle Betriebe erfaßt werden:

Größenklasse	Zahl der Familien	Anteil a.d. Zahl der A.P.-Betriebe (%)	Anteil am A.P.-Land (%)	Durchschnittl. Besteuerung pro acre (Rs.)
Großbetriebe	3	75	89	4,11
Mittelbetriebe	1	25	11	3,85

Quelle: eigene Erhebungen 1977

Es wird deutlich, daß die Güte des Landes der Ambalakara Pillais durchschnittlich geringer ist als das der Brahmanen. Auch die Parzellengröße ist kleiner, die Lage der Parzellen ungünstiger, die bis zu den Feldern zurückzulegende Wegstrecke größer (Beilage 6). Zu erklären ist dieser Sachverhalt dadurch, daß es sich bei den Betrieben der Ambalakara Pillais um aufstrebende, durch Landzukauf sich vergrößernde, daher aber stärker fragmentierte Betriebe handelt.

Die Ambalakara Pillais von Umbalachcheri sind also ein Beispiel für die Entwicklung einer neuen agraren Klasse wohlhabender **"Farmer"**, die in besonderem Maße die Ertragsmöglichkeiten der "Grünen Revolution" auszuschöpfen verstanden. Von Beginn an nutzten sie das reiche Angebot staatlicher Subventionen, wobei sie ihre beträchtlichen Einflußmöglichkeiten in der regionalen Bürokratie auszuspielen wußten. Diese neue Klasse reicher Landeigentümer investierte in starkem Maße ihr bereits vorhandenes Kapital im profitablen Naßreisanbau, und die Gewinne dienten vielfach zum Zukauf von Land. Im Gegensatz zu brahmanischen Landeigentümern, die ihr Land i.d.R. mit Pächtern bewirtschaften und die daher oft wenig Innovationsbereitschaft zeigen, nutzten die mit der Landwirtschaft eng verbundenen Ambalakara Pillais von Umbalachcheri ihre Fähigkeiten als echte landwirtschaftliche Betriebsleiter. Sie waren, auch aufgrund ihrer guten Bildung, in der Lage, die Bedeutung der einzelnen Produktionsfaktoren der neuen Technologie zu ermessen und sie ökonomisch rationell und damit gewinnbringend einzusetzen. Augenfälliger Ausdruck für den Wohlstand, den Einfluß (Kreditbereitstellung) und die Innovationsbereitschaft, aber auch für die Risikofreude dieser neuen Klasse wohlhabender "Farmer" ist die Tatsache, daß der als Betrieb 1 (Beilage 6) verzeichnete Ambalakara Pillai den einzigen Traktor des Dorfes besitzt, für den er die für die lokalen Verhältnisse immense Summe von 120.000 Rupien investierte.

3. Idaiyatti

In Idaiyatti wurden die Besitzverhältnisse von 29 landbesitzenden Bauern der **dominanten Kaste der Vellalars** im westlichen Teil des Hauptdorfes aufgenommen. Die folgende Aufstellung zeigt, daß das Land in Idaiyatti innerhalb dieser Kaste deutlich gleichmäßiger verteilt ist als in Umbalachcheri:

Größenklasse	Zahl der Familien	Anteil a.d. Zahl d. erfaßten Betriebe (%)	Anteil am erfaßten Land (%)	Durchschnittl. Besteuerung pro acre (Rs.)	
				T.L.	N.L.
Mittelbetriebe	10	34	66	1,01	5,86
Kleinbetriebe	11	38	23	0,89	5,95
Kleinstbetriebe	8	28	11	0,49	nil.

Quelle: eigene Erhebungen 1976

Während die mittleren Bauern in Idaiyatti alle Anteil am Bewässerungsland haben und dort Ackerflächen von 0,51 bis 1,26 ha besitzen, weisen von den 11 Kleinbetrieben nur noch acht Betriebe Bewässerungsland von maximal 0,56 ha auf. Die Kleinstbetriebe verfügen ausnahmslos nur über Trockenland. Bei ihnen handelt es sich meist um Dienstleistende, Handwerker oder Landarbeiter, die von größeren Landeigentümern ein kleines Stück Ackerland erhalten haben und so mit ihren Diensten an den Bauern gebunden wurden. Solche Landübertragungen umfaßten i.d.R. nur minderwertiges Trockenland.

Beilage 7 verzeichnet die Verteilung der Besitzparzellen in einem Ausschnitt der Flur von Idaiyatti. Es zeigt sich, daß die Parzellen der größten Betriebe überwiegend im traditionellen Stauteichbewässerungsland liegen. Die Lage der Besitzparzellen weist kaum einen Zusammenhang zur Lage der zugehörigen Hofstelle auf. In einigen Fällen gruppieren sich wenige Felder eines Landbesitzers zu größeren Arealen, ohne aber geschlossene Blöcke zu bilden wie das Brahmanenland in Umbalachcheri. Vielfach tritt in Idaiyatti - als Ausdruck noch nicht vollzogener Erbteilung - auch gemeinsamer Besitz getrennt lebender Familien auf, vor allem bei den mittleren Bauern.

4. Pudupatti

In Pudupatti wurden die Besitzverhältnisse von insgesamt 41 Betrieben in der Hauptsiedlung Pudupatti sowie in zwei Weilern aufgenommen. Die folgende Zusammenstellung zeigt eine den Verhältnissen in Idaiyatti ähnliche Besitzverteilung innerhalb der **dominanten Kallan-Kaste**, der 35 der 41 Betriebe angehören:

Größenklasse	Zahl der Familien	Anteil a.d. Zahl d. erfaßten Betriebe (%)	Anteil am erfaßten Land (%)	Durchschnittl. Besteuerung pro acre (Rs.)
Mittelbetriebe	14	40	67	3,51
Kleinbetriebe	19	54	31	3,02
Kleinstbetriebe	2	6	2	0,99

Quelle: eigene Erhebungen 1976

Wie in Idaiyatti besitzen in Pudupatti die erfaßten Klein- und Kleinstbauern - knapp zwei Drittel der Betriebe - ein Drittel der Ackerfläche. Die durchschnittliche Parzellengröße des Naßlandes ist jedoch mit 0,11 bzw. 0,08 ha nur etwa halb so groß wie in Idaiyatti und bei den Kleinbauern deutlich geringer als bei den mittleren Bauern. Die Produktivität des Ackerlandes steigt ebenfalls merklich mit zunehmender Betriebsgröße. Wie in Idaiyatti haben die Kleinstbauern keinen Anteil am Bewässerungsland, von den Kleinbauern besitzen 15 der 19 erfaßten Betriebe Naßland bis maximal 0,56 ha, während die mittleren Bauern alle über Naßland zwischen 0,40 und 1,67 ha verfügen.

Die Verteilung der Besitzparzellen in der Flur von Pudupatti (Beilage 8) zeigt, daß gemeinsamer Besitz mehrerer Familien noch häufiger ist als in Idaiyatti. Hier liegen die Wohnstätten der gemeinsamen Landbesitzer oft nicht einmal in enger Nachbarschaft, sondern in getrennten Siedlungen. Die Trennung der Wohnplätze erfolgt bei sich auflösenden Großfamilien offensichtlich eher als die konsequente Durchführung der Erbteilung, obwohl die gemeinsamen Besitzparzellen ("**joint pattas**") vielfach in der Praxis von den einzelnen Eigentümern getrennt bewirtschaftet werden. Die Parzellen der Bauern sind in starker Streuung fast ohne Blockbildung ringförmig um die Siedlungsstellen angeordnet.

Zusammenfassend läßt sich feststellen, daß sich unter den Bedingungen einer hochproduktiven Bewässerungslandwirtschaft eine stärker polarisierte Wirtschafts- und Sozialstruktur eingestellt hat als in den traditionellen Regenfeldbau- und Stauteichbewässerungsgebieten. Im Alten Delta sind dabei die besitzmäßigen und betriebsstrukturellen Unterschiede innerhalb des Dorfes im äußerst produktiven inneren Delta größer als im weniger fruchtbaren Deltarandbereich. Außerhalb des Alten Deltas hat etwa in Idaiyatti trotz der umfassenden landwirtschaftlichen Entwicklungen der letzten Jahre eine ausgeglichene Wirtschafts- und Sozialstruktur überlebt, die derjenigen von Pudupatti in der Stauteichregion noch sehr ähnlich ist.

Zwar zeigen die Dorfstudien, daß hochrangige Kasten im Mittel über mehr Land verfügen als niedrigrangige Bauernkasten. Doch wurde gerade für die untersuchten Deltadörfer sehr deutlich, daß die wirtschaftliche Polarisierung **innerhalb** der Kasten noch ausgeprägter ist als **zwischen** den Kasten. Ungleichheiten in den materiellen Lebensbedingungen, die in erster Linie aus einer ungleichen Landbesitzverteilung resultieren, sind also in vieler Weise kastenübergreifende Phänomene.

7. SCHLUSS
Wirtschaftlicher Fortschritt und ländliche Unterentwicklung: das Paradoxon von Elend im Überfluß

Die planmäßige Entwicklung der Ressource Wasser über 2 Jahrtausende hinweg hatte für die agrarwirtschaftliche wie für die soziale Situation des Raumes erhebliche Auswirkungen. In den einzelnen historischen Epochen wurden unterschiedlich aufwendige Maßnahmen ergriffen, um den Deltabereich des Cauvery zunächst überhaupt für eine großflächige Bewässerungslandwirtschaft nutzbar zu machen, die Bewässerungsfläche dann allmählich zu verdichten, die Bewässerung besser zu regulieren, zu intensivieren und schließlich auszuweiten. Das Sozialsystem des Raumes mit dem planenden und organisierenden Staat einerseits und der ländlichen Gesellschaft andererseits stellte zwar die Grundlage der Agrarentwicklung dar, doch wurde auch deutlich, daß es selbst in vielfältiger Weise auf Veränderungen der landwirtschaftlichen Verhältnisse reagierte.

Die Abhängigkeit der Agrarentwicklung von der jeweiligen Verfügbarkeit von Wasser ist durch alle Phasen hindurch zu verfolgen. Diese Abhängigkeit verstärkte sich noch mit der jüngsten Einführung hochertragreicher schnellreifender Reissorten und moderner Anbautechniken, wobei die Bedeutung der Erschließung und Nutzung zusätzlicher Grundwasservorräte immer wichtiger wurde. Dadurch verschärften sich die historisch gewachsenen Ungleichgewichte im Entwicklungsstand des Bewässerungsfeldbaus.

In der Untersuchung wurde auch gezeigt, in welchem Maße Stand und Entwicklung der Landwirtschaft von den organisatorischen Möglichkeiten und Fähigkeiten der jeweiligen Entwicklungsträger abhängen und wie vor allem wirtschaftliche Motive die jeweilige Agrarpolitik und damit Art, Umfang und räumliche Schwergewichte der agrarischen Inwertsetzung des naturräumlichen Potentials bestimmten.

Innerhalb Indiens ist das Cauvery Delta bis heute geradezu zu einem Symbol landwirtschaftlicher Fortschrittlichkeit und Effizienz (1) geworden. Die Untersuchung machte jedoch deutlich, daß **landwirtschaftlicher Fortschritt** wie der im Cauvery Delta nicht unbedingt mit einer wirklich umfassenden **ländlichen Entwicklung** gleichzusetzen ist. Neben ökonomischen, wachstums- und produktionsorientierten Elementen sind zur Beurteilung einer übergreifenden ländlichen Entwicklung nämlich vor allem soziale Elemente wie die **Lebensbedingungen** der Mehrheit der ländlichen Bevölkerung heranzuziehen. Die Zu- bzw. Abnahme von **Arbeitslosigkeit, Armut** und **Ungleichheit** kann SEERS (2) zufolge dabei als Maßstab dienen.

Daß zwischen landwirtschaftlichem Fortschritt und so verstandener ländlicher Entwicklung eine Diskrepanz, ja sogar eine negative Korrelation bestehen kann, erhellt eine von der Internationalen Arbeitsorganisation (ILO) in Genf kürzlich veröffentlichte Studie von KURIEN (3). Obwohl der Stand der landwirtschaftlichen Produktion Tamilnadus im Vergleich zum Landesdurchschnitt einen "außerordentlich hohen" Effizienzgrad (South Arcot, North Arcot, Chingleput), einen "sehr hohen" Effizienzgrad (Tanjore, Tirunelveli, Madurai, Nilgiris) oder zumindest einen "hohen" Effizienzgrad (Ramanathapuram, Kanyakumari, Tiruchirappalli, Coimbatore, Salem) aufweist und Ta-

---

(1) Singh, 1974, Fig. 123
(2) Seers, 1974, 43 f.

(3) Kurien, 1977, 113-135

Tabelle XLIX

Schätzung des Anteils der Armen an der ländlichen Bevölkerung Tamil Nadus 1957/58 bis 1969/70

Jahr	Ernährungsstandard (Minimum: 2400 kal./Tag)		Lebenshaltungsstandard (Minimum: 21 Rs./Monat nach Stand 1960/61)	
	Kosten in laufenden Preisen	Anteil d. ländl. Bev. unter Norm	Kosten in laufenden Preisen	Anteil d. ländl. Bev. unter Norm
1957/58	13,37	53,1 %	18,48	74,1 %
1959/60	14,92	53,8 %	20,62	79,2 %
1960/61	15,30	47,9 %	21,11	69,8 %
1961/62	15,90	36,0 %	22,00	66,5 %
1963/64	16,99	39,0 %	23,47	64,4 %
1964/65	19,88	45,8 %	27,46	72,5 %
1969/70	27,93	48,6 %	38,58	74,0 %

Quelle: KURIEN, 1977, 118

milnadu so neben dem Punjab als der **höchstentwickelte Agrarraum Indiens** angesehen werden kann, war doch der Stand der Nahrungsmittelversorgung der ländlichen Bevölkerung Tamilnadus von allen Bundesstaaten Indiens am niedrigsten (1) und ländliche Armut am weitesten verbreitet.

Es stellt sich die Frage, ob dieser Befund auch für Tanjore gilt. Dazu ist zunächst zu klären, wie und nach welchen Kriterien "**Armut**" zu definieren ist. Bei der Bestimmung ländlicher Armut geht die von der Internationalen Arbeitsorganisation veröffentlichte Studie von einem **minimalen Ernährungsstand** (2.400 kal./Tag = 28 Rupien/Monat 1969/70) und von **minimalen Lebenshaltungsnormen** (39 Rupien/Monat 1969/70) aus. Danach wird der Anteil der ländlichen Bevölkerung berechnet, der unterhalb dieser Minimalanforderung lebt und folglich als **absolut arm** bezeichnet werden muß.

Tabelle XLIX verdeutlicht, daß 1969/70 aufgrund dieser Kriterien fast die Hälfte der ländlichen Bevölkerung von Tamilnadu keine ausreichende Ernährungsbasis hatte und daß fast drei Viertel der ländlichen Bevölkerung unterhalb des minimalen Lebenshaltungsstandards blieb. Einzelheiten über die Versorgungslage der ländlichen Bevölkerung belegen, daß der Durchschnittskonsum erschreckend niedrig ist und daß der Anteil der Ausgaben für Nahrungsmittel laufend stieg (2); 1969/70 machte dieser durchschnittlich über 75 % aus. Damit ist Tamilnadu der Staat mit dem geringsten Konsumptionsstand ganz Indiens (3); es kann kein Zweifel an der Existenz von Massenarmut bestehen.

KURIEN (4) identifiziert in seiner Untersuchung die ländlichen Bevölkerungsteile, die unterhalb der Armutsgrenze leben. Es sind dies zunächst einmal alle Landbesitzer und Pächter mit weniger als 1 ha Naßland bzw. 3 ha Trockenland. Danach beträgt der Anteil der Armen bei den Landbesitzern und Pächtern Tamilnadus 56 %. Es stellt sich die Frage, wie KURIENs Kalkulation zur Bestimmung ländlicher Armut für Tanjore einzuschätzen ist. Dazu soll KURIENs Armutsgrenze für das Beispiel eines **1-ha-Naßlandbetriebes** im Cauvery Delta überprüft werden. Für 1972/73 kann dabei nach den statistischen Angaben des SEASON AND CROP REPORT und nach Befragungen in verschiedenen Dörfern etwa folgende **Einkommenskalkulation** aufgestellt werden:

---

(1) Rajammal Devadas, 1972, 12 (3) Rajammal Devadas, 1972, 12
(2) Kurien, 1977, Tab. 34 (4) Kurien, 1977, 118

Ernteertrag Naßreis (1/3 des Landes unter bewäss. Doppelanbau; ∅ 2.075 kg/ha)	ca. 2.760 kg
Eigenverbrauch (4-Personen-Haushalt; Minimum: 128 kg/Pers./Jahr)	ca. 512 kg
Nettoertrag	ca. 2.248 kg
Geldwert des Nettoertrages (526 Rs./Tonne) abzüglich Anbaukosten:	ca. 1.180 Rs.
Saatgut-Dünger-Pestizide	ca. 340 Rs.
Umpflanzarbeit (35-40 Pers./1 Tag)	ca. 100 Rs.
Erntearbeit (20-25 Pers./1 Tag)	ca. 60 Rs.
Nettoeinkommen	ca. 680 Rs.
Monatliches Pro-Kopf-Einkommen (4-Personen-Haushalt)	ca. 14,2 Rs.

Auch wenn man davon ausgeht, daß mit einem 1-ha-Naßlandbetrieb die Nahrungsmittelversorgung der Familie sichergestellt wäre und zusätzlicher Hülsenfrüchteanbau auch den Eiweißbedarf decken könnte, so verbleiben noch Ausgaben etwa für Tee, Zucker und Öl, für Hausrat, Kleidung und Ackergerät, für Grundsteuer, Haussteuer etc.. Es wird deutlich, daß eine Familie mit einem Betrieb von 1 ha Naßland schwerlich ohne ein zusätzliches Einkommen aus Landarbeit existieren könnte. Auch wird deutlich, daß schwerlich Rücklagen für landwirtschaftliche Investitionen, für Ernteausfälle oder für persönliche Notsituationen gebildet werden könnten. Solange eine solche bäuerliche Familie frei über ihr Land verfügt, scheint zwar die physische Existenz gesichert, doch wird diese Familie zweifellos als arm einzustufen sein.

Bedenkt man nun, daß in Tanjore 62,8 % aller Landeigentümer über weniger als 1 ha an Land verfügen und daß dieser Anteil für reines Naßland noch deutlich höher liegt, so ist daraus zu schließen, daß eine überwiegende Zahl von Landeigentümern wirtschaftlich noch merklich schlechter gestellt ist. Nimmt man KURIENs Grenzwert für einen minimalen Lebensstandard zum Maßstab (38,6 Rs. 1969/70 = ca. 48 Rs. 1972/73), so müßte eine Familie mindestens über 3 ha Naßland verfügen, um über die Armutsgrenze zu gelangen. Eine solche Betriebsgröße aber weisen nur 8,6 % der Landeigentümer auf. Auch wenn für die Bestimmung von Armut sehr strenge Maßstäbe angelegt werden, so ist doch der überwiegende Teil der Landeigentümer von Tanjore ganz offensichtlich als absolut arm einzustufen.

Daß ländliche Armut im Untersuchungsgebiet besonders stark ausgeprägt ist, geht auch aus Einkommensangaben hervor, die ALEXANDER (1) durch Befragungen von 394 ländlichen Familien in den deltaischen Landkreisen Mannargudi und Mayavaram zusammengestellt hat:

---

(1) Alexander, 1975a, 26

Durchschnittliches monatliches Familieneinkommen (Rupien)	Mannargudi (n = 185) (Anteil d. Fam.)	Mayavaram (n = 209) (Anteil d. Fam.)
bis 50	18,4 %	16,3 %
51 bis 100	53,0 %	58,3 %
101 bis 150	19,4 %	13,9 %
151 bis 200	5,4 %	4,8 %
über 200	3,8 %	6,7 %

Geht man, KURIEN (1) folgend, davon aus, daß eine durchschnittliche ländliche Familie zur Sicherung eines minimalen Lebensstandards 1969/70 mindestens 155 Rupien/Monat benötigt, müssen etwa 91 % der befragten Familien Mannargudis und 89 % Mayavarams als arm eingestuft werden.

Bei landlosen **Landarbeitern** kalkuliert KURIEN einen jährlichen Minimalbedarf von 500 Rupien pro Kopf der Bevölkerung (1970/71). Die tatsächlichen Durchschnittseinkommen lagen dagegen unter 200 Rupien (2). 87 % des Landlosen von Tamilnadu lebten danach 1970/71 unterhalb der Armutsgrenze. Eigene Beobachtungen in Tanjore bestätigen diese Einschätzung: die Wohnsituation der Landarbeiter ist durchweg äußerst bescheiden; in einräumigen Hütten leben meist bis zu sechs Personen. Alte Menschen hausen vielfach in halb zerfallenen Hütten. Der Hausrat ist kärglich und besteht meist nur aus ein oder zwei Tonschüsseln. Die Kleidung beschränkt sich bei Männern durchweg auf einen einzigen, aus einem Stück Baumwollstoff bestehenden Dhoti, bei Frauen auf einen Sari. Diese Kleidungsstücke werden oftmals über Jahrzehnte getragen. Die beiden täglichen Mahlzeiten bestehen i.d.R. aus einer dünnen Reissuppe. Allein junge gesunde Männer und Frauen, die als Arbeitskräfte begehrt sind und daher auch eher eine Beschäftigung finden, vermögen sich wenigstens eine ausreichende Nahrungsgrundlage zu schaffen. Kleinkinder und alte Menschen dagegen zeigen oft Symptome von Unterernährung.

Zwei Dorfuntersuchungen, die 1961 und 1963 vom AGRICULTURAL ECONOMICS RESEARCH CENTRE im Distrikt Tanjore durchgeführt wurden (3), stützen diese Beobachtungen. Als durchschnittliches Monatseinkommen stellte man für die Lohnarbeiterkaste der Paraiyans in einem Deltadorf 16,9 Rupien/Einwohner (1961) und in einem anderen 13,3 Rupien/Einwohner (1963) fest. Diese Werte lagen erheblich unter der damaligen Armutsgrenze von etwa 22 bzw. 23,5 Rupien im Monat (4). Der Armut entsprach eine erschreckend hohe Kindersterblichkeitsrate; sie betrug bei den Paraiyans der beiden Dörfer 28,5 % und machte auch bei den Landbesitzern und Pächtern noch durchschnittlich 16,6 % aus (5).

Eine dritte Gruppe der ländlichen Bevölkerung ist die der **nicht-agrarischen ländlichen Arbeitskräfte**, die in Tamilnadu 1971 etwa 20 % ausmachten. 85 % dieser Bevölkerungsgruppe lebte nach den Berechnungen KURIENs in Armut. Die Gesamtkalkulation ergibt somit, daß etwa 75 % der ländlichen Bevölkerung Tamilnadus 1970/71 als absolut arm einzuschätzen waren.

(1) Kurien, 1977, 118
(2) Kurien, 1977, 115
(3) Yeshwanth, 1961, 1963
(4) Kurien, 1977, 118
(5) Muthiah, 1975, 51

Verwendet man die gleichen Maßstäbe zur Identifizierung der Armen im Untersuchungsgebiet, so ergibt sich für die Klasse der Landbesitzer, daß 71,6 % der landbesitzenden ländlichen Bevölkerung unter der Armutsgrenze leben (1). Da es gerechtfertigt erscheint, die Situation der Landarbeiter und sonstigen ländlichen Arbeiter als zumindest nicht besser als in den anderen Distrikten Tamilnadus einzuschätzen (2), wird für diese Bevölkerungsgruppen der von KURIEN errechnete Durchschnitt von 87 bzw. 85 % an Armen zugrunde gelegt. Bei einem Anteil der Bauern, Landarbeiter sowie sonstigen ländlichen Arbeitern von 33,5, 48,3 bzw. 18,2 % an der ländlichen Bevölkerung läßt sich errechnen, daß 1970/71 2,5 Millionen Menschen im ländlichen Tanjore **unterhalb der Armutsgrenze** leben. Das entspricht 81,5 % der ländlichen Bevölkerung.

In einer **zeitlichen Analyse** zeigt KURIEN, daß sich die ländliche Armut in Tamilnadu sowohl in Hinsicht auf die Nahrungs- wie auf die Lebenshaltungsstandards bis Anfang der 60-er Jahre zunächst verringert und dann bis 1970 wieder verstärkt hat. Auf den ersten Blick erscheint es paradox, daß sich in der Armutssituation bis 1970 keine Verbesserung feststellen läßt, obwohl gerade zwischen 1966 und 1970 im Gefolge der "Grünen Revolution" beträchtliches landwirtschaftliches Wachstum stattfand und die durchschnittlichen Einkommenssteigerungen keineswegs vom Bevölkerungswachstum aufgezehrt wurden. Die Studie der Internationalen Arbeitsorganisation läßt aber keinen Zweifel daran, daß Massenarmut in der **gesamten** Wirtschafts- und Sozialordnung begründet ist und daß sie eng mit den Produktionsprozessen, der Art und Weise der Eigentümerschaft und der Nutzung der Ressourcen, sowie mit politischen Maßnahmen verbunden ist. Diese These soll für Tamilnadu im folgenden beleuchtet werden (3).

Zwischen 1950/51 und 1965/66 galt das Hauptaugenmerk agrarpolitischer Zielsetzungen in Tamilnadu der Vergrößerung staatlicher Bewässerungssysteme des Landes durch bewässerungstechnische Großprojekte. Die Bewässerungsfläche unter staatlichen Anlagen wuchs zwischen 1952/53 und 1962/63 von 1,36 Mill. ha auf 1,87 Mill. ha an (4) und brachte erhebliche Produktions- und Produktivitätssteigerungen. Gleichzeitig verringerte sich die Massenarmut. Seit Anfang der 60-er Jahre wurde jedoch kein bewässerungswirtschaftliches Großprojekt begonnen, und die Jahre 1962/63 bis 1965/66 waren für Tamilnadu gekennzeichnet von wirtschaftlicher Stagnation. Auch die Massenarmut blieb in diesem Zeitraum unvermindert groß. Eine nächste landwirtschaftliche Entwicklungsphase begann 1966/67 mit der agrarpolitischen **Strategie intensiven und selektiven Wachstums**. Sie beruhte auf der Politik, grundlegende Inputs vor allem solchen ausgesuchten Bauern zukommen zu lassen, die die Motivation und die Möglichkeiten hatten, moderne Agrartechnologie möglichst effektiv zu nutzen. Man betrachtete dies, nachdem das Potential für eine großflächige Bewässerungsausdehnung ausgeschöpft war, als das sicherste Mittel für weitere Produktionssteigerungen.

Da Wasser für die einsetzende **Grüne Revolution** der kritische Produktionsfaktor blieb, konzentrierte sich die staatliche Agrarpolitik auf die größeren Bauern, die eigene Brunnen installieren konnten. Die staatlichen Förderungsinstanzen sicherten diesen Bauern billige Kredite und versorgten sie mit elektrischer Energie. Entsprechend fiel die Fläche unter **staatlichen** Bewäs-

---

(1) eigene Berechnungen nach: World Agricultural Census, Thanjavur District, 1970/71
(2) Oommen, 1975, 159
(3) nach Kurien, 1977, 130 ff.
(4) Kurien, 1977, 130

serungssystemen zwischen 1962/63 und 1970/71 von 1,87 Mill. ha auf 1,76 Mill. ha, die unter **privaten** Bewässerungsressourcen stieg dagegen von 0,42 Mill. ha auf 0,78 Mill. ha. Die Zahl der mechanisierten Pumpanlagen erhöhte sich zwischen 1956/57 und 1970/71 von 62.000 auf 471.000. Diese Phase agrarwirtschaftlichen Wachstums wird daher für Tamilnadu auch als "**pump-set revolution**" bezeichnet. Sie begünstigte eindeutig die Großbauern. Dies bietet eine Erklärung für das von KURIEN beobachtete Paradoxon, daß nämlich Massenarmut trotz erheblichen wirtschaftlichen Wachstums wieder deutlich zugenommen hat.

Das Phänomen anhaltender und zunehmender Massenarmut in Tamilnadu muß also vor dem Hintergrund zunehmender **Landlosigkeit** und einer selektiv wirkenden, die ohnehin wohlhabenden Schichten der ländlichen Bevölkerung begünstigenden **Agrarpolitik** gesehen werden. Die Prozesse der Verschuldung und anschließenden Enteignung von Kleinbauern sowie die weitverbreitete Kündigung von Pächtern markieren auf der einen Seite den **Abstieg** zahlreicher Bauern und Pächter zu Landlosen; die Prozesse der Aneignung ehemaligen kleinbäuerlichen Grundeigentums und der Selbstbewirtschaftung ehemals verpachteten Landes durch Großbauern kennzeichnen auf der anderen Seite den **Aufstieg** Weniger. Diese kleine Minderheit profitiert zusätzlich von der staatlichen Agrarpolitik, wodurch die Prozesse sich noch verstärken. Diese gegenläufigen Tendenzen bewirken, daß trotz beachtlicher absoluter Wachstumserfolge die elementaren Bedürfnisse der überwiegenden Mehrheit der Bevölkerung nicht befriedigt werden. **Massenarmut** ist also Reflex und Resultat von wirtschaftlichen und sozialen Prozessen, wobei die kritische Rolle, die die Faktoren **Land** und **Wasser** sowie die jeweilige **Bewässerungspolitik** des Staates spielen, nicht zu übersehen ist.

Die Vertiefung von Ungleichgewichten in Status, Einfluß und materiellem Wohlstand innerhalb der Dorfgemeinschaften und die Verschärfung der regionalen und innerregionalen Ungleichheiten im landwirtschaftlichen Entwicklungsstand sind gleichermaßen als Folgen dieser Prozesse aufzufassen. Die Erkenntnis, daß dadurch die Reichen immer reicher werden, muß daher in dem Sinne ergänzt werden, daß die reichen Regionen ebenfalls reicher werden. Beide Phänomene beruhen auf den gleichen Hintergründen und stehen in einem solchen Wirkungszusammenhang, daß sie sich in der Schlußfolgerung zusammenfassen lassen, daß die Reichen in den reichen Regionen in besonderem Maße reicher werden. Umgekehrt erklärt sich so das Paradoxon von besonders ausgeprägter Armut in einer Region mit einem besonders hohen landwirtschaftlichen Entwicklungsstand wie dem Cauvery Delta, das **Paradoxon von Elend im Überfluß**.

Hinsichtlich der Lebensbedingungen der ländlichen Bevölkerung wurde aufgezeigt, daß der entscheidende Faktor bei der Ausbildung von sozio-ökonomischer Ungleichheit der ungleiche Zugang gesellschaftlicher Gruppen zu den Ressourcen ist. Grundlegende Bedeutung hat dabei in allen Entwicklungsländern vor allem der **Besitz von Land**, wie MANSHARD (1) herausstellt: "Für die Erforschung der sich heute in den Tropen unaufhaltsam verändernden sozialen und wirtschaftlichen Formen ist neben der von Geographen schon vielfach untersuchten Landnutzung besonders die Frage nach der Agrarverfassung und den Landbesitzverhältnissen ('land tenure') wichtig". Dieser Forderung entspricht die Notwendigkeit einer historischen Analyse der sozialen Beziehungen der Produktion und der damit verbundenen Prozesse der sozialen Schichtung in verschiedenen Agrarregionen der Dritten Welt.

---

(1) Manshard, 1968, 231

Bei dem vorliegenden Versuch einer derartigen Analyse konnte aufgezeigt werden, daß sich die Landbesitzstruktur des Untersuchungsgebietes zwar in der Kolonialzeit herausbildete, jedoch in direktem Zusammenhang mit der bereits präkolonial ausgeprägten Kastenstruktur stand. Diese wiederum wies in ihrer regionalen Differenzierung bereits in vorkolonialer Zeit ein deutlich unterschiedliches Maß an Ungleichheit auf. Will man also Stand und Entwicklung von Landwirtschaft und sozialökonomischen Verhältnissen der Agrarbevölkerung in ländlichen Regionen der Dritten Welt sowie die zwischen beiden vielfach auftretenden Zusammenhänge, aber auch Widersprüche verstehen, so sind komplexe interne Strukturen und externe Einflüsse und ihre Wechselwirkungen in historischer Betrachtungsweise und in regional differenzierter Sicht zu untersuchen. Nur so erschließen sich nicht nur die **Symptome**, sondern auch die **Ursachen** von Unterentwicklung.

LITERATURVERZEICHNIS

A. Verzeichnis der Quellen

Adangal: (Statement No. 2) der Revenue Villages Idaiyatti (1964/65 und 1973/74), Karuppur (1962/63 und 1973/74), Pudupatti (1964/65 und 1973/74) und Umbalachcheri (1962/63; 1973/74; 1975/76) (alle Tanjore Distrikt)

Baliga, B.S.: "Tanjore District Handbook", Madras, 1957

Budalur Panchayat Union Map, 1 : 63.360, 1975, unveröffentlicht

Campbell, A.D.: "Answers to Questions on Slavery in the East Indies, circulated by the Commissioners for the Affairs of India, 4th Nov. 1832", in: Parliamentary Papers, XLIV, 1834, S. 30-36

Cauvery Committee, Report of the Cauvery Committee on Irrigation and Drainage in the Cauvery Delta, Vol. I, Report and Statement, 1923

Cauvery Delta Irrigation, hrsg. v. P.W.D., Thanjavur Circle, Tanjore 1976, unveröff. Zusammenstellung

Census of India, 1891, Taluk and Village Statistics, Tanjore District, Madras 1894

Census of India, 1901, Village Statistics, Madras Presidency, Madras 1902

Census Handbook, 1951, Tanjore District, Madras 1953

Chatterjee, S.P. (Hrsg.): "National Atlas of India", Calcutta 1957

Chatterjee, S.P. (Hrsg.): "Irrigation Atlas of India", Calcutta 1972

Chitta (No. 10) (Abstract of Holdingwise Details of extent in the Village) der Revenue Villages Idaiyatti, Karuppur, Pudupatti und Umbalachcheri (alle Tanjore Distrikt), Stand 1976/77

Collection of Papers relating to the Control of Government over Water in Madras Presidency, 1851-1856, Madras 1907

Collectors Office, Tanjore, Yearwise and Sourcewise Particulars of Irrigation Extent in Thanjavur District, 1931/32 - 1952/53 und 1955/56 - 1970/71, unveröff. Zusammenstellung, Tanjore 1974/75

Collectors Office, Tanjore, General Statistics, unveröff. Zusammenstellung, Tanjore 1976

Cost of Cultivation Account für ausgewählte Bauern im Revenue Village Kothangudi, Tirutturaippundi Taluk (Tanjore Distrikt), 1976

Cost of Cultivation Account für ausgewählte Bauern im Revenue Village Pandanallur, Kumbakonam Taluk (Tanjore Distrikt), 1976

Crop Weather Studies Bulletin, No. 2, Thanjavur District (Tamil Nadu), hrsg. v. Directorate of Economics and Statistics, Ministry of Agriculture, Madras 1971

Descriptive Booklet on the Important Irrigation Projects in Madras State, Part I, Schemes in Operation 1952, Madras 1955

Dhanapalan Mosi, A. u.a.: "Soils and their fertility of Kumbakonam Agricultural Division"; Soil Testing Laboratory, Aduthurai 1973, Report No. 2

Dhanapalan Mosi, A. u.a.: "Soil Survey Report of Thanjavur Taluk, Thanjavur District (Tamil Nadu)", Soil Survey and Land Use Organisation, Tanjore 1973, Report No. 2

Dhanapalan Mosi, A. u.a.: "Soils and their fertility of Mannargudi Agricultural Division", Soil Testing Laboratory, Aduthurai 1973, Report No. 5

Directorate of Agriculture: "Rice Production in Tamil Nadu", Madras 1976

District Census Handbook, 1961, Tamil Nadu, Part X-V, Thanjavur District, 2 Bde, Madras 1965

District Census Handbook, 1971, Tamil Nadu, Part X-A, Village and Town Directory, Thanjavur District, Madras 1972

District Census Handbook, 1971, Tamil Nadu, Part X-B, Village and Townwise Primary Census Abstract, Thanjavur District, 2 Bde, Madras 1972

District Manual, Tanjore, hrsg. v. Venkatasami Row, T., Madras 1883

Economic Atlas of Madras State, New Delhi 1962

Economic Survey, Government of India, 1977/78, Delhi 1978

Epigraphia Indica and Record of the Archeological Survey of India, 19 Bde, Calcutta 1892-1932

Erklärung von Cocoyoc, 1974, in: Entwicklungspolitik, Materialien, Nr. 49, hrsg. v. Bundesministerium für wirtschaftliche Zusammenarbeit, Bonn 1975

Father Vico, Brief aus dem Jahre 1611, in: La Mission du Madura, Vol. II, S. 124

Field Measurement Book der Revenue Villages Idaiyatti, Karuppur, Pudupatti und Umbalachcheri (alle Tanjore Distrikt), Stand 1976/77

Firka-2-Register, Pandanallur Firka (1974/75), Tiruppanandal Firka (1974/75), alle Kumbakonam Taluk (Tanjore Distrikt)

Firka-2-Register, Talanayar Firka (1975/76), Alattambadi Firka (1975/76), Vedaranniyam Firka (1975/76), Tirutturaippundi Firka (1975/76), alle Tirutturaippundi Taluk (Tanjore Distrikt)

Firka-2-Register, Tiruchitrambalam Firka (1960/61 bis 1975/76), Pattukkottai Taluk (Tanjore Distrikt)

Firka-2-Register, Vallam Firka (1975/76), Sengipatti Firka (1975/76), beide Tanjore Taluk (Tanjore Distrikt)

Fort St. George Gazette, Part II, Sect. 1, Madras 1967

General Administration Manual, Tamil Nadu, 1971, Madras 1974

Harrison, W.H. und **Raghunathaswami Ayyangar, P.A.:** "A soil survey of the Tanjore District", Department of Agriculture, III, Bull. No. 68, Madras 1921

Hobson-Jobson: "A Glossary of Colloquial Anglo-Indian Words and Phrases and of Kindred Terms", 2. Aufl. London 1903

Home Ministry, Government of India, Ministry of Home Affairs, Research and Policy Division: "The Causes and Nature of Current Agrarian Tension", 1969

IADP, Directorate of Agriculture, Thanjavur District: "Study on Tenancy Pattern in Thanjavur District 1969-70", Madras o.J.

Imperial Gazetteer of India, Vol. XXIII, "Tanjore", Oxford 1908, S. 225-241

Imperial Gazetteer of India, Vol. I Descriptive, Vol. II Historical, Vol. III Economic, Vol. IV Administrative, Vol. V-XXV Alphabetical, Vol. XXVI Atlas, Oxford 1909

Indian Subcontinent, Bartholomew World Travel Map, 1 : 4 Mill., o.O., o.J.

Internationale Weltkarte, 1 : 1 Mill., Madura, NC 44, Series 1301, Edition 6-AMS, Washington D.C. 1956

Irrigation Atlas of India, hrsg. v. Chatterjee, S.P., Calcutta 1972

Irrigation through Ages, Irrigation in India through Ages, Publ. of the Central Board of Irrigation, New Delhi 1951, 2. Aufl. 1953

Key Map of Canal System, Cauvery Reservoir System, 1 : 253.440, Survey Office, Madras 1938

Klimadiagramm Weltatlas, hrsg. v. Walter, H. und Lieth, H., Jena 1960

Madras District Gazetteer, Anantapur, Vol. II, Madras 1905

Madras District Gazetteer, Godavari, Vol. II, Madras 1905

Madras District Gazetteer, Guntur, Vol. II, Madras 1906

Madras District Gazetteer, Nilgiri, Vol. II, Madras 1905

Madras District Gazetteers, "Tanjore", by Hemingway, F.R., Vol. I (Text), Madras 1906

Madras District Gazetteers, "Tanjore", by Hemingway, F.R., Vol. II (Statistischer Anhang), Madras 1905

Madras District Gazetteers, "Tanjore", by Hemingway, F.R., Vol. II (Statistischer Anhang), Madras 1915

Madras District Gazetteers, "Tanjore", Vol. II, Madras 1923

Madras District Gazetteers, "Tanjore", by Krishnaswami Ayyar, K.N., Vol. II, Madras 1933

Madras District Gazetteer, Tinnevelly, Vol. II, Madras 1905

Madras Irrigation Canal Company, 1863, Madras o.J.

Madras Manual of Administration, 3 Bde, Bd. II, Madras 1885

Madras Presidency, Selections from the Proceedings of the Madras Government in the P.W.D.: "Godavari, Kistna and Cauvery Delta and the Pennar Anicut Systems", Madras 1883

Madras Presidency, Revenue Department: "Reports on the Direct and Indirect Effects of the Godavery and Kistnah Annicuts, ..., and the Coleroon Annicuts, in Tanjore and South Arcot", Madras 1858

Madras Provincial Banking Enquiry Committee, 2. Bde, Madras 1930

Map of the Tanjore District, 1 : 126.720, Madras 1900

Map of the Tanjore Taluk, Tanjore District, 1 : 63.360, surveyed 1909, Madras 1915

Map of the Tirutturaippundi Taluk, Tanjore District, 1 : 63.360, surveyed 1889, Madras 1915

Ministry of Irrigation and Power, Report of the Irrigation Commission 1972, 4 Bde, New Delhi 1972

Office of the Chief Engineer, Irrigation, New Kattalai High Level Canal Scheme Report, Vol. I Report, Vol. II Statements, Vol. III Drawings, Madras 1956

One-Inch-Maps (1 : 63.360) of the Tanjore District, 58-J13-16; K13; M8, 11, 12, 15, 16; N 1-11, 13-15; O 1, surveyed 1921-1932

Papers regarding the Cauvery Reservoir Project, Government of Madras, P.W.D., Irrigation Branch, 5 Bde, Madras 1910-21

Principles of Ryotwari Settlement, Government of Madras, Revenue Department, Madras 1952

Pringle, A.T. (Hrsg.): "Selections from the Consultations of the Agent to Governor and Council of Fort St. George", 1681

Professional Papers of the Madras Engineers, in: American Mission Press, Madras 1856, IV, S. 81 ff.

Progress Report, Intensive Agricultural District Programme, Thanjavur, Tanjore 1972, ergänzt bis 1975/76

Project Report on the Modernization of the Old Cauvery Delta System (Thanjavur District), Govt. of Tamilnadu, P.W.D. (Irrigation Branch), Madras 1969

Public Works Commission, First Report 1851, Madras 1856

Public Works Department, Organization Chart, unveröff., 1976

Public Works Department, Statement showing the date of opening, closing and letting out of water for irrigation from Mettur Reservoir, unveröff., Tanjore 1977

Ratnam, C. u.a.: "Soil Survey of Tiruthuraipoondi Taluk, Thanjavur District, Tamilnadu", Soil Survey and Land Use Organisation, Tamil Nadu, Agr. College and Research Inst., Coimbatore, Report No. 14, 1971

Ratnam, C. u.a.: "Soil Survey of Pattukkottai Taluk, Thanjavur District, Tamilnadu", Soil Survey and Land Use Organisation, Madras State, Agr. College and Research Inst., Coimbatore, Report No. 4, 1967

Report of the Tanjore Commissioners, 1799, Tanjore District, Tanjore 1905

Report of the Tanjore Committee, 1807, in: Bailey, W.H. und Hudleston, W., 1892

Report of the Land Revenue Commission, Bengal, Calcutta 1940

Report of the Uttar Pradesh Zamindari Abolition Committee, Lucknow 1948

Report of the Congress Agrarian Reforms Committee, New Delhi 1949

Report of the Irrigation Commission, 4 Bde, Delhi 1972

Re-Settlement Register von 159 Revenue Villages aus den Taluks Pattukkottai, Kumbakonam, Tanjore und Tirutturaippundi (Tanjore Distrikt), Tanjore 1923

Royal Commission on Agriculture in India, 13 Bde, Calcutta 1927-1928

Sathyannathan, W.R.S.: "Report on agricultural indeptedness", Madras 1935

Season and Crop Report, Madras Presidency, Madras 1905/06 bis 1946/47

Season and Crop Report, Madras State bzw. Tamil Nadu, Madras 1947/48 bis 1972/73

Settlement Register von 159 Revenue Villages aus den Taluks Pattukkottai, Kumbakonam, Tanjore und Tirutturaippundi (Tanjore Distrikt), Tanjore 1893

Settlement Registers von 24 Revenue Villages (ehemalige Zamindari- und Inam Villages) aus dem Pattukkottai Taluk, Tanjore 1957 bis 1970

Sewell, R.: "List of the antiquarian remains in the Presidency of Madras", Arch. Survey of India, Vol. I, Madras 1882, Vol. II, Madras 1884

Statistical Atlas of the Madras Presidency, 1905/06, Madras 1908

Statistical Atlas of the Madras Presidency, 1910/11, Madras 1913

Statistical Atlas of the Madras Presidency, 1930/31, Madras 1936

Statistical Atlas of the Madras State, 1950/51, Madras 1963

Statistical Atlas of the Thanjavur District, 1950/51, Madras 1965

Statistical Handbook, Tamil Nadu, 1975, hrsg. v. Department of Statistics, Madras 1976

Statistical Register (A-Register) der Revenue Villages Idaiyatti, Karuppur, Pudupatti und Umbalachcheri (alle Tanjore Distrikt), Stand 1976/77

Taluk Maps, 1 : 63.360, Kumbakonam 1890; Thanjavur 1891; Pattukkottai 1892; Tirutturaippundi 1965

Tanjore District Map for the use of touring officers, 1 : 253.440, Madras 1914

Thaswage Register der Revenue Villages Idaiyatti, Karuppur, Pudupatti und Umbalachcheri (alle Tanjore Distrikt), Stand 1976/77

Thomas, P. und **Ramakrishnan**, K.: "Some South Indian villages: a re-survey", Madras 1940

U.S. Army Map, 1 : 250.000, Sheet No. 5, NC 44, Tiruchirappalli, Army Map Service, Corps of Engineers, Washington D.C. 1953-54

Village Map der Revenue Villages Idaiyatti, Karuppur, Pudupatti und Umbalachcheri (alle Tanjore Distrikt), Stand 1976/77

Villagers Calendar, hrsg. v. Madras Agricultural Department, Madras 1921/22

Walter, H. und **Lieth**, H. (Hrsg.): "Klimadiagramm Weltatlas", Jena 1960

World Agricultural Census, 1970/71, Tamil Nadu, Vol. I, Report and Analysis, Vol. II, State, Regional and District Tables, Madras 1974

World Agricultural Census, 1970/71, Thanjavur District, Tamil Nadu, Madras 1976

B.   Verzeichnis der Sekundärliteratur

Abel, M.E.: "Agriculture in India in the 1970s", in: Econ. and Political Weekly, Vol. 5, 1970, No. 13, S. 73

Adiceam, E.: "La géographie de l'irrigation dans le Tamilnad", Paris 1966

Adiceam, E.: "The geography of irrigation in Tamilnad", in: The Indian Geographical Journal, 42, 1967, No. 1-2, S. 7-12

Aggrawal, P.C.: " Impact of Green Revolution on Landless Labourers", in: Econ. and Pol. Weekly, 6, 1971, No. 47, S. 2363-2365

Aggrawal, P.C.: "The Green Revolution and Rural Labour: A Study in Ludhiana", Shri Ram Centre for Industr. Relations and Human Resources, New Delhi 1973

Agrawala, V.S.: "India as known to Panini", Lucknow 1953

Ahmad, K.S.: "Water Supply in the Indus Basin and Allied Problems", in: Pak. Geogr. Rev., XII, 1958, S. 1-17

Ahmad, K.S.: "Some geographical Aspects of the Indus Water Treaty and Development of Irrigation in West-Pakistan", in: Pak. Geogr. Rev., XX, 1965, S. 1-30

Albertini, R. (Hrsg.): "Moderne Kolonialgeschichte", Köln-Berlin 1970

Alexander, K.C.: "Agrarian Unrest in Kuttanad, Kerala", in: Behavioural Sciences and Comm. Dev., 7, 1973, No. 2, S. 1-16

Alexander, K.C.: "Agrarian tension in Thanjavur", Nat. Inst. of Comm. Dev., Hyderabad 1975a

Alexander, K.C.: "Changing labourer-cultivator relation in South India", in: Nat.Inst. of Comm. Dev. (Hrsg.), Changing agrarian relations in India, Hyderabad 1975b, S. 21-48

Alsdorf, L.: "Vorderindien", Braunschweig 1955

Amartya Kumar Sen: "Die Investitionen britischer Unternehmungen in der Frühzeit der Industrialisierung Indiens 1854-1919", in: Albertini, R. (Hrsg.), 1970, S. 310-332

Amin, S.: "Le dévelopement inégal. Essai sur les formations sociales du capitalisme périphérique", Paris 1973

Amin, S.: "Zur Theorie von Akkumulation und Entwicklung in der gegenwärtigen Weltgesellschaft", in: Senghaas, D. (Hrsg.), Peripherer Kapitalismus, Frankfurt 1974, S. 71-97

Anand, D.B.: "Hydrology of Indian Rivers", in: Law, B.C. (Hrsg.), 1968, S. 258-283

Anantapadmanabhan, N.: "Density of rural population in relation to land use in Tamil Nadu", in: Bombay Geogr. Mag., IV, 1956, No. 1, S. 41-49

Anantapadmanabhan, N.: "Density of rural population in relation to terrain types in Madras State", in: Bombay Geogr. Mag., V, 1957, No. 1, S. 29-36

Anell, B.: "The security circle", in: Folk, Dansk Entogr. Tidskr., 10, 1968, S. 5-12

Anonym: "The Mettur Dam. Evolution of the Scheme", in: Journ. of the Madras Geogr. Ass., 9, 1934, No. 2, S. 78-118

Ansari, J.H.: "A study of settlement patterns in Kerala", in: Urban Rur. Plan. Thought, XII, 1969, No. 3-4, S. 101-162

Appadorai, A.: "Economic Conditions in South India, 1000-1500 A.D.", 2 Bde, Madras 1936

Aravamudan, K.: "The economic geography of the Tanjore District", in: Journ. Madras Geogr. Assoc., 12, 1937, No. 2, S. 149-156

Arbocz, I. u.a.: "Theoretische Ansätze zur Erklärung der regionalen Diskrepanzen in Entwicklungsländern: ein Beitrag zur den Möglichkeiten und Grenzen der Entwicklung peripherer Gebiete", Karlsruher Manuskr. z. math. u. theoret. Wirtschafts- und Sozialgeogr., 10, 1975

Asche, H.: "Koloniale siedlungs- und raumstrukturelle Entwicklung in Indien im 17. und 18. Jahrhundert", in: Asche, H. und Masserat, M. (Hrsg.), Studien über die Dritte Welt, Geographische Hochschulmanuskripte, 4, 1977

Aufrecht, T. (Hrsg.): "Rgveda", Bonn 1877

Aurada, F.: "Bewässerungssysteme des Industieflandes und ihre Entwicklungsprobleme", in: Mitt. d. Öst. Geogr. Ges. Wien, 102, 1961, S. 326-339

Arunachalam, B.: "Ancient Maritime Commerce of Tamils", in: Bombay Geogr. Mag., IV, 1956, No. 1, S. 69-74

Bade, K.: "Die Agrarverhältnisse in Britisch-Indien", Berlin 1923

Baden-Powell, B.H.: "The Land Systems of British India", 3 Bde, Oxford 1892

Baden-Powell, B.H.: "The Indian Village Community", London 1896, repr. New Haven 1957

Baden-Powell, B.H.: "The origin and growth of village communities in India", London 1899

Bailey, F.G.: "Caste and the Economic Frontier", Manchester 1957

Bailey, F.G.: "Closed Social Stratification in India", in: Arch. Europ. de Sociologie, IV, 1963, 1

Bailey, W.H. und **Hudleston**, W.: "Papers on Mirasi Right", Madras 1892, S. 172-344

Baliga, B.S.: "Studies in Madras Administration", 2 Bde, Madras 1960

Baker, J.N.L.: "Notes on the natural regions of India", in: Geography, 14, 1928, S. 447-455

Bandyopadhyaya, N.: "Economic Life and Progress in Ancient India", Vol. I: The Hindu Period, Calcutta 1945

Bansil, P.C.: "Agricultural Problems of India", Delhi, 2. Aufl. 1975

Bapna, S.L.: "Economic and Social Implications of Green Revolution", Agro-Econ. Research Centre, Sardar Patel Univ., Vallabh Vidyanagar 1973

Baran, P.: "Über die politische Ökonomie unterentwickelter Länder", in: Baran, P. (Hrsg.): "Unterdrückung und Fortschritt", Frankfurt 1966

Barber, C.G.: "History of Cauvery-Mettur Project", Madras 1940

Bardhan, P.: "Green Revolution and Agricultural Labourers", in: ADC Teaching Forum, 8, 1971, S. 2

Barnabas, A.P. und **Mehta**, S.C.: "Caste in Changing India", The Indian Institute of Public Administration, New Delhi 1965

Baumgärtner, U.M. und **Poppinga**, O.H.: "Grundzüge der Agrarstruktur im peripheren Kapitalismus", in: Tibi, B. und Brandes, V., Handbuch 2, Unterentwicklung, Frankfurt/Köln 1975, S. 207-240

Besse, L.: "Father Beschi, His Times, and His Writings", Trichinopoly 1918

Beteille, A.: "Caste, Class and Power: changing patterns of stratification in a Tanjore village", Univ. of California Press, 1965

Beteille, A.: "Sripuram: A village in Tanjore District", in: Economic Weekly, 1962, S. 141-146

Beteille, A.: "Harmonic and Disharmonic Systems", in: Seminar, 140, 1971b, S. 16-19

Bhatia, B.M.: "Famines in India, a Study in Some Aspects of the Economic History of India, 1860-1945", 3. Aufl., London 1963

Biehl, M.: "Die Intensivierung der Flächennutzung durch Landbewässerung in Indien", Kieler Studien, 92, 1968

Billings, M.H. und Arjun Singh: "Labour and the Green Revolution: The Experience in Punjab", in: Econ. and Pol. Weekly, 4, 1969, No. 52, S. 221-224

Blair, H.W.: "The Green Revolution and 'Economic Man': Some Lessons for Community Development in South Asia", in: Pacific Affairs, 44, 1971, No. 3, S. 353-367

v. Blanckenburg, P.: "Polarisierung oder leistungsbedingte Differenzierung. Zur Frage der Nutznießer der Saatgut-Dünger-Technologie in dichtbesiedelten Entwicklungsländern", in: Ztschr. f. Ausländ. Landwirtschaft, 13, 1974, S. 67-79

Blenck, J.: "Endogene und exogene entwicklungshemmende Strukturen, Abhängigkeiten und Prozesse in den Ländern der 3. Welt, dargelegt am Beispiel Liberia und Indien", in: Eichler, H. und Musall, H., Hans Graul Festschrift, Heidelberger Geogr. Arb., H. 40, Heidelberg 1974, S. 395-418

Blenck, J.: "Interdependente Entwicklung der weißen Gebiete und der Homelands in Südafrika", in: Weiland, A. und Schneekenburger, W. (Hrsg.), Zukunftsperspektiven für friedlichen Wandel im südlichen Afrika, Bonn 1977, S. 22-31

Blenck, J.: "Geographische Entwicklungsforschung", in: DGFK-Hefte, 12, 1979, S. 11-20

Blenck, J.; Bronger, D.; Uhlig, H.: "Südasien", Fischer Länderkunde, Bd. 2, Frankfurt 1977

Bobek, H.: "Die Hauptstufen der Gesellschafts- und Wirtschaftsentfaltung in geographischer Sicht", in: Die Erde, 90, 1959, S. 259-298

Bronger, D.: "Der sozialgeographische Einfluß des Kastenwesens auf Siedlung und Agrarstruktur im südlichen Indien", in: Erdkunde, 24, 1970a, S. 89-106, 194-207

Bronger, D.: "Agrarstruktur und Kastenwesen im südlichen Indien (Andhra Pradesh)", in: Erdkunde, 24, 1970b, S. 194-207

Bronger, D.: "Kriterien der Zentralität südindischer Siedlungen", in: Dt. Geogr.-tag Kiel, Tagungsbericht u. wiss. Abh., Wiesbaden 1970c, S. 498-518

Bronger, D.: "Studien zur vergleichenden Regionalforschung im südlichen Indien", in: Geogr. Zeitschr., 60, 1972, S. 53-71

Bronger, D.: "Probleme regionalorientierter Entwicklungsländerforschung: Interdisziplinarität und die Funktion der Geographie", in: Dt. Geogr.-tag Kassel 1973, Tagungsbericht u. wiss. Abh., Wiesbaden 1974, S. 193-215

Bronger, D.: "Jajmani System in Southern India?", in: Meyer-Dohm, P. (Hrsg.): Economic and Social Problems of Indian Development, Bochumer Schriften zur Entwicklungsforschung und Entwicklungspolitik, 19, 1975a, S. 207-242

Bronger, D.: "Caste System and Cooperative Farming in India. A Socio-Geographic Structural Analysis", in: Meyer-Dohm, P. (Hrsg.): Economic and Social Problems of Indian Development, Bochumer Schriften zur Entwicklungsforschung und Entwicklungspolitik, 19, 1975b, S. 243-292

Bronger, D.: "Der wirtschaftende Mensch in den Entwicklungsländern. Innovationsbereitschaft als Problem der Entwicklungländerforschung, Entwicklungsplanung und Entwicklungspolitik", in: Geogr. Rdsch., 27, 1975c, S. 449-459

Bronger, D.: "Formen räumlicher Verflechtung von Regionen in Andhra Pradesh (Indien) als Grundlage einer Entwicklungsplanung. Ein Beitrag der Angewandten Geographie zur Entwicklungsländerforschung", in: Bochumer Geogr. Arb., Sonderreihe, 5, Paderborn 1976

Böttger, B.: "700 Millionen ohne Zukunft? Faschismus oder Revolution in Indien und Bangladesh", Hamburg 1975

Brown, D.D.: "Agricultural Development in India's Districts", Cambridge 1971

Buchanan, F.: "A Journey from Madras through the Countries of Mysore, Canara and Malabar, 1801", 2 Bde, 2. Aufl., Madras 1870

Buckley, R.B.: "The irrigation works of India", 2. Aufl., London und New York 1905

Buhmann, C.: "Die Viehwirtschaft im argentinischen Zwischenstromland", in: Kölner Forschungen zur Wirtschafts- und Sozialgeographie, Wiesbaden 1968

Burnell, A.C.: "South Indian Paleography from the Fourth to the Seventh Century A.D.", 2. Aufl., London 1878

Byres, T.J.: "The Dialectic of India's Green Revolution", in: South Asian Review, 5, 1972, No. 2, S. 99-116

Cantor, L.M.: "A World Geography of Irrigation", Edinburgh und London 1967

Cambridge History of India, Vol. V, "British India 1497-1858", Cambridge 1929

Chambers, R. und **Farmer, B.H.:** "Perceptions, Technology and the Future", in: Farmer, B.H. (Hrsg.), Green Revolution? London and Basingstoke 1977

Chandrasekharan, K.S.: "The Physical Geography of the Tanjore District", In: Journ. of the Madras Geogr. Assoc., 12, 1937, No. 2, S. 114-119

Chandrasekharan, K.S.: "A note on the Geology of Tanjore District", in: Journ. of the Madras Geogr. Assoc., 12, 1937, No. 2, S. 120-121

Chatterjee, B.B.: "Disparity and rural conflict", in: Nat. Inst. of Comm. Dev. (Hrsg.), Changing agrarian relations in India, Hyderabad 1975, S. 175-179

Chatterjee, S.P. (Hrsg.): "National Atlas of India", Calcutta 1957

Chaturvedi, B.N.: "The origin and development of tank irrigation in Peninsular India", in: Deccan Geographer, VI, 1968, No. 2, S. 57-86

Chorley, R.J.: "Geography as human ecology", in: Chorley, R.J. (Hrsg.), Directions in Geography, London 1973, S. 155-169

Christiansen-Weniger, F.: "Alte Methoden der Wassergewinnung zur Bewässerung im Nahen und Mittleren Osten unter besonderer Berücksichtigung der Qanate", in: Wasser und Nahrung, 1, 1961, S. 28-31 und 2, 1961, S. 73-84

Cordova, A.: "Strukturelle Heterogenität und wirtschaftliches Wachstum", Frankfurt 1973

Cressey, G.B.: "Qanats, Karez, and Foggaras", in: Geogr. Rev., 48, 1958, S. 27-44

Cushing, S.W.: "The East Coast of India", in: Bull. Amer. Geogr. Soc., 45, 1913, No. 2, S. 81-92

Dandekar, G.K.: "The Law of Land Tenures", Bombay 1912

Dantwala, M.L.: "Comparative Experience of Agricultural Development in Developing Countries of Asia and the South East since World War II", Indian Soc. of Agric. Economics, Bombay 1972

Dayal, E.: "Impact of irrigation expansion on multiple cropping in India", in: Tijdschrift voor Econ. en Soc. Geografie, 68, 1977, Nr. 2, S. 100-109

Desai, A.R.: "The Social Background of Indian Nationalism", Bombay 1948

Dettmann, K.: "Agrarkolonisation im Rahmen von Kanalbewässerungsprojekten am Beispiel des Fünfstromlandes (Pakistan)", in: Göttinger Geogr. Abh., H. 66, 1976, S. 179-191

Domroes, M.: "The Agroclimate of Ceylon. A Contribution towards the Ecology of Tropical Crops", Geoecological Research, 2, 1974

Donges, J.W.: "Für weltwirtschaftliche Integration der Entwicklungsländer", in: Entwicklung und Zusammenarbeit, 7/8, 1977, S. 4-6

Driver, P.N.: "Problems of Zamindari and Land Tenure Reconstruction", Bombay 1949

Dutt, R.: "The Economic History of British India", London 1902

Dutt, R.: "India in the Victorian Age", London 1904

Elphinstone's History of India, London 1857

Engelbrecht, T.: "Die Feldfrüchte Indiens in ihrer geographischen Verbreitung, Teil 1", in: Abh. d. Hamburger Kolonialinstituts, XIX, 1914

Etienne, G.: "Studies in Indian Agriculture. The Art of the Possible", Berkeley and Los Angeles 1968

Evers, T.T. und Wogau, P.: "'Dependencia': Lateinamerikanische Beiträge zur Theorie der Unterentwicklung", in: Das Argument, 79, 1973, S. 404-454

Farmer, B.H.: "Agrarian Change in Tamil Nadu and Sri Lanka", unveröff. Manuskript, o.O., 1976

Farmer, B.H. (Hrsg.): "Green Revolution? Technology and change in rice-growing areas of Tamil Nadu and Sri Lanka", London and Basingstoke 1977

Feder, E.: "Agribusiness and the Elimination of Latin America's Rural Proletariat", in: World Development, 5, 1977, No. 5-7, S. 559-571

Firman, D.: "General Aspects of the Geography of Irrigation in India", in: The Geographer, 5, 1952, No. 2 (Aligarh), S. 1-11

Fischer Weltgeschichte, Indien, Bd. 17, hrsg. v. Embree, A.T. und Wilhelm, F., Frankfurt 1967

Frank, A.G.: "Kapitalismus und Unterentwicklung in Lateinamerika", Frankfurt 1969

Frankel, F.R.: "India's Green Revolution. Economic Gains and Political Costs", Bombay 1971

Friedmann, J. und Alonso, W. (Hrsg.): "Agricultural Development and Planning. A Reader", Cambridge (Mass.) 1964

Fritsch, B.: "Die Rolle des indischen Planungssystems für die wirtschaftliche Entwicklung Indiens", in: Jahrbuch d. Südas. Inst. d. Univ. Heidelberg, II, 1967/68, hrsg. v. Jusatz, H.J., Wiesbaden 1968, S. 20-29

Fröhling, M.: "Die Bewässerungslandschaften an der spanischen Mittelmeerküste", Westf. Geogr. Stud., 17, 1965

Gaikwad, V.R.: "Small Farmers State Policy Programme Implementation", Nat. Inst. of Comm. Dev., Hyderabad 1971

Gaitskell, A.: "Gezira, A Story of Development in the Sudan", London 1959

Galtung, J.: "Eine strukturelle Theorie des Imperialismus", in: Senghaas, D. (Hrsg.), Imperialismus und strukturelle Gewalt, 3. Aufl., Frankfurt 1976, S. 29-104

Geiger, F.: "Die Bewässerungswirtschaft Südostspaniens im trockensten Abschnitt des mediterranen Europas", in: Geogr. Rdsch., 24, 1972, S. 408-419

Ghori, G.K.: "The Hydrography of the Cauvery Basin: Its Geographical Significance", in: Indian Geogr. Journ., XXX, 1955, No. 1-2, S. 45-50

Godzik, W.; Laga, G.; Schütt, K.P.: "Zur Kritik der Dependenztheorie. Methodologische Anmerkungen zu einem neo-marxistischen Ansatz in der Entwicklungsländerforschung", in: Kölner Ztschr. f. Soziologie u. Sozialpsychologie, 28, 1976, S. 537-556

Goetz, H.: "Geschichte Indiens", Stuttgart 1962

Goetz, H.: "Der indische Subkontinent I", in: Informationen zur polit. Bildg., 112, 1965

Goetz, H.: "Bewässerungs- und Entwässerungsanlagen im vorbritischen Indien", in: Jahrb. d. Südasien Institutes d. Univ. Heidelberg, 1966, S. 35-42

Golkowsky, R.: "Bewässerungslandwirtschaft in Kenia", IFO-Institut für Wirtschaftsforschungen, Afrika-Studien, 39, 1969

Goor, G.A.W.: "Agriculture with special reference to rice cultivation in humid-tropical zone deltas", in: UNESCO, Proc. on Humid Tropics Research, Paris 1966, S. 305-316

Gopal, L.: "Ownership of Agricultural Land in Ancient India", in: Journ. of the Economic and Social Hist. of the Orient, 4, 1961, S. 240-263

Gopalakrishnan, K.S.: "Cauvery Delta. A Study in Rural Settlements", unveröff. Diss., Banaras Hindu University, Varanasi 1972

Gopalakrishnan, K.S. und Barai, D.C.: "Rural Dwelling in the Cauvery Delta", in: The Nat. Geogr. Journ. of India, Vol. XVII, 1971, Part 4, S. 197-206

Gopalan, K.S.: "Human Geography of Tanjore and its Environs", in: Journ. of the Madras Geogr. Assoc., 12, 1937, No. 3, S. 160-166

Gopalan, K.S.: "A Note on the Agricultural Geography of the Environs of Tanjore", in: Journ. of the Madras Geogr. Assoc., 12, 1937, No. 3, S. 157-159

Gough, E.K.: "The social structure of a Tanjore village", in: Srinivas, M.N., Indias Villages, Bombay 1955, S. 90-102

Gough, E.K.: "Caste in a Tanjore Village", in: Leach, E.R. (Hrsg.), 1960, S. 11-60

Gough, E.K.: "Peasant resistance and revolt in South India", in: Pacific Affairs, 41, 1968/69, No. 4, S. 526-544

Gough, E.K.: "Changing Agrarian Relations in Thanjavur: 1952-1976", unveröff. Manuskript, o.O., 1976

Groeneveld, S.: "Der rurale Raum - Wartezimmer der Entwicklung oder ein Ausgangspunkt gesamtgesellschaftlichen Wandels?", in: Groeneveld, S. und Meliczek, H. (Hrsg.), Rurale Entwicklung zur Überwindung von Massenarmut, H. Wilbrandt z. 75. Geburtstag, Saarbrücken 1978, S. 11-27

Hamburger Autorenkollektiv: "Zur Analyse der strukturellen Heterogenität unterentwickelter Gesellschaften", in: Nohlen, D. und Nuscheler, F. (Hrsg.), Handbuch der 3. Welt, 1, Hamburg 1974, S. 115-138

Hanumantha Rao, C.H.: "Uncertainty, entrepreneurship and share cropping in India", in: Journ. of Polit. Economy, 79, 1971, No. 3, S. 578-595

Harper, E.B.: "Two Systems of Economic Exchange in Village India", in: American Anthropologist, 61, 1959, S. 760-778

Hart, H.C.: "New Indias Rivers", Bombay-Calcutta-Madras 1956

Hauck, G.: "Das Elend der bürgerlichen Entwicklungstheorie", in: Tibi, B. und Brandes, V. (Hrsg.), Handbuch 2, Unterentwicklung, Frankfurt und Köln 1975, S. 36-63

Heinritz, G.: "Die Entwicklung junger Bewässerungsprojekte unter dem Einfluß gruppenspezifischen Pächterverhaltens", in: Geogr. Zeitschrift, 3, 1977, S. 188-215

Heywood, J.: "Hydraulic Works", London 1885

Higgins, B.: "Einige Bemerkungen zur Regionalplanung", in: Kruse-Rodenacker, A. (Hrsg.), Grundfragen der Entwicklungsplanung, Schr. d. Dt. Stiftg. f. Entwicklungsländer, 1, 1964, S. 150-161

Hickey, W.: "The Tanjore Mahratta Principality in Southern India", Madras 1874

Higgins, B.: "The Concept of Regional Planning", in: Canadian Public Administration, 9, 1966, No. 2, S. 165

Hinderink, J. und **Sterkenburg, J.J.**: "Spatial Inequality in Underdeveloped Countries and the Role of Government Policy", in: Tijdschrift voor Econ. en Soc. Geografie, 69, 1978, No. 1/2, S. 5-16

The Hindu, 24.7.1964

The Hindu, 27.7.1964

The Hindu, 1.8.1964

The Hindu, 26.7.1976

The Hindu, 27.7.1976

The Hindu, 28.8.1976

The Hindu, 24.9.1976

Hirth, P.: "Grundzüge einer Geographie der künstlichen Bewässerung", Halle 1921

Hirth, P.: "Die künstliche Bewässerung", in: Beih. 1, Jg. XXVIII, zum Tropenpflanzer, Jg. XXXI, 9, 1978, Nr. 3

Hjejle, B.: "Slavery and Agricultural Bondage in South India in the Nineteenth Century", in: The Scandinavian Economic Hist. Review, 15, 1967, S. 71-126

Hockwood, B.: "Patterns of Investment in Farm Machinery and Equipment", in: Econ. and Pol. Weekly, 7, 1972, No. 40, S. 113

Hoyle, B.S.: "Spatial Analysis and the Less-Developed Countries", in: Hoyle, B.S. (Hrsg.), Spatial Aspects of Development, London u.a. 1974, S. 1-28

Husain, Z.: "Die Agrarverfassung Britisch-Indiens", Ber. über Landwirtschaft, N.F., XXV, Sonderheft, Berlin 1930

Hutton, J.H.: "Caste in India. Its nature, function and origins", Cambridge 1946

Indian Express, 22.7.1976, "Kuruvai Crop can still be saved"

Indian Express, 25.7.1976, "Mettur water: Lower Coleroon to get supply"

Indian Express, 28.7.1976, "The gamble with the Monsoon"

Indian Express, 28.7.1976, "Costs, benefits of delta modernisation"

Isard, W.: "Location and Space Economy", Cambridge (Mass.) 1956

Jentsch, C.: "Die Kareze in Afghanistan", in: Erdkunde, 24, 1970, S. 112-120

Jordanov, T.: "Die künstliche Bewässerung in Bulgarien", Sofia 1955

Kaerger, K.: "Die künstliche Bewässerung in den wärmeren Erdstrichen", Berlin 1893

Kahlon, A.S. und Gurbachan Singh: "Social and Economic Implications of High-yielding Varieties Programme - A Case Study of Gurdaspur District", Dept. of Econ. and Sociology, Punjab Agric. Univ., Ludhiana, 1973a

Kahlon, A.S. und Gurbachan Singh: "Social and Economic Implications of High-yielding Varieties Programme - A Case Study of Ferozepur District", Dept. of Econ. and Sociology, Punjab Agric. Univ., Ludhiana 1973b

Kanakasabai, V.: "The Tamils 1800 years ago", Madras 1904

Kantowsky, D.: "Dorfentwicklung und Dorfdemokratie in Indien", Freiburger Stud. z. Politik u. Gesellschaft überseeischer Länder 9, 1970

Klages, K.D.: "Das regionale Entwicklungsgefälle, ein Beitrag zur Regionalplanung in Entwicklungsländern", Tübingen und Basel 1975

Knödler, O.: "Der Bewässerungsfeldbau in Mittelgriechenland und im Peloponnes", Stuttg. Geogr. Stud., 81, 1970

Koch, P.: "Grüne Revolution - zur Problematik der Übertragung westlicher Agrartechnologie in Entwicklungsländer", Teil 1, Neuer Globus 1, 1977, S. 15-47; Teil 2, Neuer Globus 2, 1977, S. 64-83

Konow, S.: "Indien unter der englischen Herrschaft", Tübingen 1915

Konow, S.: "Die Bedeutung Indiens für England", Hamburger Forschungen, VI, 1919

Kosambi, D.D.: "An Introduction to the Study of Indian History", Bombay 1956

Kotowski, G.G.: "Pacht und Pachtverhältnisse im Tamilnad (Südindien) von 1917-1939", in: Ruben, W. (Hrsg.), Die ökonomische und soziale Entwicklung Indiens, Sowjetische Beitr. z. indischen Geschichte, I, Berlin 1959

Krebs, N.: "Vorderindien und Ceylon", Stuttgart 1939

Kreeb, K.: "Ökologische Grundlagen der Bewässerungskulturen in den Subtropen", Stuttgart 1964

Krishnaji, N.: "Wages of Agricultural Labour", in: Econ. and Pol. Weekly, 6, 1971, No. 39, S. 148-151

Krishnamurthi, S.: "A study on the cultural developments in the Chola period", Annamalainagar 1966

Krishnaswami, S.Y.: "Rural Problems in Madras", Madras 1947

Krishnaswami, T.: "Recent irrigation changes in the Cauvery", in: Journ. of the Madras Geogr. Assoc., 14, 1939, S. 237-271

Krishnaswami Aiyangar, S.: "Ancient India", London und Madras 1911

Krishnaswami Aiyangar, S.: "Some Contributions of South India to Indian Culture", Calcutta 1923

Krishnaswami Aiyangar, S.: "Ancient India and South Indian History and Culture", in: Papers on History and Culture, 2 Bde, Poona 1941

Kuhnen, F.: "Die Entwicklung der Bodenordnung in Indien", in: Zeitschr. f. Ausländ. Landwirtsch., 4, 1965, S. 317-340

Kuhnen, F.: "Land Tenure and Agrarian Reform", in: Mainstream, 1971

Kulkarni, D.: People and irriculture", New Delhi 1970

Kulke, H.: "Cidambaramahatmy. Eine Untersuchung der religionsgeschichtlichen und historischen Hintergründe für die Entstehung der Tradition einer südindischen Tempelstadt", Freiburger Beitr. z. Indologie, 3, Wiesbaden 1970

Kumar, D.: "Land and Caste in South India - Agricultural Labour in Madras Presidency during the 19th Century", Cambridge 1965

Kuppuswami Sastri, T.S.: "A short history of the Tanjore Nayak Princes", o.O., 1903

Kurien, C.T.: "Rural Poverty in Tamil Nadu", in: Poverty and Landlessness in Rural Asia, Int. Labour Office, Genf 1977, S. 113-135

Ladejinsky, W.: "A Study of Tenurial Conditions in Package Districts", Govt. of India, Planning Commission, New Delhi 1965

Ladejinsky, W.: "The Green Revolution in Punjab", in: Econ. and Pol. Weekly, 4, 1969a, No. 26, S. 73

Ladejinsky, W.: "The Green Revolution in Bihar - The Kosi Area; A Field Trip", in: Econ. and Pol. Weekly, 4, 1969b, S. A147-A162

Ladejinsky, W.: "Ironies of India's Green Revolution", in: Foreign Affairs, 48, 1970, S. 758-768

Lautensach, H.: "Zur Geographie der künstlichen Bewässerung auf der Iberischen Halbinsel", in: Geogr. Anz., XXXIII, 1932, S. 345-359

Lautensach, H.: "Zur Geographie der künstlichen Bewässerung in Korea", in: Peterm. Geogr. Mitt., 86, 1940, S. 289-303

Law, B.C. (Hrsg.): "Mountains and Rivers of India", Calcutta 1968

Laxminarayan, H.: "The social and economic implications of large-scale introduction of High-yielding Varieties of wheat in Haryana", Agric. Ec. Research Centre, Univ. of Delhi, Delhi 1973

Leach, E.R. (Hrsg.): "Aspects of Caste in South India, Ceylon and Northwest Pakistan", Cambridge 1960

Leggewie, C.: "Asiatische Produktionsweise und Unterentwicklung", in: Tibi, B. und Brandes, V. (Hrsg.), Handbuch 2, Unterentwicklung, Frankfurt/Köln 1975, S. 87-119

Lenski, G.H.: "Power and Privilege", New York 1966

Lofchie, M.F.: "Political and Economic Origins of African Hunger", in: Journal of Modern African Studies, 13, 1975, Nr. 4, S. 551-567

Long, N.: "An Introduction to the Sociology of Rural Development", London 1977

Lühring, J.: "Kritik der (sozial-)geographischen Forschung zur Problematik von Unterentwicklung und Entwicklung - Ideologie, Theorie und Gebrauchswert", in: Die Erde, 108, 1977, S. 217-238

Mai, D.: "Self reliance und rurale Entwicklung", in: Groeneveld, S. und Melczek, H. (Hrsg.), Rurale Entwicklung zur Überwindung von Massenarmut, H. Wilbrandt z. 75 Geburtstag, Saarbrücken 1978a, S. 29-54

Mai, D.: Unterlagen und Materialien zur Veranstaltung: "Sozialökonomik des Technologietransfers", Univ. Göttingen, SS 1978, Göttingen 1978b

Majumdar, R.C.: "The History and Culture of the Indian People, the Delhi Sultanate", Bombay 1960

Malaviya, H.D.: "Land Reforms in India", Calcutta 1954

Mandel, E.: "Marxistische Wirtschaftstheorie", 2. Band, Frankfurt 1968

Manshard, W.: "Agrarsoziale Entwicklungen im Kakaogürtel von Ghana", in: Abh. d. Dt. Geogr.-tages Köln, 1961, Wiesbaden 1962, S. 190-201

Manshard, W.: "Einführung in die Agrargeographie der Tropen", Mannheim 1968

McNamara, R.S.: "Die Jahrhundertaufgabe - Entwicklung der Dritten Welt", Stuttgart 1974

McNamara, R.S.: "Address to the Board of Governors of IBRD, Nairobi, 24.9.1973

Mencher, J.P.: "Kerala and Madras: a comparative study of ecology and social structure", in: Ethnology, 5, 1966, No. 2, S. 135-171

Merillat, H.: "Land and the Constitution in India", New York and London 1970

Moreland, W.E.: "India at the Death of Akbar", London 1920

Moreland, W.E.: "The Agrarian System of Moslem India", Cambridge 1929

Morkham, C.R.: "Irrigation in Southern India", Part III, The Basin of the Kaveri, in: Geographical Magazine, IV, 1877, S. 279-286

Müller, J.O.: "Zur Soziologie der Bewässerung in Großprojekten. Analyse und Kritik einer sozialökologischen Problemlage im Gefolge wirtschaftlicher Entwicklung", unveröff. Manuskript, Göttingen 1977

Mukherjee, N.: "The Ryotwari-System in Madras, 1792-1827", Calcutta 1962

Mukherjee, R.: "The Dynamics of a Rural Society", Berlin 1957

Muthiah, C.: "Development of landless labourers. Role of Group Bargaining Power", in: Nat. Inst. of Comm. Dev. (Hrsg.), Changing Agrarian Relations in India, Hyderabad 1975, S. 49-63

Muthukrishna Das, S.: "The Climate of Tanjore District", in: Journ. of the Madras Geogr. Assoc., 12, 1937, No. 2, S. 122-126

Myrdal, G.: "Ökonomische Theorie und unterentwickelte Regionen", Stuttgart 1959

Nadel, S.F.: "Foundation of social Anthropology", London 1953

Nanavati, M.B. und **Anjaria,** J.J.: "The Indian Rural Problem", Bombay 1960

Natesan, S.: "A Study of the Place-Names in Tanjore District - I", In: Journ. of the Madras Geogr. Assoc., 12, 1937, No. 2, S. 95-104

Natarajan, B.: "Food and agriculture in Madras State", 1953

Nettl, J.P.: "Strategies in the Study of Political Development", in: Leys, C. (Hrsg.), Politics and change in Developing Countries, Cambridge 1969, S. 13-34

Nilakanta Sastri, K.A.: "The Colas", 2 Bde, Madras 1935-37, 1 Band Madras 1955, 2. Aufl. Madras 1975

Nilakanta Sastri, K.A.: "A History of South India from prehistoric times to the Fall of Vijayanagar", 1. Aufl., London 1955, 2. Aufl. London 1958

Nissel, H.: "Ökonomische und soziale Probleme Indiens", in: Mitt. Öst. Geogr. Ges., 112, 1970, Nr. 1, S. 98-119

Nitz, H.J.: "Zur Geographie der künstlichen Bewässerung im mittleren Nordindien", in: Geogr. Ztschr., 56, 1968, H. 4, S. 307-326

Nitz, H.J.: "Agrarlandschaft und Landwirtschaftsformation", in: Moderne Geographie in Forschung und Unterricht, 39/40, Hannover 1970, S. 70-93

Nitz, H.J.: "Formen der Landwirtschaft und ihre räumliche Ordnung in der oberen Gangesebene", Heidelberger Geogr. Arb., 28, 1971

Nitz, H.J.: "Reislandpolder in Südkerala/Indien", in: Heidelberger Geogr. Arb., 40, 1974, S. 443-454

Nuscheler, F.: "Bankrott der Modernisierungstheorien?", in: Nohlen, D. und Nuscheler, F. (Hrsg.), Handbuch der 3. Welt, Bd. 1, Hamburg 1974, S. 195-207

Nyerere, J.: "Freedom and Socialism: a selection from writings and speeches, 1965-1967", Dar Es Salaam 1968

O'Brien, D.C.: "Modernization, Order and the Erosion of a Democratic Ideal: American Political Science, 1960-1970", in: The Journ. of Develpm. Studies, 8, 1972, S. 355

Oommen, T.K.: "Agrarian Tension in a Kerala District", in: Ind. Journ. of Industr. Relations, 7, 1971a, No. 2, S. 229-268

Oommen, T.K.: "Green Revolution and Agrarian Conflict", in: Econ. and Pol. Weekly, 6, 1971b, No. 26, Rev. of Agric., S. 99-102

Oommen, T.K.: "Impact of Green Revolution on the weaker sections", in: Nat. Inst. of Comm. Dev. (Hrsg.), Changing Agrarian Relations in India, Hyderabad 1975, S. 151-167

Oxford History of India, 3. Aufl., Oxford 1958

Palme Dutt, R.: "India Today", 2. Aufl., Bombay 1949

Pandit N.V. Sastri Siromani: "The Geographical Significance of Place-Names in the Tanjore District - III", in: Journ. of the Madras Geogr. Assoc., 12, 1937, No. 2, S. 111-113

Pandyan, S.R.: "Negapatam - A Sea Port of South India", in: Journ. of the Madras Geogr. Assoc., 12, 1937, No. 4, S. 291-318

Papadakis, J.: "Avances recientes el estudio hidrico de los climas", in: Idia, No. 175, Buenos Aires 1962

Parthasarathy, G.: "Green Revolution and the Weaker Sections", Bombay 1971

Parthasarathy, G. und Prasad, D.S.: "The New Technology within Agriculture and Changes in Agrarian Relations: Case Study of a Delta Village in Andhra Pradesh", in: Nat. Inst. of Comm. Dev. (Hrsg.), Changing Agrarian Relations in India, Hyderabad 1975, S. 168-174

Patel, J.S.: "The Coconut", 1938

Patel, S.J.: "Agricultural Labourers in Modern India and Pakistan", Bombay 1952

Pédelaborde, P.: "The Monsoon", London 1963

Pflaumer, G.: "Die Grüne Revolution schafft neue Probleme", in: Entwicklung und Zusammenarbeit, 3, 1972, S. 8-10, 15

Pooniah, J.S.: "The Cauvery Delta and the Kallas", in: Journ. of the Madras Geogr. Assoc., 8, 1933, No. 3, S. 222-224

Race, J.: "The institutional constraints on technology transfer to small farmers", in: Ec. Bull. for Asia and the Pacific, XXVII, 1976, No. 1, S. 41-61

Rajagopal, M.P.: "The Environment of the Tanjore Ryots in Relation to Agriculture in Tanjore District", in: The Indian Geogr. Journ., 17, 1942, No. 4, S. 237-254

Rajammal Devadas: "Nutrition in Tamil Nadu", Madras 1972

Rajayyan, K.: "A history of British diplomacy in Tanjore", Mysore 1969

Ramaswamy Reddiar, O.P.: "Agrarian Reforms and Party Economy", Madras 1948

Rao Saheb S.M. Ramachandra Chettiar: "A Study of Place-Names in Tanjore District - II", in: Journ. of the Madras Geogr. Assoc., 12, 1937, S. 105-110

Randhawa, M.S. u.a.: "Farmers of India", Vol. II: Madras, Andhra Pradesh, Mysore, Kerala; Indian Council of Agric. Research, New Delhi 1961

Rahman, M.: "Formen der Bewässerung im Sind, West-Pakistan", in: Die Erde, 99, 1968, S. 163-175

Ranganathan, A.: "The agricultural renaissance in Tanjore", in: Civilisations, XIX, No. 1, S. 91-97

Rangappa, K.S.: "Water Conservation in India", in: Law, B.C. (Hrsg.), Mountains and Rivers of India, Calcutta 1968, S. 319-347

Rau, W.: "Staat und Gesellschaft im Alten Indien", Wiesbaden 1957

Rea, A.: "Monumental Remains of the Dutch East India Company in the Presidency of Madras", Madras 1897

Rehm, S. und Espig, G.: "Die Kulturpflanzen der Tropen und Subtropen", Stuttgart 1976

Reiner, E.: "Die Bewässerung in Indien", in: Dt. Geographentag, Essen 1953, Tagungsbericht u. wiss. Abh., Wiesbaden 1955, S. 109-112

Renganatha Davey, T.B.: "The Historical Geography of the Cauvery Delta with Special Reference of the Tanjore District", in: Journ. of the Madras Geogr. Assoc., 12, 1937, No. 2, S. 83-94

Rieger, H.C.: "Indiens Erfahrungen mit der 'Planung von unten'", in: Jahrb. d. Südasien Inst. d. Univ. Heidelberg, II, 1967/68, hrsg. v. Jusatz, H.J., Wiesbaden 1968, S. 30-42

Rieger, H.C.: "Social and Political Aspects of Economic Development Planning in India", in: Meyer-Dohm, P. (Hrsg.), Economic and Social Aspects of Indian Development, Bochumer Schriften z. Entwicklungsforschung und Entwicklungspolitik, 19, 1975, S. 91-105

Rothermund, D.: "Die historische Analyse des Bodenrechts als eine Grundlage für das Verständnis gegenwärtiger Agrarstrukturprobleme dargestellt am Beispiel Indiens", in: Jahrb. d. Südasien Inst. d. Univ. Heidelberg, 1967, S. 149-166

Rothermund, D.: "Government, Landlord and Tenant in India", in: The Indian Econ. and Soc. Hist. Review, VI, 1969, No. 4, S. 352-367

Ruben, W.: "Die Lage der Sklaven in der altindischen Gesellschaft", in: Sitzungsbericht d. Dt. Akademie der Wissenschaften zu Berlin, Jg. 1955, Berlin 1957, Nr. 2

Ruben, W.: "Über die frühsten Stufen der Entwicklung der altindischen Sudras", in: Sitzungsberichte d. Dt. Akademie der Wissenschaften zu Berlin, Jg. 1964, Berlin 1965, Nr. 6

Ruben, W.: "Die gesellschaftliche Entwicklung im Alten Indien", 3 Bde, Berlin 1967-1971

Rübesamen, H.E. (Hrsg.): "Die Reisen des Venezianers Marco Polo", München 1963

Sandner, G. und Steger, H.A.: "Lateinamerika", Fischer Länderkunde, Bd. 7, Frankfurt 1973

Santos, M.: "L'espace partagé. Les deux circuits de l'économie urbaine des pays sous-développés", Paris 1975

Sapper, K.: "Die Verbreitung der künstlichen Feldbewässerung", in: Peterm. Geogr. Mitt., 78, 1932, S. 225-231; 295-301

Sarada Raju, A.: "Economic Conditions in the Madras Presidency, 1800-1850", Madras 1941

Sarupria, S.: "Approach to Regional Development in India", in: Economic and Social Aspects of Indian Development, hrsg. v. Meyer-Dohm, P., Bochumer Schriften z. Entwicklungsforschung und Entwicklungspolitik, 19, 1975, S. 69-90

Sathianatha Aiyer, R.: "History of the Nayaks of Madura", Oxford 1924

Sathianatha Aiyer, R.: "Tamilaham in the 17th Century", Madras 1956

Sayana, V.V.: "Agrarian Problems of Madras Province", Madras 1949

Schiller, O.: "Agrarstruktur und Agrarreform in den Ländern Süd- und Südostasiens", Hamburg 1964

Schmidt, A. (Hrsg.): "Strategien gegen Unterentwicklung. Zwischen Weltmarkt und Eigenständigkeit", Frankfurt/New York 1976

Scholz, F.: "Beobachtungen über künstliche Bewässerung und Nomadismus in Belutschistan", in: Geogr. Ztschr., Beiheft 26, 1970, S. 54-79

Scholz, F.: "Die physisch- und sozialgeographischen Ursachen für die Aufgabe und den Erhalt der Kareze in Belutschistan", in: Die Erde, 103, 1972, H. 3/4, S. 302-315

Scholz, F.: "Belutschistan (Pakistan). Eine sozialgeographische Studie des Wandels in einem Nomadenland seit Beginn der Kolonialzeit", Göttinger Geogr. Abh., 63, 1974a

Scholz, F.: "Der moderne Wandel in den nomadischen Belutschen- und Brahui-Stämmen der Gebirgsprovinz Belutschistan (Pakistan)", in: Sociologus, 24, 1974b, H. 2, S. 117-136

Scholz, F.: "Seßhaftmachung von Nomaden in der Upper Sind Frontier Province (Pakistan) im 19. Jh. - Ein Beitrag zur Entwicklung und gegenwärtigen Situation einer peripheren Region in der Dritten Welt", in: Geoforum, 18, 1974c, S. 29-46

Scholz, F.: "Sultanat Oman: Ein Entwicklungsland im Südosten der Arabischen Halbinsel", in: Die Erde, 108, 1977, S. 23-74

Scholz, F.: "Einführung und Anmerkungen zum Geographischen Arbeitskreis Entwicklungstheorien", in: DGFK-Hefte, 12, 1979, S. 5-9

Schuhler, S.: "Zur politischen Ökonomie der Armen Welt", München 1968, S. 95-105

Schweinfurth, U.; Flohn, H.; Domroes, M.: "Studien zur Klimatologie des südasiatischen Raumes", Wiesbaden 1970

Seers, D.: "Was heißt Entwicklung?", in: Senghaas, D. (Hrsg.), Peripherer Kapitalismus, Analysen über Abhängigkeit und Unterentwicklung, Frankfurt 1974, S. 37-70

Semmel, A.: "Grundzüge der Bodengeographie", Stuttgart 1977

Sen, B.: "Opportunities in green revolution", in: Ec. and Pol. Weekly, 5, 1970, No. 13, S. A33-A40

Senghaas, D. (Hrsg.): "Imperialismus und strukturelle Gewalt, Analysen über abhängige Reproduktion", Frankfurt 1972, 3. Aufl. Frankfurt 1976

Senghaas, D. (Hrsg.): "Peripherer Kapitalismus. Analysen über Abhängigkeit und Unterentwicklung", Frankfurt 1974a

Senghaas, D.: "Die Dritte Welt als Gegenstand der Friedensforschung", in: DGFK-Hefte, 5, 1974b

Senghaas, D.: "Strukturelle Abhängigkeit und Unterentwicklung. Einige einführende Überlegungen", in: Tibi, B. und Brandes, V. (Hrsg.), Handbuch 2, Unterentwicklung, Frankfurt und Köln 1975, S. 130-137

Senghaas, D.:" Weltwirtschaftsordnung und Entwicklungspolitik. Plädoyer für Dissoziation", Frankfurt 1977

Sewell, R.: "India before the English", London und Madras 1898

Sharma, R.R.: "Agricultural Modernization: Issues and Achievements: A Study in Rural Delhi", in: Ind. Journ. of Industr. Rel., 7, 1972, S. 433-467

Sharma, R.S.: "Aspect of Political Ideas and Institutions in Acient India", Delhi 1959

Shaw, R.A.: "The Employment Implication of Green Revolution", in: Development Digest, 10, 1971, No. 1

Singh, J.: "The Green Revolution in India - How Green it is!", Postscript to: An Agricultural Atlas of India: A Geographical Analysis, Kurukshetra 1974

Singh, R.L.: "India. A regional geography", Varanasi 1971

Sivertsen, D.: "When Caste Barriers Fall. A Study of Social and Economic Change in a South Indian Village", New York 1963

Sivaswamy, K.: "Madras Ryotwari Tenant", Madras 1928

Slater, D.: "Underdevelopment and Spatial Unequality. Approaches to the Problems of Regional Planning in the Third World", in: Progress in Planning, 4, 1975, Part 2, S. 97-167

Smelser, N.J.: "Mechanism of Change and Adjustment to Change", in: Hoselitz, B.F. und Moore, W.E. (Hrsg.), Industrialization and Society, Den Haag 1963

Smith, R.B.: "Irrigation in Madras, India", London 1856

Sofri, G.: "Über asiatische Produktionsweise", Frankfurt 1972

Somasundaram, J.M. "The Great Temple at Tanjore", Madras 1935

Sonachalam, K.: "Land reforms in Tamil Nadu. Evaluation and implementation", New Delhi u.a. 1970

Spate, O.H.K. und Learmonth, A.T.A.: "India and Pakistan", 3. Aufl., London 1967

Srinivasan, K.R. und Banerjee, P.N.: "Survey of South Indian megaliths", in: Anc. India Bull. of the Arch. Survey, 1953, No. 9, S. 103-115

Srinivasaraghavan, K.: "Population of the Tanjore District", in: Journ. of the Madras Geogr. Assoc., 12, 1937, No. 3, S. 137-145

Stamp, L.D.: "The natural regions of India", in: Geography, 14, 1928, S. 502-506

Stavenhagen, R.: "Agrarische Strukturen und Unterentwicklung in Afrika und Lateinamerika", in: Senghaas, D. (Hrsg.), Peripherer Kapitalismus, Frankfurt 1974, S. 276-297

Storkebaum, W.: "Entwicklungsländer und Entwicklungspolitik", in: Westermann-Colleg, Raum und Gesellschaft, H. 7, 3. Aufl., Braunschweig 1977

Subrahmanyam, N.: "The Human Geography of the post-tertiary alluvial and sand belt of the Madras coast", in: Journ. of the Madras Geogr. Assoc., 2, 1928, No. 4, S. 275-282

Subrahmanjam, N.: "A Note on the Communication-Lines and Transport in the Tanjore District", in: Journ. of the Madras Geogr. Assoc., 12, 1937, No. 3, S. 167-172

Südasien, Fischer-Länderkunde, Bd. 2, hrsg. v. Blenck, J., Bronger, D., Uhlig, H., Frankfurt 1977

Sundaraja Iyengar, S.: "Land Tenures in Madras Presidency", Madras 1916

Tara Chand, N.D.: "History of the freedom movement in India", Vol. I, New Delhi 1960

Thapar, R. und Spear, P.: "Indien von den Anfängen bis zum Kolonialismus", Zürich 1966

Thirumalae Iyengar, M.S.: "Ancient Irrigation Works of South India", in: March of India, V, 1953, No. 5, S. 36-51

Tibi, B. und **Brandes**, V. (Hrsg.): "Handbuch 2, Unterentwicklung", Frankfurt/Köln 1976

Troll, C.: "Qanatbewässerung in der Alten und Neuen Welt", in: Mitt. d. Öst. Geogr. Ges. Wien, 105, 1963, S. 213-230

University of Madras, The Agricultural Economics Research Centre: "Economics of Irrigation and Water-Rates under Cauvery-Mettur-Project", Madras 1961

Venkatappiah, B.: "Small Farmers Development Agency", Address to the 29th Ann. Conf. of the Ind. Soc. of Agric. Econ., 30.12.1969, S. 4-5

Venkataramanayyan, N.: "The Early Muslim Expansions in South India", Madras 1942

Venkataramani, G.: "Land Reform in Tamil Nadu", Madras Inst. of Development Studies, Publ. No. 5, Madras 1973

Vereinte Nationen: "Rapport sur la situation sociale dans le monde, 1970", in: Nations Unies, Département Affaires Economiques et Sociales, New York 1972, S. VII-XIII

Vishwanath, M.S.: "Soils and Settlement Patterns of the Tanjore District", in: National Geogr. Journ. of India, 2, 1956, No. 4, S. 203-210

Vriddhagirisan, V.: "The Nayaks of Tanjore", Annamalai University Historical Series, 3, 1942

WCARRD: "Concepts and Issues of Rural Development, Views and Issues taken by Nordic Countries", in: Rural Development, Papers and Proceedings from Special Session C6, EADI General Conference, Mailand, 19.-23.9.1978

Weaver, J.C.: "Crop Combination Regions in the Middle West", in: Geogr. Rev., 44, 1954, S. 175-200 und 560-572

Wenzel, H.J.: "Die ländliche Bevölkerung. Materialien zur Terminologie der Agrarlandschaft, III", Gießen 1974

Westermann Lexikon der Geographie, 4 Bde, 2. Aufl., Braunschweig 1973

Wilhelmy, H.: "Reisanbau und Nahrungsspielraum in Südostasien", Kiel 1975

Williamson, A.V.: "Indigenuous irrigation works in Peninsular India", in: Geogr. Rev., 21, 1931, S. 613-626

Wilson, H.M.: "Irrigation in India", 2. Aufl., Washington 1903

Wiser, W.: "The Hindu Jajmani-System: A Socioeconomic System inter-relating Members of a Hindu Village Community in Service", Lucknow 1936

Wittfogel, K.A.: "Die orientalische Despotie", Köln und Berlin 1962

Yaneshwar Ojha, G.: "Small Farmers and H.Y.V. Programme", in: Econ. and Pol. Weekly, 5, 1970, No. 14, S. 603-605

Yapa, L.S.: "The Green Revolution: A Diffusion Model", in: Ann. of the Ass. of Americ. Geogr., 67, 1977, No. 3, S. 350-359

Yeshwanth, T.S.: "Resurvey of a Tanjore Village - Madigai", Agricultural Economics Research Centre, Univ. of Madras 1961

Yeshwanth, T.S.: "Sengipatti - a Resurvey", Agricultural Economics Research Centre, Univ. of Madras 1963